Weiterführend empfehlen wir:

SGB II – Grundsicherung für Arbeitsuchende
ISBN 978-3-8029-7386-4

SGB XII – Die neue Sozialhilfe
ISBN 978-3-8029-7381-9

SGB IX – Rehabilitation und Teilhabe behinderter Menschen
ISBN 978-3-8029-7389-5

SGB III – Das neue Arbeitsförderungsrecht
ISBN 978-3-8029-7385-7

Balanced Scorecard für Soziale Organisationen
ISBN 978-3-8029-7474-8

CD-ROM Die aktuelle Arbeitsförderung
ISBN 978-3-8029-9600-9

Weitere Titel unter: www.WALHALLA.de

Wir freuen uns über Ihr Interesse an diesem Buch. Gerne stellen wir Ihnen zusätzliche Informationen zu diesem Programmsegment zur Verfügung.

Bitte sprechen Sie uns an:
E-Mail: WALHALLA@WALHALLA.de
http://www.WALHALLA.de

Walhalla Fachverlag · Haus an der Eisernen Brücke · 93042 Regensburg
Telefon (09 41) 56 84-0 · Telefax (09 41) 56 84-1 11

Rainer Göckler

Beschäftigungs-orientiertes Fallmanagement

Betreuung und Vermittlung in der Grundsicherung für Arbeitsuchende (SGB II)
Case Management in der Praxis

4., aktualisierte Auflage

Bibliografische Information der Deutschen Nationalbibliothek
Die Deutsche Nationalbibliothek verzeichnet diese Publikation in der Deutschen Nationalbibliografie; detaillierte bibliografische Daten sind im Internet über http://dnb.dnb.de abrufbar.

Zitiervorschlag:
Rainer Göckler, Beschäftigungsorientiertes Fallmanagement
Walhalla Fachverlag, Regensburg 2012

Hinweis: Unsere Werke sind stets bemüht, Sie nach bestem Wissen zu informieren. Die vorliegende Ausgabe beruht auf dem Stand von Oktober 2012. Bei etwaigen Rückfragen erreichen Sie den Autor unter Goeckler@dhbw-stuttgart.de (keine Rechtsberatung).

4., aktualisierte Auflage

© Walhalla u. Praetoria Verlag GmbH & Co. KG, Regensburg
Alle Rechte, insbesondere das Recht der Vervielfältigung und Verbreitung sowie der Übersetzung, vorbehalten. Kein Teil des Werkes darf in irgendeiner Form (durch Fotokopie, Datenübertragung oder ein anderes Verfahren) ohne schriftliche Genehmigung des Verlages reproduziert oder unter Verwendung elektronischer Systeme gespeichert, verarbeitet, vervielfältigt oder verbreitet werden.
Produktion: Walhalla Fachverlag, 93042 Regensburg
Umschlaggestaltung: grubergrafik, Augsburg
Druck und Bindung: Westermann Druck Zwickau GmbH
Printed in Germany
ISBN 978-3-8029-7485-4

Schnellübersicht

Beschäftigungsorientiertes Fallmanagement – Chance für einen Neuanfang	11
Fallmanagement – ein neuer Weg in die Beschäftigungsförderung	17
Arbeitsmarkt – Arbeitslosigkeit – Armut	25
Erwartungen an ein beschäftigungsorientiertes Fallmanagement	45
Beschäftigungsorientiertes Fallmanagement im Kontext des SGB II	55
Fallzugang und Einstiegsberatung	83
Assessment	109
Integrationsplanung und Eingliederungsvereinbarung	131
Interne Leistungserbringung und Schnittstellen	151
Netzwerkarbeit mit externen Partnern	211
Beendigung des Fallmanagementprozesses	263
Wirksamkeit und Controlling (Meso- und Makrosteuerung)	269
Zur Kritik am beschäftigungsorientierten Fallmanagement – eine Einordnung	285
Literaturverzeichnis	315
Stichwortverzeichnis	332

Um Missverständnissen vorzubeugen: Die männlichen Bezeichnungen stellen lediglich eine Konvention sowie eine Vereinfachung dar. Männliche und weibliche Bezeichnungen wechseln beständig, sodass der Lesefluss nicht gestört wird und beide Geschlechter sich angesprochen fühlen können.

Gesamtinhaltsübersicht

1. **Beschäftigungsorientiertes Fallmanagement – Chance für einen Neuanfang** 11
2. **Fallmanagement - ein neuer Weg in die Beschäftigungsförderung** 17
   - 2.1 Der Begriff des Case Managements 18
   - 2.2 Historische Aspekte und Entwicklung in Deutschland 19
   - 2.3 Chancen und Risiken für ein Fallmanagement in der Beschäftigungsförderung der Grundsicherung 22
3. **Arbeitsmarkt – Arbeitslosigkeit – Armut** 25
   - 3.1 Bewegungsprozesse am Arbeitsmarkt und in der Arbeitsförderung 26
   - 3.2 Arbeitsmarktsituation 27
   - 3.3 Fordern und Fördern 32
   - 3.4 Widersprüche im Aktivierungsparadigma 34
   - 3.5 Arbeitslosigkeit und Armut 38
   - 3.6 Armutsfolgen 39
   - 3.7 Individuelle Folgen der Arbeitslosigkeit 42
4. **Erwartungen an ein beschäftigungsorientiertes Fallmanagement** 45
   - 4.1 Woran vermittlungsorientierte Bemühungen oft scheitern 46
   - 4.2 Umfassender Integrationsauftrag 47
   - 4.3 Lokale und überregionale Vernetzung 48
   - 4.4 Beschäftigung außerhalb der klassischen Erwerbsarbeit erschließen 49
   - 4.5 Durchbrechen verfestigter Arbeitslosigkeit 50
   - 4.6 Neuer gesellschaftlicher Diskurs 51
   - 4.7 Reformfähigkeit des öffentlichen Dienstes 52
5. **Beschäftigungsorientiertes Fallmanagement im Kontext des SGB II** 55
   - 5.1 Beschäftigungsorientiertes Fallmanagement – eine Definition 56
   - 5.2 Fallmanagement – was ist neu? 68
   - 5.3 Rollenklärung 73
   - 5.4 Beschäftigungsorientiertes Fallmanagement im Prozess 77

Gesamtinhaltsübersicht

6. Fallzugang und Einstiegsberatung 83
   6.1 Konzentration auf den wirklich bedürftigen Personenkreis ... 84
   6.2 Kriterien der Fallübernahme 86
   6.3 Fallmanagement durch Dritte 91
   6.4 Beratung im Kontext des SGB II 94
   6.5 Einstiegsberatung 101
   6.6 Checkliste Zugangssteuerung und Einstiegsberatung 106

7. Assessment 109
   7.1 Begriffsklärung 110
   7.2 Ganzheitlicher Ansatz und diagnostische Grenzen 112
   7.3 Methodenvielfalt 122
   7.4 Re-Assessment 126
   7.5 Checkliste Assessment 128

8. Integrationsplanung und Eingliederungsvereinbarung 131
   8.1 Zielsetzungen und Anpassung notwendiger Konsequenzen ... 132
   8.2 Die Integrationsplanung 134
   8.3 Eingliederungsvereinbarung 139
   8.4 Rechtliche Einordnung der Eingliederungsvereinbarung 141
   8.5 Zwang und Kontrolle – die Eingliederungsvereinbarung in der Kritik 143
   8.6 Checkliste Integrationsplanung/ Eingliederungsvereinbarung 149

9. Interne Leistungserbringung und Schnittstellen 151
   9.1 Zur Unterscheidung von Fall- und Leistungssteuerung 152
   9.2 Erbringung eigener Leistungen durch die Grundsicherung 153
   9.3 Internes und externes Schnittstellenmanagement 162
   9.4 Arbeitsmarktbezogene Integrationsstrategien im beschäftigungsorientierten Fallmanagement 170
      9.4.1 Vermittlungsstrategien 173
         9.4.1.1 Direkte Vermittlungsstrategien 178
         9.4.1.2 Indirekte Strategien 189
      9.4.2 Selbstständigkeit 197
      9.4.3 Integration in atypische Beschäftigung 202
   9.5 Von der Reziprozität der integrativen Leistungen 205
   9.6 Die arbeitsmarktpolitischen Instrumente in der zusammenfassenden Bewertung 207

Gesamtinhaltsübersicht

10. Netzwerkarbeit mit externen Partnern 211

    10.1 Leistungssteuerung auf der Mikroebene 212

    10.2 Die Schuldnerberatung 219

    10.3 Die Suchtberatung 225

    10.4 Psychosoziale Hilfen und Gesundheit 231

    10.5 Öffentlich geförderte Beschäftigung 239

    10.6 Das Bildungs- und Teilhabepaket 250

    10.7 Das Betreuungsangebot für alleinerziehende Mütter und Väter sowie Unterstützung bei zu pflegenden Angehörigen 254

11. Beendigung des Fallmanagementprozesses 263

    11.1 Entpflichtung zwischen Organisationszwängen und Kundenbedürfnissen 264

    11.2 Beendigungsgespräch und Nachhaltigkeit 265

12. Wirksamkeit und Controlling (Meso- und Makrosteuerung) 269

    12.1 Modell der neuen Steuerung und New Public Management 270

    12.2 Differenzierung von Steuerung und Controlling auf den Akteursebenen 271

    12.3 Leistungssteuerung und Controlling als Führungsaufgabe 272

    12.4 Erfolgsindikatoren im beschäftigungsorientierten Fallmanagement 276

    12.5 Budgetierung als Teil der Leistungssteuerung 279

13. Zur Kritik am beschäftigungsorientierten Fallmanagement – eine Einordnung 285

    13.1 Die Kritik am Fallmanagement aus der Sozialen Arbeit 286

    13.2 Forschungstheoretische Einordnung – ein Ansatz 301

    13.3 Wo steht das beschäftigungsorientierte Fallmanagement? 309

Literaturverzeichnis 315

Stichwortverzeichnis 332

1. Beschäftigungsorientiertes Fallmanagement – Chance für einen Neuanfang

Die gesellschaftspolitische Diskussion um die Richtigkeit und Nützlichkeit der Sozialreformen geht mit unverminderter Intensität weiter. Jeder, der sich gerade zum Thema der Hartz IV-Gesetzgebung und deren Auswirkungen äußert, wird von den jeweiligen Lagern sehr kritisch beobachtet. Für die eine Seite, weil man die Gefahr der Verwässerung wittert, weil „Soziales" im harten Geschäft der Arbeitsmärkte nicht gefragt ist und ein sich entwickelnder Niedriglohnsektor nicht ausgebremst werden soll. Für die andere Seite, weil nicht sein kann, was nicht sein darf und Hartz IV für die neoliberale Veränderung im Sozialen steht. Die zunehmende Spaltung von Reich und Arm, die Ausweitung prekärer Beschäftigungsverhältnisse und die Ausweitung staatlicher Befugnisse weit in den privaten Raum hinein werden der Hartz-Gesetzgebung angelastet.

Unbestritten ist mit der Zusammenlegung von Arbeitslosen- und Sozialhilfe eine wichtige Barriere gegen einen sich ungestüm ausbreitenden Niedriglohnsektor gefallen, unbestritten gibt es bessere Wege, als über Sanktionsdruck die Aufnahme jeglicher Beschäftigung zu erzwingen. Der gesetzliche Mechanismus scheint an der Oberfläche weiterhin die althergebrachte Aufteilung zwischen „guten" (SGB XII) und „bösen" Armen (SGB II) zu bedienen und über die angemessene Höhe der Regelsätze kann man diskutieren. Eine aktivierende Sozialpolitik dieser Ausrichtung ist wesentlich stärker auch auf einen funktionsfähigen Arbeitsmarkt angewiesen, als es früher der Fall war. Die bis jetzt erkennbaren Anzeichen zeigen zunehmende arbeitsmarktliche Verwerfungen unter dem Gesichtspunkt einer angemessenen Teilhabe, bei der nicht klar ist, ob der demografische Wandel hier zu einer Verbesserung der Situation beiträgt.

Gleichzeitig werden die Chancen übersehen oder negiert, die in diesem Ansatz stecken und von dem viele langzeitarbeitslose Menschen profitieren könnten. Nimmt man den umfassenden Inklusionsauftrag ernst, erkennt man die Chancen, das versäulte Hilfesystem im SGB II zu sprengen, und stärkt den ganzheitlichen Betreuungsansatz (z. B. auch mittels Stärkung der Kundenrechte), dann bietet dieses Gesetz viele Chancen für eine sozial- und arbeitsmarktbezogene Umsetzung im Interesse der Subjekte wie der Gesellschaft.

Dabei spült die sich im Zuge der Krise von Wohlfahrtsstaaten abzeichnende Veränderung durch die Ökonomisierung sozialer (Dienst-)Leistungen zunehmend häufiger Widersprüche in öffentlichen Institutionen nach oben, denen die Mitarbeiterinnen und Mitarbeiter hilflos ausgesetzt sind. Während gewerbliche und soziale Einrichtungen immer noch ein weitgehendes Selbstbestimmungsrecht in der Aufgabenwahrnehmung besitzen, gilt dies für die Mitarbeit in öffentlichen Institutionen, die einen gesetzlichen Auftrag umsetzen, nicht in gleichem Maße. Einerseits setzt Politik in die Beratungs- und Betreuungsarbeit der öffentlich-rechtlichen Institutionen die Hoffnung, dass dadurch Sozialstaatlichkeit erhalten bleibt und der Ein-

Beschäftigungsorientiertes Fallmanagement

1 zelne in Krisensituationen die notwendige Unterstützung erfährt. Andererseits stellen gerade die zentralen menschlichen Gefährdungspotenziale (Alter, Arbeitslosigkeit, Armut, Gesundheit) „Kostenfaktoren" dar, an deren Einsparung der Staat und große Teile der (beschäftigten) Gesellschaft ein Interesse haben. Vor Ort bleiben mit diesem „Dilemma" vor allem zwei Akteursgruppen zurück: die persönlichen Ansprechpartnerinnen und Fallmanager und die erwerbsfähigen Leistungsberechtigten (um in der Sprache des Gesetzgebers zu bleiben).

Dennoch hat kaum ein Gesetzesvorhaben in der Geschichte der Bundesrepublik seinerzeit eine dermaßen breite Zustimmung erfahren wie die Hartz-Gesetze und überall in den Staaten der OECD etablieren sich die Aktivierungssysteme ähnlich. Die Wissenschaft spricht von der Konvergenz der arbeitsmarktpolitischen Regime. Dies unterstreicht die Notwendigkeit, sich mit den Entwicklungen strukturell auseinanderzusetzen. Diese notwendig zu führende theoretische und politische Auseinandersetzung um die Gestaltung der Grundsicherung hilft jedoch den Betroffenen vor Ort wenig, die jetzt mit der Umsetzung des Auftrags befasst sind.

Um diesen Missstand zumindest zu mildern, legen Verlag und Autor erneut eine komplett überarbeitete Neuauflage zum beschäftigungsorientierten Fallmanagement vor. Eine Aktualisierung war aus folgenden Gründen notwendig:

- Der Gesetzgeber hat seit der letzten Auflage erneut zahlreiche Änderungen in den zughörigen Sozialgesetzbüchern vorgenommen. Zu erinnern sei an die organisatorischen Änderungen durch den Beschluss des Bundesverfassungsgerichtes zur Unvereinbarkeit der Arbeitsgemeinschaften („ARGEn") mit dem Grundgesetz, die Überarbeitung der Regelsätze für Kinder, ebenfalls nach einem Urteil des BVerfG, sowie das daraus hervorgegangene Bildungspaket und schlussendlich die Instrumentenreform der arbeitsmarktpolitischen Angebote zum Ende des Jahres 2011. All dies hat erneut Spuren im Alltag der Grundsicherungsarbeit hinterlassen.

- Zudem bringt die arbeitsmarkt- und sozialpolitische Forschung in einer vorher nicht gekannten Zahl von Publikationen Ergebnisse zutage, die es zu sichten, zu bewerten und zu verarbeiten gilt. Datenqualität und Datenquantität haben seit der Jahrtausendwende deutlich zugenommen, sind aber wohl mit ein Faktor für den gestiegenen administrativen Aufwand, der vor Ort dafür betrieben werden muss. Die für das beschäftigungsorientierte Fallmanagement interessanten Publikationen und Forschungsergebnisse wurden mit einbezogen.

- Dankenswerterweise kontaktieren immer wieder Leser und Leserinnen den Autor und weisen auf unzureichende Plausibilitäten, Umsetzungsschwierigkeiten in der Praxis und fehlende Handlungsaspekte hin. Die Informationen, die der Autor zudem aus Schulungen von Fach- und Führungskräften in den Jobcentern bezieht, sind immer wieder Anlass dafür, Aufbau und Inhalt der Publikation anzupassen. Hier geschieht

Beschäftigungsorientiertes Fallmanagement

dies insbesondere durch eine völlig neu gestaltete Einbeziehung der Vermittlungsstrategien und der arbeitsmarktpolitischen Instrumente. Auch die Kapitel zur Leistungssteuerung und zur wissenschaftstheoretischen Einordnung wurden weitgehend überarbeitet.

- Trotz der an der Oberfläche zwischenzeitlich bei allen Grundsicherungsträgern und zahlreichen Beschäftigungs- und Bildungsträgern eingeführten Umsetzungsvarianten zum beschäftigungsorientierten Fallmanagement wird die Kritik eher lauter. Das beschäftigungsorientierte Fallmanagement droht von mehreren Seiten „an den Rändern aufzuweichen":

  - Zum einen reißt die Kritik an der Umsetzung im Kontext des Aktivierungsparadigmas – insbesondere aus dem Feld der Sozialen Arbeit – nicht ab. Die Kritik weist stellenweise berechtigt auf Umsetzungsschwächen und sozial- und rechtsstaatliche Risiken hin, bedient sich andererseits allerdings auch wenig tragfähiger Vergleiche und unwissenschaftlicher Vorgehensweisen und ist von einem deutlichen Misstrauen gekennzeichnet. In den überarbeiteten Abschlusskapiteln wird die Kritik aufgenommen und für den Ansatz des Case Managements in der Beschäftigungsförderung bearbeitet.

  - Organisatorische Vorgehensweisen bei den Grundsicherungsträgern, insbesondere bei der Bundesagentur für Arbeit, drohen den Kern eines eigenständigen fachlich begründeten und an den grundlegenden internationalen Standards ausgerichteten Case Managements auszuhöhlen. Die Unterschiede zwischen einem an standardisierten Abläufen orientierten Betreuungs- und Vermittlungskonzept (Vier-Phasen-Modell) und der an Standards orientierten fachlichen Arbeit im Case Management sind auszuleuchten und zu klären.

  - In Gesprächen mit Verantwortlichen vor Ort wird zunehmend deutlicher, dass der Umsetzungsanspruch eines an den Standards der Deutschen Gesellschaft für Care und Case Management e.V. (DGCC, 2011) orientierten Fallmanagements in der Praxis auf große Schwierigkeiten stößt. Die Hauptargumente sind dabei eine nicht einzulösende Betreuungsrelation, die eine fachlich angemessene Qualität ermöglichen würde, die weiterhin unzureichende Ausbildungsqualität des Personals sowie die Schwierigkeiten einer angemessenen Vernetzung mit den notwendigen externen Fachdiensten aus der sozialen und arbeitsmarktbezogenen Integrationsarbeit. Auch die Umstellung der staatlichen Behördenstruktur auf ein tragfähiges Case Managementkonzept fällt schwer.

  - Letztendlich hat der Gesetzgeber erneut die Chance verpasst, Standards für das Fallmanagement und die Qualifikation der Fallmanager im Gesetz festzulegen. Nicht einmal die Minimalstandards eines § 6 SGB XII oder – weitergehend – des § 72 SGB VIII oder eine analoge Ausformulierung der Aufgabe i. S. der §§ 7, 7a SGB XI hielt er für nötig. Dabei wird insbesondere im süddeutschen Raum den Füh-

Beschäftigungsorientiertes Fallmanagement

rungskräften und Mitarbeitern zunehmend klar, dass es bei steigender Arbeitskräftenachfrage im verbliebenen Teil der von Langzeitarbeitslosigkeit Betroffenen nicht mehr primär um die Frage der schnellen Vermittlung in Arbeit geht. Im Zentrum für das Fallmanagement in seiner spezialisierten Variante stehen Menschen, deren Lebenssituation die Betreuung bei anderen Sozialleistungsträgern oder den freien Trägern der Wohlfahrtshilfe erforderlich macht. Der in den §§ 14 bis 16 SGB I für alle Sozialleistungsträger formulierte Anspruch, eine leistungsrechtliche Aufklärung, Beratung und Auskunft zu erteilen, reicht für eine adäquate Erfassung komplexer Bedarfslagen der Menschen schon längst nicht mehr aus. Die Anforderungen an die umsetzenden Fachkräfte haben sich enorm verändert und sind mit den vorliegenden quantitativen (Betreuungsrelationen des Gesetzgebers für das SGB II oder des Deutschen Vereins für die ehemaligen kommunalen Sozialämter) und qualitativen Betreuungs-, Beratungs- und Vermittlungskonzepten längst nicht mehr zu bewältigen.

Trotz der aufgezeigten Risiken und Umsetzungsprobleme zeigen gute Umsetzungsbeispiele weiterhin, dass es Chancen einer fachlich angemessenen Einführung und Umsetzung von Case Management-Ansätzen in der Beschäftigungsförderung gibt. Im Gegensatz zu der in der Öffentlichkeit häufigen Herausstellung von zum Teil untragbaren Zuständen und Vorgehensweisen der Grundsicherungsträger kann oft unbemerkt von einer größeren Öffentlichkeit seit der Einführung positiver ganzheitlicher Elemente der Grundsicherungsarbeit von einem Aufbrechen verkrusteter Strukturen gesprochen werden. Es liegen neuartige Integrationskonzepte vor, Bildungs- und Beschäftigungsträger nutzen eine große Fülle unterschiedlicher Konzepte und Methoden zur Beratung, Betreuung und Vermittlung des Personenkreises und die erweiterten sozial-integrativen Möglichkeiten der Grundsicherungsträger sprengen erstmals glaubwürdig und nachhaltig das „versäulte" und auf Kostenverlagerung und -einsparung zielende soziale Sicherungssystem. Diese Chancen gilt es zu nutzen und Case Management als einen zentralen Baustein für eine gelingende Umsetzung zu stärken.

Dabei soll die besondere Anerkennung den umsetzenden Behörden und dort tätigen Führungs- und Fachkräften gelten, die – von einer hektischen Politik mit häufig unzureichend durchdachten Vorschlägen getrieben – nunmehr erneut grundlegende Organisationsänderungen vornehmen müssen. Sei es die Zusammenführung bisher getrennter Trägerschaften im neuen Modell des gemeinsamen Jobcenters oder als neuer zugelassener kommunaler Träger. Die allseits geforderte Verbesserung der formalrechtlichen Korrektheit der Bescheide, die Sicherheit der Arbeitsplätze und die Möglichkeit, in einem Arbeitsklima zu arbeiten, das den Mitarbeitern die Freude an der Arbeit mit Menschen in Langzeitarbeitslosigkeit nicht nimmt, bleiben so erst einmal eine stille Hoffnung. Für juristisch versierte Berater, die Sozialgerichtsbarkeit und die sozialen und arbeitsmarktbezogenen Unterstützer gibt es weiterhin genug zu tun, auch wenn insbesondere bei den Bildungs- und Beschäftigungsmaßnahmen deutliche und für die Träger existenzgefährdende Kürzungen in den Etats vorgenommen wurden. Permanente Veränderungen und Anpassungen scheinen zu einem Dauerzustand in der Grundsicherungsarbeit zu werden. Die rastlose Anpassungshektik hat wenig mit fachlich begründeter Arbeit zu tun und erst recht nichts mit dem guten Gedanken einer lernenden Organisation. Ob nicht, dem Leitbild der Bundesagentur für Arbeit widersprechend, manchmal starke und verlässliche Burgen besser sind als Zelte, sollte zumindest hinterfragt werden dürfen. Ein stabiles Haus sollte jedenfalls möglich sein.

Der Grundgedanke, der dem beschäftigungsorientierten Fallmanagement zugrunde liegt, besteht darin, mit den Menschen zusammen die notwendigen Sicherheitsnetze zu kreieren, die Eigenverantwortung und Handlungsfähigkeit erst ermöglichen. Dominieren Angst und (Zukunfts-)Sorgen, findet keine positive Entwicklung statt, geht der Mut zum Handeln verloren.

Insgesamt bleibt das Buch der Praxis verpflichtet, auf allzu weitgehende wissenschaftliche und theoretische Erörterungen wurde bewusst verzichtet. Es geht weiterhin darum, angehenden Fallmanagern vor Ort einen praktischen Ratgeber an die Hand zu geben, Studierenden in Studiengängen, die die Thematik des Case Managements aufgreifen, das Einsatzfeld der Beschäftigungsförderung näherzubringen und Führungskräften, die sich mit der Implementation von Case Management in der Beschäftigungsförderung befassen, Orientierungspunkte bei dieser schwierigen Aufgabe aufzuzeigen.

Sie, liebe Leserin und Leser, bleiben aufgefordert, Rückmeldung zu geben, kritisch mitzulesen und Ihre – dann vielleicht auch gegenteilige Erfahrung – kundzutun. Der Autor freut sich nach wie vor über zahlreiche Rückmeldungen.

Rainer Göckler

Fallmanagement – ein neuer Weg in die Beschäftigungsförderung

2.1 Der Begriff des Case Managements 18
2.2 Historische Aspekte und Entwicklung in Deutschland 19
2.3 Chancen und Risiken für ein Fallmanagement
    in der Beschäftigungsförderung der Grundsicherung 22

2.1 Der Begriff des Case Managements

Fallmanagement, so die deutsche Übersetzung des angelsächsischen Begriffs Case Management (CM), ist als Aufgabe sozialorientierter Dienste in der Bundesrepublik Deutschland ein relativ neuer Begriff. Im angelsächsischen Sprachraum hingegen wird bereits seit mehreren Jahrzehnten mit diesem Ansatz gearbeitet. Die US-amerikanische CM-Trainerin Nancy Summers legt bei ihren Schulungen ein sehr weites Verständnis von Case Management im sozialen Feld zugrunde: „Case Management ist eine der führenden Anwendungen humaner Dienstleistungen, in der die ganze Person einbezogen wird. Im Unterschied zu spezialisierten Dienstleistungen konzentriert sich Case Management nicht nur auf ein Problem, sondern nimmt sich der vielen Probleme, der Stärken und Sorgen an, die ein Klient mitbringt. [...] Case Management ist ein Verfahren, das die Gesamtsituation des Klienten bewertet und die Unterstützung an den Notwendigkeiten der identifizierten Problemlagen ausrichtet" (Summers, 2011: S. 43 f. – Übers. d. V.). Ihre Teilnehmer kommen aus ganz unterschiedlichen Feldern der sozialen Arbeit: Bewährungshilfe, Altenbetreuung, Familienpflege, Suchtberatung, psychische Betreuung usw. Das Verfahren selbst löst sich demnach konsequent vom Einsatzfeld und wirkt als fundamentaler systematischer Prozess in nahezu allen Sektoren der Pflege, des Medizinischen und der sozialen Lagen.

Für die Bundesrepublik Deutschland liegen im Bereich der Beschäftigungsförderung weiterhin nur wenige Erkenntnisse über Aufbau, Struktur und Wirkung dieser Dienstleistung vor (Burmann, Sellin & Trube, 2000; Ministerium für Arbeit und Soziales, 2000; MWA 2002; Kolbe & Reis, 2005; Kolbe & Reis, 2008; infas 2004; ifes 2004). Sehr weit gediehen ist der Case Management-Ansatz in der Sozialhilfe der Stadt Basel. „Die Ergebnisse der Vorstudie zeigen auf, dass das Case-Management in der Sozialhilfe der Stadt Basel ohne Zweifel positive Wirkungen erzeugt. Das Case-Management ist ein wirkungsvolles Verfahren zur Strukturierung und Beruhigung von Problemsituationen sowie zur Erweiterung und Stabilisierung der Handlungskapazitäten der KlientInnen, was die Normalisierung des Alltags mit vielen weiteren positiven Nebeneffekten ermöglicht" (Elbert, o. J., S. 8). Detailliertere Erkenntnisse zur Handhabung des beschäftigungsorientierten Fallmanagements in der Grundsicherung durch die Organisationen sind seit der Vorlage des Endberichts zur Evaluation der Experimentierklausel nach § 6c SGB II (Bundesregierung, 2008) bekannt.

Neben eher ökonometrischen Forschungen ergänzen zunehmend qualitative Studien, die sich überwiegend der konkreten Arbeit der Fallmanager und Vermittlungsfachkräfte zuwenden (vgl. Baethge-Kinsky et al., 2007; Ludwig-Mayerhofer, Behrend & Sondermann, 2009; Bartelheimer, 2008; Ames, 2006; Hielscher & Ochs, 2009; Hirseland & Lobato, 2010; Osiander & Steinle, 2011; Brussig & Knuth, 2011; Böhringer, Karl, Müller, Schröer & Wolff, 2012) und Licht in die „black box" der Dienstleistungsproduktion der Arbeitsförderung bringen wollen, das Forschungsbild rund um Beratung, Vermittlung und Fallmanagement in der Grundsicherung.

Eine explorative Studie zur Beratung und zum Case Management bei der Gesundheitsförderung im Kontext der Arbeitsmarktintegration ergab durchweg positive Effekte und zeigt, wie auch sozial induzierte Kennziffern Aussagen zur Wirkung von Case Management ermöglichen (vgl. Egger-Subotitsch, Haydn, Muralter & Schnabl, 2010). So geben auch Metastudien internationaler Evaluationsergebnisse (vgl. Fromm & Sproß, 2008) einer aktivierenden Arbeitsmarktpolitik zunehmend Hinweise, dass weniger die kostenträchtigen Aktivierungsprogramme erfolgreich sind, sondern ein professionelles und unterstützendes Fallmanagement eine zentrale Rolle spielt, welches auf die Bedürfnisse und Interessen der Menschen eingeht.

Zielsetzung dieser Einführung wird es sein, durch Einbeziehung der bisherigen Forschungslage sowie den zahlreichen Schulungs- und Praxiskontakten mehr Klarheit zu den Fragen der Umsetzung des beschäftigungsorientierten Fallmanagements zu schaffen. Dabei bleibt die Orientierung an den gesetzlichen Vorstellungen des SGB II ausgerichtet, gleichzeitig erfolgt jedoch eine Öffnung zu einem grundlegenderen Verständnis des Case Managements in der Beschäftigungsförderung.

Dies soll geschehen durch die Klärung von Fragen wie:

- Was ist Fallmanagement im Kontext der Beschäftigungsförderung?
- Was unterscheidet Fallmanagement von anderen sozial- und arbeitsmarktintegrativen Dienstleistungen?
- Wie stellen sich die Prozessschritte im Fallmanagement dar und wie setzt man die mit den Betroffenen erarbeiteten Ergebnisse in konkretes Handeln um?
- Welche Vermittlungsstrategien (nicht nur) für Langzeitarbeitslose gibt es?
- Welche Erfolgskennziffern kann es geben und wie lässt sich die Qualität der Dienstleistung messen und sichern?
- Wie arbeite ich in beschäftigungsorientierten Netzwerken im Rahmen des Fallmanagements?

2.2 Historische Aspekte und Entwicklung in Deutschland

In der generellen Frage um die Wirksamkeit der aktiven Arbeitsmarktpolitik (vgl. Konle-Seidl, 2005) machte Case Management als ein Dienstleistungsansatz von sich reden, der scheinbar Erfolg verspricht, obwohl er seine Entwicklung zunächst in einem ganz anderen sozialen Feld begann. Erste Ansätze von Case Management finden sich bereits Ende des 19. Jahrhunderts in der sozialen Gemeinwesenarbeit. Die OECD weist bereits 1935 für Schweden CM-ähnliche Strukturen in der Förderung und Betreuung arbeitsloser Menschen nach (vgl. Poetzsch, 2007), in den USA findet sich 1942 der Begriff erstmals im Kontext der beruflichen Rehabilitation von Unfallversicherungsträgern.

Fallmanagement – ein neuer Weg in die Beschäftigungsförderung

Die aktuellere Entwicklung neuerer Case Management-Ansätze begann mit staatlichen Medicare- und Medicaid-Programmen seit Mitte der 60er-Jahre in den USA. Medicare sah als staatliches Programm eine öffentliche Krankenversicherung für ältere und/oder behinderte Menschen vor. Bill Clinton versuchte 1993, Medicare im Rahmen eines ehrgeizigen Programmes zu reformieren, scheiterte aber. Die aktuellen Versuche von Barack Obama zur Reform des Gesundheitswesens in den USA zeigen, wie schwierig eine Übertragung von Wohlfahrtsmodellen ist.

Parallel dazu wurden in den USA die sozialen und gesundheitlichen Dienstleistungen ab Anfang der 70er-Jahre reorganisiert. Insbesondere psychisch kranke und schwerstbehinderte Menschen wurden aus stationären Einrichtungen entlassen und sollten im angestammten Lebensumfeld betreut werden. Diese „De-Institutionalisierung" brachte nun die Notwendigkeit mit sich, für die Entlassenen, die man oft buchstäblich auf die Straße gesetzt hatte und die dort hilflos blieben, eine hinreichende ambulante Betreuung durch soziale und medizinische Dienste zu organisieren" (Wendt W. R., 2010, S. 17 f.). Ab Mitte der 70er-Jahre finden sich zunehmend Belege in amtlichen Dokumenten, in denen das Verfahren „Case Management" oder die Funktion eines Case Managers geltend festgelegt wird. So veröffentlichte 1977 das National Institute of Mental Health ein Unterstützungsprogramm, in dem Case Management als Verfahren verbindlich vorgeschrieben wurde (vgl. Ewers, 2005, S. 62 ff.).

Es lag nahe, die praktizierten Ansätze auch auf andere Felder sozialer und gesundheitsbezogener Dienstleistungen auszudehnen: die Altenpflege und -versorgung, die Behindertenbetreuung, die psychosoziale Betreuung, die Kinder- und Jugendhilfe, die Suchtberatung, die Psychiatrie oder Bewährungs- und Straffälligenhilfe. Da in vielen Fällen, insbesondere bei noch grundsätzlich Erwerbsfähigen, auch die Frage der kurz-, mittel- oder längerfristigen Integration in den Arbeitsmarkt zu klären war, enthielten diese Betreuungsformen immer häufiger auch Anteile der Beschäftigungsförderung (zum Überblick vgl. Wendt, 2011).

Für die Entwicklung des beschäftigungsorientierten Fallmanagements waren in der Bundesrepublik drei Ereignisse von besonderer Bedeutung:

1. Noch in der Endphase der Regierung Kohl gab es erste Überlegungen zu einer einheitlichen Reform der Arbeitslosen- und Sozialhilfe. Die Regierung Schröder initiierte im Jahr 2000 das Gesetz zur Verbesserung der Zusammenarbeit von Arbeitsämtern und Trägern der Sozialhilfe und finanzierte Modellprojekte, in denen die Träger unterschiedliche Formen der Zusammenarbeit erproben sollten. Im Abschlussbericht der wissenschaftlichen Begleitforschung heißt es zum Fallmanagement: „Als besonders wirkungsvoll und effizient haben sich die Projekte erwiesen, die ihren Betreuungsprozess durch die Einrichtung gemeinsamer Anlaufstellen in einem der Ämter oder als eigenständige Agentur außerhalb, durch gemeinsames Fallmanagement und durch den gemeinsamen Einsatz von Förder- und Vermittlungsinstrumenten eng verzahnt haben" (infas, 2004, S. 168). Bedeutsam war dabei die „zentrale Funktion von Fallma-

Historische Aspekte und Entwicklung in Deutschland

nagement als Mittel der Prozesssteuerung. Dahinter steht ein ganzheitlicher Betreuungs- und Vermittlungsansatz, der den Handlungsbedarf an der konkreten Ausgangssituation und dem Bedarf des Einzelfalles festmacht. Vermittlung der Zielgruppe ‚Hilfebedürftige' kann sich diesem Verständnis zufolge nicht auf einen Matchingprozess von beruflicher Qualifikation und offenen Stellen beschränken" (ebd., S. 189).

2. Noch vor der Vorlage der abschließenden Evaluation der Modellversuche beauftragte die Bundesregierung am 22. Februar 2002 insgesamt 15 Mitglieder einer Kommission um den damaligen Personalvorstand bei Volkswagen, Peter Hartz, ein Reformkonzept für den Arbeitsmarkt vorzulegen, mit dem die Krise des bundesrepublikanischen Arbeitsmarktes erfolgreich beendet werden sollte. In diesem Bericht, der die Grundlage für zahlreiche Reformvorhaben und Gesetzesänderungen in der Folgezeit war, tauchte für eine breitere Öffentlichkeit wahrnehmbar auch erstmals der Begriff des Fallmanagers im Zusammenhang mit den zu bildenden Jobcentern auf (vgl. Kommission für moderne Dienstleistungen am Arbeitsmarkt, 2002, S. 79). Die Aufgabe der Fallmanager besteht darin, in einem einheitlichen Jobcenter, welches für alle individuellen und strukturellen Probleme des Arbeitsmarktes als einheitliche lokale Anlaufstelle fungieren soll, Leistungsempfänger mit weitergehendem Bedarf (Betreuungskunden) zu beraten und zu betreuen. Erkennbar ist, dass bis in die Begrifflichkeit hinein auch die jetzige Bundesregierung an Geist und Sprache dieses Kommissionsberichtes festhält, sich aber freilich von einer angekündigten 1:1-Umsetzung der Vorschläge verabschiedet hat. Zusammensetzung, Spielregeln und politische Bedeutung der Hartz-Kommission sind zwischenzeitlich gut untersucht und in der Bedeutung für die Politikberatung in den Fokus der Politikwissenschaften gerückt (vgl. Siefken, 2006).

3. Mit der Vorlage des Abschlussberichtes begann die Regierung Schröder mit der gesetzlichen Umsetzung der dort skizzierten Reformideen (Hartz-Gesetze I–IV). Im Sommer 2003 legte sie als letzten Baustein ihren ersten Entwurf zur Zusammenlegung der bisherigen Leistungssysteme Arbeitslosen- und Sozialhilfe vor. In der Begründung wies der Gesetzgeber an zahlreichen Stellen auf die nach seiner Meinung wesentliche Dienstleistung des Fallmanagements hin, auch wenn er im Gesetz selbst die Sprachregelung des „persönlichen Ansprechpartners" (§§ 4, 14 SGB II) wählte. So strebt er ein Verhältnis zwischen Fallmanagern und Leistungsempfängern von 1:75 an (BT-Drucksache 15/1516: S. 5, 86, 90), bezeichnet Fallmanagement zur schnellstmöglichen Überwindung der Hilfebedürftigkeit als Kernelement der neuen Leistung (ebd., S. 44), ordnet erwerbsfähigen Hilfeempfängern einen Fallmanager als persönlichen Ansprechpartner zu (ebd., S. 46) und weist dem Fallmanagement spezifische Funktionen zu (ebd., S. 46/47, 51). Ein kompetentes Fallmanagement soll zudem alle Einflussfaktoren für die berufliche Eingliederung berücksichtigen und alle erforderliche Unterstützung geben, die sich mit den Grundsätzen der Wirtschaftlichkeit und Sparsamkeit vereinbaren lässt (ebd., S. 54).

Fallmanagement – ein neuer Weg in die Beschäftigungsförderung

Es wird folglich zu prüfen sein, ob Fallmanagement im Kontext des SGB II eine sinnvolle und Erfolg versprechende Betreuungsmethode für Menschen darstellen kann, die unabhängig von der Frage der Entstehungsursachen mit besonderen arbeitsmarktlichen Integrationsschwierigkeiten zu kämpfen haben.

2.3 Chancen und Risiken für ein Fallmanagement in der Beschäftigungsförderung der Grundsicherung

Fallmanagement findet im Sozialgesetzbuch II (SGB II) unterschiedliche Bedingungen vor. Zu den Faktoren, die die Einführung eines Fallmanagements begünstigen, gehören:

- Die Möglichkeit zur intensiven direkten Betreuung, Beratung und Vermittlung von Menschen mit einer klaren Zielausrichtung.

- Die Möglichkeit, Dienstleistungen selber zu erbringen (Sicherstellung des Lebensunterhaltes, Vermittlung und berufliche Beratung, arbeitsmarktliche und soziale Integrationsleistungen).

- Die (limitierten) finanziellen Ressourcen für fachlich gebotene Dienstleistungen Dritter im Rahmen des Eingliederungsbudgets.

- Die Stärke der beiden bisherigen Grundsicherungsträger in den gemeinsamen Jobcentern führt darüber hinaus zu einer deutlich realistischeren Chance, möglichst viele Partner zu einem funktionierenden Netzwerk in der Beschäftigungsförderung zusammenzuschließen. Ob dieser Vorteil durch die stärkere lokale Bindung der Akteure auch in den kommunalen Jobcentern realisiert werden kann, wird zu beobachten sein.

- Die Breite des Instrumentariums und der Einwirkungsmöglichkeiten, zuletzt noch durch das Bildungs- und Teilhabepaket erweitert, stellt in der ansonsten statisch versäulten Landschaft der Sozialversicherungsträger ein bislang einmaliges Hilfepaket dar.

Unabhängig davon zeigen die bisherigen Entwicklungsversuche allerdings auch, dass es im Rahmen der institutionellen Grundsicherung durchaus strukturelle und individuelle Hindernisse und Widerstände gibt, die die Implementierung eines wirkungsvollen Fallmanagements erschweren:

- Die Einführung und Weiterentwicklung der Grundsicherung als Gesetzesvorhaben wurde durchgehend von negativen Begriffen konnotiert. Kostenexplosion, Leistungsmissbrauch, Organisationswirrwarr und faule Kompromisse hat man der Öffentlichkeit immer wieder als Leitbegriffe präsentiert (vgl. Eichhorst & Sesselmeier, 2006; Aust & Müller-Schoell, 2007), die die eigentlich positive betreuende und vermittlungsorientierte Stärkung des Ansatzes unterminierten. Dies blieb nicht ohne Einfluss auf Mitarbeiter und betroffene Hilfebedürftige und erschwerte das für ein erfolgreiches Fallmanagement erforderliche „Arbeitsbündnis".

Chancen und Risiken für ein Fallmanagement

- Zudem hat es der Gesetzgeber bis heute unterlassen, das Prinzip des Case Managements als verbindliche Leistung im SGB II zu verorten. So bleibt es weitgehend den Verantwortlichen vor Ort selbst überlassen, ob und wie sie CM in ihren Organisationen implementieren.
- Fallmanagement in der Grundsicherung ist klar systemgesteuert. Grundsätzlich ist dies für ein Case Management kein ungewöhnlicher Ansatz, jedoch ist der Ausgleich zwischen den fiskalischen Interessen der Organisation und des Gesetzgebers und den individuellen Bedarfs- und Unterstützungsanliegen nicht einfach herzustellen.
- Die Mittlerfunktion, die der Aufgabe der persönlichen Ansprechpartner im Sozialgesetzbuch II generell übertragen wird, bedarf gut qualifizierter Fachkräfte, die im Zweifel auch ihre anwaltliche Funktion für die Kunden nach innen tragen und berechtigte Anliegen nachdrücklich vertreten. Im Hinblick auf den Qualifizierungsstand und die arbeitsvertragliche Absicherung sind noch erhebliche Mängel zu konstatieren, die einer glaubwürdigen Einführung des Fallmanagements entgegenstehen (vgl. Udsching, 2011).
- Die vorhandenen Organisationsstrukturen der beiden Grundsicherungsträger erweisen sich als sehr zählebig. Dem sicherlich vorhandenen Veränderungsdruck und den neuen Steuerungsmechanismen setzen sie ein Beharren auf bewährte Ablaufschemata oder eine primäre Orientierung auf geschäftspolitische Ziele entgegen, die dem Fallmanagement nicht gerecht werden können. „Dies liegt nicht am ‚bösen Willen' der lokalen Akteure, sondern hat viel damit zu tun, dass die umkämpfte ‚Pfadabhängigkeit' zu Strukturen geführt hat, die Fallmanagement erschweren und zum Teil sogar marginalisieren" (Kolbe & Reis, 2008, S. 127).
- Umgekehrt erschweren rigide Steuerungsmechanismen, insbesondere in der Bundesagentur für Arbeit, ein offenes und flexibles Vorgehen in der Betreuungsarbeit. Die systematische Verengung von Zielkorridoren und Lösungsoptionen führt bei der Struktur des Klientel und der Vielfalt der Bedarfslagen aus Sicht der Mitarbeiter „zum Aufbau von Parallelwelten" (Reis & Ludwig, 2011, S. 75).
- Nicht zuletzt sind die ungleichen Personalressourcen zwischen SGB II und SGB III zu kritisieren. Wenn mittlerweile mehr als zwei Drittel der arbeitslosen Menschen in der Grundsicherung betreut werden, kann es nicht sein, dass im marktnäheren Bereich der Arbeitslosenversicherung der Betreuungsschlüssel – wenn auch regional unterschiedlich – deutlich günstiger ist als in der Beschäftigungsförderung der Grundsicherung.

Mehr als fünf Jahre nach der Einführung fassen Brussig & Knuth (2011) ihre Expertise zur Zukunft der Grundsicherung unter den Schlagworten „individualisieren, konzentrieren und intensivieren" zusammen und markieren damit die Richtung, in die sich die Grundsicherungsarbeit zukünftig entwickeln sollte.

Fallmanagement – ein neuer Weg in die Beschäftigungsförderung

Insofern ist es noch zu früh, ein abschließendes Urteil über das Fallmanagement in der Beschäftigungsförderung generell und die Grundsicherung im Speziellen zu fällen. Im Gegensatz zu vielen anderen Einsatzgebieten des Case Managements verdichten sich jedoch die Hinweise, dass ohne Verbindlichkeit in der Netzwerkarbeit und der Möglichkeit, auf erkannte Bedarfe notfalls mit entsprechenden Finanzierungen reagieren zu können, Case Management kaum wirkungsvoll implementiert werden kann. Die Verzahnung der Daten aus individuellen Fällen und die Rückkoppelung an eine Steuerungsebene, die diese Daten bündelt und für eine Weiterentwicklung der Hilfelandschaft nutzt, ist bisher eindeutig unzureichend. Dennoch sind die Bedingungen in Konstruktionslagen mit öffentlichem Auftrag und öffentlicher Finanzierung oftmals besser als bei Angeboten freier Träger ohne Budget.

Arbeitsmarkt – Arbeitslosigkeit – Armut

3.1 Bewegungsprozesse am Arbeitsmarkt und in der Arbeitsförderung	26
3.2 Arbeitsmarktsituation	27
3.3 Fordern und Fördern	32
3.4 Widersprüche im Aktivierungsparadigma	34
3.5 Arbeitslosigkeit und Armut	38
3.6 Armutsfolgen	39
3.7 Individuelle Folgen der Arbeitslosigkeit	42

3.1 Bewegungsprozesse am Arbeitsmarkt und in der Arbeitsförderung

Die Wirtschafts- und Arbeitsmarktkrise hat sich in Deutschland weit weniger dramatisch ausgewirkt als in anderen Ländern Europas/der OECD. Insgesamt ist die arbeitsmarktpolitische Strategie Deutschlands in der Krise aufgegangen und führte zu einer deutlichen Wertschätzung im europäischen und internationalen Raum (vgl. Eichhorst, 2011), nachdem man arbeitsmarktpolitisch mehr als 20 Jahre als der „kranke Mann" in Europa galt. So urteilte die ILO (2012, S. 10): „Soziale Integrationsmaßnahmen waren von entscheidender Bedeutung für den deutschen Erfolg bei der Bewältigung der Krise und sollten als Grundlage für zukünftige Maßnahmen dienen. Im Vergleich zu anderen entwickelten Volkswirtschaften war Deutschlands Antwort auf die Krise recht umfassender Art: Verschiedene Initiativen wurden ins Leben gerufen, um sich den Einsatz von Sozialleistungen zur Stabilisierung der Beschäftigung zunutze zu machen, wobei gleichzeitig arbeitsmarktpolitische Ziele und Arbeitsanreize berücksichtigt werden müssen. Deutschland hat auch konzertierte Anstrengungen zur Stärkung der Netze der sozialen Sicherheit unternommen, die von einer Unterstützung auf Unternehmensebene flankiert wurden, um die Existenzfähigkeit der Unternehmen zu sichern. Dies war doppelt nutzbringend, da zum einen der Schwerpunkt auf der Beschäftigungssicherung lag und zum anderen die Binnennachfrage und die heimischen Unternehmen durch Einkommenszuwächse gefördert wurden. In vielen Fällen wurde diese Maßnahme durch einen effektiven sozialen Dialog unterstützt. Mit Blick in die Zukunft ist es wichtig, dass ein solcher sozialintegrativer Ansatz – der sich als so erfolgreich für die Bewältigung der Krise erwies – weiter verfolgt wird. Deutschland würde mit weiteren großen wirtschaftlichen und sozialen Erfolgen belohnt." Bedeutsam für die ILO war, dass die arbeitsmarktorientierten Strategien konsequent auch an sozialorientierte Strategien gekoppelt wurden.

„Fälle" sind gemacht, d. h. sie sind das Ergebnis einer Festlegung beziehungsweise eines Sortierprozesses, an dem unterschiedliche Akteure beteiligt sein können (vgl. Ragin zitiert nach Wendt, 2010, S. 46). Zunächst entsteht Arbeitslosigkeit aufgrund eines negativen Selektionsprozesses, in der Arbeitsmarktforschung „Creaming" genannt. Diese Praxis der „Bestenauslese" nutzen Firmen, wenn sie sich von vermeintlich weniger leistungsfähigen Mitarbeitern trennen wollen (Creaming 1) und in diesem Zusammenhang Ranghierarchien bilden. Firmen „creamen" mit derselben Praxis weiter, wenn es darum geht, einen neuen Mitarbeiter einzustellen, der möglichst optimal auf die ausgeschriebene Position passt, somit die höchste produktive Leistung verspricht und die geringsten Einarbeitungskosten verursacht (Creaming 2). Wer es auf Anhieb bei einer Neueinstellung nicht schafft, meldet sich arbeitslos. In den Arbeitsagenturen werden nach der neuen Steuerungslogik die Kunden gefördert, die den höchstmöglichen „Ertrag" der arbeitsmarktlichen Investition versprechen, sprich eine größtmögliche Rückkehrwahrscheinlichkeit in den Arbeitsmarkt aufweisen

(Creaming 3). Wer es innerhalb der definierten Zeiten des Bezuges der Lohnersatzleistung Arbeitslosengeld I (SGB III) nicht schafft, einen neuen Job zu finden, wird – sofern Bedürftigkeit vorliegt – von den Jobcentern betreut (Creaming 4). In beiden Rechtskreisen von Arbeitsförderung und Grundsicherung sind weitere Creamingprozesse zu beobachten, die die Notwendigkeit und das Ausmaß der Betreuung durch die Mitarbeiter festlegen.

Arbeitsmärkte sind dynamische Märkte, sie zeigen einen hohen Umschlag beim Abbau und Aufbau von Beschäftigung. Innerhalb Europas wechseln schätzungsweise ca. 20 Prozent aller Arbeitnehmer jährlich ihren Arbeitsplatz, entsprechend ist auch die Arbeitslosigkeit kein Monolith. Allein 2011 meldeten sich im Jahresverlauf 8,22 Millionen Menschen bei einer Arbeitsagentur oder einem Jobcenter arbeitslos, während gleichzeitig 8,45 Millionen ihre Arbeitslosigkeit beendeten, davon 2,72 Millionen mittels Aufnahme einer sozialversicherungspflichtigen Beschäftigung (Bundesagentur für Arbeit – Statistik, 2012).

Strukturell sind es vor allem vier Faktoren, die darüber entscheiden, ob Arbeitnehmer und Arbeitgeber zusammenfinden (Arbeitsmarktausgleich):

1. Stimmen Arbeitsplatzanforderungen und Kompetenzprofil des Arbeitsuchenden weitgehend überein? → Qualifikationsanforderungen

2. Ist das Arbeitsplatzangebot attraktiv genug? → Anforderungen an Arbeitsplatzqualität und Lohnhöhe

3. Sind die Menschen dort, wo Arbeitskräfte gesucht werden? → Mobilitätsanforderungen

4. Wissen die Betroffenen davon, welche Arbeitnehmer wo gesucht werden? → Informations- und Transparenzanforderungen

An diesen zentralen Fragestellungen sind die Träger der Grundsicherung (Jobcenter) und die Beratungsdienste der Bundesagentur für Arbeit zentral beteiligt.

3.2 Arbeitsmarktsituation

Die eher trostlose Situation am Arbeitsmarkt in den vergangenen Jahrzehnten hat sich aufgrund der wirtschaftlichen Dynamik der letzten Jahre trotz Finanzkrise, IT-Blase und Euroschwäche verbessert, zumindest für die Bundesrepublik Deutschland.

Selbst bei einer erwarteten Eintrübung der guten Wirtschaftsdaten dürften sich langsam die strukturell gravierenden Auswirkungen der demografischen Entwicklung zeigen. „Die demografische Entwicklung ist in einem hohen Grad vorbestimmt. Hierfür sind drei Gründe verantwortlich. Erstens hängt die künftige Alterung von der gegenwärtigen Altersstruktur der Bevölkerung ab. Zweitens ist die Geburtenrate seit langer Zeit stabil und selbst eine massive Änderung der Geburtenhäufigkeit dürfte sich frühestens in 20 bis 30 Jahren am Arbeitsmarkt auswirken. Drittens spielt die Sterblichkeit für das Arbeitskräftepotenzial keine spürbare Rolle. Damit lässt sich mit hoher Sicherheit prognostizieren, dass in West- und Ostdeutschland das Arbeitskräftepotenzial aus rein demografischen Gründen erheblich zurückgehen wird. Eine vollständige oder wenigstens weitgehende Kompensation durch das Erwerbsverhalten oder die Zuwanderung scheitert an der Stärke des demografischen Effekts. [...] Dennoch haben diese Trends auch ihre positiven Seiten. Die Demografie erhöht den gesellschaftlichen Druck, bislang brachliegendes Arbeitskräftepotenzial besser auszuschöpfen. Damit steigen die Chancen, dass die Arbeitsleistung Älterer stärker als bisher anerkannt wird und der Gleichberechtigung von Mann und Frau am Arbeitsmarkt sowie der besseren Vereinbarkeit von Familie und Beruf eine noch höhere Priorität eingeräumt wird. Auch das Ziel einer besseren gesellschaftlichen Integration von Migranten dürfte dadurch einen höheren Stellenwert erhalten" (Fuchs, Söhnlein & Weber, 2011, S. 9).

Auch wenn sich ein nachhaltiger Fachkräftebedarf bisher nur im Bereich der IT- und Ingenieurberufe oder der Pflege zeigt, verändern sich die Arbeitsmarktsignale. Einige Hinweise darauf sind:

a) *Die (Lohn-)Verhandlungsmacht der Arbeitnehmerseite steigt,* was mittelfristig zur Hoffnung berechtigt, dass sich – neben Verbesserungen der Arbeitsqualität – auch die „Aufstockerproblematik" entspannt. „Besetzungsprobleme beobachten wir in Übereinstimmung mit Beobachtungen aus der betrieblichen Praxis verstärkt im produzierenden Gewerbe und häufig bei hohen qualifikatorischen Anforderungen, teils auch bei schwierigen Arbeitsbedingungen der Stelle. Darüber hinaus weisen wir Zusammenhänge zwischen auftretenden Besetzungsverzögerungen und der betrieblichen Bereitschaft zu Zugeständnissen nach. Offenbar wächst, insbesondere wenn der betrieblich gewünschte Einstellungstermin ohne Sucherfolg überschritten ist, die Bereitschaft der Betriebe zu Lohnzugeständnissen und dazu, arbeitslose Bewerber zu akzeptieren" (Heckmann, Noll & Rebien, 2010, S. 4).

b) *Die Integrationschancen für gering qualifizierte Bewerber steigen:* Projiziert man die bisherigen Qualifikationsstrukturen bis 2025, so zeigt sich, dass knapp 3,2 Millionen Menschen ohne formale berufliche Qualifikation in diesem Zeitraum aus dem Erwerbsleben ausscheiden. Das Neuangebot an Arbeitskräften ohne beruflichen Abschluss schmilzt in dieser Periode auf rund 1,6 Millionen Menschen zusammen (vgl. Kalinowski & Quinke, 2010). Selbst wenn man von einem weiteren Rückgang der Nachfrage nach Personen mit geringerer Qualifikation ausgeht (es bleibt die Frage, ob der massive Arbeitsplatzabbau der letzten Jahrzehnte nicht das Rationalisierungspotenzial in diesem Segment weitgehend erschöpft hat, während Rationalisierungsreserven eher in anderen Sektoren und Qualifikationsstufen zu suchen wären), wird diese Lücke nur kleiner, jedoch nicht geschlossen werden können. Auch die Prognos AG (2011) geht von einem Arbeitskräftesaldo bei Personen ohne beruflichen Abschluss von bis zu einer ¾ Million bis zum Jahre 2030 aus (vgl. Abb. 1).

Arbeitsmarktsituation

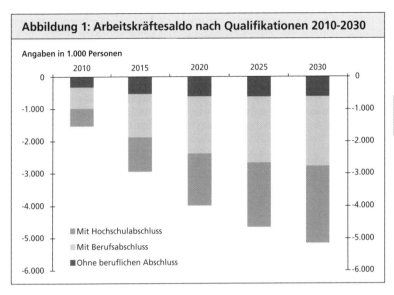

Quelle: Prognos AG, 2011, S. 33

c) Die Chancen, prekäre Arbeit zu verlassen, steigen. Arbeitgeber, die wenig attraktive Angebote unterbreiten, werden zunehmend Besetzungsschwierigkeiten bekommen. Parallel dazu darf erwartet werden, dass sich der bisherige Verdrängungswettbewerb umkehren und zukünftig von oben nach unten verlaufen wird, sprich besser Qualifizierte bewerben sich aufgrund der ungünstigen Marktsituation auf Arbeitsstellen, die eher für schlechter Qualifizierte geeignet wären. Damit wird auch mittelfristig eine Verbesserung der Segmentierung des Arbeitsmarktes absehbar, da sich auch aus ungünstigen und prekären Beschäftigungsverhältnissen wieder Auf- und Ausstiegschancen verbessern. Führungskräfte süddeutscher Jobcenter weisen bereits darauf hin, dass sogenannte Aufstocker aus der Zone der prekären Beschäftigung verlassen und sich in besser bezahlten Jobs wiederfinden.

Solche Projektionen sind naturgemäß immer mit großen Unsicherheiten verbunden. Neuere Studien zeigen, dass „sich vor allem im Hinblick auf die zeitliche Dimension sowohl bei der Qualifikationsentwicklung als auch bei den Berufshauptfeldern folgende Unterschiede ergeben:

- Eintreten eines gesamtwirtschaftlichen Engpasses erst gegen 2030,
- leichtes konstantes Überangebot an akademisch Ausgebildeten bei zeitgleich zunehmenden Engpässen bei Fachkräften mit mittleren Bildungsabschlüssen sowie
- Milderung der Engpässe in akademischen Berufen und solchen mit hohen eigenen Ausbildungsanteilen. Weiterhin herrscht eine hohe Arbeitsmarktanspannung im Bereich der Gesundheitsberufe vor.

Arbeitsmarkt – Arbeitslosigkeit – Armut

Ursache hierfür ist einerseits das veränderte Bildungsverhalten junger Menschen, das einen vermehrten Zugang zu akademischen Bildungsabschlüssen ausweist, sowie zum anderen die höheren Erwerbsquoten von Älteren und Frauen. Die bildungs- und arbeitsmarktpolitischen Maßnahmen […] scheinen hier ihre Wirkungen zu zeigen. Es gilt, diese Veränderungen zu sichern, aber zugleich zu beobachten, um ein mögliches ‚Überschießen' der Wirkungen zu vermeiden. Auf einen drohenden Engpass im mittleren Qualifikationsbereich sollte angemessen reagiert und nicht nur ausschließlich die Erhöhung der Akademikerquote präferiert werden" (Helmrich, Zika, Kalinowski & Wolter, 2012, S. 9 f.).

Während die Prognosstudie (vgl. Abb. 1) in allen Qualifikationsstufen eine zunehmende Fachkräftelücke bis 2030 prognostiziert, ziehen BiBB und IAB andere Schlussfolgerungen: Der Bedarf an Arbeitskräften *ohne eine abgeschlossene Berufsausbildung* wird leicht sinken. Das entsprechende Angebot wird seinerseits etwas langsamer zurückgehen, womit sich das bestehende Überangebot leicht vergrößern wird. Diese Personengruppe wird damit auch künftig keine besseren Beschäftigungschancen auf dem Arbeitsmarkt vorfinden. Jedoch bietet sich hier die Möglichkeit, insbesondere bei Neuzugängen und jüngeren Erwerbspersonen, durch frühzeitige Intervention beziehungsweise Nachqualifizierungen Potenziale für die mittlere Fachkräfteebene zu gewinnen" (ebd., S. 4). Zwar sieht auch die Europäische Union den grundlegenden Bedarf nach besser qualifizierten Arbeitskräften, rechnet bis 2020 aber bei den ungelernten Arbeitsplätzen mit einem Ersatzbedarf von rund 8,4 Millionen Arbeitnehmern, sodass hier die Entwicklung etwas positiver geschätzt wird, zumal eine leichte Zunahme in diesem Beschäftigungssektor gegenüber der IAB-Projektion gesehen wird (Europäische Kommission, 2011, auf Basis von CEDEFOP-Daten).

Wendet man sich der konkreten Arbeitsmarktsituation zu, belegt Tabelle 1, dass sich auch die Langzeitarbeitslosigkeit, die viele Jahrzehnte der Verstetigung und Persistenz hinter sich hat, zurückgegangen ist. Dennoch ist die Zahl der Langzeitarbeitslosen weiterhin zu hoch und deutet auf einen Kern verfestigter Ursachen für dieses Problem hin. „Fehlende Schul- und Ausbildungsabschlüsse, gesundheitliche Einschränkungen, lange Verweildauern im Grundsicherungsbezug, ein höheres Alter (50 Jahre und älter), eine begrenzte Beherrschung der deutschen Sprache, die Pflege von Angehörigen sowie Mutterschaft. Je mehr dieser Merkmale gleichzeitig vorliegen, desto niedriger sind die Eingliederungschancen" (Dietz, Stops & Walwei, 2012, S. 29). In der arbeitsmarktlichen Bewertung um die Wirkungen von Hartz IV fallen die Urteile ambivalent aus; vieles deutet weiterhin auf verfestigte Meinungsbilder und wenig wissenschaftlichen Austausch.

Fehr & Vobruba kamen zu dem Ergebnis, dass sich die Dauer individueller Arbeitslosigkeit vor und nach der Einführung der Grundsicherung nicht signifikant veränderten und schlossen daraus: „Es wäre ja denkbar, dass die Umstellung von Sozial- und Arbeitslosenhilfe auf Alg II neben ihrem ‚Erfolg' bei der Gestaltung von Arbeitsanreizen und Verweildauern auch soziale und politische Probleme nach sich gezogen hat: eine Zunahme von sozialer Ungleichheit und Armut, höhere Beschäftigungsunsicherheit sowie Armut trotz Arbeit (working poor), die als soziale Reformkosten zu Buche schlagen und Gerechtigkeitsnormen verletzen. Wir haben eingangs betont, dass dies hier nicht unser Thema ist. Aber wenn die Hartz-IV-Reform gegen gesellschaftlich breit geteilte Gerechtigkeitsvorstellungen verstoßen hat, dann steht diesen Kosten kein Nutzen gegenüber" (Fehr & Vobruba, 2011, S. 216). Die Ablehnung – insbesondere aus dem Feld der Sozialen Arbeit – dieser Reform gegenüber ist nachhaltig und lautstark. Auf der anderen Seite argumentieren Ökonomen, dass „der Beschäftigungserfolg in Deutschland [...] teilweise die Folge eines Rückgangs der strukturellen Arbeitslosigkeit [ist]. Dies wiederum ist wesentlich auf die Arbeitsmarktreformen in der vergangenen Dekade zurückzuführen. [...] Trotz des offensichtlichen Erfolgs der Reformen wird derzeit darüber diskutiert, ob die Anpassungen der Arbeitsmarktpolitik an die Erfordernisse der Zeit zurückgenommen werden sollen. Dies würde die bisher erreichte Entwicklung und damit einen weiteren Weg zur Vollbeschäftigung gefährden" (Straubhaar, 2012, S. 5, ähnlich Möller, Walwei, Koch, Kupka & Steinke, 2009; Boss, Christensen & Schrader, 2010).

Dennoch kann ein neutraler Beobachter erkennen, dass sich beide Seiten aufeinander zubewegen. Dies umso schneller, wie sich die Erfolge am Arbeitsmarkt auch stabilisieren und der Hoffnung auf Vollbeschäftigung Nahrung geben. Die sich doch zeigenden extremen Entwicklungen auf dem prekären Beschäftigungsmarkt und im Niedriglohnsektor führen dazu, dass auch die Befürworter der Reform mittlerweile einige Korrekturen am Gesamtpaket der damaligen rot-grünen Bundesregierung fordern. Andererseits nehmen auch Kritiker der Reform mittlerweile zur Kenntnis, dass die Einführung der Grundsicherung für Arbeitsuchende nicht das Ende des Sozialstaates eingeläutet hat.

Zumindest für die Menschen, die sich mit den Anforderungen eines regulären Arbeits- und Ausbildungsstellenmarktes schwer tun, scheint die Situation auch in den nächsten Jahren nicht leichter zu werden. Die Aufgabe, sich um die soziale und arbeitsmarktliche Teilhabe mit den Betroffenen zu kümmern, bleibt den Jobcentern sicherlich erhalten.

Das beschäftigungsorientierte Fallmanagement als Verfahren bietet sich für diese Aufgabe an, denn es ist darauf ausgerichtet, „Menschen in komplexen Problemlagen, zu deren Lösung eine Beteiligung mehrerer Akteure (Leistungserbringer), die in einem kooperativen Prozess aufeinander abgestimmt agieren" (DGCC, 2011, S. 12), zu betreuen. So verstanden wird Fallmanagement zu einem Creaming mit geänderten Vorzeichen, denn hier wird das Creaming nicht als Aussortierungsprozess verstanden, sondern als eine (nicht uneigennützige) „Sorgeleistung" des Gemeinwesens für diejenigen, die sich aus eigener Kraft zumindest zeitweise nicht mehr den Anforderungen eines dynamischen Arbeitsmarktes stellen können. „Grundsicherungssysteme von der Armenfürsorge bis zu Hartz IV sind historisch als

Arbeitsmarkt – Arbeitslosigkeit – Armut

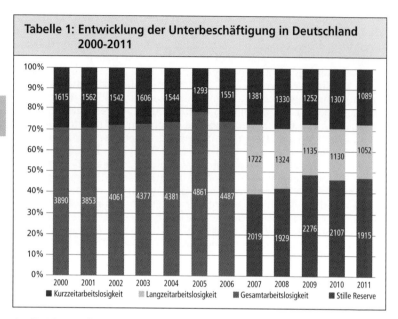

Quelle: Dietz et al., 2012, S. 22
Geringe Abweichungen der Kurz- und Langzeitarbeitslosigkeit von der Gesamtzahl der Arbeitslosen aufgrund fehlender Werte (< 1 Prozent); vergleichbare Daten für Kurz- und Langzeitarbeitslosigkeit erst ab 2007 verfügbar. Auf Basis Statistik der BA, Berechnung IAB

‚letzte Auffangsysteme' des Wohlfahrtsstaates konzipiert. Ihnen eingeschrieben ist der Gedanke, dass die Solidarität der Gesellschaft mit denjenigen Mitgliedern eine Befriedigung der – für alle Betroffenen ähnlichen – materiellen und kulturellen Grundbedürfnisse ermöglicht, die dazu selbst nicht imstande sind" (Achatz et al., 2009, S. 232 f.).

3.3 Fordern und Fördern

Nun ist der Vorgang des Creaming Teil eines üblichen und von allen genutzten Selektionsprozesses. Sowohl in den Personalauswahlprozessen der Unternehmen wie in den Vermittlungsdienstleistungen der öffentlichen und privaten Vermittlungsdienste spielt Subjektivität bei der Bewertung „weicher Faktoren" (Soft Skills) immer eine große Rolle. Wir verfügen noch nicht über geeignete Diagnosesysteme, die es erlauben, über formale Merkmale wie Qualifikation, Alter und Dauer der Arbeitslosigkeit etc. hinaus die Vermittlungs- und Beschäftigungshemmnisse von Personen detailliert zu bestimmen (Knuth, 2000, S. 169). Creamingprozesse können dann positiv wirken, wenn sie vor Überforderung schützen und als Typologisierungshilfe gezieltere Hilfestellung ermöglichen. Sie können auch destruktiv wirken, wenn sie exkludierende Zuschreibungen vornehmen und Menschen von wesentlicher Teilhabe und der Gewährung inkludierender Leistungen ausschließen. Es ist das Verdienst von Edith Weber-Halter (2011), diesem schmalen Grat zwischen Hilfe und Aussortierung mehr Aufmerksamkeit gewidmet zu haben. Sie führt den zusätzlichen Schritt der „Triage" ein, der inoffiziell nahezu immer durchgeführt wird und Überlegungen zwischen Kostenaufwand und Schadensminimierung erfasst (Weber-Halter, 2011, S. 48 f.). Hierauf wird später noch einzugehen sein.

Neben den arbeitsmarktlichen Prozessen des Creaming, die dadurch gekennzeichnet sind, dass der (Arbeits-)Markt den zu betreuenden Personenkreis aussondert, tritt die individuelle Situation der Betroffenen. Warum verwehrt der Arbeitsmarkt gerade ihnen den Zugang? Sind es objektivierbare Faktoren (Alter, Qualifikation, Nationalität, Schulbildung, fehlende Berufserfahrung etc.), die man gegebenenfalls durch den Einsatz arbeitsmarktpolitischer Instrumente positiv beeinflussen kann? Oder sind es persönliche Hemmnisse (Motivation, Resignation, Anforderungsängste, fehlende Arbeitsmarktorientierung etc.), auf die der Betroffene mehr oder weniger willentlich Einfluss nehmen kann?

Neuere IAB-Studien konnten zeigen, dass sich rund 50 Prozent des Arbeitslosigkeitsvolumens bei zwischen 1950 und 1954 geborenen Personen auf etwa 5 Prozent bei den Männern und 6 Prozent bei den Frauen verteilen. Besonders betroffen in dieser kleinen Gruppe sind ausländische Arbeitnehmer und Personen ohne Abitur beziehungsweise Berufsausbildung. „Arbeitslosigkeit ist in Deutschland sehr ungleich verteilt. Viele Menschen werden in weiten Teilen ihres Erwerbslebens nie arbeitslos, einige wenige sind dagegen besonders stark von Arbeitslosigkeit betroffen" (Müller & Schmillen, 2008, S. 1). Allerdings zeigen die Ergebnisse auch, dass bei späteren Geburtsjahrgängen ein immer größer werdender Anteil Erfahrungen mit der Arbeitslosigkeit macht.

Das Prinzip „Fordern und Fördern" setzt, will es sozialstaatlich fair bleiben, zwei Dinge voraus:

a) Beide Seiten müssen in einem Gleichgewicht stehen.
b) Beim Fordern müssen sich Perspektiven ergeben, die für die Betroffenen eine Verbesserung darstellen.

Es gibt bisher keine plausiblen Hinweise, dass Menschen in der Grundsicherung mehrheitlich weniger arbeitswillig sind als beschäftigte Menschen oder Arbeitslose im Rechtskreis des SGB III. „Insgesamt lässt sich feststellen, dass die Hartz IV-Arbeitslosen nicht weniger arbeitsmarktnah sind als die SGB III-Arbeitslosen" (Brenke, 2008, S. 683). Im Vergleich zur Gesamtbevölkerung schätzen sich die Betroffenen selbst sogar aufgrund einer deutlich höheren Arbeitsmotivation und Konzessionsbereitschaft als ausgezeichnet ein. Es bleibt dabei, so resümiert eine Studie, dass „die Mehrheit der Grundsicherungsempfänger [...] vor, nach oder während des Leistungsbezugs am Arbeitsmarkt aktiv ist. Dabei sind sie häufig unterwertig beschäftigt und beziehen oft nur niedrige Stundenlöhne" (Beste, Bethmann & Trappmann, 2010, S. 1). Das primäre Problem, insbesondere in Regionen mit hoher Arbeitslosigkeit, liegt wohl darin, dass die meisten Betroffenen die ungünstige Arbeitsmarktsituation realistisch auf ihre eigenen Bewerbungschancen hin überprüfen und dann zu einer eher resignativ-pessimistischen Einschätzung kommen. Diese nachvollziehbaren Prüfmuster zu thematisieren und statt kurzfristiger Bewerbungshektik eher zu einer mittelfristigen Strategie zu kommen, ist Aufgabe der Vermittlungsfachkräfte wie der beschäftigungsorientierten Fallmanager. Dabei müssen die Lösungsansätze, sofern die Arbeitsmarktsituation keine realistische Perspektive bietet, deutlich über eine eindimensionale Integrationsstrategie für den ersten Arbeitsmarkt hinausgehen.

3.4 Widersprüche im Aktivierungsparadigma

Vermittlungsfachkräfte, Fallmanager und Betroffene nehmen die strukturellen Widersprüche, die die moderne Arbeitsmarkt- und Sozialpolitik im Aktivierungsparadigma hervorruft, durchaus sensibel zur Kenntnis. Strukturelle Widersprüche als Kennzeichen moderner Gesellschaften sind durch staatlich-administratives Handeln nur in die eine oder andere Richtung zu beeinflussen, nicht zu beseitigen. Durch den äußerst weit gefassten Begriff der Erwerbsfähigkeit in der Grundsicherung (§ 8 SGB II), der nahezu alle potenziell Erwerbsfähigen zur Aktivierung einschließt, treten gerade hier diese Strukturelle Widersprüche deutlicher zutage als anderswo. Auf einige sei an dieser Stelle kurz hingewiesen:

- Trotz erheblicher regionaler Unterschiede reicht das zur Verfügung stehende Arbeitsangebot bundesweit weiterhin nicht, allen Arbeitsuchenden ein geeignetes Arbeitsangebot zu unterbreiten. Wie sind diejenigen zu aktivieren, für die es keine Angebote gibt? Was geschieht mit denjenigen, deren wirtschaftlich verwertbare Produktivität auch für einfachste Arbeitstätigkeiten zu gering ist? Die momentane Arbeitsmarktverfassung zeigt, dass viele der vermittelten Menschen innerhalb weniger Monate erneut die Hilfe der Grundsicherung in Anspruch nehmen müssen. Nur rund 55 Prozent der vermittelten Arbeitsplätze dauern länger als sechs Monate und die neu aufgenommenen Beschäftigungsverhältnisse decken oft nicht den notwendigen Bedarf zur Sicherstellung des Lebensunterhaltes (Koller & Rudolph, 2011). Die Orientierung der Beratungs- und Betreuungsarbeit richtet sich aber ganz i. S. des demografischen Wandels daran aus, die arbeitsmarktliche „Reservearmee" zu aktivieren und ist latent mit dem Versprechen auf arbeitsmarktliche Teilhabe (Vollbeschäftigung) verbunden. Dieses Versprechen, das sich momentan in den erodierenden Arbeitsmärkten Südeuropas zeigt, ist historisch ein zentraler Eckpfeiler eines marktwirtschaftlich legitimierten Systems. „Seit der Achtstundenagitation der US-Gewerkschaften der 1890er-Jahre spielt die Vollbeschäftigung in der Arbeiterbewegung und auf der gemäßigten politischen Linken die Rolle von Hoffnung und Prüfstein für eine sozial integrative Teilhabe der Arbeitnehmer ermöglichende Marktwirtschaft" (Promberger, 2012, S. 35).

- Die Zahl derjenigen nimmt zu, die auch in einer Beschäftigung keinen existenzsichernden Lohn erzielen können (working poor). Dies betrifft alle Einkommensformen, auch die Vollzeitbeschäftigten. Obwohl Vollzeitbeschäftigte „den ergänzenden Leistungsbezug bei Erwerbstätigkeit relativ rasch überwinden" können und zu gut 50 Prozent nach zwei Monaten keine aufstockenden Leistungen mehr beziehen (vgl. Bruckmeier, Graf & Rudolph, 2008, S. 25), können die durch die Vermittlungsdienste angebotenen Arbeitsplätze (dies gilt für private wie für öffentliche Arbeitsvermittlung) nicht mehr garantieren, dass trotz Beschäftigungsaufnahme die Menschen nicht mehr auf ergänzende Hilfeleistungen mittels Grundsicherung angewiesen sind. Die Statistiken der Bundesagentur für Arbeit weisen seit Langem aus, dass durchschnittlich 30 Prozent der erwerbsfähigen Leistungsbezieher einer Erwerbstätigkeit nachgehen, darunter zwischen 7 und 8 Prozent einer Vollzeitbeschäftigung. Zudem verfängt sich ein immer größer werdender Teil in den Strukturen eines Niedriglohnsektors (vgl. Abb. 2). Ob sich dieses Arbeitsmarktsegment verfestigt oder ob die anhaltend gute Situation dazu führt, dass die Betroffenen auch Aufstiegschancen realisieren können, muss die nahe Zukunft zeigen.

- Ein weiterer grundlegender Strukturkonflikt für die Mitarbeiter zeigt sich darin, dass es kaum möglich ist, die allzu häufig auch krisenhaften Einzelfälle in ihrer umfassenden Komplexität zu erfassen und unter die vorhandenen Gesetze und Verwaltungsvorschriften zu subsumieren. Die faktische Subsumtion ist jedoch, so Harrach, Loer & Schmidtke (2000, S. 292), „die Voraussetzung für die gerechte Verteilung von knappen Gütern". „Wie dieses – sinngemäß auch auf die Sozialverwaltungen zu übertragende – Strukturdilemma der Sozialarbeit, zugleich Agent sozialer Kontrolle im Dienste der Rechtspflege faktisch sein zu müssen und den Klienten in seiner konkreten sozio-psychischen Hilfebedürftigkeit quasi-therapeutisch in der Wiederherstellung seiner beschädigten Autonomie unterstützen zu sollen, konkret aufzulösen ist, vermag ich nicht zu beantworten" (Oevermann, 2000, S. 72).

- Die zunehmend konfliktären Arbeitsmärkte werfen ebenfalls strukturelle Fragen auf, an denen Vermittlung und Fallmanagement in der Grundsicherung wenig zu ändern vermögen. Konfliktär meint hier, dass die Angebote und Erwartungen der Unternehmen und die Erwartungen und Fähigkeiten der Menschen immer weiter auseinanderdriften. Einige Stichworte mögen hier genügen: Erosion des Normalarbeitsverhältnisses bei unveränderter Orientierung der gesellschaftlichen Mehrheit daran, Destandardisierung der Arbeitszeiten, öffentliche Beschwerden der Un-

Arbeitsmarkt – Arbeitslosigkeit – Armut

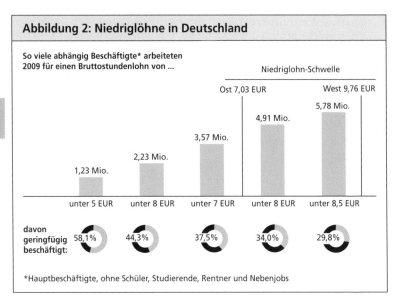

Quelle: Boeckler Impuls, Heft 1/2012, S. 4

ternehmen über mangelnde Motivation und Produktivität vieler arbeitsloser Menschen, Beschwerden der betroffenen Arbeitslosen über nicht existenzsichernde Löhne, entwürdigende Arbeitsbedingungen und frühkapitalistische Verhaltensweisen von Arbeitgebern etc. Teilhabe am Reichtum einer Gesellschaft wie an der gesellschaftlichen Einbindung vollzieht sich weiterhin über ein reguläres sozialversicherungspflichtiges Dauerarbeitsverhältnis, das von den meisten arbeitslosen Menschen angestrebt wird.

- Inwieweit die sozialstaatliche Hilfe und ihre Administration in Behörden tatsächlich Hilfe leistet oder, wie von einigen Autoren betont (vgl. Harrach von, Loer & Schmidtke, 2000, S. 311; Maeder & Nadai, 2004, S. 183 f.; Mehlich, 2005), eher dazu beiträgt, die Betroffenen zu entmündigen und in der Hilfebedürftigkeit festzuhalten, muss hier zunächst offen bleiben. Trotz der klaren Sprachregelung mancher Autoren fehlen die empirischen Belege für beide Argumentationsmuster. Derartige Aussagen bedürften, um empirische Gültigkeit zu erlangen, einer Vergleichsgruppe, die, bei ansonsten gleichen Voraussetzungen, unabhängig von der staatlichen Hilfe in ihrer Lebenslage zumindest mittelfristig besser gestellt wäre. Auffällig ist, dass es im Gegensatz zu vielen anderen Professionen außerhalb der öffentlichen Verwaltung in den Sozialverwaltungen an klaren Orientierungen für professionelles Handeln fehlt. Die Überzeugung, dass allein das Gesetz und hierzu er-

Widersprüche im Aktivierungsparadigma

gangene Vorschriften beziehungsweise richterliche Urteile ausreichten, das Handeln professionell zu rahmen, greift viel zu kurz. Kohärente Konzepte, wie sie in anderen Beratungsfeldern üblicherweise vorhanden sind (Suchtberatung, Schuldnerberatung, Berufsberatung etc.), fehlen im Kontext administrativ-hoheitlichen Beratungshandelns des Sozialgesetzbuches weitgehend. Insbesondere das Fehlen einer ausgearbeiteten Ethik des Verwaltungshandelns wird bemängelt, denn die propagierte Orientierung an Formalzielen, Effizienz und Effektivität sowie Kennziffern schafft eher zusätzliche Verunsicherung und Zielkonflikte als Orientierung und Identifikation (vgl. Harrach von, Loer & Schmidtke, 2000, S. 314). Die Tendenz der Ökonomisierung des Handelns in allen Sektoren öffentlicher Verwaltung, insbesondere aber in den Sozialverwaltungen, verschärft diesen Strukturkonflikt nochmals. Neuere Untersuchungen scheinen zu bestätigen, dass der Trend zur Ökonomisierung der Sozialverwaltungen die Gefahr von Bevormundung und Technokratie vergrößert mit der Folge, dass die Betroffenen kaum noch wirksame Hilfe von den Institutionen erwarten, sondern ihr Handeln auf Unauffälligkeit ausrichten und „versuchen, irgendwie mit der Institution klar zu kommen" (Ludwig-Mayerhofer, Behrend & Sondermann, 2009, S. 13).

- Bei dieser auf quantitative Zahlen hin orientierten Ziellogik geht häufig unter, dass ein großer Teil der Menschen, die Grundsicherungsleistungen beziehen, aufgrund ihrer Lebenssituation gar nicht zu aktivieren sind beziehungsweise schon lange aktiv sind. Die Bundesagentur für Arbeit (vgl. 2011, S. 10) gibt den Anteil mit 43 Prozent der erwerbsfähigen Leistungsberechtigten an, die aufgrund von Erziehung, Pflege, Schule und Ausbildung, Arbeit, Vorruhestand oder Arbeitsunfähigkeit bereits als aktiviert beziehungsweise als nicht aktivierbar gelten. Hier sind zumindest vorübergehend andere Strategien der Betreuung erforderlich, die auch anderen Leitbildern zu folgen haben.

- Letztendlich bleibt ein vielleicht nur subjektiv geprägtes Empfinden, dass ein sicherlich noch kleiner Teil der zu betreuenden Kundschaft immer schwieriger wird. Die Mitarbeiter stellen psychische Erkrankungen, Verhaltensauffälligkeiten, mangelnde körperliche Belastbarkeit und vermehrtes Aggressionspotenzial fest. Es gibt kaum noch Mitarbeiter, die nicht schon in ihrer beruflichen Tätigkeit unmittelbar Erfahrung mit latenter oder offener Gewalt beziehungsweise Gewaltandrohung hatten. Offizielle Statistiken darüber gibt es nicht. Der Bundesverband der Unfallkassen sah sich jedoch bereits dazu veranlasst (vgl. Manz et al., 2011), ein Projekt zur Eindämmung und Verhinderung von Gewalt bei den Grundsicherungsträgern zu initiieren. Überall dort, wo vorgelagerte soziale Instanzen (Schule, Bildungsträger, Familie, Ausbildungs- und Arbeitsmarkt) in ihren Bemühungen scheitern, sind die Mitarbeiter der Grundsicherungsträger das letzte „Auffangnetz" vor den (weg-)schließenden Maßnahmen der Gesellschaft – und auch danach. In der Arbeit der Grundsicherungsträger zeigen sich zuvorderst die ungelösten sozialen Konflikte dieser Gesellschaft. Stoßen sozial marginalisierte oder sich marginalisierende Personengruppen dann auf unreflektierte „Aktivierungsforderungen" der Gesellschaft, sind Konflikte mit den „Agenten der sozialen Kontrolle" vorprogrammiert. Bei immer wieder auch messbaren (Integrations-)Erfolgen überwiegt in diesem Arbeitsfeld die mühsame und häufig auf Widerstand und Ablehnung stoßende, eher an der materiellen Absicherung orientierte Fallarbeit.

All diese strukturellen Dilemmata sind von den einzelnen Mitarbeitern in der Grundsicherung nicht lösbar. Wie diese jedoch in der konkreten Beratungs- und Vermittlungsarbeit bewältigt werden, welche Auswirkungen sie auf die Betroffenen haben und wie Eigenverantwortung der Kunden in diesen Fällen eingefordert wird, bleibt der Professionalität der Fach- und Führungskräfte vor Ort überlassen, die sich dieser sozial- und arbeitsmarktpolitischen Aufgabe stellen müssen. Bereits in soziologischen Verwaltungsstudien der 70er-Jahre vertrat Grunow (1978, S. 10) die These, dass „bürokratische Dilemmata sich am ehesten auf der Ebene der Alltagskontakte und in direkter Interaktion zwischen Bürger und Verwaltungspersonal austragen und/oder ausgleichen lassen".

3.5 Arbeitslosigkeit und Armut

Für die Arbeit des beschäftigungsorientierten Fallmanagements ist in diesem Zusammenhang bedeutsam, die von Armut betroffenen Gruppen zu identifizieren. Insgesamt verfestigt sich der Trend in allen entwickelten Staaten, dass die soziale Ungleichheit zunimmt und so die Gruppe der von dauerhafter Armut bedrohten Personen größer wird. Die Armutsgefährdungsquoten sind in Deutschland konsequent über das letzte Jahrzehnt gestiegen, wenn auch regional nicht einheitlich. Alle Bemühungen unterschiedlicher Regierungen, hieran etwas zu ändern, sind bisher gescheitert. So zieht die Bundesregierung in ihrem Dritten Armuts- und Reichtumsbericht (BMAS, 2008, S. 25 f.) folgendes Resümee:

„Auch im Berichtszeitraum zwischen 2002 bis 2005 hat der Anteil der von einem Armutsrisiko Betroffenen vor dem Hintergrund der ungünstigen konjunkturellen Entwicklung weiter zugenommen. Die Armutsrisikoquote für die Gesamtbevölkerung stieg dieser Datenbasis zufolge um zwei Prozentpunkte. Auch die Armutsrisikoquote der Erwerbstätigen verzeichnet für den Zeitraum 2002 bis 2005 einen deutlichen Zuwachs um drei Prozentpunkte, allerdings auf niedrigerem Niveau. Steigende Werte zeigen auch die Daten zum Risiko der Einkommensarmut von Kindern, Jugendlichen und jungen Erwachsenen."

Insbesondere die Armutsrisikoquote der Arbeitslosen ist mit 43 Prozent mehr als dreimal höher als die der Gesamtbevölkerung (ebd., S. 138). Das Risiko ist sicherlich bei Arbeitslosen in der Grundsicherung nochmals höher, denn Leistungshöhe und Anrechnungstatbestände von Einkommen und Vermögen weichen hier armutsverschärfend von den Regelungen des beitragsfinanzierten SGB III ab. Im Durchschnitt der letzten Jahre befanden sich rund zwei Drittel der registrierten Arbeitslosen im Zuständigkeitsbereich der Grundsicherung. Je besser die konjunkturelle Lage, umso höher wird prozentual der Grundsicherungsanteil. Dabei zeigt sich, dass etwa 50 Prozent der Leistungsempfänger zum härteren Kern der Langzeitarbeitslosigkeit gezählt werden müssen, die als „Armutskern" auch bei einer Verbesserung der Konjunkturlage kaum Anpassungsreaktionen zeigen.

„Ein signifikantes Wachstum des realen Bruttoinlandsprodukts von 3,4 Prozent im Jahr 2006 ging mit einem Rückgang der Armutsgefährdungsquote von gerade einmal 0,7 Prozent einher. Das Gleiche gilt für das Aufschwungsjahr 2010 (+ 3,6 Prozent des BIP). Das Wirtschaftswachstum im Jahr 2007 von 2,7 Prozent wurde sogar von einem leichten Anstieg der relativen Armutsquote begleitet. Gute Konjunkturen, so zeigen die Daten, schlagen nicht mehr auf die Armutsentwicklung durch und werden auch politisch nicht dazu genutzt, die Schere zwischen Arm und Reich wenigstens etwas zu schließen. Auf der anderen Seite führte der wirtschaftliche Einbruch in 2009 (– 4,7 Prozent des BIP) auch nicht zu einem nennenswerten Anstieg der Armutsquote, was insbesondere der damals schnell eingeführten Kurzarbeiterregelung und der damit erfolgreichen Bekämpfung der krisenbedingten Arbeitslosigkeit geschuldet war" (Deutscher Paritätischer Wohlfahrtsverband, 2011, S. 3).

Aus der Perspektive des beschäftigungsorientierten Fallmanagements zählen zu den besonderen Risikogruppen Haushalte mit einer Alleinversorgerin, Haushalte mit mehreren Kindern, Personen mit fehlendem oder nichtverwertbarem Schulabschluss, verfestigte Arbeitslosigkeitskarrieren sowie Personen in ungelernten Arbeitnehmertätigkeiten („Aufstocker").

3.6 Armutsfolgen

„Die Beschränkungen, die armutsgefährdete Menschen im täglichen Leben erfahren, sind vielfältig. Ihre finanziellen Möglichkeiten sind deutlich geringer als beim Rest der Bevölkerung, wenn es etwa um Urlaubsreisen oder Ausgaben für Anschaffungen geht. Das Auskommen mit dem verfügbaren Einkommen ist oftmals schwierig, und insbesondere die Wohnkosten stellen eine große Belastung dar. Auch das regelmäßige Einnehmen vollwertiger Mahlzeiten ist bei der armutsgefährdeten Bevölkerung in Deutschland aus finanziellen Gründen keineswegs immer gesichert. Erhebliche Einbußen der Lebensqualität müssen Armutsgefährdete im Vergleich zur übrigen Bevölkerung auch beim Wohnen in Kauf nehmen. Gravierende Wohnungsmängel treten bei der armutsgefährdeten Bevölkerung weitaus häufiger zutage. Die Lebens- und Wohnbedingungen Armutsgefährdeter sind auch häufiger geprägt von Lärmbelästigung, Umweltverschmutzung, Kriminalität, Gewalt und mutwilligen Beschädigungen im Wohnumfeld" (Statistisches Bundesamt, Wissenschaftszentrum Berlin für Sozialforschung & Deutsches Institut für Wirtschaftsforschung, 2011, S. 161).

Arbeitsmarkt – Arbeitslosigkeit – Armut

Die Verarbeitungsformen des Hilfebezuges in der Grundsicherung und damit der Armutserfahrung variieren stark. Sie reichen von Perspektivlosigkeit und Resignation über eine strategische Nutzung der Bezugszeiten bis hin zur Umdeutung und Erneuerung. Das IAB (Hirseland & Lobato, 2010, S. 14) fasste die unterschiedlichen Verarbeitungsformen in vier heuristische Typologien zusammen:

- *„Exklusion:* Hier findet sich ein fatalistisches Muster der Lebensführung mit stark resignativen, von Hilflosigkeit und Passivität gekennzeichneten Zügen der Alltagsbewältigung und Tendenzen zur sozialen (Selbst-) Isolierung.

- *Freisetzung:* Hier werden Erfahrungen einer ‚Freisetzung' aus subjektiv für sicher gehaltenen Erwerbskontexten und fehlgeschlagener Arbeitssuche durch verstärkte Integrationsbemühungen in soziale Netze jenseits der Erwerbsarbeit kompensiert, etwa durch die Übernahme von Aufgaben im (erweiterten) Familienkontext, Nachbarschaft und/oder ehrenamtliches Engagement.

- *Grundeinkommen:* Hier ist die Lebensgestaltung auf der Basis von Grundsicherung nach SGB II und Nebenerwerb organisiert – teils in Form einer kalkülisierten Beteiligung an Arbeitsgelegenheiten und anderen Angeboten des zweiten Arbeitsmarktes, geringfügiger Beschäftigung, in manchen Fällen auch informeller (Neben-)Beschäftigung. Auf Fallebene lassen sich unterschiedliche Motivlagen unterscheiden: *Monetäre Motivationen,* bei denen die Ausweitung des Haushaltsbudgets im Zentrum steht und *Anerkennungsmotive,* die auf Selbstbestätigung und soziale Gratifikationen zielen.

- *Moratorium:* Hier wird Hilfebezug als transitorisches Phänomen innerhalb der Gesamtbiographie wahrgenommen, z. B. als biografische Restrukturierungsphase nach Ehescheidungen, als Überbrückung eines durch Kinderbetreuungsaufgaben vorübergehend blockierten Zugangs zur Erwerbswelt, als Übergangsphase nach Beendigung einer Ausbildung oder verlängerte Suchphase zur Reintegration in den ersten Arbeitsmarkt."

Die Typologien verdeutlichen, dass die Betroffenen in sehr unterschiedlicher Art und Weise mit der biografischen Erfahrung von Arbeitslosigkeit und Armut umgehen. Im Rahmen des Profiling und des Assessment sind es genau die Zusammenhänge, die herausgearbeitet werden müssen, um mit individuellen Hilfen hierauf passende Antworten zu finden. Die aus der Studie gezogenen Schlussfolgerungen sind deshalb gerade für das beschäftigungsorientierte Fallmanagement von hoher Bedeutung. „Unsere bisherigen Auswertungen lassen begründet vermuten, dass die Reintegration in stabile Beschäftigung selbst bei vorhandenen objektiven Chancen vor allem dort erschwert wird, wo sich lebensweltlich und erwerbsarbeitsbezogenes Arbeitsvermögen in negativen Devolvierungsdynamiken wechselseitig verstärken. Hier sind besondere Vermittlungsstrategien der motivationsbezogenen Stabilisierung erforderlich, da sich Motivation durch die

Armutsfolgen

Maßnahmen aktivierender Arbeitsmarktpolitik nicht zwangsläufig von selbst einstellt und sich auch nicht durch Sanktionierungen erzwingen lässt. Vielmehr bedürfte es nach unserer Einschätzung in diesen Fällen einer eher sozialpädagogisch ausgerichteten Unterstützung einerseits, andererseits aber auch solcher Aktivierungsangebote, die eine nachhaltige, an Kriterien der Beruflichkeit ausgerichtete Qualifizierungschance eröffnen. In der Wahrnehmung der Befragten jedoch erweist sich die Praxis der entsprechenden Förderversuche als zu kurzfristig orientiert und oftmals wenig fallbezogen. Andererseits zeigt sich in den Fällen gelungener oder aussichtsreich erscheinender Erwerbsintegration, dass tätigkeits- bzw. berufsorientierte Orientierungen die Wahrscheinlichkeit eines aktiven Suchens und Wahrnehmens von Chancen zur Erwerbsintegration erhöhen. Gerade hier jedoch können inadäquat zugewiesene Maßnahmen und Kategorisierungen durch die SGB-II-Träger demotivierend wirken, indem sich die Betroffenen herabgewürdigt fühlen und Selbstbewusstsein und Selbstwertgefühl angegriffen werden. Hier scheint sich an manchen Punkten eine Schere aufzutun zwischen der prinzipiell zwar individualistisch-fallbezogenen Ausrichtung des im SGB II niedergelegten Grundsatzes von ‚Fördern und Fordern' und dessen an standardisierten Klassifizierungs- und Zuteilungslogiken orientierter Praxis" (ebd., S. 33 f.).

Betreuung, berufliche Beratung und Vermittlung sind hier zentrale Strategien der Armutsbekämpfung. Das beschäftigungsorientierte Fallmanagement zeigt sich, konsequent implementiert und nachhaltig betrieben, national wie international beim Übergang in Beschäftigung als besonders wirksam (vgl. Fromm & Sproß, 2008, S. 6). Dabei wird auch deutlich, dass isolierte Maßnahmekonzepte immer weniger greifen. Es geht um eine geschickte und fallspezifische Zusammenstellung verschiedener Hilfen, die in Abstimmung mit den Betroffenen systematisch, leistbar und kleinschrittig geplant und begleitet werden.

Die Europäische Kommission (2008) setzt in ihrer Strategie der Bekämpfung von Kinderarmut auf universelle Konzepte, die direkte Hilfen an Betroffene (Kinderbeihilfen, Kinderbetreuung, Einkommensbeihilfen) mit Maßnahmen des arbeitsmarktlichen Zugangs und zu sozialen Diensten (Gesundheit, Bildung) miteinander kombinieren. Für die Koordinierung derartiger unterschiedlicher Hilfen wurde Case Management geschaffen. Arbeit ist mehr als Broterwerb, erzeugt physisch/materiell, räumlich, zeitlich, sozial und wirtschaftlich Einbindung in ein als Gesellschaft erfahrbares übergeordnetes Ganzes. Hier wie in anderen Ländern der OECD bestätigt sich, dass Erwerbstätigkeit zwar nicht mehr generell vor Armut schützt, „die Integration in Erwerbsarbeit (jedoch) eine wichtige Voraussetzung dafür ist, dass der Weg aus der Verarmung gefunden werden kann, insbesondere wenn das Beschäftigungsverhältnis länger besteht" (Konle-Seidl, 2008, S. 100).

Arbeitsmarkt – Arbeitslosigkeit – Armut

3.7 Individuelle Folgen der Arbeitslosigkeit

Neben den bereits skizzierten Folgen und Verarbeitungsmechanismen von Armut müssen sich beschäftigungsorientierte Fallmanager zentral mit den individuellen Folgen von Arbeitslosigkeit auseinandersetzen.

Zwar hängt die persönliche Verarbeitung von Arbeitslosigkeit – wie bei der Armut – von vielen individuellen Einflussgrößen ab (Alter, Geschlecht, Vorerfahrungen, Berufsorientierung, Aktivitätsniveau, soziale Umwelt, Bildungsstand, Alternativrollen etc.), jedoch sind die zentralen Belastungsfaktoren in der Arbeitslosenforschung (vgl. Brinkmann & Wiedemann, 1994, S. 24 ff.; Mehlich, 2005; Paul & Moser, 2009) mittlerweile nicht mehr umstritten. Hierzu gehören insbesondere

- das Erleben eines deutlichen Einkommensverlustes,
- die Einschränkungen im Hinblick auf soziale Kontakte und Freizeiterlebnisse,
- die fehlenden Möglichkeiten, eigene Fähigkeiten einzusetzen und weiterzuentwickeln,
- die psychisch belastende Erfahrung durch immer wiederkehrende Ablehnungen in Bewerbungsverfahren und der damit einhergehende Verlust an Selbstvertrauen,
- Zukunftsungewissheit/Zukunftsängste,
- der Verlust bzw. das Ausdünnen sozialer Netze,
- die Verflechtung von sozialstaatlichen Interventionen und individuellen Entwicklungsverläufen.

„Kinder, die in Haushalten mit aktuellem SGB-II-Bezug aufwachsen, sind in allen Bereichen stärker unterversorgt als die Vergleichsgruppe der Kinder in gesicherten finanziellen Verhältnissen. Dies konnte sowohl für Aspekte der Grundversorgung belegt werden als auch für darüber hinausgehende Bereiche wie höherwertige Konsumgüter oder kulturelle und soziale Teilhabe" (Lietzmann, Tophoven & Wenzig, 2011, S. 8 f.)

Wichtig für das Verständnis des Erlebens und der Verarbeitungsmechanismen von Langzeitarbeitslosigkeit ist, dass es zur Erhaltung psychischer Stabilität nahezu unverzichtbar ist, sich nicht mehr nur ausschließlich mit der eigenen Arbeitslosigkeit und damit der Arbeitsuche zu beschäftigen. Die institutionellen Vorgehensweisen und der gesellschaftliche Druck bewirken dabei ein gegenläufiges Muster. Einerseits benötigen langzeitarbeitslose Menschen zur Bewältigung ihrer Situation neue Verhaltensroutinen und die Ausrichtung auf andere Beschäftigungs- und Ablenkungsformen, andererseits führen die gesetzlichen und gesellschaftlichen Mechanismen immer wieder zum Zwang mit der Beschäftigung der Arbeitslosigkeit. Die Verarbeitungsmechanismen und die Umgangsweisen mit der Erfahrung der (Langzeit-)Arbeitslosigkeit verlaufen nicht linear, sondern in zyklischen und nie immer gleichen Phasen der Auseinandersetzung zwischen Hoff-

Individuelle Folgen der Arbeitslosigkeit

nung und Resignation: eine „No-win-Situation", aus der es kein Entkommen gibt. „Alle Anforderungen an den modernen Menschen, in eigener Verantwortlichkeit sein Leben zu konstruieren und eigenständige Entscheidungen hierfür zu treffen, finden sich in der Lebenslage Langzeitarbeitslosigkeit wieder. Langzeitarbeitslose müssen neue Berufsentscheidungen treffen. Ihre Lebensentscheidungen im sozialen und familiären Nahbereich werden zusätzlich belastet. Sie müssen sich für die institutionelle Auseinandersetzung ständig auf neue Strukturen und Anforderungen (verstärkt durch die zahlreichen organisatorischen und rechtlichen Änderungen) einstellen. Dazu gehören ständige die eigene Biographie betreffende Entscheidungen, die im Zusammenhang mit Bewerbungen und Qualifizierungen getroffen werden (müssen). Neben den dazu erforderlichen Fähigkeiten und Kompetenzen ist hierzu ein hohes Maß an Persönlichkeitsstärke und Selbstbewusstsein zur Bewältigung nötig. Ein solches Anforderungsprofil trifft aber auf Menschen, die eher durch Anforderungen der Industriearbeit und Fremdbestimmung geprägt sind und sich in der Regel in einer persönlich und sozial schwachen Position befinden" (Mehlich, 2005, S. 240).

Die grundlegende Voraussetzung für eine erfolgreiche Arbeit mit langzeitarbeitslosen Menschen besteht daher darin, den jeweiligen Verarbeitungsprozess und die daraus gezogenen Schlussfolgerungen nachzuvollziehen. Jede erzwungene Auseinandersetzung mit Arbeit, Beschäftigung, Qualifizierung oder Arbeitsgelegenheit greift zu kurz, weil sich vorher kein Anknüpfungspunkt für eine erfolgreiche Planung zeigt. Beschäftigungsorientiertes Fallmanagement wird sich, dies wird noch zu begründen sein, schwerpunktmäßig auf den Personenkreis konzentrieren, der eher aus seiner persönlichen Situation heraus arbeitsmarktliche Zugangshürden aufweist, und weniger auf Personenkreise, deren Zu- und Abgangsrisiken in der Arbeitsmarktsituation begründet sind, wobei dies nicht immer trennscharfe Grenzen sind.

Erwartungen an ein beschäftigungsorientiertes Fallmanagement

4.1 Woran vermittlungsorientierte Bemühungen oft scheitern 46
4.2 Umfassender Integrationsauftrag 47
4.3 Lokale und überregionale Vernetzung 48
4.4 Beschäftigung außerhalb der klassischen Erwerbsarbeit erschließen 49
4.5 Durchbrechen verfestigter Arbeitslosigkeit 50
4.6 Neuer gesellschaftlicher Diskurs 51
4.7 Reformfähigkeit des öffentlichen Dienstes 52

4.1 Woran vermittlungsorientierte Bemühungen oft scheitern

Orientiert man sich an den eher positiven Erwartungen einer arbeitsmarktlichen Verbesserung, dann gibt es für manchen von Langzeitarbeitslosigkeit Betroffenen wieder Hoffnung, die Dilemmatasituation zu verlassen. In einigen Regionen Süddeutschlands kann man zu Beginn des Jahres 2012 bereits wieder von einer Vollbeschäftigungssituation sprechen. Dennoch weisen die Analysen einen verhärteten Kern von arbeitslosen Menschen aus, an denen der Aufschwung am Arbeitsmarkt vorbeigeht. Die Jobcenter berichten, dass ihre vermittlungsorientierten Bemühungen bei diesem Personenkreis weitgehend scheitern:

a) an angemessenen Erprobungsmöglichkeiten auf Arbeitsplätzen in der Wirtschaft, die mit Geduld und einem hohen Maß an Toleranz in den Anfangsmonaten diesen Menschen die Bewährungsprobe zugestehen.

b) an den unabgestimmten und teilweise gegenläufigen Bemühungen unterschiedlicher Akteure in diesem Feld, den Betroffenen angemessene und zielorientierte Hilfen zu bieten. Führungskräfte in Jobcentern berichten immer wieder, dass es teilweise nicht möglich ist, mit anderen Sozialleistungsträgern (insbesondere mit vielen Jugendämtern) oder freien Trägern zu einer abgesprochenen und abgestimmten gemeinsamen Integrationsstrategie zu kommen. Persönliche Animositäten bei Leitungskräften, politische und strategische Vorbehalte gegen die Grundsicherungsstellen, das schlechte Image und weitere Faktoren verhindern ein gekonntes Zusammenspiel im Interesse der Betroffenen.

c) an der Eigenlogik vieler Betroffener, die sich enttäuscht und resigniert von den Arbeitsvisionen der Mehrheitsgesellschaft verabschiedet haben oder den Aktivierungsvorstellungen ihrer Beraterinnen nicht folgen wollen oder können. Klassische Vermittlungsarbeit, wie sie die Bundesagentur für Arbeit im Rahmen ihrer Standardprogramme vorhält, ist hier weitgehend unbrauchbar, Sanktionsmechanismen bewirken häufig nur eine Verschlechterung der Situation. Diese „mangelnde Kooperationsfähigkeit der Klientinnen und Klienten [kann] durchaus eine sehr rationale Selbstschutzmaßnahme sein, denn sie haben mehr als nur die Sozialhilfe zu verlieren; und was sie dafür erhalten, ist oft weniger als ein gesichertes Arbeitsverhältnis" (MWA NW, 2003, S. 47).

An dieser Stelle müssen die bisherigen Handlungsstrategien von Kommunen und Bundesagentur aufbrechen, um angemessen und innovativ auf die neuen Herausforderungen zu reagieren. Der Case Management-Ansatz bietet dabei die Chance, die bisher eher versäulten Hilfestrukturen, die gerade bei Menschen in komplexen und belastenden Lebenssituationen kontraproduktiv sind, aufzubrechen und die Bandbreite dieses Grundsicherungsgesetzes für die persönliche und soziale Stabilisierung sowie die Heranführung und Integration in den Arbeitsmarkt zu nutzen. Der mit der Einführung verbundene Nutzen soll in einigen zentralen Thesen geklärt werden.

4.2 Umfassender Integrationsauftrag

> Fallmanagement eröffnet Chancen, bisher institutionell weitgehend ausgegrenzte Menschen durch fallangemessenes Fördern und Fordern wieder gesellschaftlich und arbeitsmarktlich einzubinden. Dabei ergibt sich ein wirtschaftlicher Einsatz erst dann, wenn für den Fall ein erheblicher Koordinierungsaufwand erkennbar wird.

Wenn geringes Selbstvertrauen, Apathie, Resignation oder das Verfangen in Nebenaspekten der zentralen Problemstellungen Bestandteile des Alltags der Betroffenen darstellen, besteht eine zentrale Herausforderung an das beschäftigungsorientierte Fallmanagement darin, zumindest an einer Entschärfung dieses Kreislaufs zu arbeiten, wenn möglich ihn sogar zu durchbrechen. Zugegeben ist die Gratwanderung schwierig, individuelle Integrationschancen für eine Arbeitsmarktintegration in einem schwierigen Arbeitsmarktumfeld zu verbessern (individueller Ansatz) und gleichzeitig nicht dazu beizutragen, die Strategie der Individualisierung des Arbeitslosigkeitsproblems zu forcieren (gesellschaftlicher Ansatz). Fördern und Fordern unterscheiden sich dadurch, dass Förderung den Teil der Arbeitslosigkeit bearbeitet, der durch die Person selbst nicht zu beeinflussen ist. Hierzu zählen die strukturellen Arbeitsmarktverfestigungen, die Einstellungshürden der Unternehmen und nicht willentlich zu beeinflussende Personenmerkmale (Alter, Geschlecht, Nationalität, gesundheitliche Beeinträchtigungen etc.). Fordern erfasst die personenbezogenen Merkmale der Arbeitslosigkeit, die durch die Betroffenen grundsätzlich zu steuern und zu beeinflussen sind. Positiv gewendet liegt hier die Befähigung zur Selbsthilfe und zur Aktivierung (Empowerment), negativ die Ausgangsbasis für potenzielle Sanktionen. Dass hierbei auch bei sehr arbeitsmarktfernen Kundengruppen Erfolge erzielbar sind, beweisen Modellversuche, die insbesondere die psychischen und gesundheitlichen Aspekte bearbeiten (vgl. Kuhnert, 2008; MASGF Brandenburg, 2008).

Fallmanager stehen dabei grundsätzlich nicht außerhalb der gesetzlichen Vorgaben. Sie verstehen es jedoch, diesen Widerspruch mittels transparenter Beratung und Begleitung bearbeitbar zu machen. Zentral für das Verständnis des Fallmanagements ist dabei, dass die bisher oft wirkungslos bleibenden Hilfen der vielen unterschiedlichen Anbieter so miteinander vernetzt werden, dass ein spürbarer Fortschritt erreicht werden kann. Die Zeitschrift „Stern" dokumentierte in einer Reportage[1] die Notwendigkeit der vernetzten Hilfeleistung am Beispiel einer alleinerziehenden Mutter von zwei Kindern. Zum Ende der Reportage resümieren die Autoren: „Ausgerechnet auf die Thiels, auf die Familien, die am meisten auf Hilfe angewiesen sind, ist das Hilfesystem nicht eingestellt. Sie sind mit ihren Problemen nicht vorgesehen. Frau Thiel braucht jemanden, der sie an die Hand

---

[1] Der Stern, Heft 39, Ausgabe v. 28.09.2008: Hilfe, die nicht hilft

Erwartungen an ein beschäftigungsorientiertes Fallmanagement

nimmt. Nicht nur in einem Teilbereich ihres Lebens, sondern nahezu überall. Nicht nur für die Dauer einer Maßnahme, sondern kontinuierlich, über eine lange Zeit. Sie braucht jemanden, der alle Hilfe koordiniert und dafür sorgt, dass die Strategie nicht laufend geändert wird – mal sozialorientiert, dann wieder beschäftigungsorientiert. Sie braucht einen Manager für ihr Leben, einen Coach."

Das Arbeitsgebiet des Fallmanagements in der Beschäftigungsförderung legitimiert sich aus intensiver Einzelfallarbeit, die sich nicht übernimmt, und der Vernetzung mit fachlich gebotener Hilfe, die im Gesamtkontext der Lebens- und Leistungssituation der Betroffenen koordiniert und betreut wird.

4.3 Lokale und überregionale Vernetzung

> Fallmanagement in der Beschäftigungsförderung kann Kräfte der lokalen und überregionalen Akteure der Sozial- und Beschäftigungspolitik zusammenführen und die Chancen einer arbeitsmarktfernen Klientel dadurch verbessern. Es setzt dabei die gesetzgeberische Strategie von „Fördern und Fordern" angemessener um.

Wenn es gelingt, Konkurrenzdenken zwischen unterschiedlichen Arbeitsmarktakteuren abzubauen und dadurch auch angebotene Stellen schneller zu besetzen, können immer wieder auch arbeitsmarktfernere Personenkreise, häufig über vorgeschaltete beschäftigungs- oder bildungsorientierte Maßnahmen, hiervon profitieren. Zu knüpfende Netzwerke im beschäftigungsorientierten Fallmanagement beziehen sich sowohl auf soziale Unterstützungsnetzwerke wie auch auf arbeitsmarktintegrative Netzwerke. Im Idealfall werden die Hilfen so kombiniert, dass sie in einem Gesamtpaket nachhaltige Wirkung entfalten können. Gelingt dies, so dürfte auch die Arbeitgeberseite hiervon eindeutig profitieren, die zur Kenntnis nehmen muss, dass doch wesentlich häufiger als früher Arbeitsplätze nicht mehr besetzt werden können (vgl. Scherl, 2004, S. 25). Eine schnellere und passgenaue Stellenbesetzung könnte bundesweit zu einer Verringerung der Arbeitslosigkeit führen. Die entscheidenden Kriterien für eine Verbesserung erfolgreicher Integrationsbemühungen sind sorgfältig erarbeitete und ressourcenorientierte Bewerber- und Stellenprofile (Erhöhung der Passgenauigkeit), die individuell erarbeitete Strategie zur Rückkehr in den Arbeitsmarkt, die keine „Angebote von der Stange" nutzt, sondern diese als Bausteine personalisiert zusammensetzt, die Nutzung moderner internetbasierter IT-Programme, mit denen die Informations- und Aktionszeit für den Stellensuchenden wie das Unternehmen reduziert werden können.

Die Bedeutung der personalen Hilfe, unabhängig davon, ob sie durch beauftragte Dritte oder interne Dienstleister erbracht wird, kristallisiert sich in der neueren Arbeitsmarktforschung immer stärker als der zentrale Erfolgsfaktor heraus. Das individuelle und möglichst vernetzte Engagement der Mitarbeiter ist in der Wirkung erfolgreicher als manches kostenträchtige arbeitsmarktpolitische Instrument. Dies schließt beispielsweise Initiativvermittlungen unabhängig von vorliegenden Stellenangeboten unter Einbeziehung möglichst betriebsnaher Qualifizierung ein.

4.4 Beschäftigung außerhalb der klassischen Erwerbsarbeit erschließen

Beschäftigungsorientiertes Fallmanagement unterstützt die Erschließung neuer Arbeits- und Austauschformen außerhalb der klassischen Erwerbsarbeit.

Das in den beiden letzten Jahrzehnten gewachsene Interesse am „Dritten Sektor"[2] lässt erkennen, dass viele Menschen Markt und Staat beziehungsweise den überlasteten Sozialversicherungssystemen die Lösung der vielfältigen (Arbeitsmarkt-)Probleme nicht mehr alleine zutrauen. In Deutschland hat sich der Non-Profit-Sektor zu einem bedeutenden Wirtschafts- und Arbeitsmarktfaktor entwickelt.

Er „hat alle anderen Wirtschaftssektoren bei der Schaffung neuer Arbeitsplätze übertroffen", stellen Anheier et al. (1997, S. 45 ff.) in ihrer Untersuchung zur Entwicklung dieses Sektors in den 80er- und 90er-Jahren fest. Beschäftigungsorientiertes Fallmanagement hat die Aufgabe – neben der primären Orientierung auf den ersten Arbeitsmarkt – auch nach Übergangsmärkten zu suchen, die mittel- und langfristig soziale Integration für einen Personenkreis strukturieren, für den eine reguläre Integration nicht mehr möglich ist. Die Bundesregierung fährt in der aktuellen Arbeitsmarkt- und Beschäftigungspolitik einen Zickzack-Kurs, der für alle Beteiligten eine mittelfristige Planung von Angeboten erschwert. Einerseits kürzt sie massiv den Umfang der Integrationsbudgets vor Ort und richtet die Instrumente noch stärker auf eine unmittelbare Integration am Ersten Arbeitsmarkt aus, andererseits schärft sie das Profil für Angebote am Zweiten Arbeitsmarkt und fokussiert diese stärker auf einen Personenkreis mit komplexem Unterstützungsbedarf.

Zwar stärken diese Bundesprogramme die im internationalen Vergleich starke Abhängigkeit des Dritten Sektors von der öffentlichen Förderung in Deutschland, sie lassen jedoch auch erkennen, dass sich dem beschäftigungsorientierten Fallmanagement hier Perspektiven bieten, im Sinne ihrer Kun-

---

[2] Zum Dritten Sektor werden Non-Profit-Organisationen gerechnet, die „formell strukturiert, organisatorisch unabhängig vom Staat und nicht gewinnorientiert sind, eigenständig verwaltet werden sowie zu einem gewissen Grad von freiwilligen Beiträgen getragen werden und keine Zwangsverbände darstellen" (Anheier, Priller, Seibel & Zimmer, 1997, S. 15).

Erwartungen an ein beschäftigungsorientiertes Fallmanagement

den Einfluss zu nehmen und auch sozialräumliche Entwicklungen zu unterstützen. Dabei ist sorgfältig die Balance einer auf Eigenversorgung und Absicherung ausgerichteten Armuts- und Gewissensindustrie (Willke, 2011, S. 235 ff.) im Verhältnis zu marktwirtschaftlich ausgerichteten Anforderungen zu beachten. Prozesssteuerung im Case Management wird dies aufnehmen und nach den Entwicklungszielen und erreichten Teilzielen fragen.

4.5 Durchbrechen verfestigter Arbeitslosigkeit

Fallmanagement in der Beschäftigungsförderung kann verhindern, dass sich Arbeitslosigkeit bei einem bestimmten Personenkreis verfestigt, der mittelfristig von erheblicher Armut und Ausgrenzung bedroht ist.

Auf dem Arbeitsmarkt herrscht Bewegung. Trotz klar erkennbarer Verfestigungstendenzen in Teilsegmenten liefern die jahresdurchschnittlichen Bestandsgrößen der betroffenen Menschen ein falsches Bild. Die Bewegungsdaten der **Tab.** 2 zeigen für 2010, dass sich im Jahresverlauf 9,15 Millionen Menschen bei einer Arbeitsagentur oder einem Jobcenter arbeitslos meldeten, während gleichzeitig 9,41 Millionen ihre Arbeitslosigkeit beendeten. Arbeitsmarkttheoretische Ansätze belegen (zur Einführung in die

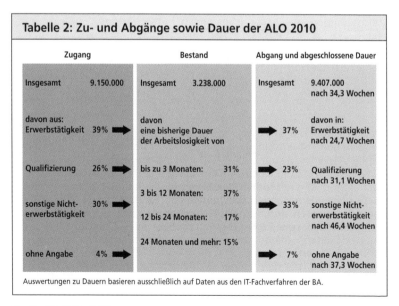

Quelle: BA, 2011, S. 18

Arbeitsmarkttheorie vgl. Egle, Franck, Göckler & Zahn, 2002; Sesselmeier, Funk & Waas, 2010), dass es dauerhafte Verlierer dieses arbeitsmarktlichen Austauschprozesses gibt, die von Exklusion auf den verschiedensten Feldern in erheblichem Ausmaß betroffen sind.

Beschäftigungsorientiertes Fallmanagement hat hiernach die Aufgabe, die arbeitsmarktlichen Risiken gleicher zu verteilen, mithilfe der Wiederherstellung einer grundlegenden Beschäftigungsfähigkeit, der Verbesserung der Konkurrenzfähigkeit der Betroffenen, der Forcierung der Vermittlung und mittels einer Erschließung spezifischer Arbeitsfelder, wenn eine Integration auf dem Ersten Arbeitsmarkt nicht gelingt. Selbst wenn makroökonomisch kein neuer Arbeitsplatz hinzugewonnen werden kann, ist die „breitere Streuung" von Arbeitsmarktrisiken ein individueller und gesamtgesellschaftlicher Vorteil.

4.6 Neuer gesellschaftlicher Diskurs

> Fallmanagement in der Beschäftigungsförderung kann dazu beitragen, die Diskussion um eine gesellschaftsverträgliche Lösung zu beginnen, welche Chancen der Teilhabe Menschen eröffnet werden sollen, die trotz vorhandener Integrationswilligkeit keine Arbeitsmarktchancen mehr haben.

Es handelt sich im Fallmanagement nicht um einen Personenkreis, der grundsätzlich für beschützte Arbeiten im Rahmen der Behindertenhilfe vorzusehen wäre. Neben der noch vorhandenen Arbeitsplatzlücke, die, solange sie besteht, immer wieder den „Bestenauswahlmechanismus" bedient, wird der Hoffnungsträger Niedriglohnsektor hier überschätzt. Auch der Niedriglohnsektor erwartet Kompetenzen, die in manchen Fällen vom betreuten Personenkreis nicht mehr erfüllt werden können. Die seit 20 Jahren andauernde Diskussion um deutsche Arbeitnehmer bei Saisonbeschäftigungen zeigt, um was es geht. Hier konkurrieren ja nicht leistungsgeminderte Arbeitnehmer aus Osteuropa gegen ihr deutsches Pendant; vielmehr kommen die leistungsfähigsten und beweglichsten Arbeitnehmer zur Arbeit hierher. Ebenso konnte das IAT (Hierming, Jaehrling, Kalina, Vanselow & Weinkopf, 2005) in einer Studie nachweisen, dass auch Einfacharbeitsplätze sehr häufig mit formal Qualifizierten besetzt werden. In der Gebäudereinigung, dem Handel, dem Hotel- und Gaststättengewerbe oder im Gesundheitswesen sind auch Einfacharbeitsplätze Gegenstand betrieblicher Auswahlprozesse. Von daher gilt die Gleichung „einfache Dienstleistungstätigkeiten = niedrige Qualifikationsanforderungen = Chancen für Geringqualifizierte" (ebd., S. 214) nicht ohne Weiteres. Die Zahl der Studien nimmt zu, die dem modernen Arbeitsmarktregime eine krankmachende Wirkung attestieren.

Implizit verbirgt sich hinter dieser These, dass die Veränderungen von Zeit, Raum, Arbeitsmittel/Technik, Organisation, Qualifikation und Sinn in der

Erwartungen an ein beschäftigungsorientiertes Fallmanagement

Arbeitswelt zunehmend Menschen marginalisieren, die den immer schneller werdenden Wandlungen nicht mehr gerecht werden können. Plath (2000, S. 585) stellt nicht von ungefähr fest, dass die Veränderungen in der Arbeitswelt als mehr oder weniger naturwüchsig dargestellt und hauptsächlich ökonomisch als notwendig erachtet werden. „Wenn denn vom Menschen die Rede ist, wie etwa bei der Entgrenzung von Arbeit, geht es lediglich darum, dass er sich den Veränderungen bezüglich Tempo und Stoßrichtung anzupassen hat. Die Zahl der Menschen, insbesondere mit psychischen Beeinträchtigungen, nimmt zu, die diesem Wettlauf nicht mehr gewachsen sein werden." Aktuellere Studien zeichnen diese Hinweise bereits konkreter nach. Die Belastungen werden gesehen in (Voß, 2011, S. 54 f.)

- ständig steigenden Anforderungen (zeitlich, räumlich), bei gleichzeitig sinkenden Möglichkeiten diese Anforderungen begrenzen zu können,
- in einer zunehmenden Unsicherheit, welche Anforderungen tatsächlich von den Arbeitnehmern erwartet werden. Dies schließt durchaus auch das (nie ausgesprochene) Unterwandern fachlicher oder ethischer Standards ein,
- die Subjektivierung der Erwerbsanforderung, die den gesamten Menschen erfasst und eine klare Trennung zwischen den Sphären Arbeit und Privates immer weiter verschiebt,
- die Zunahme offener und subtiler Überwachungsverfahren und Berichtspflichten,
- nicht zuletzt die biografischen Verunsicherungen, die aus den zunehmend prekären Beschäftigungsangeboten und einer breiten Verunsicherung im Hinblick auf Arbeitsplatzsicherheit resultieren.

Personengruppen, die auch vorher zu den vulnerablen Gruppen des Arbeitsmarktes gehörten, haben in diesem Zusammenhang ohne nachhaltige und weitergehende Unterstützung keine Rückkehrperspektive. Nachbetreuungsaspekte gewinnen hierbei zunehmend an Bedeutung.

4.7 Reformfähigkeit des öffentlichen Dienstes

> Fallmanagement in öffentlichen Institutionen kann auch ein Beleg für die Reformfähigkeit des öffentlichen Dienstes werden, sind doch mit der Einführung grundlegende organisatorische Umstellungen verbunden, erfordert die Einführung ein klares Bekenntnis zu mehr Mitarbeiterautonomie.

Nicht zuletzt geht es auch darum, die Reformfähigkeit des öffentlichen Dienstes generell unter Beweis zu stellen. Wenn Zweifel an der Qualität und Effektivität sozialstaatlicher Leistungen wachsen, wenn die „oft unzu-

Reformfähigkeit des öffentlichen Dienstes

reichende Flexibilität, Offenheit, Transparenz und Kooperation in und zwischen Institutionen [...] ebenso moniert [wird] wie die Monopolbildung sozialer Großorganisationen und die damit verbundene fehlende Gewährleistung der freien Wahl zwischen verschiedenen Hilfsangeboten aufgrund mangelnder Angebotspluralität" (Grunwald, 2001, S. 17), wird es für die Führung wie für die Mitarbeiter darauf ankommen, ihre Daseinsberechtigung unter Beweis zu stellen. Fallmanagement erfordert nicht nur auf der Ebene der Mitarbeiter neue Kompetenzen. Die erfolgreiche Umsetzung ist letztendlich gekoppelt an einen Reorganisationsprozess der gesamten Institution. Aus der Implementierung von Fallmanagementstrukturen in den USA ist bekannt, dass der Erfolg für das sichernde System insbesondere abhängig war von der internen Reorganisation der Verwaltung und der erfolgreichen Kooperation mit externen Netzwerken (vgl. Reis, 2005).

Es ist allerdings zu konstatieren, dass der Gesetzgeber bisher wenig dazu getan hat, die Leitplanken für eine gedeihliche und sozialstaatlich ausgewogene Entwicklung der Grundsicherung wirkungsvoll zu setzen. Engagement und Erfolg hängen nicht zuletzt auch davon ab, dass es den Trägern gelingt, sich als zuverlässige Partner im Netzwerk zu präsentieren, Einfluss auf finanz- und personalhoheitliche Planungen zu gewinnen und einen abgesicherten gesetzlichen Rahmen vorzufinden, an dem sich dann auch Erfolg messen lassen kann. Hinzu kommen menschliche Eitelkeiten auf den Ebenen der oberen und obersten Führungskräfte, denen es oftmals mehr um ihren Einfluss- und Machtbereich geht als um eine adäquate Betreuung ihrer Kunden.

Beschäftigungsorientiertes Fallmanagement im Kontext des SGB II

5.1 Beschäftigungsorientiertes Fallmanagement – eine Definition 56
5.2 Fallmanagement – was ist neu? 68
5.3 Rollenklärung 73
5.4 Beschäftigungsorientiertes Fallmanagement im Prozess 77

5.1 Beschäftigungsorientiertes Fallmanagement – eine Definition

Der Begriff „Fallmanagement" kommt zwar bisher im Sozialgesetzbuch II (SGB II) nicht vor, er bestimmt aber wesentlich die Diskussion, wenn es um die Förderaspekte des SGB II geht. Eine intensivere Betreuung, eine deutlich verbesserte Betreuungsrelation und neue Instrumente sollen die positiven Seiten der Agenda 2010 für die Menschen unterstreichen. Die Mitarbeiter der öffentlichen Institutionen sollen bei der Erbringung der Leistungen durch „geeignete Einrichtungen und Dienste Dritter" unterstützt werden (§ 17 Abs. 1 SGB II).

Wer den Mitarbeitern vor Ort die Gelegenheit gibt, voneinander zu lernen, wer Gelegenheit schafft, gemeinsam an und mit „Fällen" zu arbeiten und wo die lokalen Partner eines integrativen Netzwerkes sich wechselseitig informieren und fortbilden, der wird schnell feststellen, dass es eigentlich nur Gewinner geben kann:

- Die Mitarbeiterinnen durch eine deutlich höhere berufliche Zufriedenheit, weil man gemeinsam mehr erreicht und sich in den Kenntnissen vielfach gut ergänzen kann.

- Die Kunden, weil sie von der Informationstiefe und der beraterischen Breite profitieren und insbesondere durch die Verdichtung unterschiedlicher Perspektiven der Beteiligten auch in ihren spezifischen Unterstützungslagen deutlich besser wahrgenommen werden.

- Ebenso die Arbeitgeber, die durch eine verbesserte Auswahl und nachgehende Betreuung die Möglichkeit finden, auch schwer besetzbare Arbeitsplatzangebote zu besetzen.

- Letztendlich die Politik, die zumindest mittelfristig auf einen „Betreuungseffekt" bei der Senkung der Arbeitslosigkeit hoffen darf.

Es lässt sich ein Einvernehmen darüber herstellen, dass es den Mitarbeiter wohl nicht geben kann, der alle Aspekte der unterhaltssichernden, leistungsgewährenden, sozial stabilisierenden und vermittlerischen Tätigkeiten in der notwendigen Tiefe in einer Person vereinigt. Eine Anforderung, die selbst bei einer deutlich günstigeren Betreuungsrelation als vom Gesetzgeber angestrebt, die meisten Fachkräfte überfordern würde. Viele Jobcenter in kommunaler Verantwortung, die diesen ganzheitlichen Ansatz praktizierten, haben diese Aufgabenbündelung zwischenzeitlich wieder aufgegeben oder arbeiten für den Aspekt der Integrationsarbeit verstärkt mit Dritten zusammen (Aufgabenverlagerung).

Dennoch: Den durch die Trennung von Leistungsgewährung (Kenntnis der aktuellen finanziellen oder persönlich-familiären Krisen, Veränderung der Lebensgemeinschaften, akuter Unterstützungsbedarf etc.) und Vermittlung (Kenntnis der berufsbiografisch wesentlichen Informationen, gesundheitliche Informationen) auftretenden Informationsverlust gilt es zumindest im Fallmanagement zu schließen. Einer diesbezüglichen Neuorientie-

Beschäftigungsorientiertes Fallmanagement – eine Definition

rung des beschäftigungsorientierten Fallmanagements[3] kommen dabei folgende Entwicklungen entgegen:

1. Mit der Verabschiedung des SGB II ist eine deutliche Leistungsvereinfachung bei der formalen Berechnung der Grundsicherungsleistung wie bei den Einmalbeihilfen verbunden. Zahlreiche Aufgaben, die bisher die Sachbearbeitung der Hilfe zum Lebensunterhalt nach dem Bundessozialhilfegesetz (BSHG) wahrgenommen hat, entfallen. Es sind keine Kleiderschränke mehr zu kontrollieren, keine defekten Waschmaschinen zu überprüfen etc. Formale Berechnung und grundlegende Kenntnisse der Leistungsgewährung sind leicht zu erlernen und anzuwenden. Unabhängig davon gibt es hoch komplexe sozialrechtliche Fragestellungen, wenn es beispielsweise um komplizierte Einkommens- und Vermögensanrechnungen geht, um sozialversicherungsrechtliche Fragestellungen oder um eine sozialrechtliche Absicherung bei drohender Erwerbsunfähigkeit, die weiterhin ein hohes fachliches Know-how in Sozialrechtsfragen erfordern. Der Leistungssachbearbeiter als „Sozialrechtsexperte" ist, wie viele andere im internen und externen Netzwerk des Fallmanagements, unverzichtbar. Die betroffenen Führungskräfte haben in einer Zusammenfassung der Tätigkeitsstrukturen von Leistungssachbearbeitung sehr deutlich gemacht, welche Kompetenzen dort benötigt werden und wie die alltäglichen Anforderungen aussehen (vgl. Arbeitsgruppe der Landesarbeitsgemeinschaft der Jobcenter NRW, 2012).

2. Auch die angestrebte Betreuungsrelation ist zumindest für die Agenturmitarbeiter eine erhebliche Erleichterung. Statt 500–700 arbeitslosen Menschen wie in den 90er-Jahren betreuen sie zukünftig zwischen 75 und 150 Grundsicherungsempfänger, so ist es zumindest angestrebt. Aktuell berichten Schulungsteilnehmer von einem durchschnittlichen realen Betreuungsstand zwischen 150 und 300 Personen. Die Crux liegt darin, dass formal zwar die meisten Grundsicherungsstellen den angestrebten Stellenschlüssel erreichen, in die Berechnung jedoch der Overhead eingerechnet wird. So kann man für die reale Betreuungssituation aus dem Blickwinkel der betroffenen Mitarbeiterinnen und Kunden nur konstatieren, dass trotz der klaren Evaluationsergebnisse zur Bedeutung von Betreuungsschlüsseln die Realität davon noch weit entfernt ist. Lediglich im Fallmanagement – und hier insbesondere bei Jugendlichen – nähern sich die tatsächlichen Betreuungsrelationen den angestrebten Zielkorridoren, wenn auch in der Bundesrepublik nicht flächendeckend und nur in der spezialisierten Variante des Modells.

Ärgerlich sind Modellversuche, insbesondere in der Bundesagentur für Arbeit, in denen die Arbeit kleiner flexibler Teams (mit ausschließlich arbeitsmarktintegrativer Funktion und einer Betreuungsrelation zwischen 40 und

---

[3] Analoge Überlegungen gelten übrigens auch für den persönlichen Ansprechpartner, der als Vermittlungsfachkraft eingesetzt ist.

Beschäftigungsorientiertes Fallmanagement im Kontext des SGB II

60 Kunden) verglichen wird mit dem beschäftigungsorientierten Fallmanagement mit einer Betreuungsrelation von 75 bis 150 Bedarfsgemeinschaften, um dann festzustellen, dass das Fallmanagement doch nichts bringt. Weder die tatsächlichen Betreuungsstrukturen noch die Besonderheiten der Zielgruppe sind in diesen Fällen jedoch vergleichbar. Der Betreuungsschlüssel, so das übereinstimmende Ergebnis mittlerweile vieler Modellversuche, ist neben der fachlichen Qualifikation das zentrale Moment für eine erfolgreiche Integrationsarbeit (vgl. Hofmann, Krug, Sowa, Theuer & Wolf, 2010).

Eckpunkte eines Fallmanagementkonzeptes in der Grundsicherung

Die Grundzüge eines beschäftigungsorientierten Fallmanagements in den Jobcentern und bei beauftragten Bildungs- und Beschäftigungsträgern lassen sich an folgenden Strukturmerkmalen entwickeln:

- Arbeitsmarktintegration ist zuvorderst gelingende Sozialintegration, von daher von den sozialintegrativen Leistungen des SGB II nicht zu trennen. Das beschäftigungsorientierte Fallmanagement versteht sich in seiner Ausrichtung im SGB II nicht als leistungsgewährende und sichernde Dienstleistung, sondern als kundenbezogene Dienstleistung zur Durchführung und Vernetzung sozialer und arbeitsmarktintegrativer Angebote, schließt also vermittlerische sowie berufs- und bildungsberaterische Dienstleistungen mit ein, die gegebenenfalls durch spezialisierte Kräfte (beispielsweise stellenorientiert arbeitende Vermittlungsfachkräfte, Berufsberater für Jugendliche, Arbeitsberater für Erwachsene in den Agenturen für Arbeit oder kommunalen Bildungsberatungen) ergänzt werden.

- Wenn Fallmanager erwerbsfähige Hilfebedürftige bei der erfolgreichen Arbeitsmarktintegration unterstützen wollen, müssen sie selbstverständlich auch die grundlegenden Arbeitsmarktanforderungen kennen, müssen betriebliche Sichtweisen bei der Personalrekrutierung nachvollziehen können. Die Aussage, dass das Fallmanagement die Hilfebedürftigen „vermittlungsreif" macht und dann an vermittlungsorientierte Fachkräfte übergibt, lässt sich weder (sozial-)psychologisch begründen (Vermittlungsreife ist kein festgelegter Zeitpunkt, sondern ein Prozess, der zu begleiten ist) noch fachlich, da in diesem Fall klare Indikatoren für eine Vermittelbarkeit vorliegen müssen, die im Regelfall so in der Praxis nicht existieren (regionale Arbeitsmarktgegebenheiten, Bedeutung formaler (Berufs-)Abschlüsse, individuelle psychische und physische Konstitution etc.). Die Eignung für einen Beruf oder eine bestimmte Tätigkeit ist selten absolut zu definieren, sondern in den allermeisten Fällen relativ zwischen Minimal- und Maximaleignung zu verorten. Es wird deutlich, wie genau das Fallmanagement die regionalen Arbeitsmarktanforderungen kennen muss, um zu einer derartigen Aussage der „Vermittlungsreife/-fähigkeit" zu gelangen.

Beschäftigungsorientiertes Fallmanagement – eine Definition

- Ein ganzheitlicher Ansatz in einem aktivierenden Fallmanagement erfordert, dass alle integrationsrelevanten Daten, Entscheidungen und Kontakte in der Person des Fallmanagers gebündelt werden. Nur so lässt sich eine klare Verantwortlichkeit herstellen, greifen Controlling, Zielvereinbarung, Budgetverantwortung und Steuerung ineinander. Fallmanagement beinhaltet die Betreuung bis zur Eingliederung in den Arbeitsmarkt oder in eine dauerhaftere öffentlich geförderte Beschäftigung, umfasst demnach alle sozialen und arbeitsmarktorientierten Hilfen. Entscheidungen im Zusammenhang mit der Zumutbarkeit von Arbeits- und Ausbildungsplätzen, dem Einsatz aktiver Arbeitsmarktinstrumente nach SGB II und SGB III, die Fragen der Arbeitsfähigkeit und entsprechender Meldungen sowie die Rechtsfolgen bei fehlender Mitwirkung. Zentral bleibt darüber hinaus auch die bewerberorientierte Vermittlung, bei der Fallmanager ihr ganzes Wissen über den Fall zur erfolgreichen Arbeitsmarktintegration einsetzen, u. a. auch Arbeitgebern spezifische Unterstützungs- und Betreuungsangebote unterbreiten können.

- Beim Fallmanagement in der Beschäftigungsförderung wird sinnvollerweise differenziert zwischen einem koordinierenden Systemmanagement und einem ganzheitlich arbeitenden und aktivierenden Fallmanagement. Das koordinierende Systemmanagement, welches den Fallmanager insbesondere bei der Netzwerkorganisation unterstützt und bedarfsgerechte Angebote akquiriert, wird organisatorisch-funktionell der Leitungsebene übertragen. Das koordinierende Systemmanagement von Netzwerken und Leistungen ist dabei eher dem Care Management zuzuordnen. Case Management kann sich dabei nur in einem gegebenen Handlungsrahmen entfalten (vgl. Wendt, 2010, S. 7 f.), der durch ein Steuerungs- und Sorgemanagement in seinen Eckpunkten bestimmt ist. Ein Case Management ohne Verankerung des Verfahrens auf einer fallübergreifenden Ebene ist zum Scheitern verurteilt. In der Beschäftigungsförderung bestehen diese Eckpunkte beispielhaft aus den zur Verfügung stehenden Eingliederungsmitteln, den gesetzlichen Leistungen, die finanziert werden können, den Rahmenverträgen der Jobcenter mit anbietenden Leistungserbringern und der Binnenlogik, mit der Fallmanagement in der Organisation verankert wird.

- Zu vermeiden ist, dass die Aufgabe „Fallmanagement" willkürlich ausgelegt wird. Standards sind, unabhängig von der jeweiligen Ausprägungsform vor Ort, nicht beliebig veränderbar, will man gegenüber der Politik, der interessierten Öffentlichkeit und insbesondere den betreuungsuchenden Hilfebedürftigen nicht jede Glaubwürdigkeit einbüßen. Case Management gibt klare Prozessstandards vor und ist nicht dem Belieben der einzelnen Akteure unterstellt (vgl. Klug, 2009, S. 60 ff.).

„Leistungen zur Eingliederung in Arbeit haben Vorrang vor Leistungen zum Lebensunterhalt und werden unter Berücksichtigung der Grundsätze von Wirtschaftlichkeit und Sparsamkeit erbracht", schreibt der Gesetzgeber in der Begründung zum SGB II (BT-Drucksache 15/1516, S. 44) und nor-

Beschäftigungsorientiertes Fallmanagement im Kontext des SGB II

mierte dies im Gesetz. Das SGB II ist somit in der Grundausrichtung wesentlich klarer an der Zielsetzung der (unmittelbaren) Arbeitsmarktintegration orientiert, als es im bisherigen Bundessozialhilfegesetz der Fall war. Die mit der Umsetzung des SGB II einhergehenden Verlagerungstendenzen des Risikos Arbeitslosigkeit als ausschließlich individuelles Problem haben jedoch dazu geführt, dass der Gesetzgeber die umsetzenden Grundsicherungsträger im neu gefassten § 1 Abs. 1 SGB II noch einmal daran erinnert hat, dass die Grundsicherung für Arbeitsuchende es Leistungsberechtigten ermöglichen soll, ein Leben zu führen, das der Würde des Menschen entspricht. Diese Einfügung, die als Ergebnis der einschlägigen Urteile des BVerfG zu den Regelsätzen zu interpretieren ist, stellt noch einmal klar, dass an die Grundsicherungsträger sowohl ein sozial- wie auch ein beschäftigungspolitischer Auftrag ergangen ist. Für die Bundesagentur für Arbeit besteht die innovative Bewältigung des neuen Gesetzes darin, den sozialpolitischen Auftrag und die weitaus stärkere sozialräumliche Verortung des Fürsorgeauftrags anzunehmen.

Die Konzeption des beschäftigungsorientierten Fallmanagements im Kontext des SGB II ist durch die Ausrichtung auf den vorrangig arbeitsmarktintegrativen Aspekt einem stärker systemgesteuerten Ansatz zuzuordnen. Dabei geht es nicht darum, die Fronten zwischen einem klientenorientierten (consumer-driven) und organisationsbezogenen (system-driven) Ansatz des Case Managements zu verstärken. Case Management steht in beiden Fällen zunächst einmal dafür, aus der Bedarfslage der Betroffenen heraus und unter Berücksichtigung der zur Verfügung stehenden Mittel zu klären, wie die Mittel im Interesse der Betroffenen und der erarbeiteten Ziele die größtmögliche positive Wirkung entfalten können (Wirtschaftlichkeit). Organisationsbezogene und klientenbezogene Interessen stehen nicht grundsätzlich und per se in einem unauflöslichen Widerspruch. „Das Management-Erfordernis besteht [...] in einer Anpassung des Systems an die Lebensführung von Menschen und in der Hinführung von Nutzern zu den Anforderungen im System bzw. an die mit seinen Möglichkeiten erreichbare Problembewältigung" (Wendt, 2011, S. 6). Die unterschiedlichen Rollen, die Case Manager in diesem Zusammenhang einnehmen können, definieren zwar die Ausgangssituation und die Beauftragung, nicht jedoch das grundlegende Verständnis im Vorgehen und der Analyse. Für Fallmanager in den Jobcentern heißt dies auch, dass sie unter Umständen in einer advokatorischen Funktion die Durchsetzung vereinbarter Kundenrechte innerhalb der eigenen Organisation zu verantworten haben. Für viele Bildungs- und Beschäftigungsträger, die Case Management als beauftragte Träger umsetzen, ist ohnehin eine eindeutige Rollenklärung im Sinne von Systemagent, Kundenanwalt, Versorgungsmanager und Dienstemakler kaum möglich. Je nach Ausgangssituation sind die Mitarbeiter in verschiedenen Rollen anzutreffen. Im US-amerikanischen Kontext (Powell, 2010, S. 7 ff.) sind die unterschiedlichen Rollenanforderungen selbstverständlicher Teil des Anforderungsprofils an Case Manager. Die advokatorische Rolle gehört ebenso dazu wie ein pädagogischer Auftrag, planerische Hil-

Beschäftigungsorientiertes Fallmanagement – eine Definition

festellung zu geben und Unterstützungsnotwendigkeiten zu bewerten, Qualitäts- und Ressourcenmanager zu sein sowie das Verbinden (Linking) der aktuell am Fall Beteiligten. Rollenambiguität bildet einen Teil des fachlichen Standards und für das US-amerikanische Verständnis von CM ist es selbstverständlich, die advokatorische Funktion auch auf die Organisation oder die Gemeinschaft der Beitrags- und Steuerzahler zu erweitern. Immer wieder sind Entscheidungsmechanismen zuzuordnen (z. B. Bewertung von Unterstützungsnotwendigkeiten), die ein einseitiges advokatorisches Mandat infrage stellen. Überall dort, wo Case Management als öffentlich-rechtliche Aufgabe oder durch privatwirtschaftliche Unternehmen beauftragt agiert, zählen Widersprüche in der Auftragswahrnehmung zum Alltag, sicherlich nicht nur im Feld der Sozialen Arbeit. Es gehört zu den Transparenzkriterien, die unterschiedlichen Einflüsse deutlich zu machen, auf die Fallsituation abzustimmen und sich dadurch nicht vereinnahmen zu lassen. Das Problem der „Triage", das heißt der an Wirtschaftlichkeitsüberlegungen ausgerichteten Planung von Unterstützungsmaßnahmen, darf nicht so weit führen, dass gerade die Menschen mit dem größten Unterstützungsbedarf keine Hilfe mehr erhalten (Weber-Halter, 2011, S. 47 ff.). Allerdings ist es durchaus möglich, dass innerhalb des versäulten Hilfesystems die Bedarfslage an der Konstruktionslogik organisationsbezogener oder gesetzlicher Aufträge vorbeigeht. Die betriebswirtschaftlich ausgerichtete Logik großer Sozialleistungsträger produziert so unter Umständen „austriagierte" Personen, die keinem Hilfesystem mehr zugeordnet werden. „Eine Gesellschaft, die ihre Schwächsten diskriminiert, lenkt von der eigenen Verantwortung ab. Es besteht dabei die Gefahr, dass mit der Zeit ganze Bevölkerungsgruppen abgehängt werden: Schwerkranke, Sterbende, Chronischkranke, Langzeitarbeitslose und alte Menschen. Früher oder später werden wir alle einer dieser Gruppen angehören" (ebd., S. 157).

Der grundlegende Auftrag des SGB II ist jedoch ein umfassender Inklusionsauftrag für diejenigen, die die gesetzlichen Zugangsvoraussetzungen erfüllen. Der Gesetzgeber selbst sieht keine Differenzierung („Triage") der betroffenen Menschen in „unterstützungswürdig" und „nicht-unterstützungswürdig" vor – im Gegenteil. Case Management in der Grundsicherung zieht sich deshalb an dieser Stelle nicht zurück, sondern versucht auch dann, wenn sozialintegrative Hilfen momentan vorrangig sind, durch eine geschickte Hilfevernetzung Prioritäten im Sinne der Betroffenen zu setzen, selbst wenn dann die Fallsteuerung zunächst auf fachlich kompetentere Experten übergeht.

Funktionen der „Persönlichen Ansprechpartner"

Dabei ist zunächst einmal der vom Gesetzgeber gewählte Begriff des „persönlichen Ansprechpartners" im Zusammenhang mit dem beschäftigungsorientierten Fallmanagement zu klären. Er wird als „funktionelle Aufgabe" verstanden, unter der sich vielfache personelle und aufgabenbezogene Ausprägungsformen vor Ort entwickeln können. Alle persönlichen Ansprechpartner sind im Sinne des SGB II dazu da, den Betreuungsauftrag umzusetzen. Allerdings haben sich zentrale Akteure des zuständigen Bundesministeriums immer wieder zustimmend zum Verfahren des Case Managements geäußert, ohne sich bisher jedoch für eine verbindliche Regelung im Gesetz zu entscheiden. Die nachfolgende Abbildung zeigt, wie Fallmanagement in den Grundvarianten organisatorisch eingebettet wurde.

Quelle: eigene Darstellung

Umfassendes Fallmanagement

Insbesondere in einigen Optionskommunen wird Ganzheitlichkeit so verstanden, dass die Mitarbeiter sowohl die vermittlungsbezogenen, die leistungsgewährenden und die Fallmanagementaufgaben in einer Person wahrnehmen. Zwischenzeitlich zeigt sich auch in der kommunalen Landschaft, dass diese fachliche Überforderung mehrheitlich zugunsten einer Trennung zwischen marktintegrativen und leistungsgewährenden Aufgaben aufgelöst wurde. Entweder geriet diese Variante zu einem umfassenden Dilettantismus oder musste mit erheblichen Mitteln durch Dritte flankiert werden.

Sicherndes Fallmanagement

In dieser Form wird das Fallmanagement in die Leistungssachbearbeitung (LSB) eingeschlossen. Dieses eher „sichernde" Verständnis von Fallmanagement geht von einem stärker sozialintegrativen Verständnis der Aufgabe aus. 17 Prozent der zugelassenen kommunalen Träger und 6 Prozent der ehemaligen Arbeitsgemeinschaften arbeiteten nach dem Abschlussbericht mit dieser Variante (vgl. BT-Drucksache 161/11488, S. 18).

Generalisiertes Fallmanagement
Bei den zugelassenen kommunalen Trägern überwiegt das Fallmanagement in Verbindung mit Vermittlungsaufgaben. Der persönliche Ansprechpartner ist hier Arbeitsvermittler (AV) und Fallmanager in einer Person. Dabei lässt sich noch differenzieren in organisationstypische Verteilungsmuster, und zwar derart, dass der Case Management-Ansatz für alle Leistungsberechtigten gleichermaßen eingesetzt wird (alle persönlichen Ansprechpartner arbeiten in allen Fällen nach den Strukturen im Case Management) oder der einzelne persönliche Ansprechpartner entscheiden muss, ob er einzelne Kunden nach bestimmten Kriterien im Konzept des Fallmanagements intensiver betreut.

Spezialisiertes Fallmanagement
Bei den gemeinsamen Einrichtungen herrscht die spezialisierte Variante eines beschäftigungsorientierten Fallmanagements vor. „Bei diesem Differenzierungskriterium gab es große Unterschiede bezüglich der Modelle der Aufgabenwahrnehmung. Während 77 Prozent bzw. 72 Prozent der Leitungspersonen von ARGEn und gAw im Rahmen der Organisationserhebung im Jahr 2007 angaben, einen spezialisierten Fallmanagementansatz zu verfolgen, gab mit 81 Prozent die überwiegende Mehrheit der zkT an, einen generalisierten Fallmanagementansatz zu praktizieren" (ebd., S. 17). Bei der Umsetzung dieses Konzeptes können persönliche Ansprechpartner sowohl als Fallmanager wie als Vermittlungsfachkräfte fungieren. Der Grundgedanke einer Betreuung aus einer Hand bleibt insofern bestehen, als den betroffenen Hilfebedürftigen jeweils nur eine Fachkraft zur Seite gestellt wird. Diese Variante entspricht am ehesten den fachlichen Vorstellungen, wie sie auch durch die Deutsche Gesellschaft für Care und Case Management verstanden wird und international üblich ist. Case Management „greift bei Menschen in komplexen Problemlagen, zu deren Lösung eine Beteiligung mehrerer Akteure (Leistungserbringer), die in einem kooperativen Prozess aufeinander abgestimmt agieren, erforderlich ist (hohe Akteursdichte). Sofern zwar die Klärung einer komplexen Notlage, aber keine Kooperation von Diensten zur Behebung dieser notwendig ist, handelt es sich nicht um ein Case Management, sondern um einen allgemeinen Beratungsprozess" (DGCC, 2009, S. 12).

Der Endbericht zur Evaluation der Experimentierklausel nach § 6c SGB II zeigt, dass mit der Organisationsentscheidung für die Einbettung des Fallmanagements auch Wertentscheidungen verbunden sind (ebd., S. 156 f.), indem mit der Entscheidung für eine Variante cream skimming-Effekte oder Zielgruppeneffekte verbunden sind. Es ist deshalb nicht beliebig, für welche Variante sich die Grundsicherungsstellen entscheiden.

Beschäftigungsorientiertes Fallmanagement im Kontext des SGB II

Nicht überraschend ist in diesem Zusammenhang die Feststellung der Evaluatoren, dass „dieser Effekt [...] darüber hinaus mehr als kompensiert [wird], wenn in einer Grundsicherungsstelle genügend Personal im Fallmanagement vorhanden ist. Grundsicherungsstellen mit einer über dem Median liegenden Anzahl an diesbezüglichen Mitarbeitern/innen beeinflussen die Beschäftigungsfähigkeit der in ihrem Zuständigkeitsbereich lebenden ehb signifikant positiv und bei Männern auch in einer quantitativen Dimension, die den negativen Effekt einer in das Fallmanagement integrierten Vermittlung überwiegt. Zusammen mit den negativen Befunden für Männer in regionalen Einheiten, die angaben, unter einer personellen Schwachstelle beim Fallmanagement zu leiden, liegt die Schlussfolgerung nahe, dass ein in das Fallmanagement integriertes Vermittlungsgeschäft, das die Beschäftigungsaufnahme positiv beeinflusst, dann nicht negativ auf die Beschäftigungsfähigkeit wirken muss, wenn die Personaldecke im Fallmanagement ausreichend dick ist."

Die Schlussfolgerungen hieraus für die Umsetzung des beschäftigungsorientierten Fallmanagements sind relativ klar:

a) Fallmanagerinnen dürfen keinesfalls von arbeitsmarktnahen Aufgaben befreit werden.

b) Die Betreuungsrelation darf nicht über den vom Gesetzgeber vorgesehenen Betreuungsschlüssel 1:75 hinausgehen, und zwar ohne den Overhead einzubeziehen.

Definition des beschäftigungsorientierten Fallmanagements

Häufig lassen Brüche in den Lebens- und Erwerbsbiografien, instabile soziale Beziehungen, die Kumulationen von personen- und/oder marktbedingten Vermittlungshemmnissen, marginalisierte Lebenszusammenhänge oder fatalistische Lebenseinstellungen nach langanhaltender Arbeitslosigkeit eine erfolgreiche Erwerbsintegration als wenig Erfolg versprechend erscheinen und erfordern zunächst eine sozial orientierte professionelle Hilfestellung. Dem Eindruck und der massiven Kritik an den stigmatisierenden Effekten dieser Sichtweise ist entgegenzuhalten, dass dieses Verständnis nicht nahelegt, dass es sich um die Mehrzahl der arbeitslosen Menschen handelt. Die Ergebnisse der Arbeitslosenforschung allerdings zu negieren, nur weil die Ergebnisse der Forschung zur Grundlage der Ausrichtung des beschäftigungsorientierten Fallmanagements gemacht werden, zeugt von wenig Verständnis für die Dynamik auf den Arbeitsmärkten, der Nutzung wissenschaftlicher Ergebnisse und den individuellen Verarbeitungsformen der Arbeitslosigkeit (zum Überblick vgl. Luedtke, 1998; Vonderach, 2002; Mehlich, 2005; Hirseland & Lobato, 2010).

Das beschäftigungsorientierte Fallmanagement richtet sich als spezialisierte Variante ausdrücklich nicht an alle von Arbeitslosigkeit betroffenen Menschen der Grundsicherung. Angelehnt an die Definition der „Case Management Society of America" wird das beschäftigungsorientierte Fallmanagement wie folgt definiert:

Beschäftigungsorientiertes Fallmanagement – eine Definition

> „Fallmanagement in der Beschäftigungsförderung ist ein auf den Kunden ausgerichteter Prozess mit dem Ziel der möglichst nachhaltigen Integration in den Arbeitsmarkt. In diesem kooperativen Prozess werden vorhandene individuelle Ressourcen und multiple Problemlagen methodisch erfasst und gemeinsam Versorgungsangebote und Dienstleistungen geplant, die anschließend vom Fallmanager implementiert, koordiniert, überwacht und evaluiert werden.
>
> So wird der individuelle Versorgungsbedarf eines Kunden im Hinblick auf das Ziel der mittelfristigen oder unmittelbaren Arbeitsmarktintegration durch Beratung und Bereitstellung der verfügbaren Ressourcen abgedeckt und seine Mitwirkung eingefordert." (Autorengemeinschaft, 2004, S. 10)

Diese Arbeitsdefinition fokussiert handlungspragmatisch und ethisch auf wesentlichen Standards des Case Managements:

- Die Beteiligung und Einflussnahme der Betroffenen auf das Angebot bleibt als durchgehender Auftrag erkennbar („auf den Kunden ausgerichteter Prozess", „kooperativer Prozess", „Versorgungsbedarf").

- Mittel- und längerfristig verfolgt das beschäftigungsorientierte Fallmanagement das Ziel einer „nachhaltigen" Erwerbsintegration. Nachhaltig bedeutet in diesem Zusammenhang, dass mindestens eine Erwerbstätigkeit angestrebt wird, bei der das erzielte Einkommen den Hilfebedürftigen und gegebenenfalls auch die Angehörigen seiner Bedarfsgemeinschaft unabhängig von weiterer öffentlicher Unterstützung macht. Dies bleibt primäre Zielsetzung des Gesetzgebers, denn mit einer gestärkten Eigenverantwortung sollen die erwerbsfähigen Hilfebedürftigen „ihren Lebensunterhalt unabhängig von der Grundsicherung aus eigenen Mitteln und Kräften bestreiten" können. Dies bedeutet auch, dass sogenannte Aufstocker, sprich in Vollzeit erwerbstätige Hilfebedürftige, die zusätzlich noch Leistungen aus der Grundsicherung beziehen, so lange im Vermittlungs- und Betreuungsangebot verbleiben, bis eine bedarfsdeckende Entlohnung erreicht wurde. Die angedachten gesetzgeberischen Maßnahmen („untere Lohngrenze", flächendeckender Mindestlohn, Befreiung der Arbeitnehmer von den Sozialabgaben etc.) sind in diesem Sinne nachdrücklich zu unterstützen.

- Gleichzeitig wird auch nicht geleugnet, dass die Mitwirkungsbereitschaft des Nutzers bei den zu bearbeitenden Problemstellungen eingefordert wird. Die Mitwirkung stellt unter dem gesetzlichen Druck potenziell möglicher Sanktionen eine besondere Herausforderung an Fallmanager und Kunden dar, auf die noch einzugehen sein wird. Ethisch ist Reziprozität eine wichtige Voraussetzung für gelingendes Fallmanagement. Die entscheidende Weichenstellung besteht darin, die Integrationsschritte so auszutarieren, dass sie keine Überforderung

Beschäftigungsorientiertes Fallmanagement im Kontext des SGB II

darstellen. Kersting (2000, S. 402 f.) kritisiert beispielsweise den bisherigen sozialstaatlichen Kompensationismus der Sozialbürokratie. Diese bisherigen Praktiken und Sichtweisen seien ethisch blind und „betrachten den Bürger als ein ausschließlich konsumptives Wesen, entkleiden ihn seiner fundamentalen Bedürfnisse, sich auszudrücken, Herausforderungen anzunehmen und zu bestehen, sein eigenes Leben zu führen und in der beruhigenden ethischen Reziprozität von Leistung und Gegenleistung zu leben." Für das beschäftigungsorientierte Fallmanagement ist diese Sichtweise ein guter Orientierungsrahmen, sich auf die Suche nach den oftmals überlagerten Ressourcen und Selbstheilungskräften der Menschen zu machen.

Die Arbeitsgruppe Beschäftigungsförderung der Deutschen Gesellschaft für Care und Case Management hat im Hinblick auf die aktuellen Arbeitsmarktentwicklungen den Fokus noch einmal stärker auf eine existenzsichernde Teilhabe am Arbeitsleben gerichtet und damit deutlich gemacht, dass die Aufgabe nicht zwangsläufig enden muss, wenn Kunden eine Arbeit aufgenommen haben. Die Fortsetzung der Unterstützung, sofern ein weiterer Hilfebedarf erkennbar ist, kann auch bis zu einer existenzsichernden Beschäftigung fortgesetzt werden. Auch hier wird die Mittlerfunktion und Rollenvielfalt des Case Managers erkennbar. Die Arbeitsgruppe definiert wie folgt:

(1) „Beschäftigungsorientiertes Case Management (BCM) unterstützt bei der Bewältigung schwieriger Lebenslagen mit komplexem Hilfebedarf im Fall fehlender oder bedrohter Beschäftigung. Das Ziel ist eine möglichst existenzsichernde Teilhabe am Arbeitsleben. In enger Abstimmung mit den Klienten fördert es den Erhalt oder die Herstellung von Beschäftigungsfähigkeit unter Berücksichtigung der individuellen Lebenssituation.

(2) BCM bewegt sich im Spannungsfeld zwischen den Bedürfnissen und den Ressourcen der Klienten/innen, den Möglichkeiten und Anforderungen des Arbeitsmarktes sowie des gesellschaftlichen Kontextes und den gegebenen gesetzlichen Rahmenbedingungen. Die Herausforderung des BCM liegt darin, in diesem Spannungsfeld einen für alle Seiten (Klient/innen – Wirtschaft – Staat) akzeptablen Ausgleich zu finden.

(3) BCM basiert auf dem wissenschaftsorientierten Verständnis von CM im Sinne der Leitlinien der DGCC."[4]

Fokus auf Personenkreise mit erheblichem Steuerungsbedarf

Fallmanagement wird nach dieser Definition konzentriert auf Personen, die eine besondere Unterstützung bei der arbeitsmarktlichen (Re-)Integration benötigen. Zwar bleibt der Begriff „multiple Problemlagen" eher unscharf, jedoch ergibt sich aus dem Kontext der Aufgabenstellung, dass sich

---
[4] http://www.dgcc.de/dgcc/fg_open/befoerde.html

Beschäftigungsorientiertes Fallmanagement – eine Definition

die Hemmnisse eher aus den sozialen und/oder persönlichen Lebensbedingungen der Hilfebedürftigen ergeben, weniger aus rein arbeitsmarktbezogenen Hemmnissen. So wird der wirtschaftliche Einsatz der Dienstleistung sichergestellt, der im Fallzugang noch zu präzisieren ist. Durch die gleichzeitige Betonung der Ressourcen wird eine einseitige Ausrichtung des Fallmanagements auf die Problemlage (Defizitorientierung) verhindert und im Sinne eines ökosozialen Ansatzes komplettiert.

Ökosozial erfasst in diesem Kontext die Wiederherstellung der grundlegenden Voraussetzungen für eine Situationsbewältigung der Arbeitslosigkeit (bisherige Verarbeitungsmechanismen, Erfahrungen mit der Armutsbürokratie, Auswertung bisheriger Bewerbungsbemühungen etc.), die Unterstützung bei der Selbstorganisation der hierzu gehörenden Lebensführungsmuster (Lebensentwürfe, berufliche und kontextuelle Alternativen, Lokalorientierung etc.), eine systemisch-mehrdimensionale Auffassung des Menschen in den wirtschaftlichen und arbeitsmarktlichen Einordnungszusammenhängen (der Mensch ist mehr als seine wirtschaftliche Verwertbarkeit), die individuelle wie professionelle Stärkung der Vernetzung des Individuums sowie die ressourcen- und lösungsorientierte Vorgehensweise in der beratungsbezogenen Zusammenarbeit.

Fallmanagement ist regelgebundenes prozesshaftes Vorgehen
Die Definition stellt strukturiert die Prozessschritte des Fallmanagements dar, die in den nächsten Kapiteln systematischer entwickelt werden:

- Im *Assessment* werden „vorhandene individuelle Ressourcen und multiple Problemlagen methodisch" erfasst.
- Die „Versorgungsangebote und Dienstleistungen" werden in der *Integrationsplanung und Eingliederungsvereinbarung* gemeinsam geplant und strukturiert.
- Implementieren, koordinieren und überwachen geschieht durch den Fallverantwortlichen in der *Leistungssteuerung*, soweit er nicht selbst die Dienstleistungen erbringen kann oder will.
- Die Ergebnisse der Dienstleistungen Dritter evaluieren sowie den Erfolg der eigenen Arbeit messen und bewerten geschieht in einem speziellen *Monitoring/Controlling*-Verfahren.

Letztendlich wird nicht nur der Leistungsempfänger durch Sanktionsbedrohung zur Aktivität verpflichtet, sondern auch die Grundsicherungsträger. Die Definition stellt klar, dass ein angemessenes „Fordern" immer auch mit einem adäquaten „Fördern" einhergehen muss. Sie stellt im letzten Satz ab auf den individuellen Versorgungsbedarf eines Kunden, der nicht im Sinne eines umfassenden Wohlbefindens ausgelegt, sondern fokussiert wird auf das Ziel der mittel- oder unmittelbaren Arbeitsmarktintegration. Das Subsidiaritätsprinzip steuerlich finanzierter sozialer Hilfen schlägt hier durch, wobei aus dem Fürsorgekern des Gesetzes die Orientierung richtungsweisend bleibt, nur das zu fordern, was auch leistbar ist.

Beschäftigungsorientiertes Fallmanagement im Kontext des SGB II

5.2 Fallmanagement – was ist neu?

Ausgehend von der Definition soll nun gekennzeichnet werden, was denn das spezifisch Neue am beschäftigungsorientierten Fallmanagement sein kann. Hier hilft ein Blick in die bisherigen Förderstrukturen in der Bundesrepublik bei der Formulierung und Umsetzung von Arbeitsmarktprogrammen. An den EU-, bundes-, landes- oder kommunal (co-)finanzierten Programmen, die im Regelfall zielgruppenbezogen zum Einsatz kamen, ist die immer gleiche Implementationsstruktur auffällig:

a) Es gibt einen oder mehrere öffentliche Finanzgeber.

b) Es gibt eine zentrale Institution, die für die Verteilung der Mittel zuständig ist, die Vergabe überwacht, die „Spielregeln" kontrolliert und (meistens) auch die Ergebnisverantwortung trägt.

c) Es gibt Mitspieler, die entweder als Angehörige der Institution oder als deren Beauftragte den Kontakt mit den Zielgruppen aufnehmen und den Programmauftrag umsetzen. Gelegentlich werden weitere „Mitspieler" als „Subunternehmer" eingesetzt.

d) Es gibt Kunden, die als Zielgruppen zunächst identifiziert werden müssen (Praktiker wissen aus der Vergangenheit um die großen Probleme, ob Kunden „förderungsfähig" im Sinne der Vorschriften waren oder nicht) und sich dann häufig einem mehr oder weniger komplexen und funktionierenden Zusammenspiel von Auftragnehmern und Auftraggebern ausgesetzt sehen.

Erweitert man diese Gesichtspunkte jetzt noch um eine Vielzahl von sozialintegrativen Angeboten, deren Zugangsvoraussetzungen und Beteiligungsvorgaben ebenfalls unterschiedlichen Logiken folgen, wird die Bedeutung des Fallmanagements in der Grundsicherung klarer.

Fallverantwortung

Ein erster zentraler Ansatzpunkt ist damit skizziert, mit dem man das „Neue" am Fallmanagement in der Beschäftigungsförderung kennzeichnen kann:

> 1. Fallmanagement in der Beschäftigungsförderung versteht sich als integrativer Ansatz, der Finanzverantwortung und Betreuung in einer Person, dem Fallverantwortlichen, zusammenführt. Fallmanager sind für einen effizienten und effektiven Einsatz der Finanzmittel verantwortlich. Dies setzt voraus, dass Fallmanagerinnen über klare Spielregeln verfügen, in welchem Umfang eigene und fremde Dienstleistungen eingesetzt werden können und dürfen.

Das Nebeneinander unterschiedlicher Akteure, die parallel oder zeitversetzt mit den Kunden arbeiten, dies häufig unabgestimmt und mit teil-

Fallmanagement – was ist neu?

weise gegenteiligen Zielvorstellungen tun, bedarf einer koordinierten Unterstützungsfunktion, die im Benehmen mit dem Hilfebedürftigen und seiner Leistungsfähigkeit angemessen die einzelnen Hilfen bewertet, initiiert und ihre Ergebnisse mit dem Hilfebedürftigen reflektiert. Case Management-Ansätze in den USA haben sich systematisch unter den Prämissen entwickelt, einerseits die Qualität der Dienstleistung zu steigern, andererseits die Kosten einzudämmen (vgl. Klug, 2009). Aus der Zersplitterung der institutionellen Angebote und der jeweiligen therapeutischen und beraterischen Schulen bezieht der Case Management-Ansatz eine wichtige Legitimation seiner Entstehung.

Vernetzung

Zwei weitere „Neuerungen"[5] fallen in diesem Zusammenhang auf: Ohne fachliche Unterstützung kann Fallmanagement nicht gelingen, will man hier keine realitätsfernen Omnipotenzen aufbauen. Die eigene Fachlichkeit hat Grenzen und diese sind einzuhalten und zu kommunizieren.

> 2. Fallmanagement in der Beschäftigungsförderung setzt funktionierende Netzwerke voraus, die sich nicht auf die pure Weiterleitung ihrer Kunden beschränken, sondern den Fall ganzheitlich und kontinuierlich entwickeln. Fallmanagement führt bisher unstrukturierte, sich gelegentlich in Arbeitsweisen und Zielen aufhebende oder widersprechende Hilfen zu einem ganzheitlichen Konzept zusammen.

Die Beachtung fachlicher Grenzen zwingt dazu, Unterstützungsnetzwerke zu knüpfen und diese auch mit Ressourcen auszustatten. Zudem bleibt es im beschäftigungsorientierten Fallmanagement bei einer hohen Anforderung an die beraterische Kompetenz, will man den Hilfebedürftigen einbinden und seine Koproduktion gewinnen, ohne die alle Bemühungen keinen längerfristigen Erfolg haben. Die weiteren Evaluationsbemühungen zeigen, dass gerade in der Vernetzung mit Unterstützern der Schwachpunkt einer wirkungsvollen Implementation liegt. Case Management wagt sich somit auch an eine professionelle Antwort auf eine zunehmend komplexere soziale Welt (Modernisierungsprozesse). Es versucht für Menschen, die – aus welchen Gründen auch immer – momentan gehindert sind, eigenverantwortlich ihre Antworten auf die zunehmend unübersichtlicheren, wertpluralistischen und komplexeren Entwicklungen zu geben, Ordner, Planer und Unterstützer zu sein. Dies liegt vor allem an einer engen Verknüpfung mit dem Netzwerkbegriff, der wie kaum ein anderer in der Lage

---

[5] Fachleute mögen verzeihen, dass hier von Neuerungen gesprochen wird: Vernetzung, Interdisziplinarität und fallübergreifende/systemische Ansätze sind in diesem Kontext nicht wirklich neu, entsprachen aber nur selten realem Handeln. Neuer ist aber sicherlich die konsequente Vernetzung aller bisherigen Teilaktivitäten.

Beschäftigungsorientiertes Fallmanagement im Kontext des SGB II

zu sein scheint, zwischen den isolierten Einzelsegmenten der gemeinschaftlich gebundenen Individuen und den sich immer häufiger davon ablösenden systemintegrierenden Funktionen der Gesellschaft zu vermitteln.

Ganzheitliches Fallverständnis

Ganzheitlichkeit heißt in diesem Zusammenhang nicht, dass „an die Stelle überprüfbarer Standards [...] der unverkürzte, ganzheitliche, programmlose und damit letztlich rein durch Subjektivität definierte sozialpädagogische Blick" (Luthe, 2003, S. 43) tritt, sondern dass der gesetzlich definierte Rahmen – der „Fall der Arbeitslosigkeit" – Ganzheitlichkeit konzentriert auf die Lebensumstände, die eine arbeitsmarktliche Integration erleichtern oder erschweren. Hierfür können Standards erarbeitet werden und sind Ziele messbar. Ganzheitlichkeit ist hier schon aus datenschutzrechtlichen Gründen auf die in der Zielausrichtung des Gesetzes vorgegebenen Leitlinien zu begrenzen.

> 3. Fallmanagement baut auf bewährten Methoden der Beratung und Betreuung auf, bringt diese Dienstleistungen aber in die Systematik eines vernetzten ganzheitlichen Betreuungsansatzes, der sich hier ausschließlich an der Fallgestaltung „Arbeitslosigkeit" orientiert.

Fallmanagement, so viel wird klar, ist kein auf die Soziale Arbeit begrenzter Arbeitsschwerpunkt. Mediziner und Angehörige pflegerischer Berufe, Mitarbeiter aus den Sozialverwaltungen, Versicherungsfachleute und Betriebswirte, Bankfachleute oder weitere professionelle Disziplinen (Psychologen, Sozialwissenschaftler etc.) können, entsprechende Weiterbildung vorausgesetzt, mit diesem Ansatz erfolgreich arbeiten. Die drei wesentlichen Kriterien, die Fallmanagement als eigenständige Profession kennzeichnen, sind dabei:

- Das Handeln nach Standards, die die Profession kennzeichnen (exemplarisch: fallbezogene Ganzheitlichkeit, Lebensweltorientierung, Neutralität, Wertschätzung, Wirtschaftlichkeit, Interprofessionalität, Kundenorientierung, Überprüfbarkeit etc.).

- Die Verbindung von professioneller Hilfe im Einzelfall durch Beratung und Betreuung mit einer auf Wirksamkeit ausgerichteten Leistungssteuerung, Vernetzung und Ergebnisverantwortung. Dabei setzen Beratung und Betreuung nicht nur die oftmals thematisierten sozialen Kompetenzen voraus, sondern benötigen profunde Fachkenntnisse über das zu bearbeitende Feld „Mensch und Arbeitsmarkt".

- Fallmanagement ist letztendlich nicht denkbar, ohne dass der Fallmanager über ökonomische Ressourcen verfügt oder diese im Sinne eines Auftraggebers verbindlich zusagen bzw. akquirieren kann. Die Budgetverantwortung ist ein zentrales Kriterium für die Dienstleistung, ohne die sich Fallmanagement nicht praktizieren lässt.

Budgetverantwortung

In naher Zukunft werden geschulte Fallmanager der Bewährungshilfe, der Suchtberatung, der Arbeitslosenberatung und Fallmanager der Grundsicherungsträger zusammensitzen und gemeinsam über oder mit einem „Fall" beraten. Wie werden zukünftig Schnittstellen zwischen verschiedenen Fallzuständigkeiten gemanagt? Im Idealfall entscheiden die Professionalität der Beteiligten und das Kernproblem des Kunden (der Fall) über die verantwortliche Fallführung. Gerade am Kennzeichen der Budgetverantwortung scheitern aber viele Einsatzgebiete der klassischen Einzelfallbetreuung (Case Work), die im Hinblick auf Beratung und Betreuung durchaus fallmanagementähnliche Strukturen aufbauen und nutzen können, eher seltener aber die Möglichkeit haben, erforderliche Dienstleistungen Dritter verbindlich zu akquirieren. Ökonomische Ressourcen werden somit zu einem zentralen Kennzeichen der Fallbetreuung, mit dem Leistungssteuerung erst möglich wird.

> 4. Fallmanagement geht immer einher mit einer im Regelfall sicherlich begrenzten Verfügbarkeit finanzieller Ressourcen (Budget), die der Fallmanager zur Zielverwirklichung einsetzen kann.

In diesem Punkt steht die bundesrepublikanische Fallmanagementstruktur im SGB II noch am Anfang. Im Gegensatz zu vielen Varianten der Budgetierung im europäischen Raum begrenzt sich das Leistungsspektrum der Fallmanager hier auf das gesetzliche Instrumentarium und die durch die Organisation (Jobcenter) bereitgestellten Netze. In einem gemeinsam zwischen Kunden und Fallmanager auszuhandelnden Budget liegen aber erhebliche Chancen der Partizipation und des Empowerments. So besteht seit dem 1. Januar 2008 ein Rechtsanspruch für behinderte Menschen im Sozialgesetzbuch IX (§ 17), Leistungen in Form des Persönlichen Budgets auf Antrag von den verschiedenen Sozialleistungsträgern zu erhalten. Sie können damit selbst entscheiden, wann, wo, wie und von wem sie Teilhabeleistungen in Anspruch nehmen können.

Auch für die Beschäftigungsförderung in der Grundsicherung hat der Gesetzgeber seit 2009 das Vermittlungsbudget eingeführt. Im Gegensatz zu den Regelungen im SGB IX bleibt das Budget aber in der Leistungsausrichtung begrenzt und von der Sichtweise des persönlichen Ansprechpartners/Fallmanagers und der Einsatzlogik der Organisation bestimmt. Neuere Studien zur Arbeitsmarktpolitik und den Flexibilitätsspielräumen der Vermittlungsfachkräfte zeigen, dass die Bemühungen des Gesetzgebers durchaus in die richtige Richtung gehen, jedoch die Grunddilemmata fehlender Qualifikation der Mitarbeiterinnen, das Zerrieben-Werden zwischen zentralen Steuerungs- und Kontrollaufgaben und einem auf Individualität ausgerichteten Hilfeanspruch sowie internen auf lokaler Ebene vorgegebenen einschränkenden Handlungsmustern (ermessenslenkende Weisungen) weiterhin einer Lösung harren (vgl. Steinke et al., 2012). In der Entfesselung der Mitarbeiter und der Kunden von einem vorgegebenen Set an eher globalen Integrationsinstrumenten liegen die wirklichen Chancen des beschäftigungsorientierten Fallmanagements. In der Konsequenz hätten sich gänzlich neue Unterstützungsnetze herauszubilden, die ihre fallspezifischen Leistungen gegebenenfalls sogar in einem einheitlichen Planungsansatz (Wochen-/Monatsplanung) erbringen. Die bisherige Ausschreibungs- und Vergabepraxis müsste sich vollkommen umstellen.

Integration von sozial- und arbeitsmarktbezogenen (Dienst-)Leistungen

Der Fall steht nicht für den Menschen oder seine Bedarfsgemeinschaft, sondern für die Bedarfssituation, die es zu bewältigen gilt. Der Fall „fasst auf, was fachlich relevant ist und zum beruflichen Handeln Anlass gibt. Was vorkommt, lässt sich klassifizieren und in eine Kasuistik einordnen [...]. Die fachliche Einengung der Betrachtung vorab auf einen klassifizierten Morbus oder einen Typus von Auffälligkeit sollte im individuellen Case Management nun allerdings vermieden werden. Es ist eine Verfahrensweise, in deren Verlauf erst bestimmt wird, was und wie etwas vorliegt" (Wendt, 2010, S. 44 f.).

Der Fall im Kontext der Beschäftigungsförderung des SGB II ist durch den gesetzgeberischen Rahmen vorgegeben, ansonsten käme es nicht zu einem Kontakt: Die Hilfebedürftigkeit – gemeint ist die leistungsrechtliche Hilfebedürftigkeit – muss beseitigt werden, möglichst durch eine nachhaltige arbeitsmarktliche Integration. Diese Aufgabenstellung führt in einer Zeit hoher und verfestigter Arbeitslosigkeit zu hohen Anforderungen an die Fachkenntnisse der Mitarbeiter und die Qualität der zur Verfügung gestellten Instrumente. Fallmanagement führt die Aufgaben und Integrationsmöglichkeiten, die der Gesetzgeber im SGB II und SGB III für die Vermittlung von arbeitslosen Personen zur Verfügung stellt, zusammen mit sozialintegrativen Unterstützungsleistungen, die bisher vorwiegend den kommunalen Sozialämtern und von ihnen beauftragten karitativen Dienstleistern vorbehalten waren. Nimmt man dann noch den erweiterten Kanon hinzu, der den Jobcentern in Form des Bildungs- und Teilhabepakets auferlegt wurde, zeigen sich in den beiden grundlegenden Gesetzen des SGB II und SGB XII erstmals Risse, die die rechtlich versäulte Struktur der klassischen Sozialleistungsträger aufbrechen. Grundsicherungsarbeit geht hinein in Felder der allgemeinen und beruflichen Bildung, der Wirtschaftsförderung, der Frühförderung oder sozial-integrativen Arbeit. Um sich dabei nicht zu verheben, gilt es deutlich zu machen, was im jeweiligen Netzwerk die Kompetenzen sind und wie man sie im Interesse der Kunden am besten einsetzt. Dabei kann das beschäftigungsorientierte Fallmanagement durchaus einmal zurücktreten und die Fallverantwortung abgeben, wenn die spezifische Bedarfslage andere Steuerungsnotwendigkeiten zeigt.

> 5. Fallmanagement in der Beschäftigungsförderung des SGB II verbindet bisher getrennte Unterstützungsleistungen, die sozialintegrative und vermittlungsorientierte Hilfen aus einer Hand ermöglichen. Es beinhaltet grundlegende Informationen zur Berufs-, Bildungs- und Arbeitsmarktberatung der Grundsicherungsempfänger und fungiert als Koordinator und Begleiter im (regionalen) System sozialer Unterstützung.

Grundsätzlich sind die Einsatzfelder von Case Management auf eine spezifische Bedarfslage hin ausgerichtet und versuchen, aus dieser Perspektive ein Hilfenetz aufzubauen. In der Bewährungshilfe, der Jugendhilfe, der Suchtberatung, der Pflege im medizinischen Bereich, definiert zunächst immer das Feld das Kernproblem, um das sich Case Management hin ausrichtet. Für das beschäftigungsorientierte Fallmanagement wird deutlich, dass immer auch Kenntnisse der Berufs-, Bildungs- und Arbeitsmarktberatung zwingend mit der Aufgabenwahrnehmung verbunden sein müssen, will der (gesetzliche) Auftrag angemessen umgesetzt werden. Entsprechend komplex ist das Arbeitsfeld der Fallmanager in diesem Kontext, entsprechend hoch sind die fachlichen Anforderungen und entsprechend umfangreich auch der notwendige Schulungsbedarf.

5.3 Rollenklärung

Im Kontext der Beschäftigungsförderung nach dem SGB II ist für die beteiligten Fallmanager zu klären, welche Rolle und welches Selbstverständnis sie hier einnehmen sollen.

Im soziologischen Sinn werden handlungsleitende Normen und das Selbstverständnis, mit dem die Fachkräfte ihre Profession ausüben, vom Prozess der (hier überwiegend beruflichen) Sozialisation geprägt. Die Spielräume, die dem einzelnen Fallmanager bei der Rollenklärung eingeräumt werden, sind nicht deterministisch festgelegt. Sie sind abhängig von der Persönlichkeit und Prägung des Fallmanagers und den gesellschaftlichen, politischen und organisationalen Rahmenbedingungen, die kodifiziert oder frei gehandelt die Berufsrolle des Fallmanagers prägen. Durch den noch relativ jungen Entwicklungsbaum des Fallmanagements in der Beschäftigungsförderung sind Spielräume vorhanden, die es auszuloten gilt.

Beschäftigungsorientiertes Fallmanagement im Kontext des SGB II

Berufsrollen im Case Management

Wendt (2010, S. 185 ff.) arbeitet mehrere typische Berufsrollen heraus, die sich zwangsläufig aus dem jeweiligen (gesetzlichen) Auftrag und den Zielvorstellungen des „Finanziers" der Dienstleistung ergeben:

- Der *Systemagent*, der dafür sorgt, „dass die im Einzelfall vertraglich übernommenen Aufgaben zielwirksam ausgeführt werden" (ebd., S. 185). Dies schließt natürlich auch gesetzlich übertragene Aufgaben ein. Der Betroffene, der sich in den unterschiedlichen Zuständigkeiten der Leistungsträger verliert, erhält durch den Systemagenten Orientierung und Unterstützung bei der Nutzung der für seinen Hilfebedarf zwingenden Unterstützungssysteme.

- Der *Kundenanwalt*, der mit den Hilfesuchenden den Unterstützungs- oder Versorgungsbedarf abklärt und ihnen bei der Beantragung von Leistungen zur Seite steht. „Er kennt die Anspruchskriterien und weiß, wie an Behörden und Versicherungen heranzutreten ist" (ebd., S. 187). Diese anwaltliche Funktion beruht auf einem klaren Kundenauftrag und setzt Unabhängigkeit von der Leistungserbringung voraus. Für viele Autoren aus dem Feld der Sozialen Arbeit ist nur dieses Rollenverständnis mit einem Case Management der Sozialen Arbeit vereinbar. Dies, obwohl viele ihrer Fachkräfte eher in den anderen Rollenfunktionen anzutreffen sind. Dabei ist zu berücksichtigen, dass diese Aufgaben entweder von den Klientinnen zu finanzieren sind oder von karitativen Organisationen freiwillig bereitgestellt werden.

- Der *Versorgungsmanager*, der entweder als beauftragter Agent des Leistungsträgers die „zweckmäßige und kostengünstige Erbringung der Dienstleistung" (ebd., S. 188) überwacht oder als Qualitätsmanager im Dienstleistungsbetrieb selber fungiert.

- In Amerika bereits weit verbreitet und zunehmend auch in Europa anzutreffen ist ein Verständnis von Fallmanagement als Hilfestellung zur Erschließung, Bewertung, Auswahl und vertraglichen Absicherung von Leistungen im Kontext spezifischer Aufgaben- und Problemstellungen. Wie ein „guter" Versicherungsmakler, der nach einer ausführlichen Analyse der Lebens-, Familien- und Einkommenssituation seines Kunden ein individuell angepasstes Versicherungspaket schnürt, soll der *Dienstemakler* für seine Kunden (Privatpersonen, Versicherungsgesellschaften etc.) die benötigten Dienste akquirieren, die Kosten-Nutzen-Kontrolle gewährleisten und bei Beschwerden die Kunden beraten und unterstützen.

„Fassen wir zusammen, wie sich Case Manager beruflich positionieren können: Sie vertreten das Versorgungssystem intern oder extern oder vertreten die Nutzer, und sie vermitteln zwischen beiden Seiten. Die vier genannten Rollen schließen einander nicht aus" (ebd., S. 190). In einer ähnlichen Weise differenzieren Ewers & Schaeffer (2005) zwischen Case Management durch neutrale Instanzen (Koordinierungsstellen), durch Leistungserbrin-

Rollenklärung

ger oder durch den Kosten- und Leistungsträger selbst. Der beauftragte Träger für die Durchführung von Fallmanagement in der Stadt Düsseldorf skizziert kurz und bündig, dass seine Fallmanager sowohl eine anwaltliche wie auch eine vermittelnde Funktion haben (vgl. Grosch, 2004, S. 13). Im Kontext der beruflichen Rehabilitation werden im Case Management sogar anwaltschaftliche Schutzfunktion, Broker-Funktion und Gatekeeper-Funktion zu einem einheitlichen Rollenset verbunden (vgl. Brader, Faßmann, Lewerenz, Steger & Wübbeke, 2004, S. 35).

Beschäftigungsorientiertes Fallmanagement im Kontext des SGB II impliziert für das Berufsverständnis des Fallmanagers, dass seine Aufgabe

1. stark **systemgesteuert** (system driven) ist. Er ist in dieser Funktion Systemagent der vom Gesetzgeber mit der Umsetzung beauftragten Kosten- und Leistungsträger im Jobcenter. Dies gilt abgeschwächt auch für beauftragte Dritte, die im Rahmen einer vertraglichen Vereinbarung Fallmanagementaufgaben für die Grundsicherungsträger übernehmen. Je nachdem, wie stark sie auch in leistungsrechtlich-sanktionierende Funktionen eingebunden sind, ist ihre Berufsrolle zwischen Systemagent und Versorgungsmanager angesiedelt. Der Rahmen für das, was der Fall ist, ist durch gesetzgeberische „Planken" stark strukturiert vorgegeben:

   a) Das Angebot ist nicht frei zugänglich, sondern auf Menschen in der Grundsicherung beschränkt.

   b) Innerhalb der betreuten Personenkreise bezieht sich das Angebot auf Menschen, die einen komplexen Hilfebedarf aufweisen, in den mehrere Leistungserbringer eingebunden sind.

   c) Fallmanager und Kunde können sich wechselseitig nicht aussuchen, ob sie miteinander arbeiten möchten oder nicht (Zwangskontext).

   d) Das Grobziel ist gesetzgeberisch eindeutig vorformuliert: Reduzierung oder Beendigung der (leistungsrechtlichen) Hilfebedürftigkeit.

   e) Die einsetzbaren gesetzlichen Leistungen sind oftmals formal gerahmt, werden organisatorisch teilweise standardisiert vorgehalten und sind deswegen nur begrenzt zu individualisieren. Allerdings zeigen sich vermehrt Bemühungen, sowohl seitens der Grundsicherungsstellen wie der Träger im Netzwerk, ihre Angebote stärker auf die individuellen Besonderheiten hin auszurichten.

Diese Ausgangslage ist aber für viele Case Management-Ansätze durchaus vergleichbar. Auch der in rein advokatorischer Funktion tätige Case Manager kann nur die gesetzlichen Rechtsansprüche klären und einfordern. Für die in Sozialleistungsverfahren zunehmenden Ermessens- oder Beurteilungsspielräume sind die Aushandlungsprozesse mit den Behörden wenig verbindlich steuerbar. Es liegt im Vermögen und der Kompetenz aller am Prozess Beteiligten, die Spielräume und Möglichkeiten aller Seiten auszu-

Beschäftigungsorientiertes Fallmanagement im Kontext des SGB II

loten und auszutarieren, was im gegenseitigen Hilfegeschehen als Eigenleistung zumutbar und als Fremdleistung nutzbringend ist. Die Trennung in ein „gutes" klientenorientiertes Case Management und ein fremdgesteuertes („böses") Fallmanagement wird weder der Realität noch den grundlegend vergleichbaren Prozessstandards gerecht (vgl. Göckler, 2011/2012). Auf beiden Seiten gibt es immer wieder Angleichungstendenzen im Bemühen um einen wirtschaftlichen – das heißt nicht immer kostengünstigsten – Ausgleich konfligierender Interessenlagen.

2. Das Spektrum möglicher Unterstützungsleistungen für den zugehörigen Kundenkreis ist zwar durch die Einbeziehung der sozialintegrativen Leistungen enorm erweitert worden, jedoch nicht beliebig. Auch diese Leistungen (Schuldner-, Suchtberatung, psychosoziale Betreuung) sind notwendige Vorleistungen für den anschließenden Versuch einer erfolgreichen Arbeitsmarktintegration, sind also kein Selbstzweck. Wirtschaftlichkeit und Sparsamkeit der Leistungserbringung zwingen zur Konzentration auf die gesetzgeberischen Ziele. Es gilt das Primat, wonach die Leistungen so eingesetzt werden sollen, dass sie vorrangig „die unmittelbare Aufnahme einer Erwerbstätigkeit ermöglichen" (§ 3 Abs. 1 SGB II). Ein ausgewogenes Verhältnis beim Einsatz der Mittel zwischen messbarer Wirkung am Arbeitsmarkt und sozialer Befriedung und Stabilisierung ist anzustreben.

3. Gleichzeitig wird der Fallmanager in der Beschäftigungsförderung grundsätzlich mit einem „doppelten Mandat" ausgestattet. Er ist gehalten, die gesetzlichen Aufgaben umzusetzen, gegebenenfalls auch die im Rahmen der Geschäftspolitik vorgegebenen Ziele. Gleichzeitig ist es der gesetzliche Auftrag, dem Kunden persönliche und wirtschaftliche Hilfen zu gewähren, die für eine rasche Beseitigung der Hilfebedürftigkeit erforderlich sind. Dies ist im Regelfall nur erfolgreich, wenn er die Unterstützung, das Vertrauen sowie die Koproduktion seines Kunden erreicht. Der gesetzgeberische Auftrag – und damit auch das darin angelegte implizierte Rollenverständnis – ist nicht frei von Spannungszuständen (vgl. Hofstätter-Rogger, 2008). Fördern und Fordern kann man als Gegensatzpaar oder als die zwei Seiten einer Medaille betrachten. Wenn im US-amerikanischen Kontext das „Bewerten" des Hilfebedarfs zum ureigenen Rollenverständnis des Case Managers gehört, ist dies nichts anderes, egal ob er im Rahmen eines Sozialleistungsträgers agiert oder als freier Mitarbeiter im Auftrag der Klienten. Chancen und Risiken dieser Vorgehensweise liegen für beide Seiten, Kunden wie Fallmanager, eng beieinander und sind nur mithilfe professioneller Kunstfertigkeit der Fachkräfte und professioneller Standards und Leitbilder zu lösen.

Die Kritik an der vermeintlich neoliberalen Konzeption des beschäftigungsorientierten Fallmanagements verkennt, dass drei zentrale Funktionen zu der sozialstaatlich unterstützten Produktions- und Reproduktionssicherung auch aus der Funktionslogik der Sozialen Arbeit stammen (vgl. Heiner, 2010, S. 54). Sie dient der

- Entstehung des Arbeitsvermögens,
- Absicherung gegen vorübergehende Störungen des Arbeitsvermögens und der Reproduktion der Arbeitskraft und der
- Versorgung derjenigen, die dauerhaft zu einer selbstständigen Reproduktion nicht mehr fähig sind.

Soziale Arbeit ist demnach wesentlich um die auf Erwerbsarbeit ausgerichtete Lebensführung hin zentriert, ähnlich dem Kern des beschäftigungsorientierten Fallmanagements. Der durch das aktivierende Moment erschöpften Sozialen Arbeit billigt Lutz (2010, S. 21) jedoch nur ein Mandat zu: „Im alltäglichen Kontakt mit den Klienten aber hat sie nur ein Mandat: Sie ist beauftragt mit den Menschen an deren subjektiven und kollektiven Problemlagen zu arbeiten, Unterstützung zu bieten und Zugänge zu öffnen; dabei ist es notwendig das Verhalten und Handeln der Menschen mit ihnen zu thematisieren, um somit Lebensweisen und Lebensführungen neu auszurichten. Dies geht aber nur mit den Menschen und nicht gegen sie, und es muss ihnen nutzen." Es ist zu vermuten, dass nahezu immer die Kontexte, in denen soziale Dienstleistungen erbracht werden, diese Zuwendung zum Menschen befördern oder hemmen können; man wird sie niemals verhindern können, weil diese den Schlüssel zu einer gemeinsamen Arbeit darstellen. Die Erfahrung vieler Jahrzehnte in Sozialleistungsbehörden zeigt, dass diejenigen, die mit Sanktionsbedrohung, Strafmaßnahmen und nicht zielführenden Angeboten überhäuft werden, diejenigen sind, die das System am nachhaltigsten belasten, sich zielsicher darin bewegen und selten verloren gehen. Diese Mechanismen wirken eher auf den vorgelagerten „(noch) bürgerlichen Bereich", der alles daran setzen wird, nicht in dieses System hineinzugeraten. Das beschäftigungsorientierte Fallmanagement, so wie es hier verstanden wird, setzt sich das Ziel, ausgehend von einer „ehrlichen Analyse" danach zu suchen, was zur Verbesserung der Lebenslage beiträgt und idealiter aus dem Hilfesystem hinausführt.

5.4 Beschäftigungsorientiertes Fallmanagement im Prozess

Die generelle Vorgehensweise im Case Management ist mannigfach beschrieben und kann hier auf eine kurze exemplarische Einführung verkürzt werden, bevor die einzelnen Schritte für das beschäftigungsorientierte Fallmanagement differenziert vorgestellt werden. Grundsätzlich geht es darum, die verschiedenen Phasen im Prozess des Fallmanagements sinnvoll miteinander zu verbinden, sie ganzheitlich und aus einem Guss anzubieten.

Trotz teilweise unterschiedlicher Begrifflichkeiten in der Literatur lassen sich die zentralen Elemente des Prozesses wie folgt skizzieren (vgl. Abb. 4):

Beschäftigungsorientiertes Fallmanagement im Kontext des SGB II

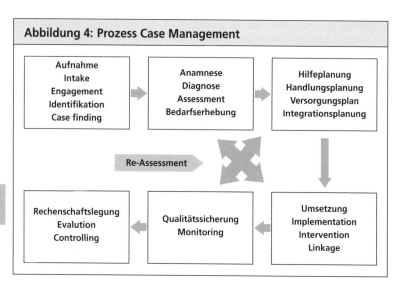

Quelle: eigene Darstellung

1. **Aufnahme/Beratung/Identifikation/Engagement/Case finding/Intake:** Für wen wird die Dienstleistung Fallmanagement benötigt? Wie halten wir diese Dienstleistung bereit? Die Rahmenempfehlung der DGCC (vgl. 2011, S. 15 ff.) differenzieren diese Phase in Zugang (Access), Auswahl (Case Finding) und Entscheidung (Intake).

2. **Assessment/Analyse/Diagnose/Anamnese:** In welchem Umfang werden Hilfen benötigt und welcher Art sind sie? Diese Phase zielt ab auf eine sorgfältige Abklärung der individuellen Bedarfs- und Ressourcenlage. Sie bildet das qualitative Rückgrat der gesamten Planung.

3. **Hilfeplanung/Vorsorgungsplan/Zielvereinbarung/Serviceplanung:** Welche Lösungen/Hilfen werden angestrebt (Ziele)? Mit welchen Instrumenten/Leistungen sollen diese Ziele erreicht/umgesetzt werden? Wer ist dabei für was verantwortlich? Die beraterisch erarbeiteten Hilfen, die möglichst fein abgestimmt auf die Bedarfslage zugeschnitten sind, werden in einem schriftlichen Planungsdokument festgehalten.

4. **Implementation/Leistungssteuerung/kontrollierte Durchführung/Linking:** Wie werden die Instrumente/Leistungen organisiert und abgerufen? In dieser Phase werden die besprochenen Hilfen vermittelt. Dabei kommt es darauf an, dass die Hilfevermittlung die Leistungsfähigkeit der Betroffenen richtig einschätzt und weder paternalistisch noch überfordernd auf die Eigenaktivität abstellt.

5. **Monitoring/Controlling:** Die erfolgsorientierte Überwachung der eingeleiteten Hilfemaßnahmen. „Ziele des Monitorings sind, neben der

Leistungssteuerung und der Absicherung der notwendigen Angebote, die Vermeidung von Abbrüchen und Krisen sowie die Aufrechterhaltung der notwendigen Beziehungen und Netzwerke" (ebd., S. 30).

6. **Qualitätssicherung/Evaluation/Auswertung:** Die abschließende Bewertung der durchgeführten Unterstützungsmaßnahmen. Dies schließt für öffentlich-rechtliche Träger die Rechenschaftslegung gegenüber den politisch Verantwortlichen und der Öffentlichkeit ein (Eingliederungsbilanz). In der gemeinsamen Bewertung der durchgeführten Hilfen werden Erfolge und Misserfolge besprochen. Der Hilfeprozess wird beendet, wenn die wesentlichen Ziele erreicht oder die noch offen stehenden Unterstützungsbedarfe nicht mehr auf eine Koordination zahlreicher Akteure angewiesen sind.

7. **Re-Assessment:** Dieses Element zeichnet Case Management nicht als rein linearen Prozess aus, sondern als ein ineinander verwobenes Vorgehen, wenn sich die Lebenssituation verändert oder der Hilfeprozess auf nachhaltige Realisierungsprobleme stößt. Fallmanager müssen im Hinblick auf die Unplanbarkeit menschlichen Lebens ständig darauf bedacht sein, die Lebenssituation der Kunden zu beobachten und auf entsprechende Änderungen direkt zu reagieren. Der Vielfalt und Unplanbarkeit menschlichen Lebens sind dabei organisatorisch sicherlich Grenzen gesetzt.

Die Leistungen bei der Implementation im Case Management bestehen in einer *vertikalen Integration* der Aufgaben, in der die dargestellten Prozessschritte inhaltlich aufeinander zu beziehen sind (Verzahnung), und einer *horizontalen Aufgabenstellung*, in der die systematische Vorgehensweise, die organisatorische Einbindung und die Vernetzungsaufgaben mit anderen Partnern abgearbeitet werden müssen (vgl. Abb. 5).

Für Reis (2005, S. 183) zeichnet Case Management allein „die Verknüpfung der ‚vertikalen' Integration einzelfallbezogener Hilfen (die Case Management als zentrales Element aufweist) mit der ‚horizontalen' Integration von Elementen der Planung und Steuerung" aus. Diese interne prozessorientierte Verbindung der Teilschritte mit den auf der jeweiligen Ebene zugehörigen Planungs- und Steuerungsaufgaben (mit eigenen, institutionsinternen und externen Hilfsangeboten) sind markante Merkmale eines Case Management-Ansatzes.

In der vertikalen Aufgabenstellung, die den Prozess des Fallmanagements generell widerspiegelt, geht es um die organisationale Verankerung von Case Management und der Klärung beispielsweise folgender Fragen:

- Ist der Fall sinnvoll und wirtschaftlich im Fallmanagement zu betreuen? (Fragen des Fallzugangs)

- Ist der Kunde bereit und in der Lage, mit mir zu arbeiten? Kann ich eine Arbeitsbeziehung mit dem Kunden aufbauen? (Fragen der Einstiegsberatung und des Arbeitsbündnisses)

Beschäftigungsorientiertes Fallmanagement im Kontext des SGB II

- Worin besteht das Spezifische des Falles?
  (konkrete Bedarfserhebung im Assessment)
- Wie kann ich wirkungsvoll Hilfen initiieren, organisieren und steuern, um den Fall voranzubringen? Wie stelle ich die Qualität der beauftragten Leistungserbringer sicher? Was kann ich sinnvoll und wirkungsorientiert selbst leisten?
  (Fragen der Leistungssteuerung und Netzwerkkompetenz)
- Wie überwache ich den Erfolg der erbrachten Dienstleistungen, bewerte ich die eigene Dienstleistung?
  (Fragen eines qualitätsorientierten Controlling)

Die *horizontalen Integrationsaufgaben* bestehen insbesondere darin, den organisatorischen Rahmen (Budgetbereitstellung, Bindung von Leistungserbringern, Controlling der FM, Handlungsrahmen etc.) und die Zusammenarbeit der Netzwerkpartner oberhalb der Einzelfallsteuerung zu managen. Hier fließen Bedarfs- und Bestandsanalyse zusammen, finden sich die Anknüpfungspunkte auch zu weiteren Steuerungsebenen. Die horizontalen Integrationsaufgaben kennzeichnen die Unterschiede zum klassischen Hilfeplanverfahren aus der Sozialen Ebene und verdeutlichen, wa-

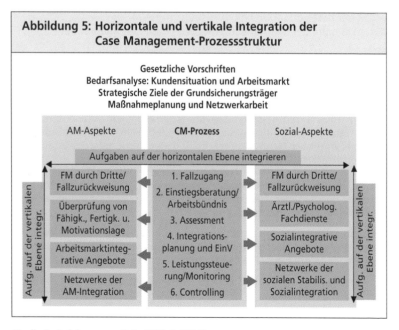

Quelle: in Anlehnung an Reis, 2005, S. 184 ff.

rum Case Management an der Nahtstelle zwischen Case Work und Care Management angesiedelt ist.

Vertikale und horizontale Implementations- und Steuerungsaufgaben lassen sich im Hinblick auf die Qualität der Leistungserbringung in drei zentralen Dimensionen abbilden, die Donabedian (1966) im Zuge der Entwicklung von Qualitätssicherungssystemen im Gesundheitsbereich entwickelte und die heute vielfach zur Strukturierung der Qualitätserfassung eingesetzt werden:

Strukturqualität, die sich bezieht auf die Erfassung von Dimensionen zur Dienstleistungsbereitstellung: Personal, Organisation, Ausstattung (z. B. das Qualifikationsniveau der Mitarbeiter, die zur Verfügung stehenden Personalkapazitäten, der Zeitrahmen, technische und infrastrukturelle Rahmenbedingungen, aber auch die Fähigkeit, sich als lernende Organisation zu begreifen).

Prozessqualität erfasst Dimensionen, wie in und mit den vorhandenen Strukturen gearbeitet wird (Geschäftsabläufe). Prozessqualität soll aufzeigen, in welchem Ausmaß der konkrete Betreuungsprozess im Einzelfall mit dem gewünschten (idealtypischen) Betreuungsprozess übereinstimmt. Wie gestaltet sich die Kooperation zwischen Hilfebedürftigen und Fallmanagern? Wie nutzen Fallmanager Kooperationsbeziehungen zu Dritten? Wie erlebt der beteiligte Kunde die Dienstleistung? Wie werden Ressourcen genutzt? Es geht somit um die Effizienz des eigenen Handelns.

Ergebnisqualität (auch Wirkungsqualität) erfasst die Dimensionen, die sich über Kennziffern als qualitative und quantitative Ergebnisse der Dienstleistung ausdrücken lassen (Outcome). In der klarsten Ausrichtung am gesetzlichen Auftrag ist und bleibt das zentrale Wirkungsziel die erfolgreiche Integration in den Arbeitsmarkt. Die Verordnung zur Festlegung der Kennzahlen im SGB II vom 12.08.2010 (BGBl. I S. 1152) bezieht sich beispielsweise auf Veränderungen in der Summe Kosten der Unterkunft (KdU), die Zahl erwerbsfähiger Leistungsbezieher (eLB), die Verbesserung der Integration in Erwerbstätigkeit oder die Vermeidung von langfristigem Hilfebezug. Mit diesem für alle Grundsicherungsstellen einheitlichen Indikatorensystem soll die Leistungsmessung der Jobcenter erfolgen. Für ein qualitätsorientiertes Fallmanagement würden diese Indikatoren allerdings den Leistungsprozess nur unzureichend abbilden.

Zunächst sollen nun die Aufgaben und Standards der vertikalen Prozessabläufe dargestellt werden. Abschließend folgen verschiedene Checklisten mit Aspekten der Qualitätsdimensionen.

Fallzugang und Einstiegsberatung

6.1 Konzentration auf den wirklich bedürftigen Personenkreis 84
6.2 Kriterien der Fallübernahme 86
6.3 Fallmanagement durch Dritte 91
6.4 Beratung im Kontext des SGB II 94
6.5 Einstiegsberatung 101
6.6 Checkliste Zugangssteuerung und Einstiegsberatung 106

6.1 Konzentration auf den wirklich bedürftigen Personenkreis

Die eher teure, personal- und zeitintensive Ressource Fallmanagement muss, wenn sie wirtschaftlich und effektiv erbracht werden soll, auf die Personenkreise ausgerichtet werden, bei denen sie Wirkung entfalten kann. In der „Grundsatzvereinbarung des Deutschen Städte- und Gemeindebundes und des Deutschen Städtetages mit der Bundesagentur für Arbeit für die Vorbereitungen der Agenturen für Arbeit und der kommunalen Träger zur Errichtung von Arbeitsgemeinschaften nach § 44b SGB II vom 24. Mai 2004" haben sich führende Vertreter der Grundsicherungsträger darauf geeinigt, Fallmanagement auf den wirklich bedürftigen Personenkreis zu konzentrieren. Die Konzentration auf einen besonderen Personenkreis unterstützen auch die Untersuchungen zu den Sozialagenturen in Nordrhein-Westfalen (MWA NW 2003, S. 5), die plakativ feststellen: „Nicht jede Person braucht Fallmanagement, aber einige wenige brauchen besonders intensives Fallmanagement." Dies setzt voraus, dass es Kriterien gibt, die eine Entscheidung zur Fallübernahme in das Fallmanagement legitimieren. Die bereits zitierten Rahmenempfehlungen der DGCC (2011, S. 11) geben in den Leitprinzipien erste Orientierung, wenn dort festgelegt wird, dass Case Management nur „greift bei Menschen in komplexen Problemlagen, zu deren Lösung eine Beteiligung mehrerer Akteure (Leistungserbringer), die in einem kooperativen Prozess aufeinander abgestimmt agieren, notwendig ist (hohe Akteursdichte)".

Der erste Kontakt zu einem Fallmanager im Rahmen der Grundsicherung für Arbeitsuchende (SGB II) kann auf verschiedenen Wegen hergestellt werden, je nach lokaler organisationaler Verankerung des Fallmanagements:

- Die bisher federführend betreuende Vermittlungsfachkraft als persönlicher Ansprechpartner des Kunden empfiehlt eine Fallübernahme (spezialisierte Variante des bFM).
- Der Fallmanager selbst beurteilt die Notwendigkeit als „gatekeeper" zur weiteren Betreuung (generalistischer Ansatz im bFM).
- Beauftragte Dritte „überweisen" den Fall zurück und begründen die besondere Problematik.

In diesem ersten Beratungskontakt werden die Fallmanager also prüfen, ob sie die Kunden in ihre Fallbetreuung übernehmen. Diese „Einstiegsberatung" erfüllt somit eine wesentliche Filterfunktion, Entscheidungsfreiheit des Fallmanagers unterstellt, die grundsätzlich zu drei unterschiedlichen Ergebnissen führen kann: a) der Fallübernahme durch den Fallmanager, b) der Abweisung des Falles und die Rücküberweisung an den „Übersteller" oder c) der Weiterleitung des Falles an andere kompetente Beratungs- und Betreuungsangebote, wenn beispielsweise für bestimmte Zielgruppen ein spezialisiertes externes Fallmanagement vorgesehen ist oder andere Leistungsanbieter hier fachlich geboten vorrangig im Fall agieren. In den meisten Fällen ist es sinnvoll, das Einstiegsgespräch als Teamberatung mit den bisher betreuenden Fachkräften durchzuführen.

Konzentration auf den wirklich bedürftigen Personenkreis

Zur Frage der Freiwilligkeit

Zwangsläufig taucht in diesem Kontext die Frage auf, ob Fallmanagement in der Grundsicherung ein freiwilliges Angebot sein sollte. Auch die vertraglich gebundenen Fallmanager von eingeschalteten Dritten sind grundsätzlich mit dieser Problematik konfrontiert. Können sie den Fall an den überstellenden Grundsicherungsträger zurückgeben, wenn der betroffene Kunde sich zur Mitarbeit nicht entschließen kann? Können sie nach eigenem fachlichen Standard entscheiden, ob eine Betreuung in den Strukturen des Fallmanagements Sinn macht? Welche Folgen hat das für den Betroffenen, wenn ein Dritter unter Hinweis auf fehlende Mitwirkungsbereitschaft den Fall zurückgibt?

Insofern befinden sich interne wie externe Fallmanager durchaus in einer vergleichbaren Lage. Es gibt vertragliche Konstruktionen, die einem beauftragten Träger keine Zurückweisung des Falles ermöglichen, es sei denn, der Kunde bricht die Betreuung ab.

Im Hinblick auf die skizzierten Besonderheiten der hochwertigen Dienstleistung, die Notwendigkeit zu einem belastbaren Arbeitsbündnis zu kommen und den manchmal langen Atem, den beide Parteien mit diesem Auftrag benötigen, spricht manches dafür, den Zugang ins Fallmanagement freiwillig zu regeln. Gelingt es dem Fallmanager nicht – aus welchen Gründen auch immer – eine tragfähige Beziehung aufzubauen, den Kunden von den Chancen, aber auch den Anforderungen durch das Fallmanagement zu überzeugen, sollte ein sanktionsfreier Rückzug des Kunden möglich sein.

Gehen aber beide Seiten ein Arbeitsbündnis ein, so stehen sie nicht außerhalb des Gesetzes, mit allen Verpflichtungen, die sich daraus ergeben. Dies schließt aufseiten des Fallmanagements die Verpflichtung ein, sanktionsauslösende Tatbestände formalrechtlich zu prüfen und in der Bedeutung für den Einzelfall zu würdigen. Ähnliches sollte dann in Sanktionsverfahren auch von den beauftragten Fallmanagern bei freien Trägern zu erwarten sein. Eine Trennung in „gute" – weil nicht-sanktionierende – Fallmanager und „böse" – weil auch sanktionierende – Leistungssachbearbeiter und Vermittlungsfachkräfte sollte unter allen Umständen vermieden werden. Sie schadet innerorganisatorisch dem Ansehen der Aufgabe („Spielwiese") und setzt das von Kähler (2005) untersuchte Spannungsfeld der „Zweiklassengesellschaft" im Rahmen der Sozialen Arbeit in die Organisationen hinein fort. Die Arbeit in Zwangskontexten ist höchst ambitioniert und erfordert hervorragend ausgebildete Fachkräfte. Auch wenn der Zugang zum Fallmanagement freiwillig bleibt, müssen Fallmanager die Frage beantworten, ob die fachlichen Kriterien zur Übernahme des Falles vorliegen.

6.2 Kriterien der Fallübernahme

Grundsätzlich sind verschiedene Varianten möglich, welchen Menschen die Betreuungsangebote des Fallmanagements unterbreitet werden. So können hierzu organisatorische Vorgaben gemacht werden (ermessenslenkende Weisungen), geschäftspolitische Entscheidungen von vorgesetzten Dienststellen oder politischen Entscheidungsgremien (Zentrale der BA, BMAS, Kommunalparlamente, Trägerversammlung → Beispiel: Alle Jugendlichen unter 25 Jahre werden mit Fallmanagement versorgt) oder der Fallmanager entscheidet autonom nach fachlichen/persönlichen Kriterien über die Aufnahme eines Falles in das Fallmanagement. Die dargestellten Möglichkeiten werfen verständlicherweise erhebliche fachliche Fragen auf:

- Benötigen denn alle regional oder bundesweit definierten (arbeitsmarktlichen) Zielgruppen einen Fallmanager?

- Kann es eine Kriterienliste geben, in der abschließend mittels Befragung und Absicherung beim Kunden eine eindeutige Festlegung zum Kundenkreis erfolgen kann?

- Wie sehen die fachlichen oder persönlichen Kriterien aus, die hier gegebenenfalls anzulegen sind? Lässt sich die Komplexität menschlicher Lebenssituationen über Kriterien ausreichend abbilden?

- Bergen diese Differenzierungskriterien nicht die Gefahr der (geschäfts-)politisch (manipulativen) Steuerung? Einige Kriterien weggenommen/hinzugefügt = X Fälle weniger/mehr? Eine Zielgruppe umdefiniert = X Fälle weniger/mehr? Die Geschichte statistischer Erfassungsveränderung gerade innerhalb der Arbeitsmarktstatistik ist voll von Beispielen manipulativer und verzerrender Erfassungen.

Kriterienkataloge sind fachlich unzureichend

Es dürfte kaum möglich sein, einen abschließenden Katalog vermittlungshemmender Merkmale aufzustellen. Grundsätzlich können Vermittlungshemmnisse seitens der Betriebe wie auch auf Seiten der Bewerber auftreten. Für die Entwicklung von Handlungsstrategien muss die Kategorisierung der Vermittlungshemmnisse individuell differenziert werden, da es eine absolute Größe für den Begriff „Vermittlungshemmnis" nicht gibt. Eine starre Kategorisierung von Vermittlungshemmnissen muss – neben sozialstaatlichen und (verfassungs-)rechtlichen Fragezeichen – unter Eignungsgesichtspunkten problematisiert werden. Schuberth (1999, S. 51) stellte hierzu fest: „Dass einige Arbeitslose darüber hinaus auch mit persönlichen Problemen belastet sind, die statistisch nicht erfasst werden, aber arbeitsmarktrelevant sind, ist ebenfalls eine Tatsache. Vor diesem Hintergrund stellt sich die Frage, ob diese Realitäten von den theoretischen Modellen trotz ihrer Komplexität hinreichend abgebildet werden. Es sind mithin Zweifel erlaubt, ob die Menschen in ihrer Einzigartigkeit und Vielfalt über die Methoden der Integral- und Differenzialrechnung entsprechend erfassbar sind. Zusammenhänge werden wohl auch mit komplexen Modellen nicht immer hinreichend wiedergegeben."

Vermittlungshemmende Merkmale sind nur individuell zu bestimmen

Ein Katalog vermittlungshemmender Merkmale, nach dem Fachkräfte quasi in einem festen Gerüst von vorgegebenen Vermittlungshemmnissen durch Ankreuzen ihre Vermittlungsstrategie festlegen, wird der Vielzahl der Lebenssituationen nicht gerecht. Das vermittlungshemmende Merkmal „fehlende Mobilität/kein Führerschein" ist für stadtnah wohnende Arbeitslose im Verkaufsbereich sicherlich kaum ein Hindernis, während es für berufliche Tätigkeiten mit Reisetätigkeit/Pkw-Erfordernis oder bei Betrieben ohne ausreichende Anbindung an den öffentlichen Personennahverkehr unter Umständen schon ein Ausschlusskriterium darstellt. Ein Katalog vermittlungshemmender Merkmale übersieht, dass die Gewichtung einzelner Merkmale durch andere Qualifikationen unterschiedlich stark kompensiert werden kann. Die Merkmale „Alter, gesundheitlich beeinträchtigt und ohne Berufsabschluss" sind für einen angelernten Arbeitnehmer im Baugewerbe als erheblich einzustufen. Die gleichen Merkmale, von einem praxiserfahrenen PC-Spezialisten (Studienabbruch, betriebsbezogene Programmierzertifizierung, letzte Tätigkeit Systementwicklung) erfüllt, ziehen – je nach regionaler Arbeitsmarktsituation – nicht einmal den Einsatz arbeitsmarktpolitischer Instrumente nach sich. Das Beispiel lässt sich auf Personen mit gleicher beruflicher Tätigkeit zuspitzen, von denen einer Kompensationsmöglichkeiten durch beruflich oder außerberuflich erworbene Zusatzqualifikationen aufweist. Ebenso kann ein entsprechender Katalog auch die Einstellungspraxis von Betrieben, beispielsweise bei der Thematik der Überschuldung, nicht widerspiegeln. Letztendlich bleibt nur, dass zwar durch Grobkategorisierung eine erste Differenzierung der Kundengruppen möglich, die faktische Nähe zum Arbeitsmarkt aber in jedem Einzelfall durch die Fachkräfte festzustellen ist (vgl. Göckler & Rudolph, 2004, S. 94 ff.).

Die gezeigte Problematik, Vermittlungshemmnisse so exakt festzulegen, verdeutlicht die grundsätzlichen Schwierigkeiten, Fallmanagern nach festgelegten Kriterien bestimmte Kundengruppen quasi mit einem Automatismus zuzuweisen. Es bleiben Risiken der Benachteiligung von Personenkreisen, einer (willkürlichen) geschäftspolitischen Steuerung aufgrund einer Veränderung der Kriterien, unterschiedlicher Zugangsmechanismen durch die Kompetenz der handelnden Akteure, einer mangelnden Tiefe im Ausprägungsgrad der Kriterien und somit das Risiko eines unwirtschaftlichen Einsatzes der eher teuren Personalressource Fallmanagement. Zudem eröffnen steuernde, festlegende Zugangsdefinitionen immer die bereits dargelegte Problematik der Triage.

Fallzugang und Einstiegsberatung

Versuch einer Zugangsdefinition

Nachstehende Definition wurde vom Arbeitskreis beschäftigungsorientiertes Fallmanagement im SGB II (vgl. Autorengemeinschaft, 2004, S. 11 ff.) als erster und sicherlich zu diskutierender Versuch, einen strukturierten Zugang zum Fallmanagement in der Grundsicherung zu ermöglichen, verstanden:

„Eine Übernahme in das beschäftigungsorientierte Fallmanagement (1) ist in der Regel angezeigt, wenn ein erwerbsfähiger Hilfebedürftiger (2) drei (3) abgrenzbare schwerwiegende Vermittlungshemmnisse aufweist, die (4) in seiner Person und/oder Bedarfsgemeinschaft begründet sind und eine Beschäftigungsintegration (5) ohne Prozessunterstützung durch ein Fallmanagement nicht erreicht oder erheblich verzögert würde. Abweichungen von dieser Zugangsdefinition sind möglich, wenn bei Neuzugängen auf der Basis eines abgesicherten Profilings das Risiko der Langzeitarbeitslosigkeit erkennbar wird und durch Prozessunterstützung des Fallmanagements die Wahrscheinlichkeit des Eintritts minimiert werden kann (Prophylaxeaspekt)."

Diese weit gefasste Regelung setzt sich aus fünf wesentlichen Prüf- und Entscheidungsaspekten zusammen, die an eine fachliche Auseinandersetzung mit Fall gebunden sind:

(1) Jede Festlegung, die keine Ausnahmetatbestände zulassen würde, liefe Gefahr, Personen zu benachteiligen, die auf diese besonders intensive Form der Betreuung angewiesen sind. Die Regel setzt ein klares Bekenntnis zur Definition voraus, öffnet aber im Zusammenhang mit den abschließenden Hinweisen zur Abweichung einen von geschulten Fachkräften nutzbaren Entscheidungskorridor. Abweichungen unterhalb der festgelegten Zahl von drei gravierenden Vermittlungshemmnissen sind möglich, wenn

1. das Risiko drohender Langzeitarbeitslosigkeit bei Neukunden im Rahmen eines ausführlichen Profilings als abgesichert betrachtet werden kann und

2. unterstufige Maßnahmen keinen zumindest mittelfristigen Integrationserfolg versprechen.

Mit diesem prophylaktischen Ansatz, der primär auf Neuzugänge ausgerichtet ist, die nicht aus dem vorgelagerten Bereich der Arbeitsagenturen (Arbeitslosengeld I) kommen, können Menschen angemessen betreut werden, die ansonsten die vorgenannten Voraussetzungen nicht erfüllen. Von Bedeutung ist, dass die Fallübernahme außerhalb der Regel klar und eindeutig, d. h. unter Bezugnahme auf die Ausnahmegründe, dokumentiert erfolgt.

(2) Die Zahl „drei" ist zunächst eine willkürliche Setzung. Durch die Erhebungen der Bundesagentur für Arbeit und des IAB lässt sie sich insofern le-

gitimieren, dass bei einer Kumulation von Risiken (in der Regel werden die drei marktbezogenen Vermittlungshemmnisse Alter, Gesundheit und mangelnde Qualifikation ausgewiesen) das Risiko einer drohenden Langzeitarbeitslosigkeit steigt. Darüber hinaus haben die Untersuchungen in den Sozialagenturen in Nordrhein-Westfalen (MASQT NW 2000, S. 64 ff.) ergeben, dass bei knapp über 40 Prozent der betreuten Personen durch das Vorliegen von drei und mehr Problemfeldern, ein erhöhter Betreuungsaufwand gerechtfertigt ist.[6]

(3) Der Hinweis „abgrenzbare schwerwiegende Vermittlungshemmnisse" impliziert, dass keine Hemmnisse, die durch ein gleichartiges Ereignis ausgelöst wurden, zusammengefasst werden. Beispiel: Das Vermittlungshemmnis „Überschuldung" impliziert entsprechende Folgen wie Mietrückstände (gegebenenfalls mit Zwangsräumung), Energiekostenrückstände oder Zwangspfändungen. Der Hinweis „schwerwiegend" verdeutlicht, dass es sich um Integrationshemmnisse handeln muss, die der intensiven Betreuungsform des Fallmanagements angemessen sind und auch durch sie bearbeitbar sind. Bei vermittlungshemmenden Merkmalen, die letztendlich nicht beeinflussbar sind (Beispiele Alter, Geschlecht, Nationalität, Behinderung), haben auch Fallmanager in der Regel kein anderes arbeitsmarktpolitisches Instrumentarium als die Vermittlungsfachkräfte in den Agenturen für Arbeit und Jobcentern. Zugleich verweist dieses Kriterium bereits auf die erhöhte Akteursdichte, denn das Agieren bei abgrenzbaren Vermittlungshemmnissen impliziert, dass hier mindestens drei unterschiedliche Hilfesysteme bereits involviert sind oder involviert werden müssen. Der Begriff „Vermittlungshemmnis" verdeutlicht, dass alle (berufs-)biografischen und sozialen Aspekte des erwerbsfähigen Hilfebedürftigen beziehungsweise der Bedarfsgemeinschaft unter der gesetzgeberischen Zielsetzung der Beendigung der Arbeitslosigkeit oder des Leistungsbezuges betrachtet werden.

(4) „In der Person/Bedarfsgemeinschaft begründet" konzentriert sich das Fallmanagement auf einen Personenkreis mit entsprechenden Bedarfslagen, da beispielsweise marktvermittelte Hinderungsgründe (fehlende Nachfrage nach bestimmten Berufsqualifikationen) keine Prozessbegleitung durch ein Fallmanagement auslösen. Allerdings ist darauf hinzuweisen, dass Vermittlungshemmnisse, die auf die Bedarfsgemeinschaft bezogen sind, nicht kumulativ zu werten sind. Zur Klarstellung: Drei erwerbsfähige Hilfebedürftige in einer Bedarfsgemeinschaft mit je einem vermittlungshemmenden Merkmal lösen keine Fallbetreuung aus!

(5) Auch der letzte Teilsatz, dass „ohne Prozessunterstützung durch ein Fallmanagement die Beschäftigungsintegration nicht möglich" ist, lässt Ermessensspielräume zu, verdeutlicht gleichzeitig aber auch, dass der Einsatz

---

[6] Der Endbericht zum Modellprojekt Sozialbüros NRW spricht ab drei Problembereichen von einer mittleren Komplexität, ab fünf Problembereichen von einer hoch komplexen Thematik.

Fallzugang und Einstiegsberatung

von Fallmanagement als nachrangiges Lösungskonzept betrachtet wird. Können Lösungen unterhalb der Prozesssteuerung durch ein Fallmanagement ähnliche Erfolgsaussichten aufweisen, sind diese zu wählen.

Trotz mancher Kritik an der vorliegenden Definition zeigt sich in den Schulungen, dass die Grundsicherungsträger vor Ort sich daran orientieren, nicht aber sklavisch an den einzelnen Empfehlungen zu hängen. Auch das Vier-Phasen-Modell der Vermittlung der Bundesagentur für Arbeit trägt diesem insofern Rechnung, als dort eine komplexe Profillage mit mindestens zwei zentralen Bedarfssituationen für die Einschaltung eines Fallmanagers erforderlich ist. In der Regel ist klar, dass beim Kundenkreis für das Fallmanagement selten eine dominierende Problemlage allein zu identifizieren ist. Die Kritik von Hollederer (vgl. 2008, S. 205) an der Zugangsdefinition unterschlägt jedoch, dass der Case Management-Ansatz grundsätzlich auf die Steuerung einer erheblichen Anzahl von Akteuren ausgerichtet ist, nicht auf die „Tragweite" eines einzelnen Merkmals. In vielen Fällen bündeln sich in einer zentralen Unterstützungslage wie Sucht, psychische Erkrankung oder Überschuldung allerdings vielfach ineinander verwobene Integrationshemmnisse, die in ihrer Entstehungsdynamik und den Folgen sicherlich den Zugang in ein Fallmanagement ermöglichen.

Nutzen einer einheitlichen Anwendung der Zugangsdefinition

Die Akzeptanz einer derartigen Definition für den Zugang zum Fallmanagement hätte durchweg positive Folgen:

- Fallmanagement als Dienstleistung im Kontext des SGB II wird auf die Personenkreise konzentriert, die eine intensivere und umfänglichere Betreuung auch tatsächlich benötigen. Die personal- und kostenintensive Ressource Fallmanagement wird wirtschaftlich eingesetzt.

- Mit der Definition lässt sich in Schulungen verständlich arbeiten. Angehenden Fallmanagern kann dadurch die notwendige Sicherheit in der Zugangssteuerung vermittelt werden.

- Eine bundesweit vergleichbar angewandte Zugangssteuerung erleichtert Controllingprozesse, macht den vom Gesetzgeber gewollten Leistungsvergleich zwischen den Jobcentern mit ähnlicher Arbeitsmarktlage transparenter.

- Letztendlich sichert die einheitliche Zugangssteuerung die beteiligten Mitarbeiter vor Ort ab, stärkt ihre Unabhängigkeit, verlangt aber gleichzeitig auch eine nachvollziehbare Dokumentation der Übernahmegründe und eine entsprechende Qualifizierung.

6.3 Fallmanagement durch Dritte

Ein weiterhin ungelöstes Problem stellt die Übernahme der Aufgabe durch beauftragte Träger dar. Schon bisher haben die Bundesagentur für Arbeit wie auch die Kommunen Dritte mit der Wahrnehmung von Fallmanagementaufgaben beauftragt. Diese Beauftragungen waren jedoch im Hinblick auf den noch näher zu kennzeichnenden Prozess des beschäftigungsorientierten Fallmanagements von einigen Besonderheiten gekennzeichnet:

1. Dritte wurden oftmals nur mit Teilaufgaben beauftragt (Profiling, unterstützende Vermittlung, Hilfeplanung, Vorbereitung von Eingliederungsvereinbarungen, nachgehende Betreuung oder assistierte Vermittlung und Bewerbungsunterstützung). Einmal abgesehen davon, dass hier die Grenzen zwischen Fallmanagement und klassischer Vermittlungsbetreuung weitgehend aufgehoben wurden, ergaben sich für die Fachkräfte der Grundsicherungsträger in der Regel keine Entlastungseffekte, da der Fall in der Betreuung der Fachkräfte blieb, häufig mühsam erhobene Daten der Dritten nachträglich eingegeben und im Kundenkontakt auch oftmals nachkorrigiert werden mussten. Immer wieder waren Schwierigkeiten in der Praxis zu beobachten, die Ergebnisse und Konsequenzen der externen Arbeit sinnvoll in den Gesamtleistungsprozess zu integrieren. Zudem zeigte die wissenschaftliche Evaluation von ausgelagerten Maßnahmen, dass unabhängige Träger ihre Klientel nicht schneller und nachhaltiger in den Arbeitsmarkt zurückführen als die gesetzlichen Träger. Nur für wenige Gruppen ergaben sich leichte Vorteile für eine Auslagerung von Teilaufgaben auf Maßnahmeträger (Heyer, Koch, Stephan & Wolff, 2012, S. 10 f.). In der Folge führte dies meist dazu, dass viele Teilaufgaben reintegriert wurden, insbesondere Aufgaben wie Profiling und Bewerbungshilfen.

2. Für die beauftragten Kooperationspartner lag ein Schnittstellenproblem darin, dass die Vorinformationen der Grundsicherungsträger unzureichend waren. Datenschutzrechtliche Obliegenheiten, die allerdings lösbar sind, verhinderten, dass Dritte auf die gespeicherten Daten der Grundsicherungsträger zugreifen konnten.

3. Dritte waren bisher nicht in der Lage – und wollten oftmals auch nicht –, die leistungsrechtlichen Konsequenzen bei mangelnder Mitwirkung durchzusetzen. Dies führte zu erheblicher Verärgerung bei den Fachkräften der Institutionen, die es im Sinne der Untersuchung Kählers (2005, S. 75) als besonders ungerecht empfanden, „dann auch noch einspringen zu müssen, wenn die Vertreter der privilegierten Klasse mit ihrem Latein am Ende sind und Klienten an die Vertreter der zweiten Klasse überweisen".

4. Der ganzheitliche Betreuungsauftrag des SGB II schließt immer auch ein, dass beauftragte Dritte Ermessensleistungen zulasten der Grundsicherungsträger erbringen können, will Fördern und Fordern hier im Einklang stehen. Einmal abgesehen von den IT-Schnittstellen, haben viele Grundsicherungsträger von einer Budgetierung beauftragter Dritter bisher weitgehend abgesehen beziehungsweise waren rechtlich gehindert, eine derartige finanzielle Ausstattung zu ermöglichen.

Fallzugang und Einstiegsberatung

Dies alles hat dazu geführt, dass sich die meisten Jobcenter zur Durchführung der Kernprozesse in eigener Verantwortung entschließen. Bereits beim Modellversuch der nordrhein-westfälischen Sozialagenturen zeigte sich, dass eine systematische Einbeziehung privater Dienstleister im Rahmen der öffentlichen Aufgabe „Fallmanagement" nicht unproblematisch ist. „Grundsätzlich stellt sich für ‚Dritte' das Problem, in welcher Rolle sie in den Leistungsprozess des Case Managements einbezogen sind: als Dienstleister oder als Mitgestalter. Ersteres ist dann der Fall, wenn sie ausschließlich sekundäre Dienstleistungen erbringen, die vom Case Manager gesteuert werden, letzteres dann, wenn sie selbst die Funktion des Case Managements übernehmen. Dies kann in der Form geschehen, dass sie den Prozess der Produktion personenbezogener Dienstleistungen insgesamt steuern oder aber in der Variante, dass sie für spezialisiertes Case Management, etwa für besondere Zielgruppen (Alleinerziehende, Wohnungslose, Suchtkranke etc.), zuständig sind" (MAGS NW, 2006, S. 99).

6 Fallmanagement an beauftragte Träger kann sinnvoll sein

Es gibt allerdings durchaus Überlegungen, die für eine Vergabe des gesamten Fallmanagementprozesses an Dritte sprechen. Hollederer (2008, S. 206) präferiert die Vergabe von Fallmanagement an Dritte immer dann, „wenn entweder interne strukturelle Ressourcen der ARGEn und Arbeitsagenturen mit ihren formalen Leistungsangeboten oder individuellen Ressourcen der Fallmanager hinsichtlich der Gesundheits- und Suchtproblematik nicht in ausreichendem Umfang vorhanden sind". Allerdings sind vor einer Übertragung folgende Überlegungen erforderlich, will der Prozess auch wirklich gelingen:

a) Kann der gesamte Betreuungsprozess einschließlich der Erbringung notwendiger Ermessensleistungen und formaler Entscheidungen im Rahmen von Sanktionen übertragen werden? Nur dann tritt ein tatsächlicher Entlastungseffekt bei den Grundsicherungsträgern ein.

b) Sind die Spezifika der zu betreuenden Kunden so diffizil, dass eine Spezialisierung eigener Fallmanager unwirtschaftlich ist, beispielsweise weil ein nationalitätenspezifischer Zugang erforderlich ist oder Zusatzqualifikationen in erheblichem Umfang benötigt werden? Beispielhaft wären Menschen mit Kriegstraumata, schwere Fälle von psychischen Erkrankungen, besondere Migrantengruppen mit deutlichen Abschottungstendenzen oder Frauen mit extremer Gewalterfahrung zu nennen.

c) Auch wenn die eigenständige Betreuung durch Fallmanager der Grundsicherungsträger für bestimmte Fallgruppen deshalb unwirtschaftlich ist, weil nur eine unterkritische Größe erreicht wird, die durch Bündelung verschiedener Beauftragungen bei einem externen Träger wirtschaftlicher durchgeführt werden kann, sollte eine Übertragung geprüft werden.

Fallmanagement durch Dritte

Einmal abgesehen davon, dass insbesondere karitative Träger in ihrem Selbstverständnis als Kundenanwälte noch erhebliche Probleme damit haben, auch für die (indirekte) Entscheidung über leistungsrechtliche Sanktionen in die Verantwortung genommen zu werden, gibt es noch kein funktionierendes Modell in Deutschland, bei dem ein Träger vollkommen gleichberechtigt in die Rechte und Pflichten eines Grundsicherungsträgers eingesetzt wurde. Die juristische Möglichkeit der „Beleihung", also die Übertragung staatlicher Aufgaben an eine private Person oder eine private Organisation – in anderen Bereichen durchaus anzutreffen (z. B. TÜV) – ist in diesem sozial- und arbeitsmarktintegrativen Kontext eher noch unüblich, muss es aber nicht zwangsläufig bleiben. Beliehene treten im Rahmen der übertragenen Aufgaben nach außen als Hoheitsträger auf und können dementsprechend auch handeln. Dem Beliehenen werden dadurch eigene Entscheidungskompetenzen übertragen. Sofern das Handeln schlicht-hoheitlich bleibt, reicht häufig der gesetzliche Ermessensspielraum aus. Sind mit der Tätigkeit aber beispielsweise der Erlass belastender/begünstigender Verwaltungsakte verbunden, bedarf es einer direkten gesetzlichen Ermächtigung im Gesetz, die so nicht vorliegt. Beweggrund für eine Beleihung ist eigentlich immer, dass sich der Staat der Sachkunde und der technischen Mittel von Privaten bedienen will, weil er dies selbst nicht im erforderlichen Umfang zur Verfügung stellen kann oder will. Entsprechende Verfahren in den OECD-Staaten (z. B. Australien, Großbritannien) zeigen, dass auch Menschen mit erheblichen Arbeitsmarktrisiken von beauftragten Dritten betreut und vermittelt werden können, während die öffentlichen Arbeitsverwaltungen hier eher für die „guten Risiken" zuständig sind.

Finanzierungsvarianten

Als Finanzierungsformen für eine Vergabe dieser Kernleistung können unterschiedliche Möglichkeiten genutzt werden, abhängig von den Vergabemodalitäten. Insgesamt wurde durch Anpassungen im europäischen Vergaberecht (EG-Vergaberichtlinien) und durch das Gesetz zur Modernisierung des Vergaberechts „die Möglichkeit geschaffen, die Beachtung sozialer Aspekte als zusätzliche Bedingungen für die Ausführung von Aufträgen zu verlangen" (Deutscher Städtetag, BM für Arbeit und Soziales & BM für wirtschaftliche Zusammenarbeit und Entwicklung, 2009, S. 3).[7]

Als Finanzierungsmodi können zudem folgende Regelungen vorgesehen werden, die in ihrer Auswahl auch davon abhängig gemacht werden können, inwieweit der zu beauftragende Dritte seine Leistungsfähigkeit bereits unter Beweis gestellt hat:

---

[7] Ideal wäre die Umstellung der Ausschreibungsmodalitäten auf das britische Verfahren. Dort werden die geplanten Dienstleistungen zu einem Festpreis ausgeschrieben und dadurch können, weil ein Unterbietungswettbewerb entfällt, ausschließlich Qualitätskriterien bei der Auswahl berücksichtigt werden.

- eine unabhängig vom Ergebnis finanzierte Pauschalausstattung eines Trägers (Personal- und Verwaltungskosten)
- eine leistungsabhängige Finanzierung nach Fallpauschalen, verbunden mit einer leistungsunabhängigen Grundfinanzierung für den Betreuungsaufwand
- eine rein erfolgsabhängige Honorierung, wobei „Erfolg" im Fallmanagement sicherlich nicht nur an den Integrationszahlen gemessen werden darf
- eine im Regelfall sehr aufwendige Abrechnung nach Einzelnachweisen über erbrachte Leistungen bzw. nach Zeitaufwand

In der Praxis sind häufig Mischvarianten anzutreffen, die einzelne Finanzierungsmodi miteinander verzahnen, um einerseits eine Basisfinanzierung des Anbieters zu sichern, dadurch insbesondere die angemessene Bezahlung der Mitarbeiter sicherzustellen, und andererseits Anreize für einen nachhaltigen Betreuungserfolg zu setzen.

6.4 Beratung im Kontext des SGB II

Seit Einführung der Grundsicherung im Jahr 2005 hat es von staatlicher Seite wie von unterschiedlichen Forschungseinrichtungen zahlreiche Versuche gegeben, die betroffenen Menschen wie die tätigen Beratungs- und Vermittlungsfachkräfte in unterschiedliche Typen einzuteilen.

Das Vier-Phasen-Modell der Bundesagentur für Arbeit unterscheidet momentan sechs unterschiedliche „Profillagen": Markt-, Aktivierungs- und Förderprofile für sogenannte arbeitsmarktnahe Kundenprofile, Entwicklungs-, Stabilisierungs- und Unterstützungsprofile hingegen beschreiben komplexe Profillagen für Betroffene, bei denen ein großer Unterstützungsbedarf für die Rückkehr in ein reguläres Beschäftigungsverhältnis unterstellt wird. Im Profiling sollen die Mitarbeiter feststellen, welches Kundenprofil hier zutreffend ist und anschließend aus den zugeordneten Handlungsstrategien mit ihren Kunden arbeiten.

Eine qualitative Studie der Universität Jena (Bescherer, Röbenack & Schierhorn, 2008) erfasst den Eigensinn unterschiedlicher Kundentypen wie folgt: „Um-jeden-Preis-Arbeiter", die eine starke normative Selbstbindung an Erwerbsarbeit aufweisen und sich differenzieren in eine prekäre und eine aussichtsreiche Gruppe. „Als-ob-Arbeiter", die erhebliche Diskrepanzen zwischen Erwerbsorientierung und Realisierungschance aufweisen, und sich differenzieren in (kleine) Selbstständige und Minimalisten. Sowie die „Nicht-Arbeiter", die ihre Orientierung jenseits der Erwerbsarbeit suchen oder bereits gefunden haben und sich in Verweigerer und Konventionelle (legale „Fluchten") differenzieren lassen.

Auf der anderen Seite identifizierten Ludwig-Mayerhofer (2009, S. 113 ff.) technokratische und einfühlsame Aktivierungsmuster sowie freundliches und bestimmtes Steuern für die Seite der persönlichen Ansprechpartner oder Fallmanager. Das Institut für Arbeitsmarkt- und Berufsforschung greift auf ältere Studien von Sell (1999) zurück und identifizierte Rollenverständnisse wie Makler, Sozialarbeiter, sozialrechtlicher Sachbearbeiter und Berater/Dienstleister als vorherrschende Arbeitsmuster (vgl. Osiander & Steinke, 2011, S. 23).

Die Frage ist immer, ob derartige Typologien hilfreich für die unmittelbare Beratungsarbeit sind. Typenbildung und Standardisierung sind entweder Darstellungsformen von Prozessen der industriellen Fertigung oder Hilfsmittel der wissenschaftlichen Arbeit. In der sozialwissenschaftlichen Forschung bezeichnen Typen „eine gedankliche Konstruktion sozialer Phänomene anhand ausgewiesener und reflektierter Merkmale zum Zwecke der klassifikatorischen Ordnung eines Gegenstandsbereiches (Promberger, 2011, S. 6). Es geht demnach darum, mithilfe von Typologien den wissenschaftlichen Erkenntnisprozess voranzubringen, wobei „Typologien als äußerst forschungskontextspezifische Erschließungsleistungen der Wirklichkeit zu sehen sind, die zwar nach immer gleichen Prinzipien (ebd.) funktionieren, jedoch höchst unterschiedlich ausfallen" (ebd., S. 11). Kein Wissenschaftler würde auf den Gedanken kommen, aus einer Ex-ante-Betrachtung konkrete Vorgaben für die Behandlung von Einzelfällen zu machen. Die Konstruktion sozialer Gegebenheiten ist hilfreich, um daraus beispielsweise Muster für passende Hilfeangebote zu entwickeln, die Steuerung von Netzwerken anzupassen oder ein Management of Care mit passenden Informationen über neue Angebotsformen zu versorgen.

Das Vier-Phasen-Modell der Bundesagentur für Arbeit verbindet die Profillagen mit weitgehend vorgegebenen Beratungsstrategien, die der Vielfalt der Lebenslagen und der Komplexität und ineinander verwobenen Hilfebedarfe der Menschen nicht gerecht werden können. Beratung erfordert das individuelle, nachhaltige und auf Kooperation ausgerichtete Eingehen auf die Gesamtsituation des Kunden. Dabei spielen zahlreiche Einflussgrößen eine Rolle, die die jeweilige Beratungssituation mitbestimmen: Der Blick auf den Menschen in seiner Eigenart und Unterstützungsbedürftigkeit, die Orientierung an politisch-rechtlichen Vorgaben von Wirtschaftlichkeit und Aktivierung, die Eigenlogik der Organisationen mit ihren Bemühungen um beste Plätze im Benchmark und den lokalen Absprachen in ihren Arbeitsmarktprogrammen, aber auch die Einfluss nehmenden Strukturen aus IT, Arbeitsmarktsituation, Büroausstattung und Budget. Die anhaltende gesellschaftliche Diskussion um Sinn und Unsinn der Aktivierungsbemühungen bei „Hartz IV" nimmt als gesellschaftliche Folie nachhaltig Einfluss auf die konkrete Beratungssituation, ohne dass dies in irgendeiner Form in den Standardisierungsprozessen einen Widerhall findet. Nicht zuletzt spielt die Person des Beraters selbst eine entscheidende Rolle: die eigene Lebensgeschichte, die Fachlichkeit und Qualifikation, das Menschenbild, die Tagesform und der eigene Gesundheitszustand. Dieses Beratungstetragon (vgl. Abb. 6) zeigt, wie vielfältig die ineinander verwobenen Ebenen des konkreten Beratungshandelns miteinander sind.

Fallzugang und Einstiegsberatung

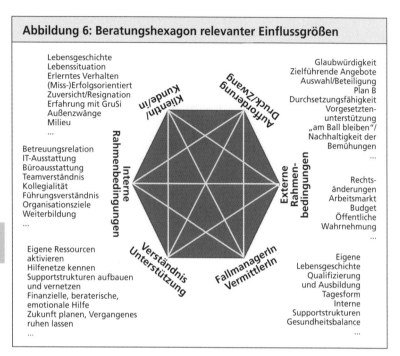

Quelle: Göckler, 2012

Die neuere qualitative Sozialforschung bringt für eine Analyse der Beratungsprozesse ein Mehr an Erkenntnissen. Danach führen die Rahmenbedingungen in der Grundsicherung und abgeleitet oftmals auch bei den Bildungs- und Beschäftigungsträgern (vgl. Schallberger & Wyer, 2010) zu Gesprächsritualen, in denen beide Seiten darum bemüht sind, den formalen Rahmen nicht zu verletzen. „Während die Nutzer sich in der Regel in dem Wissen um den Kontext, in dem sie sprechen, als aktiv, flexibel und bereitwillig in Bezug auf die Aufnahme einer Arbeit zeigen, schildern demgegenüber die Fachkräfte die potenziellen Möglichkeiten der Unterstützung, vielfach ohne dabei verbindliche Aussagen zu treffen oder genaue Perspektiven zu benennen. In beiderseitigem Wissen um die Begrenztheit der Chancen auf Vermittlung in den ersten Arbeitsmarkt und der gleichzeitig notwendigen Betonung von der Wichtigkeit der Integration in diesen, verständigen sich die Parteien häufig darauf, zunächst ein teilweise wortreiches Stillhalteabkommen aus Kompetenzdemonstration und Bereitschaftsbekundungen hinsichtlich der Förderlogik zu schließen" (Kolbe, 2012, S. 204; in ähnlicher Form auch Böhringer, Karl, Müller, Schröer & Wolff, 2012).

Beratung im Kontext des SGB II

Die hiermit verbundene spannende Frage ist, ob es den Protagonisten gelingen kann eine Tiefenebene zu erreichen, in der realistische Veränderungs- und Integrationspotenziale ausgelotet werden können, ohne dabei grundlegend gegen den normativen Rahmen zu verstoßen. Einzelbeispiele zeigen, dass dies gelingen kann.

Es gibt grundsätzlich zwei Ausgangskonstellationen, die den „ethischen" Rahmen eines Erstkontaktes im Rahmen des beschäftigungsorientierten Fallmanagements im SGB II kennzeichnen:

1. Der Kunde kommt unfreiwillig, eher überzeugt, dass ihm im Kontakt mit dem neuen Fachmann „Ungemach" droht.
2. Der Kunde kommt freiwillig, überzeugt, dass der neue Fachmann ihm adäquat helfen kann und eine Stütze ist in schwierigen Zeiten.

Beratung als Überzeugungsarbeit

Kommt der Kunde „unfreiwillig", dient die Erstberatung dem einzigen Zweck, skeptische und ablehnende Haltungen zu überwinden und den Betroffenen davon zu überzeugen, das eigentliche Beratungsangebot anzunehmen. Sie soll den Kunden – halbwegs ergebnisoffen – dazu einladen, sich an der inhaltlichen Erörterung von arbeitsmarktbezogenen Schwierigkeiten und dem Entdecken der eigenen Stärken zu beteiligen. Die Erstberatung soll ihm Vorteile der Mitarbeit, aber auch nachteilige Folgen einer Nichtbeteiligung aufzeigen und ihn dazu bewegen, ein Arbeitsbündnis mit dem Fallmanager einzugehen. Dieser „Aushandlungsprozess im Vorfeld" stellt allerdings sowohl den Ratsuchenden wie auch den Fallmanager unter Zeitdruck und Erfolgszwang und entspricht insofern nicht ohne Weiteres den normativen Bedingungen, wie sie üblicherweise für eine „Beratung" zu beachten sind: Klientenzentrierung, Alltagsnähe, Parteilichkeit und Freiwilligkeit. Allerdings ist die überwiegende Zahl der Beratungsgespräche von dem gemeinsamen Anliegen bestimmt, die Arbeitslosigkeit so schnell wie möglich zu beenden, wenn auch die Wege dazu häufig kontrovers bestimmt sind.

Einige ergänzende Aspekte zu Beratungen in Zwangskontexten sollen hier kurz erörtert werden, wobei immer dann von einem Zwangskontext auszugehen ist, wenn Beratungsfachkräfte wie Kunden sich weder aussuchen können, mit wem sie sich beraten, noch jederzeit folgenlos aus dem Beratungsprozess aussteigen können (vgl. nachfolgend Göckler, 2012).

1. *Vorbelastungen und -erfahrungen klären:* Zu Beginn der Beratung sollte ein „Clearing" stehen, wie Kunden die Situation einschätzen, mit welchen Vorbehalten, Erwartungen und Ängsten sie kommen. Es ist auffällig, wie wenig diesem Thema in den Beratungen Raum gegeben wird. Man geht sofort ans „Eingemachte", tut so, als seien die Rahmenbedingungen allen klar und unveränderbar. Das Spiel der „Bearbeitbarkeit von Fällen" beginnt genau hier, indem ritualisierte Kontexte erst gar nicht thematisiert werden, die aber für ein weitergehendes Fallver-

Fallzugang und Einstiegsberatung

ständnis zwingend erforderlich wären. Wer weiß, wie groß Vorbehalte gegenüber Grundsicherungsträgern, Jugendämtern, Arbeitsagenturen und anderen behördlichen Arbeitsfeldern sein können, der darf nicht davon ausgehen, dass allein die Einigung auf das (Zwangs-)Thema schon ausreicht, eine kommunikativ gute Ausgangssituation zu schaffen. Allerdings zeigt sich auch immer wieder, dass die Kunden zwischen der Person des Beraters und seiner Rolle/dem gesetzlichen Auftrag unterscheiden können – eine Chance für die Beratung. Zu Beginn sollten demnach Themenkomplexe stehen, wie sich die Kunden fühlten, als sie die Einladung (Vorladung) erhielten, welche Erfahrungen sie mit der Behörde/dem Berater schon gemacht haben, wie sie die letzten Tage/Wochen vor dem zu verhandelnden Ereignis erlebt haben und mit wem sie darüber hinaus noch über die Situation gesprochen haben. In diesem Zusammenhang sollte auch noch einmal klar thematisiert werden, in welcher Rolle sich der Berater gerade befindet. Hierzu gehört ebenso, die rechtlichen Wirkungen über das Szenario klar und verständlich zu kommunizieren. Gleichzeitig besteht die Aufklärungspflicht, was Klienten in dem Fall tun können, wenn sie mit der behördlichen Entscheidung nicht einverstanden sind. Dies ist einerseits rechtsstaatlich geboten und zeigt zum anderen, dass der Berater in der Doppelfunktion nicht vergisst, auch Kundenrechte zu stärken (anwaltliche Funktion).

2. *Motivation als gestaltbaren Zustand verstehen:* Kunden sind in der Regel nicht motiviert oder unmotiviert. Die häufig in den Beratungsprotokollen festzustellende Aussage von Fachkräften, dass ihre Kunden keine Hinweise zu einer veränderten Sichtweise gegeben haben, von daher nicht motiviert für Veränderungen seien, stellt keine tragfähige Option da. Menschen sind immer mehr oder weniger für oder gegen etwas motiviert. In den Neurowissenschaften (Spitzer, 2007, S. 192) stellen sich die Forschungsergebnisse bei aller Komplexität im Hintergrund eher simpel dar: „Die Frage danach, wie man Menschen motiviert, ist daher etwa so sinnvoll wie die Frage: ‚Wie erzeugt man Hunger?' Die einzig vernünftige Antwort lautet: ‚Gar nicht, denn er stellt sich von alleine ein.' Mit unserer Motivation verhält es sich damit ähnlich wie mit einem System der Regulierung der Nahrungsaufnahme […]: Geht man den Gründen für die Frage zur Motivationserzeugung nach, so stellt sich heraus, dass es letztendlich um Probleme geht, die jemand damit hat, dass ein anderer nicht das tun will, was er selbst will, dass es der andere tut." Letztendlich, führt Spitzer aus, besteht das Kernproblem nicht in der Motivation, sondern in Demotivationssystemen, in denen Menschen leben, die ihnen teilweise von außen aufgezwungen werden und wenig Anlass für eigene Anstrengungen bieten. Die Herausforderung an Beratungsfachkräfte lautet demnach: Gestalten Sie Ihr Beratungsgespräch so, dass Ihr Kunde Interesse an einer weiteren Zusammenarbeit mit Ihnen hat. Für eine Verweigerung von Zusammenarbeit haben die meisten Kunden im Regelfall durchaus nachvollziehbare Gründe. Schon eine „Motivationsdiagnostik", die Einstufung in „Klien-

tengruppen" oder „Maßnahmen von der Stange" sind häufig Gründe, warum es mit der Zusammenarbeit nicht klappt (Conen, 2007, S. 55 ff.). Oft signalisiert bereits ein neutrales Profiling die „Erhebung von (In-)Kompetenzen der Erwerbslosen, denen grundsätzlich unterstellt wird, sie seien sich ihrer eigenen Stärken und Kompetenzen nicht bewusst, weshalb diese herausgearbeitet und bewusst gemacht werden sollen" (Ott, 2011, S. 282). Zwangskontexte verstärken diese Erfahrungen noch und sind immer ein Anlass, über das Für und Wider, das Erlebte und Vermiedene mit den Betroffenen zu sprechen. Es ist etwas schief gelaufen und die sich daraus ergebenden Konsequenzen für beide Seiten bieten die Chance, einen vertieften Blick auf bisherige Kooperationsstrukturen zu werfen. Bleiben dabei auch die Beratungsfachkräfte offen für einen kritischen Blick auf das eigene Tun, werden Kooperationsstrukturen gefestigt, selbst wenn negative Entscheidungen nicht zu vermeiden sind.

3. *Beziehungsgestaltung als durchgehende Aufgabe:* Beratungsfachkräfte sollten die Aufgaben der Beziehungsgestaltung auch im Fortgang der Gespräche nicht aus dem Auge verlieren. Das wiederholte Hineinhören und Hineinversetzen in die klientenbezogene Gefühlswelt und Sicht der Dinge wirkt zunächst einmal grundsätzlich entlastend und deeskalierend auf die Zwangssituation. Wenn Berater die Beziehungsebene nicht aus dem Auge verlieren, nehmen sie Reaktionen früher wahr, achten stärker auf eigene Ausdrucksweisen und nonverbale Signale, betonen die Wahrnehmungen und Gefühle des Gegenübers. Zudem tragen Aufgaben der Beziehungsgestaltung dazu bei, die Fortsetzung von Beratungsdienstleistungen zu ermöglichen, selbst wenn sich im konkreten Fall dissonante Bewertungen des Geschehens nicht vermeiden lassen. Hier zahlt sich eine gute, variationsreiche Beraterausbildung aus, die – begleitet von Supervision und kollegialer Beratung – nicht aufhört, über das eigene Tun zu reflektieren (vgl. Göckler, 2009, S. 253 ff.).

4. *Wahlmöglichkeiten schaffen:* Zur Kongruenzsteigerung und Verbesserung der Beteiligungsstruktur sind Wahlmöglichkeiten zu schaffen. Jede Verengung auf die Wahl zwischen der Sanktion und nur einer (ungeliebten) Handlungsalternative stärkt Reaktanzreaktionen auf Seiten der Kunden. Eine offene Herangehensweise, die zunächst einmal die Alternativen aus dem Blickwinkel der betroffenen Klienten erarbeitet und dann mit variablen Angeboten ergänzt, lässt den Betroffenen Wahlmöglichkeiten und erfüllt damit Ansprüche prozeduraler Fairness und Selbstwirksamkeit, die in einem hoheitlichen Verfahren ansonsten nicht gegeben sind. So können aus Vermeidungsstrategien durchaus gewollte Veränderungsstrategien werden, die aus dem Blickwinkel des Kunden weit über den Zwangskontext hinausreichen. Es ist gar nicht so selten, dass im Rahmen von Zwangskontexten auch nachhaltige Veränderungsabsichten auftreten, die ohne diesen Kontext gar nicht oder nicht so schnell erreichbar gewesen wären.

Fallzugang und Einstiegsberatung

5. Letztendlich sind in beraterischen Zwangskontexten auch Aufgaben der flankierenden Unterstützung (Ressourcenmanagement) als Kern sozialstaatlicher Überlegungen zu bewältigen. Berater können sich dem gesetzlichen Auftrag nicht entziehen und haben sich mit den Folgen einer Sanktionsentscheidung auseinanderzusetzen. Die Aufhellung und Bearbeitung des fast schon pathologischen Zustandes, einerseits „Verursacher" negativer Entscheidungen zu sein, andererseits sich mit den Betroffenen über die Folgenbewältigung zu verständigen, scheint eine Grundbedingung dafür zu sein, dass zum einen verfassungsrechtlich abgesicherte Grundrechte erhalten bleiben und andererseits im Bemühen um eine gemeinsame Problemlösung das Vertrauen des Klienten in die persönliche Integrität des Beraters erhalten bleibt (vgl. ebd., S. 263 ff.). Zu dieser Aufgabe würde gehören, sich der eigenen beraterischen wie behördlichen Ressourcen zu versichern, die zur Reduzierung oder flankierenden Leistung bei negativen Entscheidungen eingesetzt werden können. Auch die beraterische Abklärung klienteneigener Ressourcen, die die Wirkungen belastender Entscheidungen minimieren oder gar kompensieren könnten, würde hierzu zählen. Der fixierte Blick des Klienten auf die belastende Entscheidung führt häufig dazu, dass eigene Ressourcen nicht mehr wahrgenommen und angebotene nicht angenommen werden können. Eine einfühlsame und stützende Form der Ressourcenaktivierung zeigt, dass der Berater den Klienten mit der Entscheidung nicht allein lässt und die Chancen auf eine vom Gesetzgeber oft pauschal unterstellte kooperative Anschlussberatung möglich wird.

Diese kurzen Hinweise sollen den Blick darauf nicht verstellen, dass eine Ausweitung des Beratungsbegriffes auf Zwangskontexte auch Nebenwirkungen hat und immer die Gefahr heraufbeschwören kann, Beratungsangebote generell zu diskreditieren. „Es erscheint heute schlicht realitätsangemessen", schreibt Nestmann (2012, S. 27), „Zwangskonstellationen von Beratung sensibel zu realisieren und wohl auch mit neuen zu rechnen. Sie sind zu thematisieren und zu kritisieren, genau zu untersuchen und verantwortlich zu handhaben. Sie zu negieren und zu vernachlässigen, sie an andere oft ‚nachgeordnete' Verwaltungsprofessionen zu delegieren scheint keine Lösung." Beratungsfachkräfte sollten weiterhin skeptisch bleiben, wenn ihnen Organisation und Gesetzgebung vorgefertigte Rahmen für diese Art von Kontexten vorsetzen. Unbestritten ist, dass Beratung mittels Zwangskontexten weder verbessert, einfacher oder leichter wird, verbindet man mit ihnen weiterhin einen beraterischen Anspruch. Alles andere wäre Verwaltungshandeln in unterschiedlichen Facetten und mit einem selbst gesetzten Dienstleistungsanspruch nicht zu verbinden. Geht das grundlegende Verständnis von Beratung als Form des unterstützenden, helfenden und auf die Kundenwelt ausgerichteten Gespräches verloren, bleiben kaum mehr Einflussmöglichkeiten auf Gestalt, Umsetzung und Anspruch an diese eigentlich so anspruchsvolle Tätigkeit. Es bleibt die Aufforderung an Praxis und Wissenschaft, diesen Kontext besser zu durchleuchten und dabei sowohl den gesellschaftlichen Hintergrund wie das Theorie-, Methoden- und Technikrepertoire aufzuarbeiten. Auch für das Case Management in der Beschäftigungsförderung gilt, dass die „Verbindung von Hilfe und Kontrolle [...] sich nicht aus dem Case Management Ansatz [ergibt], sondern aus den Konstitutionsbedingungen der Sozialen Arbeit, zu deren Normalität beide Aspekte gehören" (Klug, 2003, S. 45).

6.5 Einstiegsberatung

Grundsätzlich gelten für eine professionelle Beratung im Kontext der Grundsicherung die gleichen ethischen Standards, die gleichen theoretischen Grundlagen und die gleichen Methoden und Techniken, wie sie für andere Einsatzfelder auf dem Gebiet der Beratung auch gelten. Die Besonderheiten liegen in einer starken Durchdringung des Beratungskontextes aufgrund einer gesetzlichen Rahmung, die Fallmanager und Kunden wechselseitig binden. In der Alltagsarbeit zeigt sich jedoch, dass diese Rahmung beraterisch bewältigbar ist und Öffnungen auf die Lebensrealität der Betroffenen zulässt. Deshalb liegen die wesentlichen beraterischen und ethischen Standards auch hier:

- In der Beibehaltung einer wertschätzenden Beziehung zum Kunden, ungeachtet der persönlichen Empfindungen.

- In der Herstellung absoluter Transparenz, die am Verarbeitungsniveau des Kunden orientiert verdeutlicht, aus welchen Sachzwängen sich die Beratungsarbeit nicht befreien kann.

- Im Beratungsverständnis und einer Beratungsmethodik, die den Kunden so weit wie möglich selbst zur Lösung seiner Probleme befähigt. Dies impliziert einen Ansatz, der sich nicht problemfixiert darstellt, sondern Ressourcen im Sinne einer aktivierenden Strategie (Empowerment) aufgreift und für die Arbeitsmarktintegration nutzbar macht.

- In der Ressourcenorientierung, die im Hinblick auf das langjährige arbeitsmarktliche Scheitern vieler Kunden den einzigen Blickwinkel darstellt, der Motivation und Perspektive erschließt. Eine lückenlose Fortsetzung der defizitorientierten Sichtweise verstärkt hingegen Tendenzen der erlernten Hilflosigkeit.

- Im Bemühen um eine sinnstiftende Aufklärung von Folgen über die Sanktionsthematik hinaus. Dies zwingt den Berater zur Offenlegung der integrationsleitenden Absichten. Denn wenn man als Berater selbst nicht begründen kann, warum und mit welchen Zielsetzungen eine fördernde Maßnahme besucht werden sollte, wird Widerstand und Verweigerung die zwangsläufige Folge sein.

Fallzugang und Einstiegsberatung

Empirische Ergebnisse zur Beratungspraxis

Die zwischenzeitlich zahlreich erschienenen Evaluationsergebnisse zur Beratungspraxis in der Bundesagentur für Arbeit (SGB II und SGB III) zeigen immer wieder, woran es bei der Umsetzung eines angemessenen Beratungsdiskurses hapert:

- Die Wirkungsmechanismen der Standardisierungsbemühungen der Bundesagentur für Arbeit auf die Beratungsarbeit im SGB III untersuchten Hielscher & Ochs (2009, S. 112 ff.) und stellten fest, dass „insbesondere der Bedarf an berufsorientierender Beratung [...] auf eine Leerstelle im Dienstleistungsangebot [trifft], die durch die Systematik des Vermittlungsprozesses angelegt ist und mit dem derzeitigen Qualifikations- und Kompetenzprofil der Fachkräfte nicht systematisch geschlossen werden kann". Für die Autoren unterminieren die Standardisierungsprozesse in der Vermittlung, die gleichermaßen heute in der Grundsicherung ihren Niederschlag finden, die Chancen auf ein förderliches Arbeitsbündnis, weil die Betroffenen auf die „Faktoreigenschaft als Arbeitskraft" (ebd., S. 120) reduziert werden, und tragen zur De-Qualifizierung der Fachkräfte bei.

- Ludwig-Mayerhofer et al. (2009, S. 291 f.) kommen zu dem Schluss, dass die drei unterschiedlichen beraterischen Anforderungen, die Gesetzgebung und Organisation an die Mitarbeiter stellen, unter der aktuellen Gesetzeslage nicht vermittelbar sind. Die Autonomie des Einzelfalles und deren Stärkung (therapeutisch-sozialer Fokus), das Allgemeinwohl (Solidargemeinschaft, juristischer Fokus) und die bürokratische Verwaltungsrationalität (Steuerungsaspekte, Aktivierung) seien im Setting des Beratungs- und Vermittlungsalltags nicht gleichermaßen vermittelbar. Um diese Handlungsdilemmata zumindest ansatzweise aufzufangen, empfehlen die Autoren, die Mitarbeiter für die untersuchten Dimensionen der Beratungsgespräche zu sensibilisieren:

  - Autonomie und Krise des Klienten,
  - limitierende Gesetze,
  - Volkssouveränität und Solidargemeinschaft,
  - eigene Herrschaftsposition und
  - organisationale Vorgaben.

  Würden diese Dimensionen stärker in der Beratungsarbeit reflektiert, würde dies dazu beitragen, „die Unvereinbarkeiten dem Klienten besser zu kommunizieren und sie auch selbst besser ertragen zu können".

- Eine Studie zu Sanktionsgesprächen in der Grundsicherung (Göckler, 2009, S. 333 f.) zeigte dann auch, dass die deutliche Mehrheit der untersuchten Gespräche als reine Integrationsgespräche zu werten waren, die „in ihrem Arbeitsverständnis auf eine rasche und überwiegend eher direktive Erledigung der anfallenden Aufgabe [ausgerichtet waren]. Der Fokus liegt weniger auf der Beratung, sondern auf vermittlungsorientierten Vorgehensweisen und einer mehr oder weniger direktiven Form der Verhaltensvorgabe, flankiert vom Angebot standardisierter Unterstützungsmaßnahmen. Es liegt nahe, diese Befunde dahin gehend zu interpretieren, dass sie die mehrheitlich pragmatische Antwort der Mitarbeiter auf zu hohe Kundenbetreuungszahlen und eine einseitig verkürzte geschäftspolitische Ausrichtung auf reine Vermittlungserfolge darstellen." Allerdings zeigte die Untersuchung auch, dass es einigen Beratungsfachkräften trotz des Sanktionskontextes gelingt, den Fall in einer beteiligungsorientierten Form aufzugreifen und weiterzuentwickeln, die die Interessen der Betroffenen beraterisch gelungen einbindet. An diesen – zugegeben wenigen Fällen – wäre zu lernen, wie gelingende Beratung auch in Zwangskontexten umsetzbar ist.

- Die Dominanz verwaltungsbezogener Überlegungen in den Beratungs- und Betreuungsprozessen bestätigt auch eine aktuelle Studie des Instituts für Arbeitsmarkt- und Berufsforschung (Schütz et al., 2011, S. 160 f.). „Insgesamt zeigt die Analyse der Beratungsprozesse ein Übergewicht bürokratisch-verwaltender Handlungsmuster gegenüber Handlungsansätzen kundenorientierter Dienstleistungen. Dies betrifft die Rolle des Profiling, das nicht zum Anknüpfungspunkt einer nachvollziehbaren Zielbestimmung gemacht wird, die Dominanz der Fachkräfte während des gesamten Prozesses, die sich in der Themensetzung wie auch der Redezeit äußert und in vielen Fällen in monologische Kommunikationsstrukturen ausufert." Die noch näher zu behandelnde Eingliederungsvereinbarung rückt hierbei in der Umsetzung als bürokratisches Musterbeispiel in den Mittelpunkt. Dennoch finden die Autoren auch durchgängig positive Beratungsansätze, insbesondere in der Responsivität, mit der die Fachkräfte auf Kundenanliegen reagieren. „Kundenanliegen und sonstige Äußerungen wurden – auch wenn dies nicht immer für den Prozess wirksam wurde – aufgenommen und besprochen. Ein Ignorieren oder gar ‚Abbügeln' von Kundinnen und Kunden blieben Ausnahmen."

Für die weiteren Ausführungen zum Case Management in der Beschäftigungsförderung bleibt bei aller technokratischen Ausrichtung auch in diesem Programm zu berücksichtigen, dass die Hinwendung zum Menschen, die Möglichkeit der Darstellung eigener Sichtweisen und das Experimentieren mit eigenen Lösungsvorstellungen, seien diese auch noch so abwegig, den Kern der beraterischen und betreuenden Dienstleistung im beschäftigungsorientierten Fallmanagement darstellt.

Arbeitsbündnis

Ziel der Erstberatung im Fallmanagement ist neben der Abklärung der Fallübernahme die Entwicklung eines tragfähigen Arbeitsbündnisses zwischen Fallmanager und Kunden. Arbeitsbündnis heißt zu diesem Zeitpunkt nicht, dass bereits jetzt über alle Fragen und Sichtweisen ein Einvernehmen er-

Fallzugang und Einstiegsberatung

zielt werden muss. Es wird jedoch für beide Seiten deutlich, dass ohne aktive und unterstützende Beteiligung des Kunden die Dienstleistung „Fallmanagement" nicht erbracht werden kann. Zum Fall „wird die personenbezogene Dienstleistung durch ein spezifisches Arbeitsbündnis, das die handelnden Personen eingehen. Pädagogische Interventionsformen basieren auf Koproduktion, die sich als ein kontextgebundenes Aushandeln dessen realisiert, was aktuell und zukünftig geschehen soll, als Festlegung von Regeln, die in der je spezifischen Interaktionssituation gelten sollen. Dieses Arbeitsbündnis baut auf institutionellen Strukturen auf, stiftet aber dennoch ein je spezifisches Verhältnis zwischen konkret interagierenden Personen – seine Tragfähigkeit muss sich im weiteren Interaktionsprozess erweisen" (Brülle et al., 2006, S. 45 ff.). In Anlehnung an Steinert unterscheiden die Autoren folgerichtig dann auch verschiedene Ebenen des Arbeitsbündnisses:

- Das persönliche Arbeitsbündnis, resultierend aus den Erfahrungen der beteiligten Parteien und ihrem Vermögen zur Verständigung.

- Das organisatorische Arbeitsbündnis, in dem die jeweils einzelspezifischen Abläufe der agierenden Institution repräsentiert werden.

- Das gesellschaftlich-institutionelle Arbeitsbündnis, welches überformt die offenen und verdeckten Mechanismen, die auf das Handlungsfeld einwirken, einfängt. Hierzu gehören im Kontext der Grundsicherung die öffentlich geführte Debatte um „Hartz IV", die rechtlichen Verwerfungen seit der Einführung und das anhaltende Dilemma um die Organisationsform.

Insofern geht es auch immer darum, diese drei Ebenen zum Gegenstand der Erstberatung zu machen. „Denn nur wenn die institutionellen, organisatorischen und professionellen Vorgaben sowie die Person der Case Managerin/des Case Managers grundsätzlich von der oder dem Ratsuchenden anerkannt werden [...], kommt ein Arbeitsbündnis überhaupt zustande" (ebd., S. 61).

Beratung als Einstieg in den Fallmanagementprozess

Diese erste inhaltliche Beratung zieht Folgeberatungen nach sich, mündet aber früher oder später in eine Zielvereinbarung. Das Angebot einer „Beratung" begleitet auch in den weiteren Phasen als kommunikatives Bindeglied und als stets abrufbares Mittel der erneuten Verständigung über Ziele, Wege und Hindernisse das Fallmanagement bis zum Abschluss. Außerdem bereitet sie den Boden für Folgeberatungen an anderen Stellen, von Schuldnerberatung bis Suchtberatung, und koppelt größere Problemzusammenhänge an übergeordnete Instanzen zurück. Beratung im Kontext Fallmanagement erfüllt also mehrere Funktionen (vgl. Göckler, 2009):

Einstiegsberatung

- Sie ist grundsätzlich um Einvernehmen bemüht, ohne strittige Themen zu umgehen (Beziehungsmanagement).
- Beratung agiert mit Informationen und Vorschlägen und legt verbessertes Handeln offen (aktiv-steuerndes Motivations- und Verhaltensmanagement).
- Sie stärkt ebenso die Selbstbefähigung, fördert die Selbsterkenntnis und begreift auch unkonventionelle Sichtweisen als Lösungsausdruck und Ressource (reflexiv-einbindendes Motivations- und Verhaltensmanagement). Damit ist grundsätzlich auch die Reflexion des eigenen beraterischen Vorgehens verbunden, denn Widerspruch oder Ablehnung sollten zunächst zum Überdenken der eigenen Position und als Chance für eine tragfähigere Lösung verstanden werden.
- Beratung signalisiert professionellen Umgang mit multiplen Problemlagen, insbesondere auch unter Bezugnahme auf Ressourcenansätze. Sie nimmt dabei ebenso den Diskurs über Problemverursachungen auf, selbst wenn sie außerhalb des Einwirkungsbereiches der Betroffenen verankert sind (Unterstützungsmanagement).
- Sie wird in einem organisatorisch-professionellen Rahmen angeboten und legt transparent die Grenzen und Zumutungen dar (Verwaltungs- und Rechtsmanagement).

Letztendlich ist für den Erfolg der Einstiegsberatung bedeutsam, in welchem Kontext diese Dienstleistung Kunden angeboten oder – im schlechteren Falle – aufgedrängt wurde (outreach). Deshalb ist die Information der Kunden in einer angemessenen Form zu gestalten. Es bedarf bei der informierenden, zuweisenden oder weiterleitenden Stelle (etwa ein Kundenzentrum, ein persönlicher Ansprechpartner, ein Leistungssachbearbeiter, ein Sozialarbeiter eines Trägers etc.) einer klaren Sprachregelung, die den Kunden inhaltlich auf Ziele, Ablauf und Inhalte des Fallmanagements vorbereitet und den möglichen Vorbehalten die Spitze nimmt. Es macht einen großen Unterschied, ob das Fallmanagement direkt oder indirekt als „Belastbarkeits-TÜV", „Therapie für Ausgesonderte" oder als „soziale Dienstleistung" angekündigt/etikettiert wird, die Chancen eröffnet (vgl. Autorengemeinschaft, 2004). Diese Vorinformationen sind mit entscheidend dafür, ob es im Erstkontakt gelingt, die Grundlage für ein Arbeitsbündnis zwischen Fallmanager und Kunden zu legen. Je qualifizierter die Erstinformation und Überleitung an das Fallmanagement erfolgt, desto günstiger der Einstieg und die Herstellung eines Arbeitsbündnisses.

Worauf es in der ersten Phase des Case Management-Prozesses in der Beschäftigungsförderung ankommt, verdeutlicht die nachfolgende – sicherlich nicht abschließende – Checkliste unter den bereits skizzierten Erfassungsmustern von Struktur-, Prozess- und Ergebnisqualität:

Fallzugang und Einstiegsberatung

6.6 Checkliste Zugangssteuerung und Einstiegsberatung

Strukturqualitätsmerkmale

- Sind klare Regelungen erarbeitet, für welche Personenkreise Fallmanagement vorgesehen werden soll und wie diese zu identifizieren sind?
- Stehen für die eingeschätzte Zahl qualifizierte Mitarbeiter zur Verfügung? Dies betrifft die Betreuungsrelation und die Arbeitsbemessung in Zuordnung zur Zahl und zum Betreuungsaufwand der Kunden.
- Ist das FM in die Gesamtorganisation strukturell eingebunden (Schnittstellenmanagement)? Die Entwicklung eines Fallmanagementhandbuches ist hierin wichtiger Baustein für die organisationale Einbindung der Aufgabe. Auch ein Leitbild im Kontext des Fallmanagements hat Signalwirkung.
- Sind die Prozessabläufe bei Rücküberstellung/Weiterleitung der Fälle geklärt? Wurden Ablaufschemata, Überstellungsstandards und Zusammenarbeitsregularien mit den internen Schnittstellen entwickelt?
- Wurden Alternativszenarien entwickelt, falls Fallmanager oder Kunde andere Gesprächspartner wünschen? Dies kann beispielsweise bei Missbrauchserfahrungen oder Genderthemen bedeutsam sein.
- Überstellende Mitarbeiter und Dritte sind über Inhalte und Verfahrensweisen im FM informiert? Gibt es Informationsmaterial zum bFM und ein FM-Marketing, welches Zielsetzung und Arbeitsweisen verdeutlicht?
- Steht für Kunden eine Dokumentation mit Basisinformationen zur Verfügung? Einige Teams haben Flyer entwickelt, die das Angebot Betroffenen und Interessierten näher bringen.
- Ist die IT-Unterstützung eingerichtet und nutzbar? Lassen sich die Zugangsgründe dokumentieren und gegebenenfalls als Kennziffern abrufen?
- Stehen beratungsgeeignete Räumlichkeiten zur Verfügung? Auch andere Möglichkeiten zur Fallaufnahme sind einzuräumen (Geh-Strukturen) wie Nutzung von Dienstwagen, Außendienste etc.
- Sind Parameter definiert, die Reaktionszeiten und die Häufigkeit der Kontakte in Relation zum Beratungsaufkommen setzen? Innerhalb welcher Frist muss ein FM zur Verfügung stehen? Wie viele Beratungsgespräche mit welcher Dauer werden maximal angesetzt, um zur Entscheidung der Fallübernahme zu gelangen? Dies sind Themen für das Fallmanagementhandbuch.
- Lassen sich Neuzugänge und wiederholte Zugänge differenziert erfassen? Hierüber ließen sich Nachhaltigkeitsprozesse abbilden.
- ...

Checkliste Zugangssteuerung und Einstiegsberatung

Prozessqualitätsmerkmale

- Wie viele Personen sind zum Erstgespräch nicht erschienen (klassisches Problem in Sozialbehörden)? Welche Schlussfolgerungen sind daraus zu ziehen? Wie können Kontakte anderweitig hergestellt werden?
- Die Herstellung von Transparenz über Anlass und Vorgehen in der Einstiegssituation gelingt? Vorstellung, Rahmenbedingungen, bisherige Erfahrungen des Kunden sind einbezogen?
- Ist eine erste Strukturierung der Problemsituation (auslösende Ursachen für Betreuung durch FM) gelungen, ist auch das Problembewusstsein beim Kunden gewachsen?
- Wurde die Herstellung des Arbeitsbündnisses erreicht? Ist die Motivation der Kunden zur weiteren Mitarbeit vorhanden und wurde eine vorläufige Klärung der aktuellen Situation einvernehmlich vorgenommen?
- Kann die Entscheidung zur Fallübernahme getroffen und dokumentiert werden? Die Entscheidung wird im beiderseitigen Einvernehmen getroffen und dokumentiert das Entstehen eines Arbeitsbündnisses?
- Kundeninformationen über ein weiteres Vorgehen wurden gegeben, Verfahrenstransparenz hergestellt? Herrscht Klarheit über die nächsten Schritte?
- Motivierende Beratungsstrategien und Beratungsinhalte sind feststellbar, zögernde oder nicht motivierte Kunden zur Mitarbeit zu bewegen? Win-win-Situationen schaffen, Teamberatungen, aktivierende und beteiligungsintensive Beratungsvarianten, Push-and-pull-Strategien etc. sind zu lokalisieren.
- Die Ablehnung des Angebotes durch den Kunden ist sanktionsfrei möglich und wurde mit den Ablehnungsgründen dokumentiert?
- Welche konkrete Beratungszeit wurde benötigt?
- …

Fallzugang und Einstiegsberatung

Ergebnisqualitäten

- Liefert die Reaktionszeit und Dauer des Erstkontaktes wichtige Daten zur Inanspruchnahme und zur Belastungssituation?
- Das Nichterscheinen zur Erstberatung kann Hinweise auf ungünstiges Marketing oder fehlerhafte Zuordnungskriterien liefern.
- Die Zuordnung der bedürftigen Personenkreise wurde im Sinne der Zugangssteuerung vorgenommen (Beachtung der geschäftspolitischen Ausrichtung des Fallmanagements)?
- Die standardisierten Dokumentationssysteme wurden genutzt und die Qualität der Aufzeichnungen ermöglicht weitergehende Analysen (wichtiger Datenlieferant bei der Planung weiterer Maßnahme- und Hilfenetzwerke).
- Treffsicherheit der Übernahme als Qualitätsindikator für die Arbeit der Fallmanager?
- Anteil der Übernahmefälle, Ablehnung, Zurückweisung, Weiterleitung als Qualitätsindikator für die Arbeit der Fallmanager und das interne Schnittstellenmanagement?
- ...

Assessment

7.1 Begriffsklärung 110
7.2 Ganzheitlicher Ansatz und diagnostische Grenzen 112
7.3 Methodenvielfalt 122
7.4 Re-Assessment 126
7.5 Checkliste Assessment 128

7.1 Begriffsklärung

Geht es in der Einstiegsberatung um das gegenseitige Kennenlernen zur Begründung eines tragfähigen Arbeitsbündnisses, zur ersten Orientierung über Problemlagen und Unterstützungsbedarfe und Spezifizierung der Übernahmegründe sowie um Herstellung der Transparenz über Sinn und Zweck und das weitere Vorgehen im beschäftigungsorientierten Fallmanagement, so dient die Phase des Assessments der Ermittlung der konkreten Unterstützungsbedarfe, die für eine Rückkehr in die Beschäftigung wesentlich sind. „Der Schwerpunkt der Datenerhebung liegt auf den komplexen Problemlagen, die eine Integration in den Arbeitsmarkt behindern, sowie den vorhandenen Ressourcen der Klientinnen und Klienten" (Deutscher Verein für öffentliche und private Fürsorge, 2004, S. 151).

In der Literatur findet sich eine Vielzahl von Begriffen, die häufig den gleichen oder ähnliche Sachverhalte beschreiben: Profiling, Anamnese, Diagnose, Assessment, Stärken-Schwächen-Analyse. Mehrheitlich hat sich in den fachwissenschaftlichen Erörterungen zum Case Management zwischenzeitlich der Begriff des Assessments als treffsicherer erwiesen als die Alternativen. Der Profilingbegriff, wie er in der Bundesrepublik Deutschland insbesondere von der Bundesagentur für Arbeit zur Früherkennung von Langzeitarbeitslosigkeit eingeführt wurde, erweist sich aufgrund seiner zwingenden arbeits- und berufsfachlichen Ausrichtung für die Thematik des Fallmanagements in der Grundsicherung als zu eng. Nicht umsonst wurden parallel zu den Profilingprozessen auch Fallmanagementstrukturen untersucht, bei denen „die Problemlage ‚Arbeitslosigkeit' nicht allein von der berufsfachlichen und qualifikatorischen Seite her gelöst werden sollte, sondern es soll auch die Unterstützung und Beratung bei persönlichen und sozialen Schwierigkeiten der Arbeitsaufnahme angeboten werden" (Rudolph & Müntnich, 2001, S. 9). Der Begriff Diagnose ist stark medizinisch geprägt und stellt eher auf einen krankhaften Befund ab, in dem die Defizite und Beeinträchtigungen im Vordergrund stehen (vgl. Klußmann & Nickel, 2009, S. 47 ff.; Wendt, 2010, S. 138 f.). Auch wenn in Teilbereichen auf Inhalt und Methodik der (Sozial-)Anamnese zurückgegriffen wird, begreift sich Assessment im Kontext des beschäftigungsorientierten Fallmanagements nicht als reines Instrument der Sozialen Arbeit. Assessment übernimmt aus den anamnestischen Vorgehensweisen die Offenheit und Breite der potenziellen Gesprächsräume, fokussiert diese jedoch im Kontext der Beschäftigungsförderung immer wieder auf die Frage: Was hilft bei der Rückkehr in Arbeit? Diese Fokussierung ist datenschutzrechtlich geboten, verfahrenstechnisch leistbar und vor dem Hintergrund der gesetzlichen Aufgabenstellung vertretbar. Ein Ausufern des Assessment auf eine wie auch immer geartete allumfassende Zuständigkeit soll dadurch verhindert werden, wenn auch die Breite möglicher Unterstützungsbedarfe zunächst eine große Offenheit gegenüber der subjektiven Einschätzung von integrationshemmenden Belastungen erfordert.

Begriffsklärung

Vorgehen im Assessment

Zum Assessment in diesem Verständnis gehören:

- Eine systematische Sichtung der vorhandenen Unterlagen und Dokumente.
- Eine systematische Erhebung der Fallsituation unter Einbeziehung der zugehörigen Bedarfsgemeinschaftsmitglieder. Hierzu gehören alle Themenfelder, die bei der Frage der arbeitsmarktlichen Integration von Bedeutung sind.
- Eine Differenzierung und Systematisierung der erarbeiteten Problemfelder (Schwächen) und Ressourcen (Stärken) im Hinblick auf die Bewältigung der Arbeitslosigkeit und die Fähigkeit, arbeitsmarktbezogene Anforderungen bewältigen zu können.
- Eine strukturierte Standortanalyse zum Arbeitsmarkt und seinen Anforderungen mit Selbsteinschätzung. Diese kann sich auf konkrete Berufe oder Berufsfelder beziehen, kann jedoch auch berufsorientierte Arrangements einbeziehen, wenn eine berufsbezogene Verunsicherung vorrangig ist.
- Ein motivationssteigernder aktivierender Teil im Sinne einer Empowerment-Strategie, die lösungsorientiert nach Wegen der sozialen und/oder arbeitsmarktlichen Integration sucht. Zahlreiche Studien belegen, dass eine gelungene Arbeitsmarktintegration immer noch die besten sozialintegrativen Aspekte aufweist. Es ist nicht immer sofort erkennbar, ob sozial stabilisierende Hilfen vorrangig greifen müssen oder ob nicht eine rasche und nachhaltige arbeitsmarktbezogene Strategie die sozialen Belastungen behebt oder zumindest verringert.

Der umfangreichste und auch wichtigste Teil der im Rahmen des Assessments zu erhebenden Daten und Informationen lässt sich nur erschließen, wenn das vorherige Arbeitsbündnis tragfähig ist, der Kunde von der Sinnhaftigkeit der Vorgehensweise überzeugt ist, die einzelnen Prozessschritte für ihn nachvollziehbar und mitgestaltbar sind und er letztendlich die positiven Perspektiven für sich erkennen kann. „Im Assessment sind Ehrlichkeit und Selbstverantwortung angebracht. Menschen haben Stärken und Schwächen. Zu einem realistischen Bild gehören beide. In der sozialen Situation des Assessment-Prozesses ist darauf zu achten, dass die Professionellen und Klienten einander ‚nichts vormachen'. Zur Vertuschung kann die wohlwollende Haltung der Sozialarbeiterin ebenso beitragen wie die Scham eines alten Menschen, der seine Abhängigkeit nicht zugibt, oder die Abwehr des Alkoholikers, der seine Sucht schönredet. Auf die Folgen des Selbstbetrugs wird ein Case Manager hinweisen. Seine Aufgabe ist es, zu einer objektiven Betrachtung anzuhalten" (Wendt, 2010, S. 139).

Assessment

7.2 Ganzheitlicher Ansatz und diagnostische Grenzen

Bereits der Gesetzgeber weist den persönlichen Ansprechpartnern die Aufgabe zu, erwerbsfähige Hilfebedürftige umfassend mit dem Ziel der Eingliederung in Arbeit zu unterstützen (§ 14 SGB II). Dies, so der Gesetzgeber in seiner Begründung, „bedeutet mehr als das Beraten und Vermitteln. Die Agentur für Arbeit hat alle Einflussfaktoren für die berufliche Eingliederung zu berücksichtigen und alle erforderliche Unterstützung zu geben, die sich mit den Grundsätzen der Wirtschaftlichkeit und Sparsamkeit vereinbaren lässt" (BT-Drucksache 15/1516, S. 54). Die Gefahr, datenschutzrechtliche Grenzen hierbei zu überschreiten, ist sicherlich groß und kann nur eingegrenzt werden, indem immer wieder verdeutlicht wird, in welchem Zusammenhang die jeweiligen Gesprächsinhalte mit den Fragen von arbeitsmarktlichen Integrationsüberlegungen stehen.

Bei allen sozial-diagnostischen Verfahren ist zu beachten, dass die Merkmale des Beurteilers ebenso reflektiert werden müssen wie die Merkmale des Beurteilten. Eigenschafts- und verhaltensdiagnostische Aktivitäten sagen häufig mehr über den Beurteiler als über den Beurteilten aus. Gerade Begriffe wie „resignativ", „pessimistisch", „vernachlässigt" u. Ä. sind wenig operationalisierbar und variieren nach dem Standpunkt des Betrachters. Ein Mehr an Objektivität kann man in dieser Phase nur dadurch herstellen, dass man die eigenen Wahrnehmungen mit den persönlichen Sichtweisen der Kunden abgleicht und diese dann spiegelt vor möglichst klaren Anforderungen seitens der Betriebe. So urteilt Ingenkamp (2008, S. 19), dass „die im Rahmen der pädagogischen Diagnostik ablaufenden Urteilsvorgänge [...] in jedem Fall durch vielfältige institutionelle, personale und situative Faktoren beeinflusst [sind], sehr umfassende, differenzierte und vernetzte Prozesse, die beim gegenwärtigen Forschungsstand erst ansatzweise abgebildet werden können".

Vorgehensweise

In der Vorgehensweise hat sich die nachfolgende Grundstruktur als hilfreich erwiesen (vgl. Autorengemeinschaft, 2004, S. 23 ff.):

- Die Klärung der persönlichen Hintergründe und Zielsetzungen sowie das soziale Umfeld. Als durchaus brauchbar, wenn auch von der Sprachfertigkeit und intellektuellen Leistungsfähigkeit des Hilfesuchenden abhängig, hat sich ein Selbstauskunftsbogen erwiesen, der zumindest die Aspekte des Berufes und des Arbeitsmarktes erfasst, ansatzweise auch die Gesamtsituation der Bedarfsgemeinschaft widerspiegelt. Er soll der Gesprächsvorbereitung durch die Fachkräfte dienen und wesentliche Aspekte der Arbeitsmarktintegration vorklären. Allerdings darf die Aussagekraft dieser Selbsterhebung nicht überbewertet werden und dürfen aus dem Nicht-Ausfüllen auch keine voreiligen Schlüsse gezogen werden.

Ganzheitlicher Ansatz und diagnostische Grenzen

- Die Erarbeitung von Zusammenhängen auf der Grundlage der erhobenen Informationen und Aussagen im Gespräch.
- Das Ziehen von Schlussfolgerungen und eine mit dem Betroffenen abgestimmte Interpretation aller Ergebnisse.
- Eine abschließende Standortbestimmung in Form einer Stärken-Schwächen-Darstellung.
- Eine auf die Zukunft ausgerichtete, zunächst durchaus noch frei assoziierte Perspektivplanung als Mittel der Aktivierung.

Aufgabenorientierter Datenpool

In der Fachpraxis wird im Regelfall mit einem standardisierten Erhebungsbogen (Anamnesebogen, Analysebogen, Assessmentbogen, Fragebogen etc.) gearbeitet. Unter beraterischen Gesichtspunkten ist immer zu empfehlen, zunächst eine offene Gesprächssituation zu schaffen, gute und zugewandte Beratungsarbeit zu leisten und erst abschließend zu versuchen, einen derartigen Erhebungsbogen quasi als „Gesprächszusammenfassung" gemeinsam zu erstellen.

Derartige Erhebungskategorien beziehen sich meist auf folgende Sachverhalte:

- **Stammdaten:** Hierzu gehören die leistungsbegründenden Daten (Familienzusammensetzung, Alter, Erwerbsstatus, Sonderbedarf, Kosten der Unterkunft etc.). Diese Daten sind in der Grundsicherung bereits für eine sachgemäße Leistungserbringung erforderlich und im Regelfall vorhanden.
- **Berufsbiografische Daten,** die sich aus den bisherigen beruflichen Stationen erzeugen lassen und für die grundlegenden Daten im zu veröffentlichenden Berufsprofil herangezogen werden. Bildungs- und Berufsdaten, ausgeübte Tätigkeiten, zertifizierte und nicht-zertifizierte Zusatzqualifikationen, beruflich verwertbare Interessen und Hobbys, Sprachsicherheit, Fremdsprachen, IT-/EDV-Kenntnisse oder regionale Mobilität gehören zu den standardisierten Gesprächsbereichen eines jeden Vermittlungsgeschäftes. Sie sind im Rahmen des Assessments auf Aktualität zu überprüfen und insbesondere mit den wesentlich intensiver erhobenen Daten der anderen Gesprächsbereiche abzugleichen. Manches Zertifikat erhält im Kontext der familiären Ressourcen oder der persönlichen Stabilität eine ganz andere Bedeutung. Die Erhebung eines aussagefähigen beruflichen Profils ist nicht einfach, verlangt Sorgfalt und immer auch berufsspezifisches Wissen. Es reicht nicht, bei Metallberufen lediglich „drehen", „bohren" oder „fräsen" zu erfassen. „In welcher Form", „an und mit welchen Maschinen", „wie häufig", „bis zu welcher Größe der Werkstücke" und „in welchen Produktionsverfahren" sind erforderliche und vermittlungsdienliche Informationen, die erhoben werden müssen. Dieser Gesprächsbereich bildet den Kern, der den Einsatzbereich als beschäftigungsorientiertes Case Management kennzeichnet.

Assessment

- **Ressourcendaten:** Diese Daten lassen sich unterteilen in Ressourcen, die
  - sich aus der Person ableiten lassen und sie in ihrem Verhalten und in ihren Überzeugungen stabilisieren (Kompetenzen, Werthaltungen, Aktivitätsmuster, Problemlösungsmuster etc.).
  - Daten des sozialen Geflechts wie etwa Familienkonstellation, Freundschaften, Nachbarschaftskontakte, Vereinszugehörigkeit einschließlich einer mit dem Kunden erarbeiteten Bewertung (beispielsweise in Form einer grafischen Darstellung als Genogramm oder Netzwerkkarte) der Beziehungsstärke. Aber auch Kontakte zu weiteren Beratungseinrichtungen, Selbsthilfegruppen oder sozialen Gruppen gehören dazu, sofern sich aus ihnen ein Nutzen für die arbeitsmarktliche Integration ergibt.
  - Merkmale, die sich eher auf die materielle Lebenssituation beziehen, beispielsweise zur Wohnsituation, zur Einkommenssituation oder der Verfügbarkeit eines PKW.
- **Persönlichkeitsdaten:** Hier nähert man sich den für die Erwerbsorientierung bedeutsamen Eigenschaften (Merkmale) wie Selbstbild, Frustrationstoleranz, (Miss-)Erfolgsorientierung, Belastbarkeit oder Leistungsbereitschaft. Auch gemeinsame Feststellungen darüber, wie Erwerbsarbeit bisher aufgrund der eigenen Biografie oder dem familiären Umfeld erlebt wurde, sind hier von Bedeutung. Ob Erwerbsarbeit biografiekonform, biografiediskrepant oder biografiekonträr wahrgenommen wird, ist mit entscheidend für die Interventionstiefe und für die spätere Strategiewahl, die den Weg zurück in das Erwerbsleben ebnen soll (vgl. MWA NRW 2003, S. 30 ff.). Die sorgfältige Erhebung, gemeinsame Besprechung und das Ziehen entsprechender Schlussfolgerungen sind für eine erfolgreiche Integrationsplanung und Vermittlung von entscheidender Bedeutung, liegen doch hier häufig genug die Quellen erfolgloser Vermittlungsbemühungen, außerhalb von formalen Qualifikationen und Arbeitsmarktgegebenheiten. Case Managern ist hier eine große Sensibilität anzuraten, die von vorschnellen Bewertungen absieht. Die Mechanismen, mit denen die Grundsicherungsmitarbeiter sowie auch beauftragte Beschäftigungs- und Qualifizierungsträger arbeiten, laufen immer darauf hinaus, dass die Betroffenen einen Beitrag dazu leisten müssen, ihre eigene (In-)Kompetenz offenzulegen. In der Folge „kritisieren, durchkreuzen und unterlaufen die Teilnehmer/-innen die aktivierenden Anrufungen häufig. Sie erkennen gerade nicht die Adressierungen, die Behandlung und die Zuweisung marginaler Positionen an – sie zeigen sich eben nicht einverstanden. Es wird erkennbar, dass sie zwar unter den Bedingungen der staatlichen Sanktionsoptionen und der Verschränkung von Fordern und Fördern bisweilen an der eigenen Aktivierung mitarbeiten, doch ist darin keine Verinnerlichung von Aktivierung zu sehen, sondern eine spezifische Strategie, mit der Aktivierung umzugehen" (Ott, 2011, S. 285).

Ganzheitlicher Ansatz und diagnostische Grenzen

- **Gesundheitsdaten:** Der gesundheitliche Zustand des Kunden, überstandene Krankheiten, festgestellte oder akute Behinderungen, regelmäßige Arztbesuche und schwerwiegendere Krankenhausaufenthalte sind Signale, die bei der Auswahl der Integrationsstrategien von Bedeutung sind und den (späteren) Vermittlungsprozess erheblich beeinflussen. Häufig sind klare ärztliche Befunde notwendig, um angemessene Integrationsschritte zu vollziehen, aber auch um „Krankheit" als Flucht vor den Anforderungen zu identifizieren. Elkeles/Kirschner (2003) merken allerdings an, dass die Diskussion um den Gesundheitszustand von Arbeitslosen zu oft im Zusammenhang mit Missbrauch, Zumutbarkeit und „der Landschaft des Förderns und Forderns" diskutiert wurde, dass der Zusammenhang mit sozialer Ungleichheit (als Risikofaktor) zu wenig gesehen wurde und dass insbesondere dem Gedanken der Gesundheitsprophylaxe in der bisherigen Arbeitsvermittlung und -beratung sowie der Beratung in den Sozialämtern zu wenig Aufmerksamkeit geschenkt wurde. „Den Zusammenhang von Gesundheit und Arbeitsunfähigkeit konsequent zu Ende gedacht, müsste eine rationale und effektive Strategie gesundheitlicher Intervention bei Arbeits- und Erwerbslosen

  1. kranke und gesundheitlich Beeinträchtigte nach objektiven und justiziablen Kriterien erkennen und diesen Maßnahmen der Therapie und Rehabilitation anbieten und

  2. Klienten mit gesundheitlichen Risikofaktoren nach den gleichen Kriterien erkennen und diese in Maßnahmen der Gesundheitsförderung integrieren" (ebd., S. 77 ff.).

Insgesamt spricht, allein durch den Zuschnitt auf mehrere Gesetze (SGB II, SGB III, SGB IX und SGB XII), wenig dafür, dass die jetzige Konstruktion eine derartige Systematik hervorbringt. Allerdings bietet das Fallmanagement hier die Chance, Maßnahmen zu konzipieren, in denen auch der Aspekt der Gesundheitsvorsorge und der Rückgewinnung physischer und seelischer Kraft eine durchaus gewichtige Rolle spielen kann, wenn sie notwendige Voraussetzungen für eine Arbeitsaufnahme darstellen. Fachleute (Pröll, 2004, S. 84) plädieren bereits seit Längerem dafür, „Ziele und Maßnahmen der Gesundheitsförderung mit gleicher Verbindlichkeit in Integrations- und Hilfepläne aufzunehmen wie solche zur Förderung der allgemeinen Beschäftigungsfähigkeit (berufliche Qualifizierung etc.)", dabei jedoch in diesem Feld auf Koppelung mit Sanktionen zu verzichten. Auf das Thema Gesundheit wird im weiteren Verlauf noch einzugehen sein.

Das Assessment wird regelmäßig ergänzt um die gemeinsame Besprechung eines **standardisierten Selbstauskunftsbogens** zum beruflichen Standort. Selbstwahrnehmung und Fremdwahrnehmung, hier durch den Fallmanager oder weitere gutachterliche Äußerungen, bieten einen denkbar guten Ansatz, zu einer realistischeren Integrationsperspektive zu kommen. Schwierigkeiten, die das Arbeitsbündnis belasten, treten beim Übergang in die Integrationsplanung offener zutage und können bearbeitet werden.

Assessment

Die Identifizierung der „stillen Träume und Wünsche" **(Perspektivpfade)**, hier eingeengt auf die Frage der beruflichen Perspektiven, ist der Kern eines Empowerment-Ansatzes in diesem Kontext, schafft die Voraussetzungen für eine aktive Mitarbeit und kann Ausgangspunkt für Überlegungen zur Umsetzung im Rahmen der Integrationsplanung bieten.

Datenerhebung und Datenschutz

Nicht immer ist es sinnvoll, die Daten zu allen hier aufgelisteten Gesprächsbereichen zu erheben. Je nach Vorklärung in der Einstiegsberatung genügt in vielen Fällen auch eine differenzierte und verkürzte Betrachtung der Daten und Ergebnisse. Bei einer später veränderten Zielorientierung kann es auf der Basis vorheriger Hypothesen zu den vermittlungsorientierten Problemstellungen genügen, die noch fehlenden Daten zur Überprüfung zu erheben.

Der Bundesbeauftragte für Datenschutz hat nach unsachlichen Presseberichten insbesondere die Erhebung und Speicherung von Daten zu Ressourcen und Persönlichkeit gerügt. In der Öffentlichkeit sei angekommen, dass das gesamte Umfeld der betreuten Hilfebedürftigen „ausspioniert" und gespeichert werden solle. Beschäftigungsorientiertes Fallmanagement, insbesondere wenn es im staatlichen Auftrag durch Grundsicherungsträger erbracht wird, geht grundsätzlich davon aus, dass

1. bei allen gespeicherten Daten das Einverständnis der Betroffenen vorliegt beziehungsweise eingeholt wird und uneingeschränkte Einsichtnahme in alle gespeicherten Informationen durch den Kunden möglich ist,
2. selbstverständlich keine persönlichen Daten der Nachbarn, Verwandten oder sonstigen Personen aus dem Umfeld gespeichert werden,
3. erhobene und gespeicherte Daten ausführlich mit den Kunden besprochen und in der Erfassung auf die wesentlichen Aspekte der kurz oder mittelfristigen arbeitsmarktbezogenen Integrationsaufgabe konzentriert werden,
4. vertrauliche Daten besonderen Zugriffsbeschränkungen unterworfen sind und nur unmittelbare vermittlungsrelevante Daten (berufsbiografische Daten) dem bundesweiten Vermittlungssystem der Agenturen zur Verfügung stehen.

Der Deutsche Verein (2011, S. 4 f.) stellt in diesem Zusammenhang fest, dass „das Erheben von Sozialdaten [...] jedenfalls dann zulässig [ist], wenn die Kenntnis der Daten bzw. Tatsachen erforderlich ist, um eine Aufgabe nach dem Sozialgesetzbuch im konkreten Einzelfall erfüllen zu können. Erforderlich ist die Datenerhebung dann, wenn der Leistungsträger ohne diese Daten den Lebenssachverhalt nicht unter die Tatbestandsmerkmale der konkreten Aufgabennorm subsumieren kann. Bei Aufgabennormen ohne einzelne Tatbestandsmerkmale bzw. einer allgemeinen Bestimmung der

Ganzheitlicher Ansatz und diagnostische Grenzen

Aufgabe wie z. B. Beratung dürfen Daten nur erhoben werden, wenn sie erforderlich sind, um den Normzweck zu erfüllen. Ausgangspunkt der Datenerhebung muss also immer der konkrete Fall und das Leistungsbegehren des Betroffenen sein. [...] Die Beratungsleistungen können für den Erfolg der Erwerbsintegration im Einzelfall eine wichtige Rolle spielen, bzw. Bedingung für eine erfolgreiche Erwerbsintegration sein. Im konkreten Einzelfall muss geprüft werden, ob und welche Daten aus dem zugrunde liegenden sensiblen Lebensbereich des Leistungsberechtigten erforderlich sind und folglich erhoben, verarbeitet und übermittelt werden dürfen (und müssen). In der Praxis des Leistungsträgers wird deshalb eine Abwägung und Wertung über die Maßgeblichkeit von Informationen über Schulden, Sucht und psychosoziale Probleme für die Überwindung der Hilfebedürftigkeit des Leistungsberechtigten und dessen Integration in Arbeit vorzunehmen sein. Ob und welche Verhaltensänderungen des jeweiligen Leistungsberechtigten möglicherweise erfolgen müssten, um die gesetzlichen Ziele zu erreichen, spielt dabei eine wichtige Rolle bei den Auseinandersetzungen und Verabredungen in dem ‚Arbeitsbündnis' zwischen dem Leistungsberechtigten und seinem persönlichen Ansprechpartner."

Der Datenschutz ist für die komplexe und oft sehr betreuungsintensive Aufgabe des beschäftigungsorientierten Fallmanagements gesetzlich unterkomplex geregelt. Fallmanager bewegen sich deshalb häufig in einer Grauzone, wenn sie familiäre Zustände, gesundheitliche Erkrankungen oder die angemessene Versorgung von Kindern und zu pflegenden Angehörigen thematisieren. Die Brücke, die es zu schlagen gilt, weist immer wieder auf die genannten Punkte hin.

Das IT-System der Bundesagentur für Arbeit hat zwischenzeitlich auf die massive Kritik reagiert und einen kennwortgeschützten Bereich für das Fallmanagement eingerichtet. Ein Kritikpunkt, der von Datenschützern häufig angeführt wird (vgl. Stahlmann 2006, S. 63), ist damit ausgeräumt. Auch die von den zugelassenen kommunalen Trägern überwiegend eingesetzte Software kennt zugriffsgeschützte Bereiche für eine intensive Betreuungsdienstleistung. Weitere Kritikpunkte betreffen häufig die Antragsformulare, die Ermittlungsdienste sowie den automatisierten Datenabgleich. Arbeitsbereiche demnach, die eher weniger mit der Aufgabe des hier skizzierten beschäftigungsorientierten Fallmanagements zu tun haben. Dennoch wirken diese in der Öffentlichkeit immer wieder diskutierten Themen zurück auf die Beratungsparteien. Mitarbeiter, die als Fallmanager den in der Öffentlichkeit häufig unterstellten „Generalverdacht" gegenüber Arbeitslosen teilen, sind für diese Aufgabe nicht geeignet.

Es bleibt deutlich anzumerken, dass eine Beschränkung der Arbeit von Fallmanagern auf das Arbeitgebern vergleichbare Fragerecht, wie von einigen Datenschutzbeauftragten gefordert, weder dem gesetzlichen Anspruch auf Beratung, Information und umfassende Unterstützung (§ 4 SGB II) gerecht wird noch dem positiven Unterstützungs- und Steuerungskonzept des Fallmanagements. Das Spannungsfeld zwischen einem unbestritten er-

Assessment

forderlichen Datenschutz und einer wirksamen Hilfe im Fallmanagement ist angesichts des betreuten Personenkreises sorgfältig auszutarieren und bis heute strittig.

Orientierende Ansätze im Assessment

Die aufgelisteten Datenbereiche, die in der für die Erledigung der Aufgabe notwendigen Datentiefe erhoben werden sollen, beruhen auf drei zentralen neueren Ansätzen, die in der wissenschaftlichen Literatur in ihrer Wirksamkeit weitgehend unbestritten sind:

Der Ressourcenansatz

Der vielschichtige **Ressourcenbegriff** bedarf der Klärung, um ihn für das Fallmanagement in der Beschäftigungsförderung nutzbar zu machen. Zu den Ressourcen gehören „alle Dinge, die wir in unserer Lebensgestaltung wertschätzen, die wir für unsere Lebensgestaltung benötigen und daher erlangen, schützen und bewahren wollen", schreibt Nestmann (1997, S. 23) und zählt in Anlehnung an Hobfoll hierzu:

- Objekte, Dinge der materiellen Umwelt wie Wohnung, Kleidung, Kommunikations- oder Transportmittel
- Lebensbedingungen und -umstände: Status, Sicherheiten, Zuwendungen, insbesondere gesichertes Einkommen, Partnerschaft etc.
- Personenmerkmale wie Selbstwert, Bewältigungsfähigkeit von Problemstellungen, soziale Kompetenzen, Qualifikationen
- Energieressourcen, die die Möglichkeiten zur Erreichung von Zielen umschreiben wie etwa finanzielle Ressourcen, Vertrauensvorschuss bei Mitmenschen, Informationsvorsprung etc.

Auch wenn die Kategorien häufig miteinander verwoben sind, liefern sie systematisiert einen guten Überblick über die Lebenssituation der Hilfebedürftigen, geben Aufschluss über Stärken, Begabungen, sozialen Rückhalt und Leistungsvermögen, die man für das Ziel der Arbeitsmarktintegration nutzen kann. Darüber hinaus zeigen Ressourcenlücken bzw. -schwächen unter Umständen Unterstützungsbedarf an, auf den das Fallmanagement zur Beendigung der Arbeitslosigkeit reagieren muss. Es geht darum, eine realistische Einschätzung zu den Ressourcen des Kunden zu gewinnen, nicht in einem speziellen Setting quasi Ressourcentherapie zu betreiben. In ihrem Handbuch beschreiben Schemmel/Schaller (Schemmel & Schaller, 2003, S. 9 ff.) einleitend die Gründe, die wirkungsbezogen dafür sprechen, ressourcenorientiert zu arbeiten. Sie zitieren zahlreiche Studien, in denen ein lösungs- und ressourcenorientiertes Vorgehen seine positiven Auswirkungen unter Beweis gestellt hat und verweisen insbesondere auf die Studien von Grawe, der Ressourcenaktivierung als einen entscheidenden Wirkfaktor der Psychotherapie ausmachte. Die Schwierigkeit, und dies gilt sicherlich auch im Feld der Beschäftigungsförderung, liegt insbesondere darin, die Techniken einer derartigen Vorgehensweise anschlussfähig zu machen für die Wirklichkeit des Klienten. „Zwar hat jeder schon irgendetwas von „Ressourcenaktivierung" gehört, aber damit wurde noch kein Wissen darüber entwickelt, wie sich das Gehörte in der Praxis tatsächlich einbinden lässt, dass es für KlientInnen hilfreich ist" (ebd., S. 12). Aufgrund der klareren Ausrichtung auf die Beschäftigungsorientierung bestehen allerdings in diesem Kontext durchaus gute Chancen, die Ressourcenorientierung sachgerecht umzusetzen, vielleicht gerade weil es hier nicht um ein genuin therapeutisch-psychologisches Setting geht. Die Ergebnisse zur Gesundheitsförderung von Arbeitslosen weisen darauf hin, dass es wesentlich besser gelingt, diesen Personenkreis zu erreichen, wenn gesundheitsfördernde Angebote mit beruflicher Qualifizierung oder Beschäftigung kombiniert werden. Eine Chance, die sich vielleicht auch in anderen sozialen Themen aufgreifen lässt. Das Assessment-Tool im Verfahren des beschäftigungsorientierten Fallmanagements der Bundesagentur für Arbeit fördert die Ressourcenorientierung, indem dort systematisch zwischen Stärken/Ressourcen und Stabilisierungsbedarf unterschieden wird. Es ist darüber hinaus hilfreich, wenn erkennbare Beratungsschwierigkeiten in diesem Feld bestehen, mit den Kunden eine Ressourcenkarte anzufertigen. Sie kann entsprechend der oberen Gliederung aufgebaut und um persönliche Hinweise (Erinnerungshilfen, körperliche Überforderungszeichen etc.) ergänzt werden. Die Karte ist dem Kunden nach der Beratung auszuhändigen, wie übrigens alle persönlichen Aufzeichnungen, die im Rahmen der diagnostischen Phase mit dem Kunden erarbeitet wurden.

Der Empowerment-Ansatz

Er reflektiert das Gegengewicht zu einer stark defizitorientierten Vorgehensweise in der Vergangenheit und ist eng mit dem Ressourcenansatz verbunden. Er entspricht einem aufgeklärten Verständnis des aktivierenden Sozialstaates. Um zu einer realistischen Balance von Fördern und Fordern im Kontext der Beschäftigungsförderung zu kommen, benötigen die Fachkräfte einen mit dem Kunden erarbeiteten realistischen Einblick in seine Lebenssituation. In der Sprache der lösungsorientierten Beratung müssen sie ihre Wahrnehmungen, Interpretationsmuster und Sichtweisen mit den Kunden „synchronisieren". Nur so kann selbst gesteuerte Aktivität angeregt werden (§ 1 SGB II), die letztendlich befähigt, unabhängig von der Hilfegewährung zu leben. Dies allein schützt nachhaltig vor Über- und Unterforderung.

Empowerment hat viele Facetten, reicht in der Literatur von betrieblicher Stimulierung der Mitarbeiter über Strategien der Karriereförderung bis hin zur Stärkung von Prozessen politischer Einflussnahme. Im Kern geht es bei den unterschiedlichen Strategien immer darum, die Kompetenz, die Fähigkeit zur selbstständigen Lösung von Aufgaben und Problemstellungen der Hilfesuchenden zu erhöhen. Empowermentstrategien sind nicht per se hilfreich und gut (Sickendiek, Engel & Nestmann, 2008, S. 71 f.). Wesentlich ist,

Assessment

dass es verstärkt um Teilhabe und eben nicht nur um Teilnahme geht, die von außen vorgegebenen routinierten Maßnahmeangebote eine auf Selbstgestaltung und Eigeninitiative beruhende Unterstützungsleistung gegenüberstellt. Letztendlich soll die Empowermentstrategie als Unterstützung zur Erhöhung der Autonomie und Selbstgestaltungsfähigkeit von Kunden dazu führen, dass sie sich ihrer Probleme und Lebenschancen selbst bemächtigen, sich also vom professionellen Unterstützungsangebot vollständig abkoppeln. Für Klug (vgl. 2009, S. 46 f.) gehört Empowerment zu den Grundelementen des Case Managements und unterstreicht noch einmal das Selbstverständnis dieses Ansatzes:

- Auch in Veränderungssituationen sind Menschen grundsätzlich kompetent.
- Sie sind in Abstufungen zur Selbsthilfe fähig.
- Die Abnahme der Selbsthilfefähigkeit liegt in einer partiellen Überforderung der eigenen Person oder dem Austauschverhältnis zur Umwelt.
- Alle Menschen sind daran interessiert, die Wirksamkeit ihrer sozialen Interaktion zu erhöhen.

Aktivierende Methoden, die den Empowerment-Ansatz stützen, verlangen vom Fallmanager häufig ein Ausbrechen aus Beratungsroutinen, stellen an seine Fachkompetenz und die Mitwirkungsbereitschaft/Motivation des Kunden erhöhte Anforderungen. Insbesondere auch in der Arbeit mit Gruppen sind Erfahrung und Fortbildung auf diesem Feld notwendig.

Man darf die Erwartungshaltung in diesem Zusammenhang an ein stark systemgetriebenes Fallmanagement wie in der Grundsicherung nicht überziehen. Ein „consumer-driven" Fallmanagement kann hier sicherlich deutlich größere Wirkung entfalten. Grundsätzlich bleibt jedoch eine zugespitzte Polarität der Ansätze kritisch zu betrachten, zeigt sich doch immer wieder, dass im konkreten Fall ein Zusammenwirken zu deutlich verbesserten Ergebnissen führt. Fallmanagement-Ansätze schöpfen aus einem gemeinsamen Geist und stehen sich nicht konträr gegenüber. Bei unterschiedlicher Rollenausstattung gibt es einen gemeinsamen Kern, der sich nicht auf den schematischen Ablauf des Programms reduzieren lässt.

Der Netzwerkansatz unter Vermittlungsgesichtspunkten (Selbstvermarktung)

Netzwerkarbeit stellt nicht nur auf die Verfügbarkeit von Unterstützungsnetzwerken ab. Beschäftigungsorientiertes Fallmanagement bedeutet, dass auch Fallmanager sich in allererster Linie darum zu kümmern haben, wie ihre Kunden möglichst wirtschaftlich zurück in das Beschäftigungssystem finden. Neuere Untersuchungen (exemplarisch Runia, 2005; Klinger & Rebien, 2009; Dietz, Röttger & Szameitat, 2011) zeigen, dass persönliche Netzwerke immer bedeutsamer bei der erfolgreichen Erschließung von Arbeitsplätzen werden. Vermittlung mit Hilfe persönlicher Kontakte ist erfolgreicher als alle sonstigen Vermittlungs- beziehungsweise betrieblichen Rekrutierungswege (vgl. Abb. 7). Fachkräfte in der Vermittlung, die sich offen und unkompliziert der Erarbeitung der persönlichen Netzwerke zum Zwecke der Vermittlungsunterstützung stellen, machen immer wieder die Erfahrung, dass sich viele Kunden ihrer Möglichkeiten in dieser Hinsicht gar nicht bewusst sind. Schon allein aus diesem Grund gehört zu einem fundierten Assessment in der Beschäftigungsförderung auch die Analyse der persönlichen Netzwerke.

Abbildung 7: Erfolgsquoten 2010 bei der Stellenbesetzung

Anteil der erfolgreichen Stellenbesetzungen
bei den einzelnen Suchwegen – in Prozent

	Deutschland	West	Ost[4]
● Eigene Mitarbeiter, persönliche Kontakte	62,7	62,2	65,5
● Eigene Inserate[1]	55,9	56,8	48,7
Auswahl aus Leiharbeitern	50,7	52,8	35,2
Interne Praktika	42,0	46,9	29,1
Private Arbeitsvermittlung	36,2	32,2	45,4
● Kontakt zur Arbeitsagentur[2]	35,8	32,8	48,7
● Initiativbewerbungen/Bewerberliste	33,5	29,9	50,4
● Stellenangebote im Internet[3]	33,3	32,8	36,4
Auswahl aus Auszubildenden	27,7	24,6	43,2
● Interne Stellenausschreibung	14,4	14,4	14,1
Antwort auf Inserate Arbeitsuchender	12,6	11,2	21,9

[1] in Zeitungen, Zeitschriften
[2] einschl. Internet
[3] ohne Internetdienste der Arbeitsagenturen
[4] einschl. Berlin

Anmerkung: Die Erfolgsquote definiert für jeden Suchweg den Anteil der erfolgreichen Stellenbesetzungen an der Zahl der Suchprozesse, bei der der jeweilige Suchweg zum Einsatz kam.

Quelle: IAB-Kurzbericht 26/2011, S. 3

Darüber hinaus geht es auch um die Frage, inwieweit die persönlichen Netze aufgrund der lang anhaltenden Arbeitslosigkeit noch tragfähig und belastbar sind. Hier greifen eher mittelfristige Strategien der sozialen Inklusion, die der Kunde mit Unterstützung des Fallmanagements angehen kann.

Klarzustellen ist, dass keine Daten aus dem persönlichen Netzwerk gespeichert werden. Sollten Aufzeichnungen erfolgt sein (z. B. Netzwerkkarten etc.), sind diese dem Kunden nach Abschluss der Beratung auszuhändigen. Engagierte Fachkräfte des Fallmanagements berichten in den Schulungen, dass sie sehr gute Erfahrungen damit gemacht haben, den Kunden einen

Assessment

vorbereiteten neuen Ordner auszuhändigen, in dem alle Aufzeichnungen und Unterlagen abgeheftet werden und der zu den Gesprächen mitgebracht, dort durchgesehen, sortiert und ergänzt wird.

7.3 Methodenvielfalt

Case Management und Beratung im Rahmen der institutionalisierten Grundsicherung können weitgehend nur als eklektische Modelle funktionieren. Eklektizismus in der Beratung ist die einzig mögliche Antwort, auf die Vielfalt der Anliegen (vgl. Göckler 2009) angemessen reagieren zu können und gleichzeitig die notwendige Abgrenzung zu den Fachkräften aus Medizin, Therapie und Psychologie zu gewährleisten. Leider ist es bisher sozialen Dienstleistern im Spannungsfeld von öffentlicher Unterstützung und Kontrolle nicht gelungen, ein konsistentes Modell zu entwerfen und damit ein eigenständiges Gesicht in der Beratungslandschaft zu zeigen.

Methodisches Vorgehen

Als erprobte Methoden im Rahmen dieser Phase des Fallmanagementprozesses haben sich bewährt:

- Die *Befragung* ermöglicht in aller Regel eine schnelle Klärung der relevanten Daten. Verglichen mit einschlägigen Testverfahren bietet sie die Möglichkeit, stärker emotionale und motivationale Aspekte in das Gespräch einbeziehen zu können. Sie setzt ein Mindestmaß an Kommunikationsfähigkeit und -bereitschaft beim Kunden voraus, sich auf dieses Gespräch mit dem Fallmanager einzulassen.

- Das *strukturierte Interview* ist so angelegt, dass mit dieser Mischung aus Standardisierung und frei formulierten Fragen und Aufforderungen relativ arbeitsökonomisch Daten zur Person und zur Lebenslage erhoben werden können. Eine gewisse Vergleichbarkeit mit Menschen in ähnlichen Lebenssituationen ermöglicht die Verortung der konkreten Person in einem Handlungsrepertoire, welches Anregungen für Problemlösungen geben kann. Es bietet sich an, strukturierte Gesprächshilfen und die Selbstauskunft des Hilfebedürftigen miteinander zu harmonisieren.

- Die *Dokumentenanalyse* beruht auf bereits vorhandenem Datenmaterial, das von anderen Institutionen (Jugendamt, Qualifizierungs- oder Beschäftigungsträger, Schule, im Rahmen eines außerberuflichen Engagements etc.) oder Personen (Therapeut, Bewährungshelfer, Arzt, Psychologe, bisherige Arbeitgeber, Berater) angefertigt worden ist. Die Quelle muss auf jeden Fall zuverlässig sein, um eine nachhaltige Integrationsstrategie zumindest teilweise darauf verankern zu können.

- Die *Informationsgewinnung durch Beratung und Beobachtung*, die als parallele Handlung des Fallmanagers das Gespräch permanent begleitet. Ein „Beratungsprofi" ist in der Lage, an Mimik, Gestik und nonver-

Methodenvielfalt

balem Verhalten des Kunden Missstimmungen, Irritationen, Überforderungen zu erkennen und angemessen darauf zu reagieren. Beratung hat einen eigenständigen Charakter und ist von den hier aufgeführten Vorgehensweisen zu unterscheiden.

- Die *Verfahren zur Selbsteinschätzung* bieten mithilfe von Fragebögen Gelegenheit, die Datenbasis durch Ergebnisse zur eigenen Persönlichkeitswahrnehmung zu erweitern. Fremd- und Selbsteinschätzung können zu einem sehr bereichernden Thema in der Beratung werden, gelingt es dem Fallmanager den innewohnenden Konflikt ins Positive zu wenden, sprich ihm Chance und Perspektive zu geben.

- *Testverfahren* dienen im Wesentlichen dazu, die ermittelten Daten, insbesondere im Leistungsbereich (rechnerisch, sprachlich, theoretisch, praktisch etc.), abzusichern und so die Datenbasis zu erweitern.

- *Der Hausbesuch:* Trotz Widerstand in den meisten Schulungen ist festzuhalten, dass es gerade in der Phase des Assessments besonders zielführend ist, einen abgesprochenen und vom Kunden mitgetragenen Hausbesuch zu machen. Es geht nicht um einen ermittlungstechnischen Auftrag, sondern darum, Aussagen, Bewertungen, Hintergründe und Schilderungen des Kunden in seinem persönlichen Umfeld zu erleben. Dies kann und darf nur geschehen, wenn der Kunde zustimmt. Im Gegensatz zu den vielen Vorbehalten, die teilweise aufgrund der Einbettung in die Missbrauchsdebatte verständlich sind, kann man die Erfahrung machen, dass Betroffene in ihrem häuslichen Bereich deutlich anders agieren und häufig selbstbewusster und klarer auftreten als in den Räumen der Grundsicherungsträger. Viele Menschen haben es als Wertschätzung und Anerkennung erfahren, wenn Fallmanager mit aller Vorsicht und klarer Begründung ihren Wunsch nach einem Hausbesuch äußern. Erfahrungen aus der Praxis zeigen, dass sich das Gesamtbild der Situation deutlich erweitert. Es ist eben ein Unterschied, ob eine Kundin im Gespräch über die schwierige Erziehungslage mit ihren Kindern berichtet oder ob man diese Kinder lebendig in ihrem Umfeld erlebt. Im internationalen Bereich und den vielen Einsatzfeldern des Case und Care Managements gehören Hausbesuche zu den Standards guter Fallarbeit (Ramakers, 2000, S. 399).

Empfehlung: Integrationslotsen

In einigen Jobcentern wird mittlerweile der Versuch unternommen, Kunden, die aus den unterschiedlichsten Gründen Hilfsangebote des Fallmanagements nicht wahrnehmen können oder wollen, mit sogenannten „Integrationslotsen" eine Brücke zu bauen. Integrationslotsen sind dabei bei freien Beschäftigungsträgern angestellt und werden vorrangig eingeschaltet, „wenn Post nicht geöffnet wird, Termine zu persönlichen Gesprächen nicht wahrgenommen werden oder psychische

Assessment

Probleme vorhanden sind, jedoch ein gesetzlicher Betreuer fehlt" (Grathwohl-Schuster, 2012, S. 28).

Die Integrationslotsen sollen das beschäftigungsorientierte Fallmanagement dabei unterstützen, dass Kunden, die einen erkennbar komplexen Unterstützungsbedarf benötigen, jedoch mit der bürokratischen Struktur der Jobcenter Schwierigkeiten haben, Hilfsangebote auch annehmen können. Die zentrale Fallverantwortung wird dabei nicht abgegeben. Gegebenenfalls bietet es sich aber an, einen gemeinsamen Außendienst von Fallmanager und Integrationslotsen vorzubereiten, insbesondere wenn der Kunde bereits längere Zeit in der Betreuung der Grundsicherung steht.

Förderliche Kommunikationstechniken

Insbesondere in der Phase des Assessments dominiert die beraterisch-kommunikative Kompetenz, die aus einer wohlverstandenen und auf den Kunden ausgerichteten Grundhaltung resultiert. Die in der Beratungsliteratur (beispielhaft Nestmann, 1999; Bahrenberg, 2002; Siekendiek, Nestmann, Engel & Bamler, 2007; Ertelt & Schulz, 2008; Rübner & Sprengard, 2010; McLeod, 2011) vorzufindenden und wissenschaftlich abgesicherten förderlichen Vorgehensweisen (Beratungskompetenzen, Techniken und Methoden) lassen sich nur schwer bündeln und bedürfen des Trainings und der regelmäßigen „Auffrischung", um nicht in Alltagsroutinen zu ersticken und zur reinen Sozialtechnologie zu werden. Einige förderliche Vorgehensweisen seien hier kurz skizziert:

- Eine *„öffnende" Fragestellung*, die jederzeit Ergänzungen zulässt, grundsätzlich aber auch immer eine Neudefinition der Problemstruktur ermöglicht (Auffordern) oder eine *Aufforderung* zur Darstellung der augenblicklichen Situation.

- *Paraphrasieren* als wiederholende Umschreibung zentraler Kundenäußerungen.

- *Ansprechen von Gefühlen* (Verbalisieren emotionaler Erlebnisinhalte), indem der Berater in seiner Gegenäußerung die wahrgenommene Gefühlslage aufgreift.

- *Spiegeln* erfasst stärker als die Paraphrase den Bereich der nonverbalen Signale, berichtet aufmerksam, was der Fallmanager in Gestik, Mimik, Körperhaltung wahrnimmt.

- *Strukturieren* bezieht sich zum einen auf die Herstellung von Transparenz über die Beratungssituation insgesamt (wie läuft die Beratung ab), immer aber auch auf eine übersichtliche Darstellung von getroffenen Aussagen und gegebenen Informationen, um das Verstehen zu verbessern.

Methodenvielfalt

- Ähnliche Zielsetzungen verfolgen (strukturierte) *Zusammenfassungen*, die an bestimmten zentralen Stellen der Beratung das bisher Gesagte und Erarbeitete übersichtlich und verständlich für den Kunden aufbereiten und somit einen abgestimmten Gesprächsstand sichern.
- *Gezielte Bekräftigungen* ermuntern den Kunden, seine Auffassungen weiter darzulegen, fordern auf, die Gesprächsinhalte genauer mitzuteilen.
- *Pausen* erzielen häufig eine ähnliche Wirkung, geben dem Kunden Raum zum Nachdenken, dürfen aber den Spannungsbogen zum unangenehmen Ertragen einer Situation nicht überstrapazieren.
- *Metakommunikation* versucht Verständnisprobleme, die im Regelfall weniger inhaltlicher Natur sind, durch eine strukturierte Betrachtung der Art und Weise, wie miteinander kommuniziert wird, zu beheben.
- Auch *Feedback-Regeln* oder ein sachgerechtes *Konfrontieren* sind hier noch von Bedeutung.

In den Schulungen mit Mitarbeitern des Fallmanagements empfiehlt sich zudem, die Vorgehensweise der motivierenden Gesprächsführung (Miller & Rollnick, 2009) zu trainieren und darauf zu achten, dass der Ansatz nicht zu einer technokratischen Übung degeneriert. Zumindest immer dann, wenn der Kontext noch ergebnisoffen und nicht von gesetzlichen oder organisationsinternen Vorgaben bereits überlagert ist, lassen sich mit diesem Modell förderliche Grundeinstellungen, Haltungen und Methoden/Techniken trainieren, die ausgesprochen fruchtbar auf die Kommunikationssituation wirken können.

Die gewonnenen Ergebnisse sind im Sinne einer klar gegliederten Ergebnisdarstellung zu dokumentieren. Die Verwendung einheitlicher Assessmentbögen erleichtert die Dokumentation, machen spätere systematische Auswertungen leichter möglich. Dabei werden auch abweichende Positionen des Kunden dokumentiert, dem insgesamt alle Aufzeichnungen so vorzulegen sind, dass er ihnen intellektuell folgen kann (Verständlichkeit als oberste Maxime).

Von Bedeutung ist es, diesen Teil des Fallmanagements als das *qualitative Rückgrat* des gesamten Prozesses zu sehen. Überhastetes Vorgehen, vorschnelle Festlegungen oder Beratung unter Zeitdruck führen zu Fehlsteuerungen in den nachfolgenden Schritten, die später mühsam und meist kostenträchtig nachgearbeitet werden müssen. Die Untersuchungsergebnisse zu dem Modellprojekt der Sozialagenturen in Nordrhein-Westfalen haben gezeigt, dass mit der Zahl der Gesprächskontakte auch die Komplexität der Inhalte zugenommen hat. Die zunehmende Komplexität erfasst insbesondere die Themen Gesundheit, Schulden, psychosoziale und persönliche Problemlagen (vgl. MASQT 2000, S. 66).

Assessment

> **Empfehlung: Kollegiale Fallberatung und Beratungssetting**
>
> Die kollegiale Fallberatung gehört zu den zentralen Stützen bei der Umsetzung des beschäftigungsorientierten Fallmanagements. Wer einmal an derartigen Sitzungen teilnehmen konnte, in denen sich die Teamkollegen für eine gewisse Zeit mit ihrer ganzen Kreativität ausschließlich dem vorgestellten Fall widmen, der weiß um die produktive und (gesundheitlich) stabilisierende Wirkung dieser Methode. In vielen Fällen zeigt sich, dass Kunde und Fallmanager sich in einer negativen Dynamik verfangen haben, aus der die Akteure keinen Ausweg mehr finden. In der kollegialen Fallberatung können beispielsweise Veränderungen am Begegnungssetting überlegt werden, um die verhärtete Begegnungskultur zu verändern. Hier einige Beispiele, die Kollegen in der Fallberatung zu einem Fall „produzierten":
>
> - Bitten Sie den Kunden darum, auf Ihrem Stuhl Platz zu nehmen. Bitten Sie ihn, Ihre Rolle zu übernehmen.
> - Gehen Sie mit dem Kunden spazieren.
> - Treffen Sie sich an einem neutralen Ort.
> - Beginnen Sie das Gespräch völlig anders, z. B. mit Schweigen, mit einer fast herzlichen Zuwendung, mit entwaffnender Ehrlichkeit („ich weiß nicht weiter").
> - Geben Sie bekannt, dass Sie sich mit dem Kunden nicht beschäftigen können, Ihre Bemühungen einstellen.
> - Konfrontieren Sie, spitzen Sie zu.
>
> Dies sind alles wunderbare Möglichkeiten, einen verhängnisvollen Kreislauf zu durchbrechen. Letztendlich entscheidet der Fallführende autonom, welche Empfehlung er aufgreifen und ausprobieren will. Für das Gelingen der kollegialen Fallberatung ist entscheidend, über die Vorschläge nicht zu diskutieren.

7.4 Re-Assessment

Weder Arbeitsmärkte noch Menschen orientieren sich immer planmäßig und im Verhalten vorbestimmt. Immer wieder werden die Akteure in den nachfolgenden Schritten von der Realität eingeholt. Diese Einflüsse können externer Natur sein (geplante Maßnahmen finden nicht statt, Arbeitsmärkte verändern sich, Unternehmen ziehen ihre Stellen zurück, Familienmitglieder erkranken, Wohnungsverlust, Energiesperren etc.) oder aber aus veränderten internen Bewertungen (Planungsüberlegungen werden nicht mehr geteilt, Einflüsse Dritter wiegen schwer, neue Informationen verändern die Sicht, interne Vorschriften ändern sich etc.). Es gehört zu ei-

Re-Assessment

nem guten Einführungsbuch, auch auf die (notwendigen) Begrenzungen von Ansätzen aufmerksam zu machen. „Case Management als Fallmanagement zu etablieren", schreibt Pantucek (2007, S. 432 f.), „ist immer ein Kampf gegen die Ordnung des Sozial- und Gesundheitswesens nach der Logik der Institutionen, der Versuch, für je diesen Klienten / diese Klientin die Unterstützung nach der Logik des Falls zu organisieren. Und das, obwohl alles dagegen spricht, dass das gelingen kann. Case Management ist Sisyphusarbeit. Es scheitert an seinen hohen Ansprüchen vor allem dort, wo es am dringendsten benötigt wird: Nämlich dort, wo KlientInnen aufgrund komplexer Problemlagen sich nicht mit einigen wenigen Hilfen begnügen können und nicht ihr Leben ansonsten recht gut im Griff haben. Case Management scheitert, weil es die institutionelle und spezialisierte Organisation des Sozial- und Gesundheitswesens einerseits zur Voraussetzung hat, andererseits unter dieser Bedingung eben nicht seinen Anspruch auf ein ‚rundes' klientInnenorientiertes Unterstützungspaket einlösen kann.

Dass Case Management die eigenen Ansprüche nie einlösen kann, sollte uns allerdings nicht dazu verleiten, das Konzept zu verwerfen. Im Gegenteil: Wie bei jedem Idealkonzept ist auch bei diesem nichts mehr zu fürchten, als seine allseitige Umsetzung. Die wäre nämlich notwendigerweise mit einem Verlust von Kontingenz, von Unplanbarkeit, also von Freiheitsgraden verbunden. Eine umfassende Planung und Steuerung aller nichtstaatlichen und staatlichen Maßnahmen im Fall durch eine Case-Managerin würde dieser eine problematische Machtfülle zuweisen, die nur schwer zu kontrollieren ist. Ein gewisses Maß an Unplanbarkeit ist eine notwendige Bedingung von Freiheit, von menschlichen Verhältnissen. Hinreichend große Reste von Ungewissheit sichern Entscheidungsfreiheit und sichern die Chance, dass sich sinnvolle Entwicklungen realisieren, obwohl deren Sinnhaftigkeit von den „ExpertInnen" bei der Planung des Prozesses nicht erkannt worden war".

Re-Assessment ist also das Scharnier, das dem entscheidungstheoretisch fundierten linearen Vorgehen im Fallmanagement den zirkulären Charakter verleiht, den Haye & Kleve (2008, S. 125 f.) in ihrem systemischen Ansatz als zirkulär-rhizomatisch bezeichnet haben. Es ist deshalb erforderlich, die gemeinsamen Absprachen und Ziele regelmäßig zu überprüfen und auf ihren Erreichungshorizont hin zu aktualisieren.

Nicht in jedem Fall ist dabei der erneute Einstieg in ein umfangreiches Assessment notwendig. Ändern sich lediglich die formalen Umstände, ohne dass es zu einer Neubewertung der Ziele kommt, kann hierauf ganz verzichtet werden. Sind aber die Umstände dazu geeignet, Einfluss auf die abgesprochenen Ziele zu nehmen, ist ein Rückgriff auf die Grundstrukturen des Assessments notwendig, wenngleich nicht immer in seiner ganzen Tiefe. Umfang und Tiefe sind abhängig davon, inwiefern nur Teilziele angepasst oder verändert werden müssen oder ob es zu einer kompletten Neuausrichtung des Zielhorizontes kommen muss. Insbesondere Misserfolge und Abbrüche sind Anlass, über eine Neuausrichtung zu beraten.

Assessment

Dem Re-Assessment kommt insofern eine bedeutende Qualitätssicherungsfunktion zu. Es ist unverzichtbarer Bestandteil eines strukturierten und qualitätsorientierten Fallmanagementprozesses. In vielen Fällen kennzeichnet ein Re-Assessment im Rahmen der Monitoringfunktion (vgl. Kap. 8.3) auch die Aufgabe, die Leistungserbringung eingeschalteter Netzwerkpartner kritisch zu hinterfragen.

> **Empfehlung: Einseitige Schuldzuweisung vermeiden**
>
> Ein zu häufiges Re-Assessment wirft Fragen nach der Qualität des Ursprungsassessments auf. Insofern sollten sich Fallmanager fragen, insbesondere wenn immer wieder grundsätzliche und fundamentale Ziele verfehlt oder angepasst werden müssen, ob sie an der Qualität der Ursprungserhebung arbeiten müssen oder ob das Arbeitsbündnis noch tragfähig ist. Gute Fallmanager setzen beim Scheitern von Zielen zunächst bei sich an, bevor sie ein „Versagen" beim Kunden sehen.
>
> Leiten Sie bei der Verfehlung von Zielen Ihr nächstes „Sanktionsgespräch" doch einmal mit den folgenden Worten ein: „Was habe ich in unseren letzten Begegnungen nicht verstanden, dass wir hier gescheitert sind?"

7.5 Checkliste Assessment

Strukturqualitätsmerkmale

- Unterstützungsressourcen für das bFM sind vorhanden? Ärztliche und psychologische Fachdienste, Träger für ein vertieftes arbeitsmarktbezogenes Profiling, Einschaltungsstandards wurden erarbeitet?
- Diagnose- und Dokumentationsinstrumente können eingesetzt werden? Sind beispielsweise Bögen zum strukturierten Interview oder IT-Erfassungssysteme bFM-kompatibel, stellen ein aussagefähiges Assessment bereit?
- Selbsterkundungsverfahren für Kunden wurden rechtzeitig ausgehändigt/verschickt? Der Fragebogen liegt in verschiedenen Sprachen vor?
- Definition und Festlegung datenschutzrechtlicher Grenzen der Datenerhebung und -verwertung? Entsprechende Schulungen der Mitarbeiter sind durchgeführt? Gibt es einen Datenschutzbeauftragten, der bei Schwierigkeiten hilft?
- Arbeitsmarktliche und netzwerkbezogene Informationssysteme (Wissensmanagement) sind nutzbar? Gibt es beispielsweise eine Datenbank, in der die Fallmanager die zentralen Informationen und Dokumente zu den Netzwerkpartnern abrufen können?
- Zeitkorridore zwischen Einstiegsberatung und Assessment-Phase sind definiert, in Abhängigkeit von Zwischenschritten (z. B. Begutachtung, vorgeschaltete Maßnahmen wie Reha, Kur etc.)?
- ...

Checkliste Assessment

Prozessqualitätsmerkmale

- Vertiefende Strukturierung der Bedarfssituation (Arbeitsmarkt- und Sozialintegration) – unter Einbeziehung von Angehörigen – gelingt (Analyse der Assessment-Aufzeichnungen)?
- Kenntnisnahme und gemeinsame Auswertung der vorgelegten Dokumente wurde vorgenommen (Sinnhaftigkeit/Transparenz)? Wurde eine schriftliche Ergebnisdokumentation durchgeführt?
- Wird Gesprächsführungskompetenz, die Fähigkeit, Menschen zu „öffnen" und zur Mitarbeit zu motivieren, unterstützt (Supervision, kollegiale Beratung)?
- Eine Vertiefung des Arbeitsbündnisses gelingt (Vertrauen schaffen)?
- Sind Diagnosekenntnisse für soziale und arbeitsmarktliche Inklusionsstrategien (professionsübergreifend, mehrperspektivisch) erkennbar, insbesondere bei der Ressourcenfeststellung?
- Die Überprüfung der Fallhypothesen ist anhand erhobener Daten erkennbar? Eigenbeobachtung von Wahrnehmungsfehlern?
- Fähigkeit und Bereitschaft, „dienliche Unterstützer" heranzuziehen oder eigene Ressourcen einzusetzen, wird thematisiert/trainiert?
- Schaffen Abgleichstrategien zwischen Selbst- und Fremdwahrnehmung ein Problembewusstsein auf beiden Seiten?
- Individuell zugeschnittene Strategien der Aktivierung sind feststellbar?
- Werden abweichende Sichtweisen aufgenommen und dokumentiert?
- Ressourcen und Bedarfssituationen werden klar und verständlich für die nachfolgenden Prozessschritte formuliert?
- …

Assessment

Ergebnisqualitäten

- Sind Anzahl und Dauer der Gesprächskontakte im Rahmen des Assessments bedeutsam für die eigene Evaluation der Beratung?
- Welche Folgekontakte ergeben sich/sind erforderlich? Sind damit Handlungserfordernisse der Organisation verbunden und werden diese systematisch erfasst?
- Gibt es Hinweise auf institutionelle Ressourcen, die gebraucht würden, jedoch nicht zur Verfügung stehen?
- Differenzierte und nachvollziehbare Ergebnisse zum Standort des Kunden in Bezug auf den Arbeitsmarkt? Indikatoren für die Planung des zukünftigen Arbeitsmarktprogramms?
- Lässt sich an der Anzahl der erhobenen Bedarfsstrukturen die Notwendigkeit des Fallmanagements belegen?
- Anzahl gescheiterter Arbeitsbündnisse nach Assessment (Abbrüche)? Wichtige Indikatoren für die Selbstevaluation des Fallmanagers?
- Liegt eine kontinuierliche Fortschreibung der Assessment-Ergebnisse – insbesondere nach Re-Assessment – vor?
- ...

Integrationsplanung und Eingliederungsvereinbarung

8.1 Zielsetzungen und Anpassung notwendiger Konsequenzen	132
8.2 Die Integrationsplanung	134
8.3 Eingliederungsvereinbarung	139
8.4 Rechtliche Einordnung der Eingliederungsvereinbarung	141
8.5 Zwang und Kontrolle – die Eingliederungsvereinbarung in der Kritik	143
8.6 Checkliste Integrationsplanung/Eingliederungsvereinbarung	149

8.1 Zielsetzungen und Anpassung notwendiger Konsequenzen

Integrationsplanung und Eingliederungsvereinbarung schließen sich systematisch dem Assessment an und verwerten die gewonnenen Erkenntnisse in einem strukturierten Planungsprozess. In vielen Fällen gehen planerische Aspekte mit der Bedarfserhebung einher. Dennoch ist es für den beraterischen Prozess wichtig, diese beiden Phasen auch innerhalb des Gespräches voneinander zu trennen. Die Phase des Assessments dient primär dem Verstehen der Situation, dem Zuhören und der spezifischen Interpretation der Situation durch den Kunden (Synchronisation). In zahlreichen Gesprächen in den Jobcentern ist wahrnehmbar, dass die Mitarbeiter viel zu schnell bei sich aufdrängenden Lösungen zugreifen und dadurch versteckte Bedarfsmuster auch nicht mehr erkennen beziehungsweise unreflektiert den Planungsmustern der Kunden folgen. Erst in der Phase der Integrationsplanung geht es differenzierter um gemeinsam zu entwickelnde Lösungsansätze.

Im Gegensatz zur klassischen Hilfeplanung aus der Sozialen Arbeit ist es beim beschäftigungsorientierten Fallmanagement im Kontext des SGB II sinnvoll, zunächst mit dem Kunden selbst durchzusprechen, wie die angestrebten Ziele verwirklicht werden sollen und welche Ressourcen er selbst in diesen Prozess einbringen kann. Die hohen rechtlichen Hürden, die der Gesetzgeber beim Abschluss der Eingliederungsvereinbarung nach § 15 SGB II aufgebaut hat, machen diese für eine systematische Nutzung im Rahmen der Zielumsetzung eher problematisch. Es empfiehlt sich daher zunächst, die sich aus dem Assessment ergebenden Zielsetzungen mit dem Kunden auch in den Umsetzungsstrategien zu besprechen. Oftmals bestehen im Hinblick auf die Ziele weniger Interessenkonflikte zwischen Kunden und Fallmanagern als vielmehr in der Frage, wie die Ziele zu erreichen sind. Von daher unterscheidet sich hier die Prozesskette im beschäftigungsorientierten Fallmanagement vom Verfahren der klassischen Hilfeplanung, wo zunächst Ziele festgelegt und dann Umsetzungsschritte geprüft werden.[8] In der Praxis dürfte diese Unterscheidung allerdings eher akademisch sein. Die Integrationsplanung ist im Verhältnis zur Eingliederungsvereinbarung

- flexibler an die Kundenbedürfnisse anzupassen,

- ermöglicht auch unterhalb der Sanktionsbedrohung Handlungen nach dem Prinzip „Versuch und Irrtum",

- ist weniger bürokratisch, da im Regelfall keine rechtsverbindliche Unterschrift zu leisten ist.

---

[8] Ähnlich die Ausführungen vom Deutschen Verein für öffentliche und private Fürsorge (2004), wo zunächst Ziele vereinbart (Prozessschritt 3) und dann Hilfsangebote geplant werden (Prozessschritt 4).

Zielsetzungen und Anpassung notwendiger Konsequenzen

In den meisten Publikationen zum Case Management wird die Phase als „Serviceplanung" beschrieben und unterstreicht dabei den grundlegenden Charakter dieser Phase. Der Grundsicherungsträger ist Dienstleister und nimmt seine Verpflichtungen, eine tragfähige Rückkehr in die Beschäftigung anzuregen, zu koordinieren und zu finanzieren, ernst. Sind auch diese Umsetzungsstrategien geklärt, könnte eine sinnvolle und abgestimmte Eingliederungsvereinbarung als schriftlicher Abschluss eher Formsache bleiben.

Kompetenzveränderungen werden erforderlich

Sind die ersten Phasen des Assessments stark von der beraterischen Kompetenz des Fallmanagers geprägt, ändern sich die Kompetenzanforderungen an den Fallmanager in dieser Phase, ohne dass hierbei beraterische Kompetenzen entbehrlich würden. Das Fallverstehen der ersten Phasen weicht der Fallentwicklung, setzt jetzt die erkennbaren Ressourcen und Defizite in Planungen um.

In der Phase der Integrationsplanung geht es primär darum, die persönliche Situation und Sichtweise des Kunden mit der Außenwelt (Arbeitsmarktnotwendigkeiten, Fördermöglichkeiten, integrative Angebotsformen, zumutbare Eigenaktivitäten etc.) abzugleichen. Von daher gewinnen sogenannte „Übergangskompetenzen" an Bedeutung, die noch einmal die besondere Konstruktion eines Case Management-Ansatzes verdeutlichen und ihn von den Konzepten eines Managed Care und dem Case Work unterscheiden. Übergangskompetenzen bestehen beispielsweise hier in der Fähigkeit zur Arbeitsmarktanalyse, den Kenntnissen und Fertigkeiten zum Umgang mit den Matchingverfahren, der Übersicht über sozial- und arbeitsmarktintegrative Unterstützungsnetzwerke, in der Fähigkeit zur fairen Aushandlung von Fordern und Fördern, dem fallförderlichen Einsatz der Rechtskenntnisse u. Ä.

Abb. 8 verdeutlicht exemplarisch, wie sich in den jeweiligen Phasen des Fallmanagementprozesses die Kompetenzen verschieben. Im Case Management-Prozess ist die Phase insofern sehr sensibel, da hier erstmals der aufnehmende und verstehende Charakter der ersten beiden Phasen einem Abgleich mit der Außenwelt weicht. Es wird deutlich, dass der Kunde nicht in jedem Fall bei seiner bisherigen Sichtweise der Dinge verharren kann. Werden hier die Hürden zu hoch gelegt, besteht zu wenig Raum, um Wege und Auswege zu prüfen, kann es in dieser Phase schnell zu einem Bruch des Arbeitsbündnisses kommen.

Integrationsplanung und Eingliederungsvereinbarung

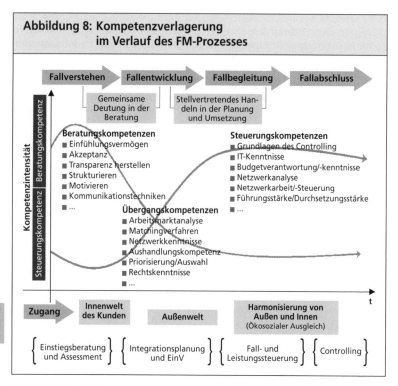

Quelle: Göckler 2009

8.2 Die Integrationsplanung

Die Integrationsplanung setzt die im Assessment gewonnenen Erkenntnisse in Handlungsoptionen um und gibt den Überlegungen aus der Bedarfsfeststellung eine Richtung. Ihr Inhalt ist demnach notwendigerweise darauf bezogen, was das Assessment an nutzbaren Ressourcen und erkennbaren Bedarfslagen hervorgebracht hat. Die Qualität einer Integrationsplanung ist daran zu erkennen, dass zeitlich versetzt oder parallel alle integrationsbedeutsamen Umstände systematisch erfasst und aufbereitet werden. Die Integrationsplanung ist die systematische Fortführung des Assessments, sie gleicht sich im Spektrum der Datenerfassung und der Handlungsweise der Hilfeplanung an, bleibt aber am eigenständigen Ziel der Arbeitsmarktintegration ausgerichtet. Zwingender Bestandteil ist hierin eine Chancen- und Risikoanalyse, die nicht nur Eignung, Kenntnisse, Fähigkeiten und Neigungen aus den Assessmentaufzeichnungen erfasst, sondern diese vor dem Hintergrund struktureller und situativer Gegebenheiten analysiert und bewertet.

Die Integrationsplanung

In ihr werden die individuellen Ressourcen für die Arbeitsmarktintegration analysiert, angrenzende Aspekte der Bedarfsgemeinschaft ermittelt, sofern sie für eine erfolgreiche Eingliederung in den Arbeitsmarkt bedeutsam sind, und in einem abgestimmten Verfahren nach Lösungsmöglichkeiten gesucht. Die Lösungen müssen für den Kunden nutzbar sein und als wirkliche Verbesserung der eigenen Situation erlebt werden können. Der Fokus verschiebt sich von der unmittelbaren Beratungsarbeit mit dem Kunden zur Umsetzung der erarbeiteten Ziele. Der Integrationsplan ist das „Drehbuch" der Fallentwicklung und stellt das „Auftragsbuch" dar, das sich beide Seiten bis zur Beendigung der Betreuung geben. Der Fallmanager handelt später im Auftrag seines Kunden, wenn er Ziele aus der Integrationsplanung bei Dritten oder in eigener Zuständigkeit umsetzt. Es ist dabei zwingend erforderlich, die Assessmentmerkmale mit den arbeitsmarktlichen Gegebenheiten abzugleichen. Kenntnisse der regionalen Unternehmensstrukturen, der betrieblichen Personalrekrutierung, der aktuellen Haushaltsmittelsituation und der regionalen Arbeitsmarktentwicklung werden so bedeutsam.

Aufbau eines Integrationsplans

Der konkrete Integrationsplan ist im Regelfall IT-gestützt und ermöglicht detailstatistische Auswertungen (vgl. Abb. 9). Von daher sind die Ziele so zu formulieren, dass sie überprüfbar und messbar sind. Dies ist umso eher

Abbildung 9: Strukturelemente eines Integrationsplans

Primärgrund Fallübernahme	■ Vorgegebenes Auswahlmenü (drop down) ■ Freies Ergänzungsfeld
General- oder Grundsatzziele	■ Arbeitsmarktziele (vorgegebenes Auswahlmenü) ■ Sozialintegrative Ziele (vorgegebenes Auswahlmenü) ■ Freies Ergänzungsfeld
Umsetzungsziele	■ Nicht vorstrukturiert ■ Konkret und spezifisch an das Leistungsvermögen des Kunden angepasst
Zeitfenster	■ i.d.R. feste Termine
Verantwortlichkeit	■ Fallmanager ■ Kunde ■ Beauftragter Dritter
Zielerreichungsprüfung	■ Ziel erreicht ■ Ziel teilweise erreicht ■ Ziel verfehlt
Zielverfehlungsgründe	■ Offenes Textfeld oder Stichwortliste

Quelle: Göckler, 2009

Integrationsplanung und Eingliederungsvereinbarung

der Fall, je kleinschrittiger sie festgelegt werden. Die Integrationsplanung ist unter dieser Perspektive das wichtigste Instrument der Leistungssteuerung, denn sie ermöglicht detailstatistische Auswertungen, die über den Fall hinausgehen.

Erfassungsmerkmale in der Integrationsplanung

Eine Integrationsplanung sollte folgende Merkmale erfassen:

1. Die **Dokumentation des Primärgrundes** für die Übernahme in das Fallmanagement. Mithilfe eines Kenners[9] wird die Auswertung erleichtert und die Identifikation von Zielgruppen des Fallmanagements möglich.

2. Es werden zunächst die **General- oder Grundsatzziele** statistisch auswertbar gekennzeichnet. Arbeitsmarkt- und sozialintegrative Zielsetzungen werden in den wesentlichen Teilzielen dokumentiert. Dadurch wird es später möglich, Zielgruppen genauer zu analysieren und gegebenenfalls in der Angebotssteuerung auf erkannte Bedarfe zu reagieren.

3. In einer stichwortartigen Erfassung werden zur Nutzung der erkannten Ressourcen oder zu behebenden Problemstellungen aus dem Assessment die **Detailziele** entwickelt und aufgelistet. Diese sind bereits mit Hinweisen zur **Umsetzung** zu versehen. Im Gespräch mit dem Kunden ist abzuklären, welche Ziele prioritär zu verfolgen sind, welche gleichrangig und welche zeitlich gestaffelt abzuarbeiten sind. Diese Detailziele sind kleinschrittig und verständlich und an der individuellen Leistungsfähigkeit des Kunden orientiert zu formulieren. Überfordert man in dieser Situation den Kunden, werden hier bereits zukünftige Konfliktpotenziale determiniert. Fachliche Qualität wird in diesem Schritt nur sichtbar, wenn sich die im Assessment aufgeworfenen Stärken und Schwächen (Ressourcen und Problemstellungen mit notwendiger Hilfeleistung) adäquat in den Detailzielen wiederfinden. Der **Prozesscharakter der Planung** muss sichtbar werden, der in so vielen Eingliederungsvereinbarungen nicht erkennbar ist!

4. Besteht Einvernehmen über Zielausrichtung und Verfahren der Umsetzung, ist festzulegen, innerhalb welcher **Zeit** eine Zielumsetzung erfolgen kann. Auch hierbei ist auf Angemessenheit zu achten, sind Zeitfestlegungen an den familiären und persönlichen Belangen des Kunden auszurichten. Allerdings muss auch deutlich werden, dass Zeiten nicht beliebig veränder- und dehnbar sind – für beide Seiten.

---

[9] Kenner sind festgelegte Merkmale, die eine spätere detailstatistische Auswertung ermöglichen. Beispielsweise werden in der Kennzeichnung „Primärgrund Fallzugang" die Gründe erfasst, die zentral für die Fallübernahme waren. Damit ist später relativ leicht darzustellen, welche Problemstellungen und Bedarfe am häufigsten zur Betreuung im Fallmanagement führten und welche maßnahmeplanerischen Schlussfolgerungen daraus zu ziehen sind.

Die Integrationsplanung

5. Die Festlegung der **Verantwortung** für die Umsetzung der vereinbarten Schritte erhöht den Grad der Verbindlichkeit. Auch hier wäre eine Systematisierung leicht möglich, denn als Verantwortliche kommen nur die Kunden beziehungsweise Angehörige der Bedarfsgemeinschaft, der betreuende Fallmanager oder ein beauftragter Dritter infrage (Mitarbeiter eines Qualifizierungs-/Beschäftigungsträgers, einer Schuldnerberatung, eines internen Dienstleisters etc.).

6. Der Integrationsplan dient nicht zuletzt auch der Leistungssteuerung, indem er Auskunft über die Erreichung der Ziele gibt. Die Angaben zur Zielerreichung und damit auch die Dokumentation der Zielverfehlung ermöglichen eine systematischere Suche nach persönlichen (methodische, qualifikatorische oder persönliche Defizite des Fallmanagers) oder strukturellen (fehlende Angebote, fehlende finanzielle Ressourcen etc.) Mängeln, die es abzustellen gilt. Selbstverständlich ist der Kunde in die Analyse der Zielerreichung einzubinden.

7. Mit der notwendigen Ehrlichkeit und der Offenheit im organisatorischen Rahmen sind auch Zielverfehlungsgründe erfassbar und für eine spätere Analyse auswertbar. Der Primärgrund für eine statistische Auswertung liegt zunächst im ausschließlichen Interesse des Fallmanagers selbst. Er bietet die Möglichkeit, das eigene Handeln zu überprüfen und nach Ursachen für die Verfehlung der abgesprochenen Ziele zu suchen. Die Dokumentation als „Führungsinformationen" zu missbrauchen würde diese Form der Dokumentation schnell diskreditieren. Eine stichwortartige kurze Stellungnahme zu den Gründen für die Zielverfehlung (Hintergrundinformationen) erleichtert die spätere Auswertung und das Zusammenfügen von gleichartig gelagerten Fällen.

Zielformulierung

Die Praxis der Schulungen zeigt immer wieder, dass sich Fallmanager mit der ansprechenden Formulierung und dem Abstraktionsgrad von Zielfestlegungen schwer tun. Storch/Krause (Storch & Krause, 2005, S. 85 ff., 158 ff.) weisen in ihrem Zürcher Ressourcen Modell darauf hin, dass sie im Gegensatz zu aus der Betriebswirtschaft üblichen Vorstellungen von Zielformulierungen allgemein formulierte Identitätsziele wegen der höheren Generalisierbarkeit und des breiten Anwendungsbereichs für ausgesprochen motivierend und handlungswirksam halten. Sie benennen drei Kernkriterien, auf die eine handlungswirksame Zieldefinition aufbaut:

1. Annäherungsziel, welches die gewünschte Richtung, den gewünschten Soll-Zustand benennt. Vermeidungsziele werden ausgeschlossen.

2. Die Formulierung des Ziels muss so erfolgen, dass die Realisierung ausschließlich und allein unter der Kontrolle des Kunden steht (sofern er für die Realisierung verantwortlich ist). Nur so wird sichergestellt, dass

Integrationsplanung und Eingliederungsvereinbarung

die Kunden einen „gesunden Weg finden zwischen (oft unbewussten) Allmachtsanwandlungen einerseits und lähmender Ohnmacht andererseits". Diese Bedingung fokussiert klar auf die Selbstwirksamkeitskonzepte der Psychotherapie.

3. Die Zielformulierung muss erkennbar motivierende Wirkung haben, demnach so formuliert werden, dass die angestrebte Situation als wünschenswert und positiv belegt erlebt wird. Die Autoren fokussieren hier auf die sogenannten somatischen Marker der Neurowissenschaften, die eher unbewusste Körperreaktionen der Ablehnung oder Zustimmung auslösen und anschließendes Verhalten prägen.

Das im Kontext der Grundsicherungsleistungen agierende beschäftigungsorientierte Fallmanagement kann jedoch nicht gänzlich auf Konkretisierungen verzichten, will es sich rechtlich nicht angreifbar machen. Fallmanagement, zumindest sofern es innerhalb der Grundsicherungsträger angeboten wird, ist und bleibt Verwaltungshandeln. In der Kombination mit der eher betriebswirtschaftlichen S.M.A.R.T.-Formel lassen sich jedoch Verbindungslinien erkennen, die eine Harmonisierung beider Vorgehensweisen ermöglichen.

Nach der S.M.A.R.T.-Formel sind Ziele dann wirksam formuliert, wenn sie bestimmten Kriterien entsprechen:

S – pezifisch-konkret (präzise und eindeutig formuliert)
M – essbar (quantitativ oder qualitativ)
A – ttraktiv (positiv formuliert, motivierend)
R – ealistisch (das Ziel muss für mich erreichbar sein)
T – erminiert (bis wann…?)

So arbeiten viele Einrichtungen (Fiedler, Rana, Hinrichs & Heuft, 2011) mit sehr differenzierten Instrumenten der Zielformulierung, um die Motivation ihrer Klienten bei der Zielumsetzung zu steigern. Immer wieder konzentrieren sich die Übungen auf die Fragestellungen „Ist das Ziel konkret und überprüfbar?" – „Ist das Ziel positiv formuliert?" – „Steht das Ziel unter meiner Kontrolle?"

In der vorgeschlagenen doppelten Zielsetzung lassen sich beide Perspektiven vereinen, die sich lediglich in der Zielkonkretheit unterscheiden. Die Formulierung von motivierenden, handlungswirksamen und überprüfbaren Zielen auf dem individuellen Leistungsniveau der Kunden erfordert viel Übung und Fingerspitzengefühl. Fallmanager sollten sich bei der Formulierung der Generalziele eher an den Vorstellungen von Storch/Krause orientieren, bei der Formulierung der Umsetzungsziele an der S.M.A.R.T.-Formel.

> **Empfehlung: Zielformulierungen kundenangemessen üben**
> Eine sehr hilfreiche Übung aus den Schulungen hierzu besteht darin, das häufig genannte Umsetzungsziel „Der Kunde nimmt Kontakt mit der Beratungsstelle XY auf und vereinbart einen Beratungstermin" einmal in alle Detail- und Feinschritte zu zerlegen. Manche Gruppen kommen hier auf bis zu zehn Feinziele, die deutlich machen, dass die fallangemessene Formulierung auch in derart scheinbar klaren Formulierungen verbesserungsfähig ist. Es gibt Fallbeispiele, in denen die Kunden aus technischen, intellektuellen, emotionalen oder psychischen Gründen nicht in der Lage sind, ein Telefonat mit einer Beratungsstelle zu führen. Üben Sie es einmal, denn diese Aufgabe lässt sich auf nahezu alle Fälle übertragen.

8.3 Eingliederungsvereinbarung

Die Integrationsplanung bildet den Prozess ab, die Eingliederungsvereinbarung (EinV) ist das schriftliche Vertragswerk hierzu, der rechtliche Ausdruck für ein Arbeitsbündnis zwischen dem Fallmanager und dem Kunden, so jedenfalls der Idealfall.

Die Inhalte in der Eingliederungsvereinbarung sind stets flexibel, zeitlich befristet und individuell zu gestalten. Fallmanager sind hier, sofern sie beim Grundsicherungsträger arbeiten, nicht frei in der äußeren und inhaltlichen Gestaltung. § 15 Abs. 1 SGB II bestimmt bereits weitgehend Aufbau und Inhalt einer Eingliederungsvereinbarung. So wird festgelegt, dass sich die Regelungsinhalte differenziert nach den Verantwortlichen ausrichten müssen (Grundsicherungsträger, Kunde), für welche Dauer die EinV abzuschließen ist, welche Leistungen Angehörige der Bedarfsgemeinschaft erhalten und beispielsweise auch wann Leistungen der beruflichen Weiterbildung zurückzuzahlen sind. Können sich beide Seiten nicht einigen, so kann nach § 15 Abs. 1 Satz 5 SGB II die EinV auch als Verwaltungsakt gesetzt werden. Grundsätzlich gilt, dass mit jedem erwerbsfähigen Hilfebedürftigen eine Eingliederungsvereinbarung geschlossen werden muss, zumindest dann, wenn es sinnvoll ist. Sinnvoll ist der Abschluss einer EinV **nicht** bei Personen,

- die sich (zumindest vorübergehend) erlaubt dem Arbeitsmarkt nicht zur Verfügung stellen müssen (Fälle nach § 10 Abs. 1 SGB II), es sei denn, der Abschluss wird durch die Kunden gewünscht.
- die bereits arbeitsmarktlich versorgt sind (Personen in Ausbildung, in schulischen Bildungsmaßnahmen, kurz vor einer Arbeitsaufnahme). Unabhängig davon sind „Aufstocker" zum Abschluss einer Eingliederungsvereinbarung verpflichtet, da ihre Hilfebedürftigkeit aufgrund der Aufnahme einer Erwerbstätigkeit nicht beendet wurde. Die aktuelle Arbeitsmarktsituation in einigen Regionen Deutschlands belegt zu-

Integrationsplanung und Eingliederungsvereinbarung

dem, dass es sich für die Grundsicherungsstellen und die Betroffenen jetzt lohnt, diesem Personenkreis vermittlungsbezogene Aufmerksamkeit zu schenken.

- die aufgrund ihrer momentanen Lebensumstände oder psychisch-seelischen Konstitution die Folgen des Abschlusses einer EinV nicht übersehen können, ohne jedoch unter gesetzlicher Betreuung zu stehen (z. B. akut Suchtabhängige, Personen im Grenzbereich zur Debilität, Borderline-Fälle). Eine sorgfältige Abklärung dieser Umstände, im Regelfall durch fachärztliche oder -psychologische Begutachtung, ist hier notwendig.

Welche Leistungen der Hilfeempfänger für die Integration in Arbeit erhält und welche Eigenbemühungen er nachzuweisen hat, wird teilweise schon im Gesetz selbst festgelegt, in der Eingliederungsvereinbarung aber detaillierter und fallorientiert aufgelistet. Fördern und Fordern konstituieren sich unter diesem gesetzlichen Dach und sind angemessen aufeinander zu beziehen.

Grundsätzlich sind alle Förderleistungen individuell zu vereinbaren, die die Grundsicherungsträger im Rahmen ihrer Ermessensausübung zum SGB II leisten können. Voraussetzung bleibt jedoch, dass die hier vereinbarten Förderleistungen zumindest mittelfristig die Voraussetzungen für eine erfolgreiche Arbeitsaufnahme schaffen. Die Forderleistungen sind auf das Leistungsvermögen des Kunden auszurichten und nur auf die Aktivitäten und Verhaltensweisen zu beziehen, die der Kunde willentlich beeinflussen kann.

Obwohl die Bundesagentur und die Jobcenter vor Ort beständig standardisierte Formulierungen als Textbausteine zur Verfügung stellen, hält die zu § 15 SGB II ergangene Arbeitshilfe der Bundesagentur für Arbeit fest, dass die EinV aufgrund der unterschiedlich anzutreffenden konkreten Voraussetzungen im Hinblick auf die Integrationschancen am Arbeitsmarkt einer individuellen Ausgestaltung bedarf. Eine sorgfältige Standortbestimmung des Hilfebedürftigen, die die Stärken und den Unterstützungsbedarf identifiziert und daraus folgende Handlungserfordernisse aufzeigt, ist zwingende Grundlage für eine erfolgreiche Eingliederungsstrategie. Die Gefahr ist groß, dass durch Pull-down-Menüs dieser individuelle Charakter nicht mehr erkennbar wird. In einem Prüfbericht nach § 47 SGB II an das BMAS zu den Eingliederungsvereinbarungen hält das prüfende Referat fest, dass

- insbesondere bei Regiemaßnahmen (Ein-Euro-Jobs) die individuelle Eingliederungsstrategie in den EinV nicht erkennbar ist und
- die Anforderungen an die EinV aus der von der Bundesagentur für Arbeit ergangenen Geschäftsanweisung nirgendwo erfüllt waren.

8.4 Rechtliche Einordnung der Eingliederungsvereinbarung

Die rechtlichen Kennzeichen der Eingliederungsvereinbarung lassen sich wie folgt skizzieren:

- Die Eingliederungsvereinbarung wird als **öffentlich-rechtlicher** Vertrag geschlossen, das heißt, sie führt für beide Seiten bei Nichterfüllung zu entsprechenden Rechtsfolgen. Auch der Kunde kann auf Zusagen aus der Eingliederungsvereinbarung pochen und sie notfalls einklagen (Nacherfüllungspflicht). Für die **Verletzung vertraglicher Pflichten** sind über § 61 Satz 2 SGB X – soweit Vorschriften des Sozialgesetzbuches oder Besonderheiten des öffentlich-rechtlichen Vertrages dem nicht entgegenstehen – die Regelungen des BGB entsprechend anwendbar. Die EinV ist gekoppelt an den Status der leistungsrechtlichen Hilfebedürftigkeit.

- Die Eingliederungsvereinbarung kann auch Leistungen und Forderungen regeln, die für nicht erwerbsfähige **Angehörige der Bedarfsgemeinschaft** vorgesehen sind. Diese sind daran zu beteiligen. Für mehrere erwerbsfähige Hilfebedürftige, selbst wenn sie Mitglied einer Bedarfsgemeinschaft sind, ist jeweils eine Eingliederungsvereinbarung getrennt zu erarbeiten. Bei **Minderjährigen** bedarf diese des Einverständnisses der Erziehungsberechtigten.

- **Pflichtleistungen** nach dem Gesetz, also beispielsweise die Leistungen zur Sicherung des Lebensunterhaltes oder bestimmte Pflichtleistungen im Rahmen der beruflichen Rehabilitation, können in der Eingliederungsvereinbarung nicht vereinbart werden. Vertragsfreiheit und Rechtsanspruch schließen sich hier aus.

- Dem Grunde nach haben die **kommunalen Träger,** die in gemeinsamen Einrichtungen mit der Bundesagentur für Arbeit zusammenarbeiten, vorher ihr **Einverständnis** mit den Inhalten der Eingliederungsvereinbarung zu geben, wenn kommunale Leistungen vereinbart werden. Sinnvollerweise wird man im Rahmen der Zusammenarbeit eine übergreifende Regelung finden, die es entbehrlich macht, die Zustimmung in jedem Einzelfall einzuholen.

- Die Eingliederungsvereinbarung ist mit entsprechenden **Rechtsfolgehinweisen** zu versehen.

- Die vereinbarten Förderleistungen und Forderungen sind so **genau, detailliert und präzise** zu formulieren, dass für beide Seiten keine Unsicherheiten im Hinblick auf ihre Handlungsweisen bestehen. Dies stellt sprachlich hohe Anforderungen an die Fallmanager, insbesondere bei Kunden mit mangelnden Sprachkenntnissen.

- Fördern und Fordern müssen in einem **ausgewogenen Verhältnis** stehen. Haben Fallmanager selbst wenig Förderangebote, sei es weil die erforderlichen Haushaltsmittel nicht zur Verfügung stehen, regionale Angebote nicht verfügbar sind oder sich am Arbeitsmarkt nahezu nichts mehr bewegt, kann dies nicht mit erhöhten Forderungen an den Kunden kompensiert werden.

Integrationsplanung und Eingliederungsvereinbarung

- Die Eingliederungsvereinbarung ist für die **Dauer** von sechs Monaten abzuschließen und danach entsprechend anzupassen. Sie ist als schriftliches Dokument fünf Jahre aufzubewahren.

- Wird eine angebotene Eingliederungsvereinbarung nicht abgeschlossen, erfolgen die Regelungen zu den Leistungen zur sozialen und beruflichen Integration und zu Form und Umfang der Eigenbemühungen und Mitwirkungspflichten des erwerbsfähigen Hilfebedürftigen (§ 15 Abs. 1 Satz 2 Nr. 1 und 2 SGB II) mittels eines **Verwaltungsaktes** (§ 15 Abs. 1 Satz 6 SGB II). Im Verwaltungsakt sind dabei die Gründe anzugeben, welche Zielsetzung(en) die Grundsicherungsträger mit den Verpflichtungen verfolgen. In der Regel erfolgt der Erlass eines VA, wenn der Kunde sich weigert, eine EinV abzuschließen, er aufgrund von Geschäftsunfähigkeit keine EinV abschließen kann oder der gesetzliche Vertreter die EinV nicht abschließen will.

- Die **Verweigerung der Unterschrift** des Kunden unter eine EinV ist – dem Grundsatz der Vertragsfreiheit entsprechend – selbst nicht mehr sanktionsbewehrt.

- Die Rechtsprechung hat mittlerweile geklärt, dass bei der **Teilnahme an einer konkreten Eingliederungsmaßnahme** die Art der Tätigkeit/Bildungsmaßnahme, der Tätigkeitsort, der zeitliche Umfang, die zeitliche Verteilung und die Höhe der finanziellen Mehraufwendungen genau zu bestimmen sind. Es ist nicht mehr in das Belieben der freien Träger selbst gestellt, für welche Arbeitstätigkeiten der Kunde vorgeschlagen wird.

- Bei **Migranten** mit fehlenden Sprachkenntnissen ist gemäß § 3 Abs. 2b SGB II darauf hinzuwirken, dass Kunden an einem Integrationskurs des Bundesamtes für Migration und Flüchtlinge teilnehmen, wenn die entsprechenden Voraussetzungen vorliegen. Die Verpflichtung zur Teilnahme ist als vorrangige Maßnahme in die EinV aufzunehmen.

- Sanktionsfolgen durch die EinV treten für Betroffene nur ein, wenn sie für ihr Verhalten keine wichtigen Gründe angeben können. Diese können insbesondere familiäre oder gesundheitliche Gründe sein. Als unbestimmter Rechtsbegriff sind mit dem **„wichtigen Grund"** alle Umstände des Einzelfalls, die unter Berücksichtigung der Interessen des Einzelnen in Abwägung mit entgegenstehenden Belangen der Allgemeinheit das Verhalten des Hilfebedürftigen rechtfertigen, zu prüfen. Die Beweislast für das Vorliegen eines wichtigen Grundes liegt beim eHb. Dieser muss geeignete Nachweise vorlegen. Dies sichert auch im Fallmanagement den Akteuren die Möglichkeit, überfordernde Ansprüche oder übersehene Hinderungsgründe sanktionsfrei zu bewerten.

- Bei **Teilnahme an einer Bildungsmaßnahme** müssen die Voraussetzungen und der Umfang der Schadenersatzpflicht des Kunden für den Fall geregelt werden, dass er die Maßnahme aus einem von ihm zu vertretenden Grund nicht zu Ende führt. In der EinV ist der Umfang der Schadenersatzpflicht konkret zu regeln.

8.5 Zwang und Kontrolle – die Eingliederungsvereinbarung in der Kritik

Bundesweite valide Daten zur Zahl der abgeschlossenen Eingliederungsvereinbarungen liegen bis heute nicht vor. Insgesamt dürfte auch mehr als fünf Jahre nach Einführung des SGB II noch gelten, dass zu wenig erwerbsfähige Hilfebedürftige eine ausführliche und abgestimmte Integrationsplanung aufweisen. Abb. 10 verdeutlicht, beruhend auf Zahlen aus dem Jahr 2007, dass zum Befragungszeitpunkt nur knapp die Hälfte der erwerbsfähigen Leistungsbezieher überhaupt eine Eingliederungsvereinbarung abgeschlossen hatte. Auffällig ist zusätzlich, dass innerhalb unterschiedlicher Personenkreise der Abschluss stark differiert. Bezogen auf die Kundengruppe der Migranten stellen Brussig & Knuth (2011, S. 27 f.) fest, dass „die geringste Quote an Eingliederungsvereinbarungen [...] aber bei Personen mit Migrationshintergrund zu verzeichnen [...] ist: nur jede/r Dritte berichtete davon, und das, obwohl Migranten weder bei den Arbeitsangeboten noch bei den Ausbildungsangeboten (und auch nicht bei den Beschäftigungsaufnahmen) deutlich unter dem Durchschnitt liegen. Eher scheint es, dass mitunter aus sprachlichen Gründen auf den bürokratischen Akt der Eingliederungsvereinbarung verzichtet wird. Außerdem werden Eingliederungsvereinbarungen anscheinend auch mit Blick auf konkrete Fördermaßnahmen abgeschlossen [...] und weil Migrantinnen und Migranten insgesamt seltener an Maßnahmen beteiligt werden [...]"

Abbildung 10: Indikatoren der Aktivierung

	alle	Männer	Frauen	Jugendliche (u. 25 J.)	Ältere (ab 50 J.)
Jobangebot	22,6	25,9	19,4	18,9	19,3
Angebot einer Ausbildung	6,4	6,8	5,9	20,6	1,2
Eingliederungsvereinbarung	48,1	50,9	45,4	53,2	40,4
Sanktion	11,4	13,2	9,6	19,7	5,7

	Eltern m. Kindern unter 3 J.	alleinerziehend	Migrationshintergrund	schlechte Gesundheit	behindert
Jobangebot	15,8	22,7	21,9	20,6	23,7
Angebot einer Ausbildung	5,5	5,1	9,2	3,3	3,0
Eingliederungsvereinbarung	35,7	43,9	36,4	41,7	45,2
Sanktion	14,1	10,6	11,3	9,9	7,8

Quelle: Kundenbefragung, Bestandspanel hochgerechnet für das Bundesgebiet, eigene Berechnungen; Brussig & Knuth, 2011, S. 27

Integrationsplanung und Eingliederungsvereinbarung

entfällt bei ihnen ein Teil der ‚Anlässe', eine Eingliederungsvereinbarung abzuschließen." Auch ältere Personen und Familien mit Kindern weisen einen unterdurchschnittlichen Anteil von abgeschlossenen EinV auf.

Für 2010 stellt die Bundesagentur für Arbeit (2011, S. 30) in ihrem Jahresbericht zum SGB II fest, dass sich die Sanktionsgründe im Wesentlichen auf folgende Bereiche verteilen:

- „Hauptursache für Sanktionen waren mit 61 Prozent Meldeversäumnisse: Die Leistungsempfängerinnen und Leistungsempfänger hatten Einladungen der Arbeitsvermittlung, des Ärztlichen oder Psychologischen Dienstes ohne wichtigen Grund nicht Folge geleistet.
- Weitere 18 Prozent der Sanktionen waren Folge der Weigerung, in der Eingliederungsvereinbarung festgelegte Pflichten zu erfüllen.
- In 12 Prozent der Fälle wurden Sanktionen festgestellt, weil die Leistungsempfängerinnen und Leistungsempfänger eine zumutbare Arbeit, Ausbildung oder Eingliederungsmaßnahme nicht aufgenommen oder nicht fortgeführt hatten."

Zwar wird nicht immer unmittelbar aus der Eingliederungsvereinbarung heraus sanktioniert, jedoch sind sehr häufig ihre Inhalte maßgeblicher Diskussionspunkt bei der Entscheidung für oder gegen eine Sanktion (vgl. Göckler 2009). Unabhängige Studien bestätigen diesen Trend, denn die „Art, in der die Eingliederungsvereinbarungen den Klienten vorgelegt werden, [vermitteln] ihnen kaum den Eindruck [...], es ginge hier um einen Beratungs- und Aushandlungsprozess, indem ihre Wünsche irgendeine Rolle spielten" (Ames, 2006, S. 64). Auch Richter des BSG (Udsching, 2011, S. 17) verdeutlichen die fachlichen und formalen Mängel in der Grundsicherung häufig aus den vorliegenden Verfahrensakten. „Aus dem Inhalt dieser so genannten Vereinbarungen wird vor allem ein Dilemma deutlich: Die Fallmanager scheuen sich zumeist, konkret auf die individuellen Bedürfnisse und Besonderheiten der Klienten einzugehen; im Vordergrund steht ein Rückzug auf Vorgaben aus Dienstanweisungen und den Gesetzeswortlaut. Dies legt aus meiner Sicht den Schluss nahe, dass es vielen von der Bundesagentur für Arbeit eingesetzten Fallmanagern nicht nur an der notwendigen fachlichen Ausbildung, sondern auch an einem Mindestmaß an persönlicher Souveränität fehlt. Die neuartige Form der Betreuung von Langzeitarbeitslosen kann nur dann effizienter werden, wenn die Arbeitsverwaltung und die anderen betroffenen Träger bereit sind, durch eine verbesserte Ausbildung des in Betracht kommenden Personals die Qualität des Fallmanagements erheblich zu verbessern."

Untersuchungen des IAB fassen Aussagen zur Qualität der EinV wie folgt zusammen (Schütz, Kupka, Koch & Kaltenborn, 2011, S. 1):

- Vor allem im Bereich der Grundsicherung (SGB II) bewerten Vermittlungsfachkräfte solche Vereinbarungen mehrheitlich positiv.
- Jede dritte Fachkraft im SGB III und jede sechste im SGB II sieht den funktionalen Nutzen von Eingliederungsvereinbarungen sehr kritisch.

Zwang und Kontrolle

- Die Ziele und Inhalte in den Eingliederungsvereinbarungen sind überwiegend standardisiert, wenig individuell angepasst und werden selten begründet. Im SGB III sind vor allem Bewerbungsziele näher spezifiziert, im SGB II eher Kundenpflichten und Rechtsfolgenbelehrungen.

- Fördernde und fordernde Elemente sind in den Eingliederungsvereinbarungen nicht ausbalanciert: Die Kundenpflichten werden häufig konkret, die Leistungen der Einrichtungen eher vage benannt.

- Die Rechtsverbindlichkeit der Vereinbarung wird von den Fachkräften oftmals nicht angemessen erklärt und durch irreführende Sprachformeln bagatellisiert.

- Die Praxisprobleme verweisen auf notwendige Veränderungen – bei der Umsetzung wie bei der Konzeption der Eingliederungsvereinbarung.

Dennoch stärkt der Endbericht der Hartz IV-Evaluation die Stellung der Eingliederungsvereinbarung als zentrales Instrument des Forderns: „Darüber hinaus ergeben die Befunde der § 6c SGB II-Evaluation Hinweise darauf, dass die Verbindung zwischen Fordern und Fördern verbesserungsbedürftig ist. Grundsätzlich kann der gesamte Aktivierungsprozess als diesbezügliche Verbindung betrachtet werden. Will man diese jedoch an einem bestimmten Instrument festmachen, dann dürfte dies sicherlich die Eingliederungsvereinbarung sein. Ihr Charakter als Pflichten- und Anspruchsheft sowie die gesetzliche Verpflichtung (§ 2 SGB II), eine solche abschließen zu müssen, stellen per se eine Forderung dar. In ihrer inhaltlichen Ausgestaltung können und sollen aber auch Förderelemente enthalten sein. Die Ergebnisse früherer Eingliederungsvereinbarungen sollen dabei in neu abzuschließenden berücksichtigt werden. Insbesondere Letzteres scheint nach den vorliegenden Befunden aber oft nicht stattzufinden. Dort, wo diese Erfahrungen jedoch berücksichtigt werden, entfaltet dies einen signifikant positiven und substantiellen Effekt auf die Überwindung der Hilfebedürftigkeit." (BMAS, 2008 (a), S. 225)

Insgesamt stützt die Rechtsprechung oftmals die Kundenseite, indem sie versucht, die Verhandlungsposition zu stärken. So sind den Kunden angemessene „Bedenkzeiten" einzuräumen und auch die Unterbreitung von Gegenvorschlägen und Forderungen an die Grundsicherungsträger sind durchaus zulässig. Gute Berater und Fallmanager sind dankbar für die Vorlage eigener Ideen und Vorschläge. Es ist mehr als fruchtbar, um einen Ausgleich unterschiedlicher Vorstellungen mit dem Kunden zu ringen. So entstehen Arbeitsbündnisse.

Negativbeispiele

Der Kerngedanke der EinV, will man ihn nicht wirklich ad absurdum führen, bedeutet „verhandeln" und „aushandeln". Um zu zeigen, wie es nicht gemacht werden soll, einige Beraterzitate zur Einführung der Eingliederungsvereinbarungsthematik in der Beratung (B = Berater/K = Kunde, Fett-

Integrationsplanung und Eingliederungsvereinbarung

druck d. d. Verf.) aus den Untersuchungen des Verfassers (vgl. Göckler, 2009):

- (B) „Gut, dann **müssen** wir jetzt den Kurs vereinbaren, eine neue Eingliederungsvereinbarung, dass Sie ab 24.02. den Kurs besuchen." (Fall PB01)
- (B) „Deshalb ist **es meine Pflicht und Schuldigkeit**, jetzt mit Ihnen darüber zu sprechen, warum das so ist. Sie haben ja mit Ihrer Arbeitsvermittlung eine Eingliederungsvereinbarung abgeschlossen. Eingliederungsvereinbarung bedeutet Vertrag. Sie haben unterschrieben, dass Sie sich **verpflichten**, alle Möglichkeiten zu nutzen und Ihren Lebensunterhalt aus eigenen Mitteln und Kräften zu bestreiten und an allen Maßnahmen zur Eingliederung mitzuwirken." (Fall PC01)
- (B) „Die Eingliederungsvereinbarung würde ich gerne ergänzen. Sie haben das Original mit? (K) Ja, ja ... (B) Würde ich also gerne ergänzen ... und zwar dahingehend, dass Sie als Angebot vom (Träger) die Position Erntehelfer vorgeschlagen bekommen. Drinhaben tun wir in der Eingliederungsvereinbarung 6 Bewerbungen für die nächsten 6 Monate, **das bleibt drin**, Nutzung Internet, Nutzung Gelbe Seiten, Nutzung der aktuellen Presse bleibt auch drin. (K) Mhm ... (B) Dann dürfte ich Sie bitten, sich eine neue Übersicht, eine neue Übersicht zu Eigenbemühungen mitzunehmen und, zum Abschluss des Gespräches, würde ich Ihnen gleich einen neuen Termin aushändigen." (Fall HU2)
- (B) „**Ich mache jetzt eine Eingliederungsvereinbarung fertig.** Davon haben Sie wahrscheinlich noch nichts gehört, ne? (K) Ne ... doch ... (B) Das ist ein Vertrag, den wir schließen, weil Sie ja normal Geld von uns beziehen. (K) Ja (B) Ne, haben Sie dadurch einige Rechte, aber auch Pflichten. **Und die oberste Pflicht ist**, dass Sie sich selbst um Arbeit bemühen. (K) Ja ..." (Fall HU5b)

Zusammenfassend lässt sich an diesen Beispielen verdeutlichen:

- Die Betroffenen werden einseitig über ihre Pflichten, kaum aber über ihre Rechte aufgeklärt.
- Es wird zu selten die Möglichkeit eingeräumt, eigene Vorstellungen zu entwickeln und einzubringen. Noch seltener wird die Möglichkeit offeriert, die EinV zwecks Eigenaktivität mit nach Hause zu nehmen und mit eigenen Vorstellungen zu füllen. Dabei könnte die Auseinandersetzung des Kunden mit seiner augenblicklichen Situation außerhalb des öffentlichen Beratungsraumes die Eigeninitiative stärken und die Selbstmotivation erhöhen.
- Die Eingliederungsvereinbarung wird nahezu ausschließlich im Zusammenhang mit Kundenverpflichtungen und den Sanktionsfolgen thematisiert.

Dass es auch anders geht, zeigen die Evaluationsberichte, bei denen mit einer verbesserten Betreuungsrelation und einer intensiveren Qualifizierung der Mitarbeiter die Beratungs- und Vermittlungsdienstleistungen intensiviert wurden. Die Wissenschaftler (Bartelheimer, Henke, Kotlenga, Pagels

& Schelkle, 2012, S. 65 f.) stellten zum Projekt PRIMUS in Saarbrücken die Qualität der Zielvereinbarungen heraus, deren hohe Verbindlichkeit sie auf vier Qualitätsaspekte zurückführten:
1. Die Konkretheit der Zielvereinbarungen, die auch individuelle Lebenslagen, Kompetenzen und Erwerbsorientierungen konkret einbinden.
2. Die Vereinbarungen umfassen sehr praktische Schritte zur Zielerreichung. Dies schließt die Verpflichtungen der Grundsicherungsträger in gleicher Konkretheit ein.
3. Die Fachkräfte waren jederzeit bereit, auf neue Gegebenheiten oder geänderte Erwerbswünsche einzugehen, ohne dass hier Sanktionsbedrohungen erkennbar waren.
4. Widerstand gegen Zielpläne der Fachkräfte wurde als Ressource begriffen und die Formulierungen unter Berücksichtigung der bisher erfassten Fakten hat man fallangemessen und nachvollziehbar verfasst.

„In den beobachteten Fällen beruhte die Verbindlichkeit der verabredeten Ziele durchweg auf der Qualität der persönlichen Kontakte zwischen den Fachkräften und den Arbeitslosen" (ebd., S. 66).

Bewertung der Eingliederungsvereinbarung

Eine adäquate und auf den Kunden bezogene Umsetzung der Vorschriften der Eingliederungsvereinbarung muss sicherlich schwerfallen. Die Sanktionswirkung einer Nichteinhaltung von Obliegenheiten aus der Eingliederungsvereinbarung und die Möglichkeit, die aus der Perspektive des Grundsicherungsträgers notwendigen Forderungen zur Not auch mit Verwaltungsakt durchzusetzen, stärken den hoheitlichen Charakter des Instruments und damit implizit die Stellung der Mitarbeiter. Dennoch scheinen das rechtliche Konstrukt und die auf Kooperation ausgerichtete Grundstruktur der EinV bei den meisten Mitarbeitern nicht sachgerecht verankert. Die EinV bietet eine Chance, den Verbindlichkeitsgrad auf beiden Seiten zu erhöhen und einem wirklichen „Arbeitsbündnis" einen adäquaten Ausdruck zu verleihen. Man stelle sich vor, dass am Ende des Aushandlungsprozesses ein vertragliches Konstrukt steht, von dem beide Seiten überzeugt wären, dass es der gemeinsam getragene Weg zurück in den Arbeitsmarkt wäre. Ein solcher Vertrag entfaltet ganz andere motivationale Wirkungen, auch im Sinne der Selbstwirksamkeitserfahrung von Kunden in Langzeitarbeitslosigkeit.

Nicht zuletzt haben zu einer eher formal-rechtlich einseitigen Ausrichtung im Verständnis der EinV auch der Gesetzgeber und die umsetzenden Organisationen beigetragen. So ärgerlich es auch ist, dass viele Menschen teilweise Monate auf ein Erstgespräch bei ihrem persönlichen Ansprechpartner warten müssen, so ärgerlich ist es, Mitarbeiter wie Kunden nach einem Erstkontakt zu einem „Vertragsabschluss" zu verpflichten. Niemand von uns würde freiwillig ein Geschäft betreten, bei dem am Eingang das Schild steht: „Wenn Sie diesen Laden betreten, sind Sie zum Kauf verpflichtet." Ein solcher „Kauf-"Vertrag wäre schlicht sittenwidrig. Von daher ist noch einmal dringend bei den Standards im Fallmanagement wie der Betreuung

Integrationsplanung und Eingliederungsvereinbarung

generell anzuraten, von festen Vorgaben in dieser Hinsicht abzugehen. Statt einer Vorgabe wie „Abschluss einer EinV nach dem Erst-/Zweit- oder Drittkontakt" lieber eine Qualitätsdimension, die einen Zeitraum erfasst und Ausnahmen zulässt. Der Endbericht zur Hartz IV-Evaluation zeigt, dass ein schneller und häufiger Abschluss einer Eingliederungsvereinbarung keinen nennenswerten Einfluss auf die Steigerung der Beschäftigungsfähigkeit von Kunden hat (vgl. BMAS, 2008(a), S. 221).

Zusammenfassung

Integrationsplanung und die Eingliederungsvereinbarung, so viel bleibt festzuhalten, erfüllen zusammenfassend mehrere Funktionen:

1. In der Zusammenarbeit mit dem Kunden werden in der Integrationsplanung in kleinen, überschaubaren Einheiten die einzelnen Schritte zur Rückkehr in den Arbeitsmarkt besprochen und festgelegt. Sie bilden die Grundlage für die abzuschließende Eingliederungsvereinbarung, die bei erfolgreicher Planung und Stabilität des Arbeitsbündnisses dann eher als „Formsache" zu bezeichnen ist.

2. Ein systematischer Integrationsplan liefert, wie die Vereinbarung selbst, eine Reihe von steuerungsrelevanten Daten, beispielsweise zur Dauer und Notwendigkeit integrativer Überlegungen, die nicht unmittelbar auf die Arbeitsmarktintegration zielen, zur Prüfung, inwieweit kommunale Sozialpolitik hieraus Gestaltungsaufgaben ableiten kann, zum Umsetzungsstand von Teilzielen, gerade im Hinblick auf die Beseitigung oder Minimierung von Vermittlungshemmnissen, sowie bei entsprechender Verknüpfung mit Budgetierungen auch Angaben zum möglichen Kostenaufwand.

3. Gerade der letzte Punkt ist von erheblicher Bedeutung, sind doch Integrationsplanung und -vereinbarung einer doppelten Bindung unterworfen. Einerseits wirken sie als „Teilchen" mit an der gesamten Maßnahmeplanung der Institution, gleichzeitig wirken solche Planungsmechanismen zurück auf die unmittelbaren Absprachen zwischen Kunden und Fallmanager. Die individuelle Beratungskompetenz der Fallmanager wird hier verknüpft mit dem arbeitsmarktlichen Fachwissen und der Steuerungskompetenz (vgl. Autorengemeinschaft 2004, S. 26).

4. Im Aufbau folgen die vereinbarten Unterstützungssysteme dem Subsidiaritätsprinzip. Abgestimmte Möglichkeiten des Kundensystems werden genutzt und eingefordert. Die notwendigen Unterstützungsmaßnahmen richten sich zunächst nicht nach der Verfügbarkeit vorhandener Mittel oder den rechtlichen Leistungsvoraussetzungen. Können notwendige Bedarfe – aus welchen Gründen auch immer – nicht befriedigt werden, so ist dies zu dokumentieren (vgl. Steuerungsaspekte im folgenden Kapitel).

5. Die Eingliederungsvereinbarung ist in ihrer jetzigen Konstruktionslogik rechtlich bedenklich und in der Umsetzung zu einseitig auf die Organisationsbelange ausgerichtet. In ihrer Grundkonzeption bietet sie dennoch die Chance, den Verbindlichkeitsgrad zu erhöhen und in einem fairen Aushandlungsprozess auch zu Win-win-Situationen zu gelangen.

Checkliste Integrationsplanung/Eingliederungsvereinbarung

Empfehlung: Eingliederungsvereinbarung einmal anders einleiten

Formulieren Sie die oben skizzierten Negativbeispiele im Sinne eines offenen Angebotes um. Einige Sprachbeispiele:

- Was würden Sie in einen Vertrag schreiben, in dem wir beide uns zu wechselseitigem Handeln verpflichten müssten?
- Lassen Sie uns mit ein paar Stichworten aufschreiben, was wir in den gesetzlich vorgeschriebenen Eingliederungsvertrag schreiben. Sie notieren, was Sie von mir wollen, ich schreibe auf, was ich von Ihnen möchte.
- Wie sähe ein Vertrag aus, den wir beide schließen, der Sie zufriedenstellen würde?
- Was würde Ihr Partner/Ihre Partnerin in eine Eingliederungsvereinbarung schreiben, die wir beide miteinander schließen? Welche Erwartungen hätte sie/er an Sie, welche an mich?
- Hilft es Ihnen, wenn Sie den Vertrag erst einmal zu Hause besprechen?
- (Üben Sie einige andere Sprachvarianten)

8.6 Checkliste Integrationsplanung/Eingliederungsvereinbarung

Strukturqualitätsmerkmale

- Stehen Entscheidungshilfen zur Verfügung, die die Zuordnung passender Hilfen ermöglichen (z. B. Arbeitsmarktinformationssysteme, Bildungsdatenbanken, Vermittlungssysteme, Hilfen zur beruflichen Alternativplanung, Netzwerkdatenbanken)?
- Gibt es ein IT-Verfahren zur Dokumentation (standardisierter Integrationsplan)?
- Wurde ein juristisch und sprachlich geprüfter Vordruck zur Eingliederungsvereinbarung erarbeitet? Die überwiegende Zahl der vorliegenden EinV erfüllt die Kriterien einer kundengerechten Sprache nicht.
- Besteht Klarheit über Entscheidungskompetenzen der Mitarbeiter? Was kann ein Fallmanager zusagen, wie weit geht seine Budgethoheit, wie flexibel können seine Angebote zugeschnitten sein?
- Wurden Standards unter Einbeziehung der Rechtsprechung zum Abschluss der EinV und zur Integrationsplanung entwickelt (u. a. Zeithorizonte, Kundenbeteiligungsverfahren etc.)?
- Lassen die IT-Verfahren eine Bündelung der Informationen aus der Integrationsplanung für eine spätere Bedarfssteuerung zu?
- ...

Integrationsplanung und Eingliederungsvereinbarung

Prozessqualitätsmerkmale

- Festgestellte Bedarfslagen aus dem Assessment sind in der Darstellung der Integrationsplanung erkennbar (Individualstrategie)?
- Wurden aufgetretene Konfliktsituationen erfolgreich bewältigt oder in Form unterschiedlicher Auffassungen dokumentiert?
- Die Ziele sind klar und eindeutig formuliert, wurde eine beraterische Überprüfung des „Verstehens" aufseiten des Kunden vorgenommen? Liegt die Zielerreichung in den eigenen Ressourcen des Kunden?
- Die Verantwortlichkeiten sind klar definiert und ein realistischer Zeitrahmen festgelegt?
- Kontakte zu Dritten sind vorbereitet (Vorinformationen, Schweigepflichtentbindungen, Betreuungsabsprachen), abgesprochen oder werden begleitet?
- Gegenteilige Auffassungen des Kunden sind dokumentiert und bewertet? Wurden Maßnahmen der gemeinsamen Zielabstimmung unter fachlichen Standards versucht und sind dokumentiert (z. B. Teamberatungen, Fallkonferenzen, Gutachten, Erprobungen etc.)?
- Fehlende Versorgungsangebote sind aufgelistet und bestehende Angebote auf Passgenauigkeit geprüft?
- Wurden dem Kunden ein Exemplar der Integrationsplanung und die Eingliederungsvereinbarung ausgehändigt?
- ...

Ergebnisqualitäten

- Zahl der abgeschlossenen Eingliederungsvereinbarungen insgesamt (Indikator für Aktivierungsanteile)?
- Zahl der abgeschlossenen Eingliederungsvereinbarungen nach Fallübernahme in einem definierten Zeitraum (Dauer zwischen Erstkontakt/Assessment und Abschluss einer EinV)? Indikator für die eigene Evaluation des Fallmanagements, Hinweise für die Geschäftsführung auf fehlende Ressourcen (z. B. Gutachterkapazitäten etc.).
- Zahl verweigerter Eingliederungsvereinbarungen/Eingliederungsvereinbarungen als Verwaltungsakt? Wichtige Indikatoren für die Qualität der Dienstleistungserbringung signalisieren gegebenenfalls Schulungsbedarf.
- Erreichte/umgesetzte Ziele im Rahmen der Integrationsplanung/der abgeschlossenen Eingliederungsvereinbarungen (zentraler Indikator für die Qualität und Passgenauigkeit der Dienstleistung Fallmanagement)?
- Zahl und Bestand der Sanktionen durch Nichteinhaltung vereinbarter Aktivitäten ohne wichtigen Grund (Teil der Sanktionsstatistik, Information zur generellen Lage des Fallmanagements, wenn die Anzahl zunimmt)?
- Regelmäßige Auswertung der Zieldokumentation aus den Integrationsplanungen (zentrales Erkenntnisinstrument für die Planung der Arbeitsmarktprogramme und der Bedarfe an sozialintegrativen Netzwerkpartnern)?
- ...

Interne Leistungserbringung und Schnittstellen

9.1 Zur Unterscheidung von Fall- und Leistungssteuerung 152
9.2 Erbringung eigener Leistungen durch die Grundsicherung 153
9.3 Internes und externes Schnittstellenmanagement 162
9.4 Arbeitsmarktbezogene Integrationsstrategien
    im beschäftigungsorientierten Fallmanagement 170
9.5 Von der Reziprozität der integrativen Leistungen 205
9.6 Die arbeitsmarktpolitischen Instrumente
    in der zusammenfassenden Bewertung 207

9.1 Zur Unterscheidung von Fall- und Leistungssteuerung

Auf der Fallebene (Mikroebene) werden nachfolgend die Aktivitäten betrachtet, die der unmittelbaren Weiterentwicklung des Falles dienen. „Steuerung beinhaltet einen ständigen Abgleich zwischen der intendierten Zielsetzung und dem erreichten Resultat, beinhaltet also einen Soll-Ist-Vergleich" (MWA NRW 2003, S. 76 f.), in diesem Fall somit zwischen den Zielen, die der Kunde mit dem Fallmanager vereinbart hat (Integrationsplanung und Eingliederungsvereinbarung), als „Soll" und dem jeweiligen Stand der Umsetzung („Ist") zum Prüfzeitpunkt. Die Unterscheidung zwischen Leistungssteuerung und Fallsteuerung ist in der Literatur nicht eindeutig. Versuche, Fallmanagement, Case Management und Care Management begrifflich zu trennen (vgl. Gissel-Palkovich, 2012) bergen beständig die Gefahr, die grundlegenden und Erfolg versprechenden Mechanismen des Case Management-Ansatzes auszuhebeln. Man kann darüber sprechen, ob Case Management bereits vollständig oder nur rudimentär implementiert wurde oder inwieweit die Steuerungsaspekte auf den einzelnen Fallmanager oder die gesamte Organisation zu beziehen sind. Eine Trennung zwischen Fallmanagement und Case Management ist, bei Aufrechterhaltung eines übergreifenden Verständnisses von Care Management, nicht sinnvoll und international nicht üblich.

Von Fallsteuerung sollte gesprochen werden, wenn in der Zielrealisierung erneute Absprachen und Abstimmungen mit den betroffenen Kunden erforderlich werden (vgl. Abb. 11). Der Begriff Fallsteuerung hängt daher

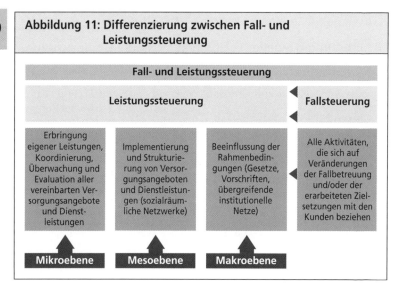

Quelle: Göckler, 2012

eng mit Fragen des Re-Assessment und weiteren Abstimmungsprozessen mit dem Kunden zusammen und ist mit beraterischen Aktivitäten zwingend verbunden. Fallsteuerung fungiert auf der Mikroebene als Oberbegriff, da alle Veränderungen in den Absprachen auf die direkte Leistungssteuerung zurückwirken.

Die Leistungssteuerung beschäftigt sich auf der Mikroebene mit der Umsetzung der Integrationsplanung im konkreten Fall. Es gilt hierbei, die abgesprochenen Versorgungsangebote und Dienstleistungen zu koordinieren, zu überwachen, zu bewerten und in ihren Wirkungen mit dem Kunden rückzukoppeln. Leistungssteuerung auf dieser Ebene umfasst drei eigenständige Aktivitätsbereiche:

a) die Erbringung/Gewährleistung eigener Unterstützungsleistungen durch den Fallmanager im Auftrag des Kunden

b) die Vermittlung passender Unterstützungsangebote von Dritten (linking) im Auftrag des Kunden

c) die Absicherung der vereinbarten Ziele und geplanten Maßnahmen durch ein systematisches Monitoring in Zusammenarbeit mit dem Kunden

Die Wirkungen auf der Meso- und Makroebene gehen (teilweise) über die Fallbetreuung hinaus und bewegen sich auf die Ansätze eines Care Managements zu. Allerdings bleiben alle Aktivitäten des Case Managements auf der Meso- und Makroebene zurückgekoppelt an konkrete Fälle (vgl. Kap. 12).

9.2 Erbringung eigener Leistungen durch die Grundsicherung

Die Vielfalt denkbarer Aufgaben, die im Rahmen des beschäftigungsorientierten Fallmanagements entweder vom Fallmanager selbst erbracht werden oder von beauftragten Dritten, wäre sicherlich erdrückend, würde eher verflachend als professionalisierend wirken oder wäre nur im Rahmen unrealistisch anzusehender Betreuungsrelationen leistbar, gäbe es nicht unterstützende Instrumente und Verfahren, auf die ein Fallmanagement zurückgreifen können muss, will es arbeits- und leistungsfähig sein. Abb. 12 fasst Aspekte der Fallsteuerungsunterstützung zusammen.

Dabei spielen vier zentrale Kategorien eine dominante Rolle (vgl. Übersicht Abb. 12):

1. die Unterstützung durch eine hilfreiche Informationstechnik
2. die Unterstützung durch das unmittelbare Team
3. die Unterstützung durch interne (ärztliche und psychologische Fachdienste, Koordinatoren etc.) und externe Netzwerkpartner
4. standardisierte Routinen bei häufig wiederkehrenden Problemstellungen

Interne Leistungserbringung und Schnittstellen

Quelle: Göckler, 2012

IT-Unterstützung

Ohne eine leistungsfähige IT-Unterstützung ist Fallmanagement nicht denkbar. Ein entsprechendes Verfahren muss dem Fallmanager alle notwendigen Daten schnell und übersichtlich präsentieren, die er für die Steuerung seines Falles benötigt (Wissensmanagement). Die Grundanforderung resultiert aus einem konsistenten Programm, das parallel alle beraterisch relevanten Informationen zur Betreuung eines Falles liefert und gleichzeitig alle notwendigen statistischen Daten generiert, ohne dass hierfür ein zusätzlicher Erfassungsaufwand betrieben werden muss. Aus

Erbringung eigener Leistungen durch die Grundsicherung

den beraterisch relevanten Eintragungen sowie abgestimmten Kenngrößen werden alle statistischen Größen entnommen, um eine Arbeitsmarkt-, Fiskal- oder Sozialbilanz zu ziehen. Zu diesen IT-Systemen sollten gehören

- das Betriebssystem, auf dem alle Anwendungen basieren. Mit den nachfolgenden Anforderungen wäre für die Fachkräfte vieles erreicht, wissend, dass sich hieran bereits Tausende von IT-Experten verzweifelt versucht haben:
  - Das System muss stabil und sicher laufen, verzeiht auch kleinere Bedienerfehler.
  - Es gewährleistet die notwendige Datensicherheit, insbesondere im Online-Betrieb.
  - Es stellt die geforderten Informationen schnell zur Verfügung (Hardwareausstattung).
- ein Basisdaten-Programm, mit dem die Fallmanager alle unmittelbaren Kundendaten abrufen können. Die Fachkräfte selbst haben ein Interesse daran, einerseits alle wichtigen Informationen zu dokumentieren und gleichzeitig den Aufwand so gering wie möglich zu halten. **Controlling, Arbeitsmarktforschung, (Kommunal-)Politik und Haushalt** ziehen aus diesen Aufzeichnungen alle wesentlichen Informationen zu
  - geplanten Maßnahmen (Integrationsplanung),
  - zu laufenden Maßnahmen (unterlegt mit den Kosten),
  - zum Erfolg der eingeleiteten Maßnahmen und gegebenenfalls den Gründen des Scheiterns,
  - den hierfür getätigten Aufwendungen (gesamt und je Kunde/Bedarfsgemeinschaft) sowie
  - für ein regionales und überregionales Benchmarking.

  Sofern die sichernden Leistungen hierin eingebunden sind, können die entsprechenden Übersichten (Gesamtaufwand, Teilleistungen, Durchschnittssätze) ebenfalls generiert werden.
- die Vernetzung mit dem Info-System des Fallmanagements und den vermittlungsrelevanten Kundendaten, die Suchoption auch über Soft Skills sowie die Möglichkeit, eine kurze persönliche Präsentation für interessierte Arbeitgeber abzuspielen. Eine optimierte Suche nach Arbeitsplätzen mit Eingrenzungskriterien bezogen auf regionale Suchoptionen, auf Ausbildung oder Arbeit, nach Vollzeit, Teilzeit, nicht sozialversicherungspflichtig, bundesweit oder zielorientiert (andere Stadt, Region, Bundesland), die Einbeziehung weiterer Internetrecherchemöglichkeiten (Job Maschinen, Praktikabörsen), eine automatisierte Suche über Job Roboter, ein kontrollierter Zugang für Bewerber (Eigenrecherche) und Arbeitgeber mit Abrufmöglichkeit der Bewerberprofile sowie den klassischen Suchmöglichkeiten nach Berufsbezeichnungen (Berufskennziffern) und/oder Erweiterungsmöglichkeit nach Teilqualifikationen (Job, Familie, Technik der Quervermittlung).

Interne Leistungserbringung und Schnittstellen

Controlling, Arbeitsmarktforschung, (Kommunal-)Politik und Haushalt ziehen aus diesen Aufzeichnungen alle wesentlichen Informationen zu

- den verfügbaren Stellenangeboten und den geforderten Qualifikationen,
- den Qualifikationsprofilen der Bewerberseite,
- den notwendigen Daten der Arbeitsmarktbilanz einschließlich der Bewertung der Vermittlungsaktivitäten,
- durch entsprechende Clusterung Daten für ein regionales und überregionales Benchmarking,
- den Integrationserfolgen der Fallmanager.

- ein zusätzliches Info-System (gesondert oder integriert) für die beteiligten Fachkräfte. Dies bringt Berufe und Arbeitstätigkeiten auf den neuesten Stand, speichert Daten zur Arbeitsmarktlage des jeweiligen Berufes, beschreibt Ausbildungs- und Arbeitsplatzanforderungen, berufliche Alternativen oder Weiterbildungsangebote. Das Arbeitsmarktinformationssystem (regional, überregional, bundes- und europaweit) hält für die Fachkräfte wie für die Öffentlichkeitsarbeit alle wesentlichen Informationen zur Veränderung auf dem Arbeitsmarkt bereit. Informationen sind nach Einzelberufen, nach Branchen, nach Regionen oder anderen Aspekten abrufbar. Die notwendigen Daten können über das Vermittlungssystem generiert oder bereits dort zugeordnet werden. Das Info-System bietet die Möglichkeit, die Daten auch unter Inkaufnahme einer zeitlichen Verzögerung besser aufbereitet zu erhalten (zum Beispiel für Gruppeninformationen oder über eine längere Zeitdauer).

Weitere Angebote wären eine Arbeitgeberdatenbank, eine Übersicht über regionale Träger nach ihrer jeweiligen Angebotsstruktur, eine aktuelle Haushaltsübersicht mit mitarbeiterdifferenzierter Budgetübersicht sowie ein ergänzendes internes Tableau zu den Fachdiensten, kommunale und agenturbezogene Ansprechpartner, Telefonverzeichnisse, Organisationszeichen, Organisationsschaubilder, Fallmanagementinterna etc.

Zusammenfassend sei noch einmal die Bedeutung dieser IT-Unterstützung für die persönliche Betreuung von Kunden herausgestellt. Die Fachkräfte machen überzeugt und korrekt nur dort Eingaben, wo sie selbst davon in ihrer Arbeit mit den Kunden profitieren. Die Dateneingabe ist so vorstrukturiert, dass aus den Eingaben entweder direkt oder mittels einer späteren IT-gestützten Aufbereitung alle notwendigen Informationen für eine **angemessene** Arbeitsmarkt-, Finanz- und Sozialbilanz gezogen werden können. Die Vorteile für alle Beteiligten liegen auf der Hand:

Erbringung eigener Leistungen durch die Grundsicherung

- Die Fachkräfte akzeptieren das System, da sie selbst unmittelbar davon profitieren.
- Im Back-Office können Mitarbeiter für direkte Unterstützungsdienstleistungen der persönlichen Ansprechpartner eingesetzt werden; zusätzlicher Erfassungsaufwand („Strichel-Listen") entfällt.
- Die Datenbasis der Controller und Arbeitsmarktforscher steht auf soliden Füßen, weil die Fachkräfte selbst ein Interesse an der korrekten Erfassung haben. Potemkinsche Dörfer sollten sich so nicht mehr aufbauen.
- Alle Daten sind relativ schnell verfügbar, da Handauszählungen oder Sondererfassungen entfallen.

Was für den datenschutzrechtlichen Umgang mit den Daten der Kunden und Bürger gilt, muss auch für die (Geschäfts-)Politik gelten: Nicht alles, was machbar ist, ist auch wünschenswert. Mancher Datenfriedhof ist entbehrlich.

Mit der Erweiterung eines kennwortgeschützten Bereiches für das Fallmanagement im Vermittlungssystem VerBIS der Bundesagentur für Arbeit ist ein erster datenschutzrechtlich bedeutsamer Entwicklungsschritt gelungen. Auch die Einspeisung von Assessment-Masken und Integrationsplänen dient der Fortentwicklung des beschäftigungsorientierten Fallmanagements. Allerdings ist das Handling so aufwendig, dass viele Fachkräfte abgeschreckt werden. Hier besteht noch dringend weiterer Entwicklungsbedarf. Auch die Softwareangebote zur Betreuung, Beratung und Vermittlung oder der Leistungsgewährung der anderen großen Anbieter zeigen nach Rückmeldungen aus der Praxis teilweise doch deutliche Schwächen. Die zahlreichen gesetzlichen Änderungen seit Entstehen der Grundsicherung tun ein Übriges, die Entwicklung einer leistungsfähigen Software zu erschweren.

Teamebene

Die Teamzusammensetzung und der Teamaufbau spielen eine bedeutende Rolle bei der Fall- und Leistungssteuerung. Teams, die Aufgaben nach dem SGB II wahrnehmen, können horizontal, vertikal oder gemischt gegliedert sein (vgl. Abb. 13). Alle Strukturen haben ihre jeweils spezifischen Vor- und Nachteile. Fördert eine horizontale Struktur der Teams die übergreifende Zusammenarbeit, einen schnellen Informationsaustausch und kurze Überstellungswege, werden in der vertikalen Teamstruktur eine professionellere Ausrichtung (Spezialisierung) und eine synergetische Aufgabenbündelung gefördert. Mischvarianten versuchen die Vorteile beider Strukturen miteinander zu verzahnen, ohne die Nachteile zu potenzieren, schaffen aber manchmal neue Schnittstellen. Das Schaubild verdeutlicht, dass die Teamstruktur durchaus Auswirkungen auf die Fall- und Leistungssteuerung hat. Auch in der wissenschaftlichen Forschung werden Fragen der organisatorischen Einbindung von Case Management nicht eindeutig beantwortet (vgl. MWA NW, 2003, S. 69).

Interne Leistungserbringung und Schnittstellen

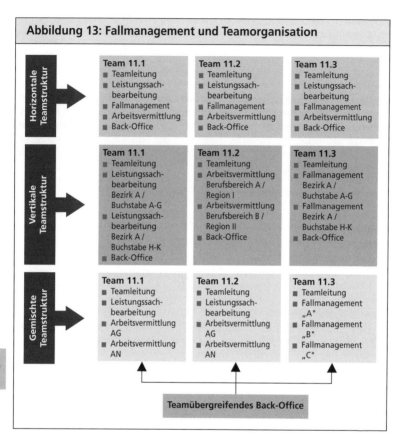

Quelle: Göckler, 2009

Aufgrund des gesetzlichen Auftrags, letztendlich alle Bemühungen für eine erfolgreiche Arbeitsmarktintegration zu bündeln, spricht im beschäftigungsorientierten Fallmanagement vieles für eine horizontale Teamstruktur. Gerade das Fallmanagement könnte davon profitieren, da es einerseits einen schnellen unbürokratischen Zugriff auf sichernde Leistungen und sozialrechtliche Fragestellungen erhält, andererseits durch die größere Arbeitsmarkt- und Arbeitgebernähe der Vermittlungsfachkräfte den arbeitsmarktintegrativen Auftrag besser verfolgen kann. Allerdings ist der Professionalisierungsschub infolge eines spezialisierten Fallmanagements, den man in der Praxis häufig erleben kann, wenn den Teams Freiräume ermöglicht werden, von nicht zu unterschätzender Bedeutung. Dies gelingt vertikalen Teamstrukturen besser, besonders bei der Entwicklung einer vertrauensvollen Zusammenarbeit innerhalb von internen und externen Netzwerken.

Erbringung eigener Leistungen durch die Grundsicherung

Das Team ist die wichtigste meinungsbildende Einheit und Adressat für geschäftspolitische Zielvereinbarungen. In der Praxis zeigt sich immer wieder, wie sehr insbesondere junge Fachkräfte und Nachwuchskräfte der Meinungsbildung eines Teams unterliegen. In Schulungen trifft man auf Teams, die von großer Offenheit und Neugier auf Neues geprägt sind. Mit ihnen zu arbeiten zeigt dann schnell Erfolge, schafft Handlungssicherheit und macht vor allem Spaß. Auch das Gegenteil tritt auf: Teams, die in ihrer Meinung über die Kundschaft festgelegt sind, manchmal mit resigniertem, manchmal mit aggressivem Unterton. Hier reichen fachliche Schulungen im Regelfall nicht aus, um zu einer Änderung der Einstellungen zu kommen. Regelmäßige Teamentwicklung und Supervision sind notwendig, um in derartigen Teams Entwicklungsprozesse anzustoßen. Teamleitungen müssen hier besonders sensibel vorgehen, müssen Entwicklungshilfe leisten. Manchmal ist es dann erforderlich, Teamzusammensetzungen zu ändern.

> **Empfehlung: Fallmanagementteams flexibel aufstellen**
>
> Wenn eine Organisation erstmals spezialisierte Fallmanagementstrukturen implementieren möchte, sollte eine vertikale Variante bevorzugt werden (eigene Fallmanagementteams). Die Professionalisierungsvorteile überwiegen eindeutig in der Anfangsphase. Zu einem späteren Zeitpunkt kann eine Umorganisation erfolgen, wenn die Fachkräfte die Schnittstellen zur Leistungsgewährung oder Vermittlungsarbeit optimieren wollen. In den Übergangszeiten hilft ein einheitliches Back-Office für alle Teams, das oft als informelles Kontaktbüro fungiert. Als günstig hat sich herausgestellt, die Teamstrukturen horizontal aufzubauen, bestimmte Elemente des Supports jedoch spezialisiert zu organisieren. So könnten beispielsweise Modelle der Praxisberatung fachspezifisch organisiert werden, obwohl die Teamstruktur horizontal gewählt wurde und alle Aufgaben der Grundsicherung vereint.
>
> Weitere Varianten wären beispielsweise fachliche Spezialisierungen (Fallmanager/Teamleiter) als Ansprechpartner für bestimmte Hilfenetze (Kinderbetreuung, Suchtberatung, Schuldnerberatung, psychosoziale Erkrankungen etc.). Die Praxis spricht hier von „Päckchen" oder „Rucksäcken", die Führungskräfte oder Fallmanager mit einem spezifischen Schwerpunkt tragen.

Unterstützungsformen innerhalb der Teamstrukturen

Zu den wichtigsten Unterstützungsformen bei der Fallsteuerung innerhalb der Teamstrukturen gehören:

Teambesprechungen
Sie finden in der Regel ohne Einbindung der Kunden statt, behandeln eher organisatorische oder übergreifende Regelungen und Inhalte. Verfahren zur Zusammenarbeit innerhalb der Organisation oder mit Netzwerkpart-

Interne Leistungserbringung und Schnittstellen

nern, methodische Ansätze in der Fallbearbeitung, idealtypische Prozessstandards oder die Diskussion um Erfolgsmaßstäbe und Controllingdaten bestimmen ihre Inhalte. Teambesprechungen sollten regelmäßig in größeren Zeitabständen und mit einer klaren Struktur stattfinden.

Kollegiale Beratung/Praxisberatung/Supervision
dienen der Reflexion des Falles und des eigenen Vorgehens. Die Partner sind nicht Beteiligte des Falles, sondern Kollegen des Teams oder professionelle Begleiter (Supervisoren). Oftmals wird es darum gehen, Ressourcen und Chancen, Barrieren und Hemmnisse im Kundenkontakt professionell aufzuarbeiten und nach neuen Wegen zu suchen. Insofern sind sie Teil der Fallsteuerung, insbesondere aber der Qualitätssicherung im Fallmanagement. Diese Angebote der Unterstützung sind im Feld der Grundsicherung nicht frei auszuhandeln, weder für die Führungskräfte noch für die Fachkräfte. Wer professionell in diesem belastenden Feld agieren will, wird um diese Angebote nicht herumkommen. Von Praktikern wie Theoretikern werden diese Formen für zwingend erforderlich gehalten und sind verpflichtend in der Teilnahme. Fallmanager, die sich derartigen Angeboten entziehen, sind für diese Arbeit nicht geeignet. Die Deutsche Gesellschaft für Supervision (2012) hat eine Fachdokumentation herausgegeben, die sich mit der Bedeutung von Supervision im Kontext der Grundsicherungsarbeit auseinandersetzt.

Qualitätszirkel
gehen spezifischeren Fragestellungen nach wie dies beispielsweise in Teambesprechungen möglich ist. Sie werden häufig projektbezogen gebildet, um eine spezifische Fragestellung der Fall- und Leistungssteuerung zu bearbeiten. Hierzu gehören häufig Schnittstellenfragen, Qualitätsstandards in der Zusammenarbeit mit Dritten, Erfolgsindikatoren im Fallmanagement, das Schnüren von Weiterbildungspaketen oder Qualitätsindikatoren für den Einsatz spezifischer Integrationsinstrumente.

Interne Teamberatungen
finden in Zusammenarbeit mit dem Kunden statt und binden im Regelfall einen weiteren Experten der Organisation ein (Leistungssachbearbeiter, ärztlicher Begutachter, psychologischer Begutachter etc.), der nicht immer direkt aus dem Team selbst kommen muss. Innerhalb des Teams dienen Teamberatungen vorrangig dazu, die Bewertung von Problemlagen oder die Entwicklung von Integrationsalternativen zu unterstützen. Häufig wird innerhalb des Teams auch der „zweite Blick" benötigt, um einen beraterischen Stillstand in der Fallentwicklung aufzubrechen oder nach „übersehenen" Teilen in der Bewertung zu suchen. Auch die beteiligten Kunden selbst können Experten (z. B. von einer Beratungsstelle) zu einer Teamberatung hinzuziehen.

Unterstützungsformen mit externen Netzwerkpartnern

Wesentliche Aspekte der Netzwerkarbeit mit internen und externen Unterstützern werden im nachfolgenden Kapitel noch erarbeitet. Hier geht es zunächst um die Frage, wie Netzwerke im Rahmen der Fall- und Leistungssteuerung Unterstützung geben können. Gute Netzwerkarbeit erkennt man vor allem daran, dass Informationen fließen. Netzwerker halten sich auf dem Laufenden, haben ein Interesse daran, dass alle Beteiligten im Hinblick auf Verfahren, Organisationsbesonderheiten und Fallbetreuung auf einem ähnlichen Stand sind.

Ähnlich wie in Teamstrukturen werden mit Netzwerkpartnern **Teamberatungen** durchgeführt. Bei Teamberatungen suchen die Fallbeteiligten spezifische Problemstellungen eines Falles gemeinsam zu lösen. Der Kunde ist eingebunden und entwickelt mit Unterstützung der Experten neue Ansätze. Im Gegensatz zur Fallkonferenz agiert hier der Fallmanager im Regelfall nur mit einem weiteren externen Partner (Beratungsstellen, Qualifizierungs- und Beschäftigungsträger, andere staatliche Stellen – Jugendamt, kirchliche oder karitative Beratungsdienste etc.).

Im Gegensatz hierzu finden **Fallbesprechungen** in der Regel ohne Beteiligung des Kunden zur gegenseitigen Information und Aktualisierung des Kenntnisstands statt. Sie sind regelmäßiges Werkzeug des Fallmanagers, das im Rahmen der Fallsteuerung den Prozess begleitet. Hilfen bei der Interpretation von ärztlichen oder psychologischen Gutachten, Abstimmung mit Trägern über die weitere Vorgehensweise oder Rückmeldungen über den Leistungsstand des Kunden im Rahmen einer beruflichen Qualifizierung sind typische Beispiele, bei denen Fallmanager zum Instrument der Fallbesprechung greifen.

Eine zentrale Unterstützungsfunktion in der Fall- und Leistungssteuerung nimmt die **Fallkonferenz** ein. Fallkonferenzen führen die am Fall beteiligten Fachkräfte zur Klärung einer spezifischen Frage- oder Problemstellung zusammen. Sie können bereits sinnvoll eingesetzt werden, wenn es beispielsweise im Rahmen des Assessments oder der Integrationsplanung zu Schwierigkeiten bei der Feststellung individueller Leistungsfähigkeit oder der Zielausrichtung der Integrationsplanung kommt. Bedeutsamer wird eine Fallkonferenz jedoch, wenn sich im Rahmen der Fall- und Leistungssteuerung herausstellt, dass vereinbarte Ziele nicht erreicht, Planungen immer wieder aufgehoben und verändert werden müssen. Sind in Gesprächen mit dem Kunden die „Störungen" nicht zu beseitigen, kommt man den Ursachen trotz gemeinsamer Anstrengungen nicht auf die Spur, ist interdisziplinäre Hilfestellung häufig ein guter Weg, Sackgassen zu meiden und wieder offene Wege zu finden. Insofern sind Fallkonferenzen ein Musterfall für den interdisziplinären Anspruch des Fallmanagements. Eine Fallkonferenz wird demnach einberufen, wenn im Einzelfall die Realisierung einer adäquaten Hilfe mit den bestehenden Möglichkeiten oder geforderten Aktivitäten nicht gelungen ist. Sie kann angeregt werden vom Fallführenden

Interne Leistungserbringung und Schnittstellen

(Fallmanager), vom Betroffenen oder seiner Vertrauensperson oder involvierten Einrichtungen, wenn das Einverständnis des Betroffenen vorliegt.

Die Kunden sind somit in jedem Fall zu beteiligen. Die Einladung und Koordination erfolgt durch die Fall führenden Fachkräfte. Zu den Qualitätsstandards im Fallmanagement gehört, dass eine solche Fallkonferenz innerhalb von zwei bis drei Wochen nach Beantragung beziehungsweise nach Feststellung durch den Fallmanager einzuberufen ist.

Ziele einer Fallkonferenz

Die Fallkonferenz und eine sich anschließende Ergebnisdokumentation dienen

- der Minimierung von fehlerhaften und nicht tragfähigen Entscheidungen,
- der Überprüfung und Absicherung getroffener Entscheidungen,
- der Entwicklung möglicher Alternativen für die jeweilige Zielplanung,
- der Koordination der weiteren Vorgehensweise,
- der Unterstützung und Entlastung der Fallverantwortlichen in konflikthaften Situationen,
- der wechselseitigen Information und Aktualisierung aller Beteiligten,
- im Konfliktfall als Nachweis einer verantwortungsvollen Zielerarbeitung und Fallbetreuung.

Diese team- und netzwerkbezogenen Supportstrukturen, insbesondere die Fallkonferenz, werden für eine fachliche Arbeit zunehmend unverzichtbar. Wenn sich die Komplexität der Fälle weiter erhöht, werden einzelne Akteure immer schneller mit einer Lösung überfordert. Die schrecklichen Geschehnisse in der Jugendhilfe und in der Grundsicherung der letzten Jahre zeigen, dass neben einer guten Falldokumentation nur eine breit abgesicherte Fallsteuerung die Sicherheit schafft, die Fallmanager und beteiligte Experten benötigen. Diese Sicherheit betrifft sowohl die fachliche Überzeugung, die zur eigenen psychischen Gesunderhaltung unverzichtbar ist, wie auch die Sicherheit gegenüber ermittelnden Behörden, wenn Extremsituationen wie in der Jugendhilfe auch in der Grundsicherung aufgetreten sind. Erste Beispiele hierfür gibt es bereits.

9.3 Internes und externes Schnittstellenmanagement

Interne Schnittstellen: Spezialisiertes oder generalisiertes Fallmanagement

Die selbst bei einer Betreuungsrelation von 1:75 immer noch sehr belastende und komplexe Aufgabe im beschäftigungsorientierten Fallmanagement ist auf Dauer – ohne dass man gesundheitliche Auswirkungen oder ein Ausbrennen der Fachkräfte billigend in Kauf nehmen will – nur leistbar,

Internes und externes Schnittstellenmanagement

wenn eine klare Aufgabenzuordnung zu drei wichtigen internen Kooperationsstellen getroffen wurde:
1. die Aufgabenteilung und Fallübergabe zwischen Fallmanagement und Vermittlungsfachkräften
2. die Aufgabenteilung zwischen leistungsgewährender Sachbearbeitung und Fallmanagement
3. die Unterstützung des Fallmanagements durch ein Back-Office bei Routineaufgaben

An dieser Stelle wird deutlich, dass die Organisation vorher eine Entscheidung über die Ausgestaltung ihres Fallmanagementansatzes zu treffen hat.

In der § 6c SGB II-Evaluation wurden Grundsicherungsstellen unterschieden in solche, „die Fallmanagement nur für bestimmte Fälle und durch organisatorisch auf Fallmanagement spezialisiertes Personal durchführen (sog. Spezialisiertes Fallmanagement) und solche, die das gesamte Personal für Fallmanagement (neben anderen Formen von Betreuung) einsetzen, das dann bei allen oder auch nur einem Teil der Kunden angewandt wird (sog. Generalisiertes Fallmanagement)" (BT-Drucksache 11/16488, S. 17). Die spezialisierte Variante folgt den Empfehlungen der Bundesagentur für Arbeit mit ihrem Fachkonzept zum beschäftigungsorientierten Fallmanagement, die generalisierte Variante entspringt eher dem kommunalen Selbstverständnis der bisherigen Sozialhilfeträger.

In den Untersuchungsergebnissen zeigte sich, dass rund zwei Drittel der Einrichtungen ihr Fallmanagement auch mit vermittlerischen Aufgaben verbanden, während die Verbindung von Fallmanagement und Leistungsgewährung nur von wenigen zugelassenen kommunalen Trägern praktiziert wurde. Auch nach der Erweiterung der zugelassenen kommunalen Träger zum 01.01.2012 weisen die meisten kommunalen Träger eine Trennung zwischen Fallmanagement/Arbeitsvermittlung und Leistungssachbearbeitung auf. In gemischt zusammengesetzten Teams werden aber häufiger auf der Teamleiterebene die Verantwortungsbereiche auf alle Teilaufgaben gebündelt.

Fallmanagement und Arbeitsvermittlung

Drei zentrale Unterscheidungsmerkmale verdeutlichen die verschiedenartige Schwerpunktsetzung beider Aufgaben:
- eine unterschiedliche Betreuungsrelation
- die Konzentration auf unterschiedliche Kundengruppen
- gleichrangige Betonung sozialintegrativer und arbeitsmarktintegrativer Leistungserbringung und -steuerung beim Fallmanagement, hingegen Konzentration auf Vermittlungsprozesse, größere Arbeitgebernähe und primäre Nutzung der SGB III-Leistungen bei den Vermittlungsfachkräften

Interne Leistungserbringung und Schnittstellen

Kooperationen innerhalb eines Teams oder teamübergreifend müssen regeln, a) wann eine Prüfung der Fallübergabe an das Fallmanagement sinnvoll ist, b) wann eine Rücküberstellung des Falles an die Vermittlungsfachkräfte sinnvoll ist, c) wie Fallmanager von der größeren Arbeitsmarktnähe der Vermittlungsfachkräfte profitieren können und d) wie Vermittlungsfachkräfte die höhere Beratungs- und Betreuungskompetenz der Fallmanager für ihre Aufgabenstellungen nutzen können. Beim Schnittstellenmanagement gilt als Faustregel, dass Fallmanagement nur dann wirtschaftlich wird, wenn

a) ein hoher Koordinierungsaufwand unterschiedlicher Leistungsabsichten zu erkennen ist und

b) die Problemstellungen für die Einschaltung nicht aus unveränderbaren Personeneigenschaften resultieren (Alter, Geschlecht, Nationalität, Behinderung etc.), bei denen das Fallmanagement ebenfalls nur durch einen geschickten Instrumenteneinsatz wirksam werden kann. Dies vermögen auch gute Vermittlungsfachkräfte zu leisten.

Die eingangs aufgestellte Zugangsdefinition (vgl. Kap. 6) kann für die Zuordnung eine wirksame Hilfestellung sein, dennoch sicherlich nicht alle Fälle abschließend regeln. Eine Schulungsteilnehmerin brachte die Unterscheidung zwischen Arbeitsvermittlung und Fallmanagement wie folgt auf den Punkt: „Als Arbeitsvermittler können sie die Leute schicken, als Fallmanagerin nicht!"

9 Fallmanagement und Leistungssachbearbeitung

Diese Schnittstelle klar zu definieren ist eine der vordringlichsten Aufgaben. Aufgrund der Regelungen zur Eingliederungsvereinbarung wurde bereits deutlich, dass es Personen gibt, die sich rechtlich erlaubt und fachlich sinnvoll nicht dem Arbeitsmarkt zur Verfügung stellen müssen. Hier geht es in erster Linie darum, den Betroffenen die sichernden Leistungen konsequent zur Verfügung zu stellen und für Fragestellungen innerhalb der Sicherstellung des Lebensunterhalts zur Verfügung zu stehen.

Gerade bei Personen, die beispielsweise einen Antrag auf Erwerbsminderungsrente gestellt haben und/oder im Rahmen der Feststellung von Erwerbsfähigkeit und Hilfebedürftigkeit nach § 44a SGB II momentan strittig zwischen den Beteiligten verhandelt werden, sind häufig sehr komplexe und schwierige sozialrechtliche Fragestellungen und Abstimmungsprozesse zu organisieren. Da bei diesem Personenkreis jedoch nicht die Arbeitsmarktintegration als prioritäres Ziel verfolgt wird, kann ein qualifizierter Leistungssachbearbeiter hier die Funktion des persönlichen Ansprechpartners nach §§ 4, 14 SGB II übernehmen. Eine Aufgabentrennung zwischen Leistungssachbearbeitung und Fallmanagement/Arbeitsvermittlung könnte beispielsweise aus einer klaren Zuordnung der Verantwortung nach den einzelnen Vorschriften des SGB II erarbeitet werden.

Internes und externes Schnittstellenmanagement

Obwohl sich gelegentlich bei kommunalen Trägern der Grundsicherung eine integrierte Form von Leistungssachbearbeitung und Fallmanagement etabliert hat (sogenanntes sicherndes Fallmanagement), sind die sich hieraus ergebenden Nachteile gewichtig. Nicht nur dass das gleichförmige Antrags- und Bewilligungsverfahren, die aufwändigen Prüfverfahren für Einkommen und Vermögen eine prinzipielle Belastung für ein tragfähiges Arbeitsbündnis darstellen (vgl. MWA NW, 2003, S. 69), führt die enge Verzahnung im Regelfall dazu, dass die Wendigkeit und prinzipielle Handlungsoffenheit des Fallmanagements unterlaufen wird. Schulungserfahrungen und Rückmeldungen aus der Praxis zeigen, dass insbesondere bisherige Leistungsexperten prinzipiell dazu neigen, Fälle unter leistungsrechtlichen Gesichtspunkten wahrzunehmen und zu betreuen. Dies wird dem Case Management-Ansatz jedoch nicht gerecht. Die nachfolgende Grafik (Abb. 14) versucht zentrale Unterschiede zwischen diesen zentralen Aufgaben in den Grundsicherungsstellen gebündelt zusammenzufassen.

Fallmanagement und Back-Office

Qualifizierte Sachbearbeitung in der Leistungsgewährung, in der Arbeitsvermittlung wie im Fallmanagement, muss von Routineaufgaben entlastet werden. Hierzu sind Mitarbeiter in sogenannten Back-Office-Bereichen zuständig, die Routineaufgaben für die Fachkräfte übernehmen. Neben administrativen Aufgaben der Abwicklung arbeitsmarktpolitischer Instrumente nach Entscheidung durch die Fachkräfte, der Führung nicht standardisiert aufbereiteter Unterlagen und Evaluationen („Strichel-Listen"), der IT-technischen Abwicklung von Alltagsroutinen (Falleinstellungen, Umzüge, Grunddateneingabe, Routineterminierung etc.), der Vorklärung von Kundenanliegen und der kundengerechten Aushändigung von Unterlagen können geeignete Kräfte im Back-Office durchaus qualifizierten Support für die Fachkräfte der Vermittlung und des Fallmanagements leisten:

- Unterstützung bei der Planung, Vorbereitung und Durchführung von Gruppenmaßnahmen
- Auskünfte zum Bearbeitungsstand von Anträgen und formal-rechtliche Voraussetzungen für bestimmte Instrumente der aktiven Arbeitsmarktpolitik
- Unterstützung beim Verfahren zur Einleitung von Gutachten
- Unterstützung bei der Planung, Durchführung und Nachbereitung von Netzwerk- oder Fallkonferenzen
- Telefonakquisition bei Arbeitgebern in standardisierten Aktionen

Unabhängig davon gibt es zentrale Funktionen in einer Organisation, die für alle Organisationseinheiten übergreifende Aufgaben administrieren. Hierzu gehören die gesetzlich vorgeschriebene Gleichstellungsbeauftragte (§ 44j SGB II), eine zentrale Abrechnungsstelle für Maßnahmen, eine Controllingstelle und Mitarbeiter für die Öffentlichkeitsarbeit.

Interne Leistungserbringung und Schnittstellen

Abbildung 14: Zur Unterschiedlichkeit von Arbeitsvermittlung, Leistungsgewährung und Fallmanagement

Ausbildungs- und Arbeitsvermittlung	Beschäftigungs- orientiertes Fallmanagement	Leistungsgewährung
■ Mehrheitlich unbestimmte Rechtsbegriffe als gesetzlicher Orientierungsrahmen ■ Mitwirkung nur über Kooperation erreichbar ■ Grenzen der Überprüfbarkeit vieler Angaben/Mehrdeutigkeit von Angaben ■ Arbeitsmarktbezogene Kooperation und Vernetzung im Zentrum ■ Lernen/Fortbildung in offenen Systemen/ unklare Kontexte ■ Handeln nach Vermittlungsstandards ■ Wirtschaft/Recht/ Psychologie/Soziologie/ Pädagogik/Beratungs wissenschaft ...	■ Kaum gesetzliche Rahmenvorschriften/ FM keine gesetzliche Aufgabe ■ Mitwirkung nur über Kooperation erreichbar ■ Grenzen der Überprüfbarkeit vieler Angaben/Mehrdeutigkeit von Angaben ■ Soziale und arbeitsmarktbezogene Kooperationsvielfalt/ Vernetzung ■ Systematische Identifizierung von Fehlallokationen im Netzwerk/ fehlende Angebote ■ Verzahnung mit kommunaler Sozialpolitik/ Systemsteuerung ■ Lernen/Fortbildung in offenen Systemen/ unklare Kontexte ■ Handeln nach Standards des CM ■ Multidisziplinariät: Wirtschaft/Recht/ Psychologie/Soziologie/ Pädagogik/Soziale Arbeit/Medizin/ Beratungswissenschaft	■ Regelungsklarheit bei tw. hoch komplexen Regelungsinhalten ■ Mitwirkungsregelungen normiert und durchsetzbar ■ Angabe- und Nachweispflichten geregelt ■ Geringere Kooperationsnotwendigkeit ■ Lernen/Fortbildung in einem klar strukturierten Kontext (Rechtsanwendung) ■ Beteiligung an verwaltungsvereinfachender Administration ■ Verständlichkeit rechtsadministrativer Regelungen ■ (Sozial-)Recht als dominanter Wissenschaftsbezug

Quelle: eigener Entwurf

Fallmanagement und weitere Schnittstellen

Weitere interne bedeutsame Schnittstellen bestehen beispielsweise zur beruflichen Beratung Jugendlicher und Erwachsener der Agenturen für Arbeit, zur beruflichen Rehabilitationsberatung der Agenturen für Arbeit, zu den Jugendämtern im Rahmen der von dort bereits betreuten Jugendlichen und weiteren Angehörigen der Bedarfsgemeinschaften. Bei weiteren

Internes und externes Schnittstellenmanagement

Schnittstellen hat der Gesetzgeber zwischenzeitlich Regelungen getroffen, so beispielsweise bei Fragen der Ausbildungsvermittlung (§ 16 Abs. 4 SGB II). In den Schulungen von Mitarbeitern und Führungskräften wird immer wieder betont, wie schwierig sich die Kooperation an diesen Stellen zwischen optierenden Jobcentern und den lokalen Arbeitsagenturen und kommunalen Strukturen, beispielsweise zwischen Jobcentern und Jugendämtern, Sozialämtern und Ausländerämtern, gestaltet.

Externe Schnittstellen: Vielfalt der Akteure

Gerade in der Vernetzung mit externen Akteuren liegt der besondere Auftrag des beschäftigungsorientierten Fallmanagements. Der Gesetzgeber weist an zahlreichen Stellen auf die besonderen Kooperationsnotwendigkeiten der Grundsicherungsträger mit anderen Akteuren hin.

- So in § 4 Abs. 2 SGB II auf die Kooperation mit staatlichen und karitativen Einrichtungen, die weitergehende Beratung und Hilfe anbieten. Zudem legt er hier einen besonderen Fokus auf die kommunale Vernetzung mit kommunalen und lokalen Partnern, die Kinderbetreuungsangebote vorhalten.
- Die Grundsicherungsträger können nach § 6 Abs. 1 Satz 2 SGB II Dritte (Träger) zu ihrer Unterstützung mit der Wahrnehmung von Aufgaben betreuen.
- In § 16a SGB II wird „zur Verwirklichung einer ganzheitlichen und umfassenden Betreuung und Unterstützung bei der Eingliederung in Arbeit" angeregt, dass die kommunalen Leistungserbringer Betreuungsangebote für Kinder und Jugendliche oder für die häusliche Pflege, Schuldner- und Suchtberatung sowie psychosoziale Betreuungsdienstleistungen erbringen können.
- Dabei soll gemäß § 17 Abs. 1 SGB II zur Erbringung der Leistungen auf geeignete Dienste und Angebote von Dritten vor Ort zurückgegriffen werden. Die Träger der freien Wohlfahrtspflege sollen dabei angemessen von den Grundsicherungsträgern unterstützt werden.

Die Zusammenarbeitsformen mit den wichtigsten externen Angebotsformen werden später noch näher beschrieben.

Übergreifende Steuerungshilfen beim Schnittstellenmanagement

Standardisierte Ablaufprogramme

In der besonderen und häufig belasteten Situation vieler Kunden und ihrer Bedarfsgemeinschaften in der Betreuung des Fallmanagements kann nicht darauf verzichtet werden, häufig mehrere Prozesse simultan oder konsekutiv einzuleiten, zu begleiten und zu steuern. Wenn dann in jedem Fall einzeln und immer wieder Fragen der Zusammenarbeit zwischen den einzelnen Akteuren erarbeitet und nachgehalten werden müssen, vergeht

Interne Leistungserbringung und Schnittstellen

sehr viel Zeit für Koordinierungs-, Absprache- und Kontrollaufgaben. Insbesondere bei Problemstellungen, die nach guten Assessmentergebnissen häufiger zu attestieren sind, empfiehlt sich der Aufbau standardisierter Ablaufschemata. Solche Routinen empfehlen sich für Kernprozesse wie beispielsweise Obdachlosigkeit, Sucht, Schulden, psychosoziale Betreuung, Verfahren im Rahmen trägerbezogener Arbeitsgelegenheiten, organisationsinterne Regelungen zu wesentlichen Leistungen nach §§ 16 ff. SGB II (insbesondere Regelungen zum „Vermittlungsbudget", zu den „Maßnahmen zur Aktivierung und beruflichen Eingliederung" nach § 46 SGB III, „zum Eingliederungszuschuss", zur Handhabung der beruflichen Weiterbildung etc.) und bei Verfahrensregelungen zu organisationsnahen Unterstützern (Fachdienste, Jugendämter, Bewährungshilfe etc.).

Derartige Routinen beantworten in diesem Kontext Fragen zum Prozedere, geben Anhaltspunkte für die Auswahl bestimmter Leistungen und Hinweise zum wirtschaftlichen Einsatz und prognostizieren den Erfolg der Maßnahmen. Sie ersetzen keinesfalls die auf gemeinsamer Beratungsarbeit beruhende Erarbeitung von Zielen im Rahmen von Assessment und Integrationsplanung.

Weiterbildung

Auf die Frage, worin die wichtigsten organisatorischen Rahmenbedingungen bestehen sollen, in die Fallmanagementarbeit eingebettet sein muss, findet sich bei den Fachkräften mit an erster Stelle, dass es Regelungen zur Schulung und Weiterbildung von Fallmanagern geben muss (vgl. MWA NW, 2003, S. 60 f.). Dies ist durchaus auch gemeint als (Selbst-)Verpflichtung der Fachkräfte, sich diesen Anforderungen nicht entziehen zu können. Aus- und Weiterbildung ist ein zentraler Bestandteil für einen institutionellen Schutz des Arbeitsbündnisses zwischen Fallmanager und Kunde (Verringerung von Überforderungstendenzen und Beachtung der eigenen fachlichen Grenzen), wie auch der fachlichen Kooperationsbeziehungen (Kenntnisse über örtliche Hilfsangebote und Netzwerke, Zugangsmöglichkeiten, Arbeitsweisen und Methoden).

Leistungssteuerung im und am Fall setzt demnach fachliches Reflexionsvermögen voraus. „Problembewusstsein und Reflexion können Widersprüche nicht lösen. Sie können aber helfen, Widersprüche auszuhalten und nehmen eine wichtige Rolle beim fachlichen und verantwortungsvollen Umgang damit ein. Diese erfüllen sie jedoch nur unter zwei Voraussetzungen. Eine solche Reflexion muss sowohl (selbst-)kritisch als auch konstruktiv sein" (Urban, 2004, S. 200).

Professionelle Lücken zu schließen, Fachlichkeit zu sichern und zu erweitern, Problembewusstsein zu schaffen und (Selbst-)Reflexionsvermögen zu trainieren, geschieht nur in einer Trias von Alltagserfahrung, kollegialer und/oder teambezogener Supportstrukturen und in der Aufarbeitung mittels übergreifender/vertiefender Weiterbildung.

Budgetkompetenz

Fallmanagement kann nur etwas verbindlich steuern, wenn dem Fallmanager ein (Integrations-)Budget zur Verfügung steht, mit dem er den Teil der „Förderung" steuern kann. Ein Fallmanagement, das sich auf eine ausschließliche oder primäre Forderungsleistung versteht, wird weder zu einem tragfähigen Arbeitsbündnis führen, noch wird es dem gesetzlichen Auftrag genügen. Im Sinne der Eingangsdefinition muss ein angemessener Rahmen zur Finanzierung dieser Unterstützungsleistungen zur Verfügung stehen. Erkennbar wird, dass der Finanzrahmen, den ein Jobcenter für diese Integrationsleistungen zur Verfügung hat, keinesfalls ausreicht, um den Erfordernissen des Arbeitsmarktes, der Kunden und/oder von Dritten in jedem Fall zu befriedigen. Von daher stoßen die aktuellen Kürzungen des Eingliederungsbudgets auf große und nachhaltige Kritik und gefährden insbesondere eine angemessene Betreuung derjenigen, denen eine Rückkehr in den regulären Arbeitsmarkt auf absehbare Zeit nicht möglich ist.

Zu fordern wäre eine nach einem einheitlichen Bedarfsmodell zugeordnete Budgethöhe je Fall, die innerhalb der Fälle eines Fallmanagers gegenseitig deckungsfähig ist. Über die Budgetausgaben je Fall und für die von ihm betreuten Fälle insgesamt muss der Fallmanager – übrigens auch die als persönliche Ansprechpartner beauftragten Arbeitsvermittlungsfachkräfte – jederzeit einen aktuellen Überblick haben, um einerseits verbindliche Zusagen im Rahmen der Eingliederungsvereinbarung treffen zu können, andererseits fallbezogen zu entscheiden, ob er das Zuteilungslimit in diesem Fall zulasten eines anderen Falles überzieht. Auch hier sind die entsprechenden Gründe der Zielverfehlung und die verfolgten Ziele zu dokumentieren.

Mit dem Gesetz zur Neuausrichtung der arbeitsmarktlichen Instrumente (BT-Drucksache 755/08) hat der Bundesgesetzgeber mit § 45 SGB III erstmals ein sogenanntes Vermittlungsbudget in das Gesetz aufgenommen. Das Vermittlungsbudget ersetzt eine Vielzahl bisher mehr oder weniger erfolgreich eingesetzter Einzelhilfen aus dem Arbeitsförderungsrecht. Von Vorteil ist sicherlich, dass zukünftig über Einsatzlogik und Umfang vor Ort und größtenteils von der einzelnen Vermittlungsfachkraft entschieden werden kann. Neben Bewerbungskosten, Reisekosten, Trennungsbeihilfen, Ausrüstungshilfen und Umzugskostenhilfen kann die Vermittlungsfachkraft kleinere Nachweise (z. B. Gesundheitszeugnisse) darüber finanzieren, Aktivitäten für eine angemessene Vorstellungspräsentation unterstützen (Friseurbesuche, Reinigungskosten, notwendige Bekleidung) oder eine professionelle Vorstellungsbegleitung engagieren. Die Anwendungspraxis zeigt, dass die Chancen dieses Vermittlungsbudgets bisher kaum wahrgenommen werden. Die Ausgabenhöhe, umgerechnet auf alle erwerbsfähigen Leistungsbezieher, liegt bei gerade einmal 13 Euro (vgl. Steinke et al., 2012, S. 25). Bei der Einführung des Vermittlungsbudgets „probierten die be-

Interne Leistungserbringung und Schnittstellen

suchten Einheiten verschiedene Varianten und strukturierten das Vermittlungsbudget

- als Vermittler-Budget: Jeder Vermittler bekam für seinen Kundenkreis eine Gesamtsumme/Jahr, die er eigenverantwortlich ausgeben sollte,
- als Kunden-Budget: Jeder Vermittler bekam einen Betrag/pro Kunde/pro Jahr, bis zu dem er verschiedene Förderarten kumuliert eigenverantwortlich gewähren konnte,
- als persönliches Budget, das die maximale Ausgabenhöhe der Leistung beschrieb, die der Kunde mehrfach im Jahr für die ‚Unterstützung der Persönlichkeit' – und nur hierfür – beanspruchen konnte.

Lediglich eine von uns besuchte ARGE startete mit einem echten Vermittler-Budget zur selbstständigen Bewirtschaftung in Höhe von 25.000 Euro pro Jahr für alle Kunden eines Vermittlers. Dieser Versuch scheiterte jedoch daran, dass die Vermittler kaum noch Mittel abriefen." (ebd., S. 18). Insgesamt wurde die Flexibilisierung und Öffnung der Instrumente durch Fallmanager und Arbeitsvermittler positiv gewürdigt, gleichzeitig zeigten sich jedoch Unsicherheiten in der Anwendung, eine Zunahme bürokratischer Erfassungsverfahren und eine an den Erfordernissen gemessene Unterausstattung in der Höhe. Die Besorgnis des Gesetzgebers, dass über ein ungeregeltes Betreuungsbudget auch zielferne Leistungen finanziert werden, die nicht im Sinne der gesetzlichen Aufgabenstellung sind, mag nach der Kritik des Bundesrechnungshofes an den „Sonstigen Weiteren Leistungen (SWL)" nachvollziehbar sein, die Praxis kann momentan zumindest derartige Bedenken nicht teilen. Die Breite arbeitsmarkt- und sozialintegrativer Leistungen auch außerhalb der kommunalen Leistungen nach § 16a SGB II kann jedoch mit einer engen Auslegung des Vermittlungsbudgets (§ 44 SGB III) nicht Rechnung getragen werden. An dem zentralen Merkmal verbindlicher Leistungssteuerung wird sich zukünftig zeigen, wer tatsächlich Case Management praktiziert oder wer nur halbherzig implementiert. Es mehren sich Anzeichen, dass karitative oder gewerbliche Dritte nur dann sinnvoll Case Management praktizieren können, wenn die Verbindlichkeit der Leistungssteuerung nicht nur über reine Netzwerkkooperationen gesichert werden kann.

9.4 Arbeitsmarktbezogene Integrationsstrategien im beschäftigungsorientierten Fallmanagement

Zunächst einmal steht jeder Fallmanager vor der Aufgabe zu entscheiden, welche Dienstleistungen er selbst erbringen kann und will und wo er Dritte mit der Wahrnehmung der Unterstützungsleistungen für seinen Kunden beauftragt. Die Entscheidung hängt ab von

- den fachlichen Kompetenzen, die ein Fallmanager selbst einbringen kann,
- den organisatorischen Rahmenbedingungen, die die Eigenleistungsfähigkeit fördern oder behindern (z. B. administrativ aufwendige Verfahren),

Arbeitsmarktbezogene Integrationsstrategien

- den Budgetressourcen, die ihn gegebenenfalls daran hindern, Ziele (kurzfristig) umzusetzen und
- der regionalen Verfügbarkeit der Angebote Dritter.

Dienstleistungen Dritter akquirieren oder eigene Dienstleistungen erbringen

Die fachlichen Grenzen sind sicherlich individuell unterschiedlich. Die für die Profession erarbeiteten ethischen Standards, wie sie beispielsweise von der Deutschen Gesellschaft für Care und Case Management verabschiedet wurden,[10] verdeutlichen immer wieder, wie wichtig es ist, bei der Anhäufung von teilweise sehr intimen Kenntnissen über die Kunden und der gesetzgeberisch gewollten Sanktionsbefugnis die eigenen Fähigkeiten nicht zu überschätzen. Psychosoziale Betreuung, suchttherapeutische Arbeit, klinische Diagnostik und ähnliche Fachaufgaben gehören in die Hände professioneller Fachleute.

Dennoch zeigen ermutigende Beispiele aus der Praxis, dass sich beispielsweise Case Managerinnen aus der Sozialen Arbeit aufgemacht haben, das Konzept der stabilisierenden Gruppen (Kuhnert, 2008) innerhalb der Grundsicherungsorganisation zu erproben. Ihre Kompetenzen hatten die Mitarbeiterinnen überwiegend bei freien Trägern in der Betreuung langzeitarbeitsloser Menschen gewonnen und konnten diese nun für den Kundinnenkreis des Fallmanagements nutzbar machen. Darüber hinaus ist es erforderlich, dass der Fallmanager über ein Netzwerk professioneller Unterstützer verfügt, das auf vertraglicher Basis, über Vereinbarungen oder auf mündlicher Absprache beruhend die Dienstleistungen im Auftrag des Fallmanagers erbringt.

Auf der anderen Seite ist es nötig, dass er im Sinne der Zielsetzung des SGB II die Arbeitsmarktintegration federführend selbst initiiert. Insbesondere sind erhebliche Ressourcen an seine Kompetenz gebunden, die nicht über beauftragte Dritte wahrgenommen werden können, sondern nur von ihm selbst für die Arbeitsmarktintegration zu nutzen sind. Geschieht das nicht, treten genau an diesen Schnittstellen der Fallübergabe die Probleme mit den eingangs skizzierten Schwierigkeiten der Fallführung und der Ganzheitlichkeit der Betreuung wieder auf. Die Fortsetzung der Betreuung durch regelmäßige Gesprächs- und Beratungskontakte und die Einleitung von vermittlungsorientierten Hilfen einschließlich eigener Vermittlungsaktivitäten sind daher grundsätzlich zu leistende Aufgaben im Rahmen des beschäftigungsorientierten Fallmanagements. Die erste Entscheidung in der Fallsteuerung ist somit die Entscheidung, welche Leistungen der Fallmanager selbst erbringen kann und will und welche Leistungen er bei Dritten akquiriert.

---

[10] vgl. http://www.dgcc.de/dgcc/standards.html

Interne Leistungserbringung und Schnittstellen

Im Gegensatz zu einigen anderen Auffassungen (vgl. Sinn & Haselow, 2005, S. 27 f.) sind Vermittlungsaufgaben Teil des beschäftigungsorientierten Fallmanagements. Dies heißt nicht, dass

- der Fallmanager sich bei seinen Vermittlungsbemühungen nicht von spezialisierten Vermittlungsfachkräften (beispielsweise stellenorientiert arbeitenden Vermittlern) unterstützen lassen kann,
- bei absehbarer Überlastung im Fallmanagement vermittlungsnahe Personen wieder partiell in die Betreuung von Vermittlungsfachkräften zurückgeführt werden können oder
- er Dritte mit der Vermittlung als besondere Dienstleistung beauftragen kann, solange er in der Fallverantwortung bleibt.

Clusteranalysen, die sich mit den arbeitsmarktpolitischen Strategien der Jobcenter beschäftigen, zeigen aber immer wieder ein sehr heterogenes Bild der lokalen Umsetzungsstrategien. So stellten Kaltenborn et al. (2008, S. 36 f.) fünf Typen von Grundsicherungsstellen im Hinblick auf die lokalen Arbeitsmarkt- und Vermittlungsstrategien heraus. Die Analyse bezog zielgruppenbezogene Maßnahmen (Jugendliche, marktnahe Bewerber, Benachteiligte Personengruppen), spezifische Problemstellungen (Absolventenmanagement, Sofortangebote, Migration, sozialintegrative Angebote, Netzwerkarbeit) und allgemeine Kriterien wie Arbeitsmarktlage, geografische Besonderheiten und die Größe der Grundsicherungsstellen ein. Die Autoren differenzierten in lethargische Grundsicherungsstellen (15 Prozent der Grundsicherungsstellen), zurückhaltende (23 Prozent), fokussierte (21 Prozent) und pluralistische Grundsicherungsstellen (41 Prozent), die sich alle teils erheblich in den genannten Kriterien unterscheiden und deutlich machen, wo intern der Verbesserungsbedarf auch für das beschäftigungsorientierte Fallmanagement ansetzen muss.

Vermittlung bleibt für das beschäftigungsorientierte Fallmanagement zentral

Es bleibt bedeutsam, dass der Grundsatz im beschäftigungsorientierten Fallmanagement gilt: Fallmanager sind die **„Ersten Ausbildungs- und Arbeitsvermittler"** ihrer Kunden!

Folgende grundsätzlichen Überlegungen sollen diese Argumentation noch einmal untermauern:

1. Das SGB II kennt keine Vermittlungsfachkräfte mit eigenständigem Aufgabenprofil. Der Gesetzgeber wollte ganz bewusst einen Ansprechpartner, der für Information, Beratung und Betreuung in einem ganzheitlichen Sinne zuständig ist. Mit Ausnahme der Leistungssachbearbeiter, deren Funktion als persönliche Ansprechpartner sich auf die Betreuung eines für Vermittlungszwecke zumindest vorübergehend nicht verfügbaren Personenkreises beschränkt, richtet sich der Informations-, Beratungs- und Betreuungsaspekt immer auf das Ziel der (un-)mittelba-

ren Integration. Arbeitsmarktliche Integrationsaufgaben sind somit integrativer Bestandteil der Betreuungsaufgaben für Fallmanager und Arbeitsvermittler.

2. Eine Aufteilung, nach der die Fallmanager ihre Kunden den Vermittlungsfachkräften „vermittlungsreif" übergeben, hebelt klare Verantwortungsstrukturen aus. Es ist sicherlich sinnvoll, das Leistungsspektrum der Mitarbeiter in einer Arbeitsgemeinschaft/optierenden Kommune nicht allein an den Integrationszahlen in den Ersten Arbeitsmarkt zu messen. Sie stellen dennoch eine zentrale Erfolgsgröße dar. Wenn nicht alle Zwischenschritte irgendwann dazu führen, dass die betreuten Menschen ihre grundsätzliche Beschäftigungsfähigkeit wiedererlangen, bleibt die Wirkung des Fallmanagements zumindest fragwürdig, auch im Sinne der Betroffenen selbst. Insofern sind die aktuellen gesetzlichen Änderungen, die den Fokus noch stärker auf die arbeitsmarktliche Integration richten, sicherlich ein Schritt in die richtige Richtung. Viel zu oft endeten in der Vergangenheit Kunden in nachrangigen Maßnahmen, ohne dass es zu einer weiterführenden und zielorientierten Integrationsplanung kam. Der beste Beweis für die (wieder-)erlangte Beschäftigungsfähigkeit ist die erfolgreiche Arbeitsmarktintegration. Zudem ist der Begriff der Vermittlungsreife weder wissenschaftlich operationalisierbar noch ohne genaue Kenntnisse der arbeitsmarktlichen Anforderungen und konkreten Stellen überprüfbar.

3. Die durch die teilweise lange Betreuungsdauer gewonnenen Erkenntnisse über Person, Bedarfsgemeinschaft und Umfeld sind für eine erfolgreiche Vermittlung unerlässliche „Informationspakete", die sich selbst bei sehr detaillierter Dokumentation nur unvollständig transportieren lassen. Unabhängig von der Frage, woher die Arbeitsmarktkenntnisse denn kommen sollen, die Fallmanager in die Lage versetzen zu entscheiden, ob ihr Kunde jetzt vermittlungsreif ist oder nicht, sind die gewonnenen Detailkenntnisse aus der Betreuung für eine adäquate Abschätzung der Eignung des Arbeitsplatzes, der Beratung des Arbeitgebers und der nachgehenden Betreuung am Arbeitsplatz zwingend erforderlich. Sie machen hier die zentrale Qualität der Dienstleistung aus.

9.4.1 Vermittlungsstrategien

Die Eignung für einen Beruf oder aber einen konkreten Arbeitsplatz ist ebenso wie die konkrete Bewerberauswahl immer ein relationales Geschehen, das von Menschen entschieden werden muss. Je nachdem, welchen Eignungs- und Matching-Begriff (Maximaleignung, Bestenauslese, Minimaleignung, gemischte Varianten) ich anlege, werde ich einen Bewerber noch vorschlagen oder eben nicht. Ein zentrales Orientierungskriterium ist dabei die Bedeutung einzelner Merkmale aus dem Anforderungsprofil der Stelle. Bei zentralen Anforderungen, also Kenntnissen, Fertigkeiten und Fähigkeiten, die dem Arbeitgeber besonders wichtig sind, sind Verhand-

Interne Leistungserbringung und Schnittstellen

lungsspielräume eher geringer. Kundenprofile, die das Anforderungsprofil an diesen Stellen nicht abdecken, können nicht ohne Weiteres vermittelt werden. Ein Standard-Vermittlungsvorschlag würde sich hier verbieten. Allerdings spricht nichts dagegen, den Arbeitgeber auch in diesem Fall zu kontaktieren und die Chancen einer erfolgreichen Bewerbung telefonisch auszuloten, vor allem dann, wenn geeignetere Bewerber nicht zur Verfügung stehen. Im Regelfall werden beim Vergleich von Anforderungs- und Bewerberprofil sogenannte harte und weiche Auswahlfaktoren unterschieden. Unabhängig von dieser Differenzierung spielen nahezu übereinstimmend die sogenannten „Sekundärtugenden" wie Pünktlichkeit, Zuverlässigkeit, äußeres Erscheinungsbild, Motivation etc. zunehmend auch im Niedriglohnbereich bei der Personalauswahl eine bedeutsame Rolle (vgl. Hierming, Jaehrling, Kalina, Vanselow & Weinkopf, 2005, S. 236) und sind gerade für eine erfolgreiche Vermittlungsarbeit im Rechtskreis SGB II von nicht zu unterschätzender Bedeutung.

Auswahlkriterien

Harte Auswahlkriterien

Je gezielter die Kriterien erfasst werden, desto eindeutiger lässt sich das Profil abgleichen und gegebenenfalls auch eine Nichteignung feststellen **(harte Auswahlfaktoren)**. Konkrete Kriterien, die bei keinem Stellenprofil fehlen dürfen, wären beispielsweise:

- der Nachweis über eine abgeschlossene Berufsausbildung
- ein Führerschein und eigener PKW
- konkrete PC-Kenntnisse (oder anderweitige Fachkenntnisse)
- Fremdsprachenkenntnisse
- zertifizierte Zusatzqualifikationen (z. B. Schweißerscheine)
- konkrete Berufserfahrung (z. B. mindestens fünf Jahre Verkaufserfahrung)

Diese Faktoren können über IT-Fachverfahren gut erfasst werden, sind teilweise auch schon verbindlich vorgesehen. Harte Auswahlfaktoren sind allerdings auch nicht immer so eindeutig, wie oft behauptet wird. Das Beispiel der Fremdsprachenkenntnisse verdeutlicht dies: Von den Grundkenntnissen einer Fremdsprache über Sicherheit beim Lesen und Schreiben bis hin zur Verhandlungssicherheit und fachspezifischen Fremdsprachenkenntnissen gibt es eine breite Palette unterschiedlich einzuschätzender Kompetenzen. Je genauer diese erfasst werden können (Operationalisierbarkeit), etwa mithilfe einer Abstufung der Kompetenzen, umso besser kann das Matching gelingen. Einer der wesentlichen Punkte für neu angesetzte persönliche Ansprechpartner besteht darin, sich nicht aus Sorge vor mangelnden Berufskenntnissen von der vertiefenden und nachfassenden Erhebung der Kompetenzen abhalten zu lassen. Man kann davon ausgehen, dass der Kunde gerne zu seinen Berufs- und Arbeitsmarktkompetenzen Auskünfte gibt. Er erhält so die Möglichkeit, seine Kompetenzen darzustellen, was wiederum seine Stellung in einem Beratungsgespräch „auf Augenhöhe" stärkt. Nimmt man als Fallmanager berufs- und arbeitsmarktliche Kenntnislücken wahr, sollten diese langsam von Fall zu Fall geschlossen werden. Weiterbildungen zur Berufs- und Bildungskunde sowie zur Arbeitsvermittlung und zum Arbeitsmarkt, berufserfahrene Kollegen, Außendienste sowie ein wohl sortiertes Intra- und Internetangebot geben die Möglichkeit, sich auf kommende professionelle Vermittlungsgespräche besser vorzubereiten. Dann fällt es auch nicht schwer, die eine oder andere Wissenslücke zuzugeben und den Kunden selbst als potenzielle Informationsquelle zu nutzen.

Weiche Auswahlkriterien

Es ist auch klar, dass bestimmte Anforderungen gar nicht so einfach festzustellen sind. Es handelt sich meistens um sogenannte Soft Skills **(weiche Auswahlfaktoren)** wie Sorgfalt, selbstständiges Arbeiten, Teamfähigkeit, Verkaufstalent, Eigenverantwortung, Qualitätsbewusstsein, wirtschaftliches Denken etc. Die Merkmale der überfachlichen Qualifikationen lassen sich im Regelfall nur schwer (beispielsweise anhand von Arbeitszeugnissen oder erfolgreich gemeisterten Projekten) im Gespräch feststellen. Ob jemand sozialkompetent handelt, wird meist erst im Vollzug einer konkreten Handlung erkennbar. Insofern ist natürlich das Beratungsgespräch selbst schon ein wichtiges (Beobachtungs-)Instrument bei der Kompetenzfeststellung. Trotz dieser Feststellungsschwierigkeiten nehmen in den meisten Stellenangeboten diese Qualifikationsanforderungen zu, obwohl zwischenzeitlich nachweisbar ist, dass auch die einstellenden Betriebe und Personalverantwortlichen im Regelfall wenig konkrete Vorstellungen zur Überprüfung dieser Anforderungen haben. Sie dienen zum einen nicht selten dazu, das Unternehmen selbst in einem günstigen Licht erscheinen zu lassen („junges, dynamisches Team"), zum Teil auch dazu, eher zögerliche Bewerber von einer Bewerbung abzuhalten. Ihre möglichst genaue und weitgehend abgesicherte Erfassung dient ebenfalls der Optimierung des Matching-Prozesses. Man kann daher für das Bewerberprofil zentrale Kompetenzen ruhig offensiv angehen und hinterfragen. Bitten Sie den Kunden, detailliert zu seinem Arbeitsalltag Stellung zu nehmen. Fragen Sie nach, wo ein Kunde bereits unter Beweis stellen konnte, dass er teamarbeitsfähig ist. Die Behauptung, er sei gut mit den Kollegen ausgekommen, ist hier zu wenig. Erfolgreich durchgeführte Projekte, Besonderheiten im Arbeitsablauf, Teamfunktionen oder Ähnliches sprechen hier schon eine deutlichere Sprache. Ein vorhandenes Arbeitszeugnis, in dem diese Kompetenz ausgewiesen wird, wäre noch besser. Man kann sich auch besonders herausfordernde Aufgaben und den Umgang damit im Arbeitsvollzug schildern lassen, um das Bewältigungsverhalten des Kunden einschätzen zu können. Halten Sie die wesentlichen Informationen zum Nachweis für spätere Integrationsaktivitäten fest. Liegen berufliche Tätigkeiten bereits

Interne Leistungserbringung und Schnittstellen

längere Zeit zurück, so können ersatzweise auch immer Bewältigungsroutinen des Alltags herangezogen werden. Ganz oft stellt man fest, dass sich selbst bei langzeitarbeitslosen Menschen arbeitsähnliche Tagesroutinen herausgebildet haben, die für weitere berufliche Überlegungen genutzt werden können. Schülerlotsenhilfe, Ehrenarbeit im Fußballverein, Mitarbeit in Initiativen, der Selbsthilfekreis, der Kleingarten oder die Nachbarschafts-PC-Hilfe sind dann Ausgangspunkte für berufliche Überlegungen, die vorhandene Kompetenzen aufgreifen und das Selbstwertgefühl stärken.

Regionale Analysen in den Vermittlungsbemühungen der privaten wie öffentlichen Integrationsfachkräfte zeigen immer wieder, dass „die Logik der Arbeitsabläufe in der Arbeitsvermittlung dafür sorgt, dass die Auslegung des Eignungsbegriffes stark von der Vermittelbarkeit beeinflusst wird" (vgl. Bahrenberg, Bardon & Schober, 2002, S. 7). Folglich kann es durchaus sein, dass beispielsweise die Tatsache „Überschuldung" in angespannten Arbeitsmärkten zum Vermittlungsausschluss für eine Vielzahl von Berufen führt, in dynamischen Arbeitsmärkten, insbesondere in Berufen mit Arbeitskräftemangel, aber nicht einmal als Einschränkung begriffen wird. Hier genau beginnt das spezifische Know-how der Arbeits- und Ausbildungsvermittlung zu wirken. Welche Spielräume lässt der regionale Arbeitsmarkt? Wie verhandlungsbereit ist ein Arbeitgeber? Wie anpassungsfähig ist ein Arbeitnehmer? Dies sind Fragen, die nur in wechselseitigen Gesprächen mit einer hohen Beratungskompetenz, mit einer hohen Arbeitsmarktkompetenz, mit fundierten Berufskenntnissen, letztendlich sicherlich auch mit zunehmender Erfahrung beantwortet werden können.

Vermittlungsstrategien setzen an unterschiedlichen Stellen im Prozess von Angebot und Nachfrage an. Sie können a) versuchen, Arbeitgeber davon zu überzeugen, einen vielleicht nicht ganz so idealen Mitarbeiter einzustellen. Dies wird umso eher gelingen, je weniger Konkurrenten es gibt, je kleiner die Lücke zwischen Anforderungen und Bewerberprofil zu sein scheint und je größer die Kompensationsleistungen für die Produktivitätslücken sind. Vermittlungsstrategien können b) auf der anderen Seite versuchen, die Einstellungschancen von Arbeitslosen zu verbessern, indem sie die „Performance" der Betroffenen an unterschiedlichen Stellen stärken. Und c) können sich letztendlich Strategien darauf ausrichten, den Matching-Prozess selbst zu verbessern.

Bei der Entwicklung der unterschiedlichen Ansatzpunkte ist zu unterscheiden zwischen Strategien und Maßnahmen, die unmittelbar und direkt auf das Zustandekommen einer arbeitsvertraglichen Regelung ausgerichtet, sprich personen- und unternehmensspezifisch auf den Abschluss eines Arbeits- oder Ausbildungsvertrages angelegt sind (Vermittlung i. e. S. = direkte Strategien), und auf Strategien und Maßnahmen, die eher generell die Fähigkeit und Bereitschaft beider Seiten zur Einstellung verbessern helfen, ohne dabei schon suchende Bewerber oder Unternehmen zu berücksichtigen (Vermittlung i. w. S. = indirekte Strategien), wie in der nachfol-

Arbeitsmarktbezogene Integrationsstrategien

genden Abb. 15 aufgeführt. In allen Fällen geht es aber um konkrete Unternehmen, Beschäftigte oder arbeitslose Menschen, die mit diesen Strategien erreicht werden sollen.

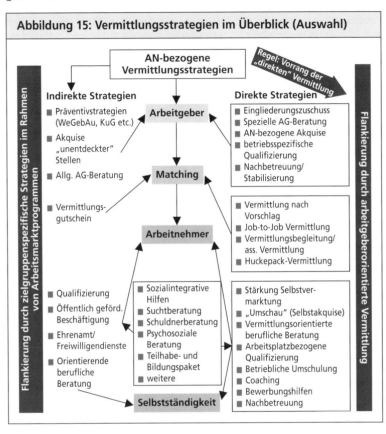

Quelle: Göckler, 2012

Der Regelfall wird sein, dass die direkten Strategien schon aus dem Umstand des Vermittlungsvorrangs zunächst geprüft werden. Mittel- und langfristige Planungen sind jedoch in den Fällen häufig wirtschaftlicher, wenn durch weitergehende stabilisierende und qualifizierende Maßnahmen die Nachhaltigkeit der Vermittlungsbemühen gesteigert werden kann. Es ist nicht in jedem Fall ein Gewinn, Arbeitsuchende mit dem erstbesten Angebot auf ihre Arbeitsbereitschaft hin zu überprüfen. Ein planerisches und auf Kooperation ausgerichtetes berufs- und sozialbezogenes Beratungsgespräch sollte jeder Vermittlungsaktivität vorausgehen.

Interne Leistungserbringung und Schnittstellen

Unabhängig davon lassen sich strukturelle arbeitsmarktpolitische Maßnahmen ergreifen, die nicht mehr personen- oder unternehmensspezifisch ausgerichtet sind, sondern zielgruppenspezifisch oder generalistisch. Hierzu würden beispielsweise Maßnahmen der Wirtschaftsförderung zählen, Konzepte für besondere Risikogruppen des Arbeitsmarktes oder eher sozial induzierte Angebote zur persönlichen Stabilisierung. Hier unterscheiden sich Vermittlungsstrategien als zentraler Teil einer Arbeitsmarktausgleichspolitik von allgemeineren Strategien der Bildungs-, Sozial- und Beschäftigungspolitik, wobei insbesondere bei den indirekten Strategien die Politikbereiche nicht mehr trennscharf sind. Die einzelnen Strategien und Maßnahmen der aktiven Arbeitsmarktpolitik werden nachfolgend vorgestellt und in aller Kürze im Hinblick auf ihre „Einsatzlogik" skizziert.

9.4.1.1 Direkte Vermittlungsstrategien

Diese Strategien umfassen Handlungen und Maßnahmen, die unmittelbar und direkt auf das Zustandekommen einer arbeitsvertraglichen Regelung ausgerichtet sind, sprich personen- und unternehmensspezifisch auf den Abschluss eines Arbeits- oder Ausbildungsvertrages angelegt sind (Vermittlung i. e. S. = direkte Strategien). Sie beschäftigen sich mit einem konkreten Stellenangebot, das vorhanden ist oder erarbeitet wird, und einem zugehörigen mehr oder weniger passenden Bewerberprofil.

I. Arbeitgeberbezogene Strategien

Zu den direkten unternehmensbezogenen Strategien zählen vor allem die personenbezogene Arbeitgeberberatung beziehungsweise Akquise und der Eingliederungszuschuss. Zudem lassen sich interne Qualifizierungen (Einarbeitung, Arbeitsplatzerprobung) und Nachbetreuung hier noch verorten, sofern sie aus den Bedürfnissen und Wünschen der Arbeitgeberseite resultieren.

a) Personenbezogene Arbeitgeberberatung und Akquise

Bei der personenbezogenen Arbeitgeberberatung hat die Vermittlungsfachkraft in einer Vorauswahl einen oder mehrere potenzielle Kandidaten für eine gemeldete Stelle identifiziert oder für eine nicht gemeldete Stelle vorgesehen. Aus mehreren Gründen greift sie dabei aber nicht auf das standardisierte Verfahren der Vermittlung nach Vorschlag zurück, sondern vereinbart mit dem Arbeitgeber einen Gesprächstermin. Zu diesen Gründen zählen:

- Der Arbeitgeber selbst hat dieses Verfahren gewünscht. Dies geschieht häufig dann, wenn Arbeitgeber sich von einer Vielzahl derartiger Vermittlungsvorschläge befreien und die Qualität der Vorauswahl steigern wollen.

- Die Vermittlungsfachkraft hat bei der Vorauswahl festgestellt, dass die ausgewählte(n) Person(en) nicht alle Anforderungen der Stelle erfüllt.

Arbeitsmarktbezogene Integrationsstrategien

Ein „Unterschieben" der Bewerber unterläuft die Vermittlungsstandards, schadet den betroffenen Arbeitnehmern und verschlechtert die Zusammenarbeit mit dem Arbeitgeber. Die Vermittlungsfachkraft hält die oder den Bewerber dennoch für grundsätzlich geeignet, die wesentlichen Anforderungen der Stelle zu erfüllen.

- Die Vermittlungsfachkraft hat einen Bewerber identifiziert, der ohne besondere Unterstützung kaum Vermittlungschancen aufweist. Zu seinem Bewerberprofil gibt es zwar aktuell kein Stellenangebot, jedoch sind der Vermittlungsfachkraft Unternehmen und Betriebe bekannt, in denen bereits häufiger Personen mit dieser Qualifikation einmündeten. Der Außendienst erfolgt hier gezielt in der Absicht, für diesen Bewerber ein Stellenangebot zu erschließen.

- Zudem ist diese Vermittlungsstrategie dazu geeignet, die Zusammenarbeit mit den Unternehmen auf besondere Art und Weise zu verbessern. Als personenbezogene Dienstleistung wird aus der anonymen Behörde ein qualitatives Angebot, das sich beweglich und nachhaltig für die Belange von Unternehmen und Arbeitnehmern einsetzt.

b) Instrumenteneinsatz: Eingliederungszuschuss

Ergänzend oder einzeln können Vermittlungsbemühungen hier mithilfe spezifischer Instrumente verbessert werden. In den allermeisten Fällen erfolgt der Einsatz gesetzlich vorgesehener Hilfen unter dem Aspekt, dass für eine Übergangszeit die Leistungsdefizite des Arbeitnehmers (Produktivitätsminderung gegenüber den sonstigen Arbeitnehmern) für den Arbeitgeber finanziell kompensiert werden. Das erfolgreichste Instrument in diesem Zusammenhang stellt der Eingliederungszuschuss dar. Auch die bis 31.03.2012 ausstellbaren Eingliederungsgutscheine für ältere Arbeitslose ab dem 50. Lebensjahr erfüllten diesen Zweck. Mit dem Eingliederungsgutschein verpflichtet sich die Agentur für Arbeit, einen Eingliederungszuschuss an den Arbeitgeber zu leisten, wenn ein Beschäftigungsverhältnis von mindestens einem Jahr begründet wird. In eine ähnliche Richtung wirken auch der Ausbildungsbonus bei Insolvenz oder Schließung des bisherigen Ausbildungsbetriebes oder der Ausbildungszuschuss bei der Integration behinderter Jugendlicher.

c) Unternehmensspezifische Qualifizierung und betriebliche Einzelumschulung

Zu arbeitgeberbezogenen Vermittlungsstrategien werden diese Hilfen dann, wenn arbeitsplatzspezifische Nachqualifizierungen vom Arbeitgeber selbst gefordert werden und sich an eine gezielte und bisher nicht beschäftigte Person richten. Zum Teil decken sich hier arbeitgeberbezogene und Arbeitnehmerinteressen, sofern tatsächlich qualifiziert wird. Die gesetzlichen Instrumente, gefasst als Maßnahmen zur Aktivierung und beruflichen Eingliederung, sehen in diesem Kontext insbesondere die Möglichkeiten der arbeitgeberspezifischen Qualifizierung, von Praktika, einer Ein-

Interne Leistungserbringung und Schnittstellen

stiegsqualifizierung oder die Probebeschäftigung für Menschen mit Behinderungen vor. Qualifizierungen dieser Art finden somit grundsätzlich am Arbeitsplatz und im einstellenden Unternehmen statt. Folgt man diesem Gedanken konsequent, so sollte der nahezu in Vergessenheit geratenen **betrieblichen Einzelumschulung**, die weiterhin rechtlich möglich ist, wieder mehr Aufmerksamkeit gewidmet werden. Die bis Mitte der 90er-Jahre durchaus weit verbreitete Möglichkeit, einen Berufsabschluss bei Lebensälteren erstmalig oder neu erwerben zu können, ging mit einer ausgesprochen hohen Übernahmequote in Beschäftigung einher. Maßnahmen dieser Art weisen nicht nur für die Arbeitgeberseite gute Integrationsaspekte auf, sondern sind gerade für langzeitarbeitslose Menschen neben dem fachlichen Kompetenzerwerb mit einer Fülle von „Nebenfolgen" versehen: Stabilisierung der Arbeitsroutinen, motivationssteigernd durch Abschlussorientierung, soziale Eingebundenheit in den Betrieb von Anfang an usw.

d) Nachbetreuung

Die gesetzlichen Möglichkeiten schließen darüber hinaus ausdrücklich Maßnahmen zur Stabilisierung von Beschäftigungsverhältnissen ein. Häufig werden diese Maßnahmen in Verbindung mit weitergehenden Aufträgen an gewerbliche oder gemeinnützige Träger (z. B. Beauftragung mit Vermittlungsaufgaben, mit Bewerbungstrainings etc.) verbunden. Es spricht allerdings auch nichts dagegen, dass die öffentlichen Vermittlungsdienste selbst diese Angebote offerieren, insbesondere wenn es sich um Arbeitnehmer handelt, die vorher mehrere Jahre oder jahrzehntelang arbeitslos waren. Aus Arbeitgebersicht geht es bei der Nachbetreuung um Fragen der Arbeitsmotivation des Arbeitnehmers, gesundheitlich oder behinderungsbedingter Einschränkungen, der grundlegenden Arbeitstugenden, häufige Fehlzeiten oder unangemessenes Verhalten gegenüber Vorgesetzten oder Kollegen. Das Arbeitssubjekt ist in diesem Fall die vermittelte Person, bei der vor weitergehenden Schritten (Abmahnung, Kündigung) Versuche gestartet werden, das Verhalten, die Arbeitsleistung oder Arbeitsmöglichkeiten den betrieblichen Notwendigkeiten anzupassen. Selbstverständlich sind hier auch die betrieblichen Partner einzubinden.

II. Matching-ausgerichtete Maßnahmen

Das Herzstück der öffentlichen Arbeitsvermittlung ist die Vermittlung nach Auswahl und Vorschlag. Vermittlungsfachkräfte haben hier sorgfältig geprüft, ob die zentralen Anforderungen der Stellen und die jeweilig geeigneten Bewerberprofile möglichst optimal zusammenpassen.

a) Vermittlung nach Auswahl und Vorschlag

Am Begriff der „passgenauen Bewerbung" sollte man nicht zu sehr hängen bleiben. Es hat sich gezeigt, dass weder die Unternehmen selbst sich immer und in jedem Fall an ihren optimalen Einstellungskriterien orientieren, noch dass es möglich ist, alle Kriterien eines Anforderungsprofils zu erfüllen. Im konkreten Vorgehen der Vermittlungsfachkräfte empfiehlt es sich deshalb, die harten Einstellungskriterien eindeutig zu identifizieren, die aus Arbeitgebersicht zu einem klaren Ausschluss der Bewerbung führen (Suchheuristiken). Hierzu zählen im Regelfall die Ausbildungsadäquanz und (manchmal) Berufserfahrung, spezielle Nachweise (wie etwa Schweißerscheine, Personenbeförderungsnachweise, therapeutische Zusatzqualifikationen, die als unverzichtbar gekennzeichnet wurden) sowie gesundheitliche Voraussetzungen.

Können Bewerber unter den Bedingungen der harten Auswahlkriterien nicht gefunden werden, steigen die Chancen, dass über den geschickten Einsatz unterschiedlicher Vermittlungshilfen dennoch eine erfolgreiche Bewerbung für weniger passende Bewerber nicht ausgeschlossen ist. Folgende **Standards bei der Vermittlung** nach Auswahl und Vorschlag aus dem Blickwinkel der Arbeitgeberbetreuung gibt es:

- Arbeitgeber erhalten kurzfristig (zwei Arbeitstage) Rückmeldung über die Chancen, das Stellenangebot qualifiziert besetzen zu können.
- Geeignete Arbeitnehmer sollten möglichst vorher telefonisch kontaktiert werden und ansonsten innerhalb von drei Tagen den Vermittlungsvorschlag erhalten.
- Schriftliche Vermittlungsvorschläge (mit Rechtsfolgenbelehrung) erfüllen für beide Seiten die größtmögliche Transparenz der Profile.

Bedeutsam ist zudem, dass die Vermittlungsfachkräfte den Bemühungen nachgehen und mit dem Bewerber klären, warum und wieso eine Einstellung nicht gelungen ist. Es bleibt ein großer Nachteil in der öffentlichen Arbeitsvermittlung, **dass es nicht zu einer systematischen und überprüften Auswertung der verschiedenen Vermittlungsaktivitäten gemeinsam mit den Bewerbern kommt,** wie sowohl die Studien zur Eingliederungsvereinbarung belegen wie auch Gutachten des BRH. Nicht in jedem Fall, jedoch bei häufigerem Scheitern im Rahmen von Vermittlungsaktivitäten, gehört hierzu die Rückfrage bei den Arbeitgebern, um ein unabhängigeres Bild gewinnen zu können.

b) Indirekte Vermittlung

In einigen Fällen hat es sich bewährt, Stellensuchenden keinen schriftlichen Vermittlungsvorschlag zuzusenden. Arbeitgeber, die prinzipiell oder für bestimmte Berufe nicht mit der öffentlichen Arbeitsvermittlung zusammenarbeiten, lehnen Bewerbungen, die nach einem öffentlichen Vermittlungsvorschlag auf sie zukommen, häufig direkt ab. Erfahrene Vermittlungsfachkräfte kennen die Arbeitgeber, bei denen „der Geruch von Arbeitsamt" ein grundsätzliches Einstellungshemmnis ist. Die Evaluationen zur öffentlich geförderten Beschäftigung haben gezeigt, dass gerade ABM, AGH und ähnliche Maßnahmen eher dazu geeignet waren, eine Einstellung zu verhindern, denn sie zu fördern. In solchen Fällen besteht die geeignete Stra-

Interne Leistungserbringung und Schnittstellen

tegie darin, den Bewerber über die Besonderheiten des Arbeitgebers zu informieren und gemeinsam mit ihm daran zu arbeiten, ungünstige Phasen in der Berufsbiografie so aufzuarbeiten, dass Nebenaspekte (Sprachkurse, Auslandsaufenthalte, soziales Engagement, familiäre Dienste etc.) in den Fokus rücken. Auch hierbei gilt das oben Festgestellte: Eine sorgfältige Analyse, warum eine Einstellung nicht gelungen ist, gehört zu einer vermittlungsorientierten Strategie, die allen Seiten nutzt – dem Bewerber, der es zukünftig besser machen kann, dem Arbeitgeber, der seine Auswahlkriterien transparenter machen kann und zukünftig eine passgenaue Vorauswahl erhält, sowie der Vermittlungsfachkraft, die ihre Kenntnisse über betriebliche Personalrekrutierungsstrategien verbessert und mit den Kunden angemessenere Strategien planen kann.

c) Vermittlungsbegleitung

Die Vermittlungsbegleitung dürfte im Rahmen der originären Arbeitsvermittlung eher die Ausnahme sein und ist auch vor dem Hintergrund skeptischer Einstellungsurteile aufseiten der Arbeitgeber zurückhaltend zu bewerten. Arbeitgeber schätzen eine Vermittlungsbegleitung als nicht bedeutsam bei der Rekrutierung von Bewerbern ein (vgl. Klöß & Egle, 1999, S. 20 f.). Dennoch gibt es einige Indikatoren, in denen Vermittlungsfachkräfte eine assistierte Vermittlung (Vermittlungsbegleitung) überdenken sollten. Vermittlungsbegleitung bietet sich an:

- Wenn im Kontext einer Vorstellung auch begleitende arbeitsmarktliche Hilfen abgeklärt werden sollen und eine rechtlich bindende Zusage hierbei hilfreich ist.

- In Fällen, in denen die öffentliche Arbeitsvermittlung auf Bitten des Arbeitgebers strukturell an der Vorauswahl der Bewerber beteiligt ist. Häufig ist dies bei Neugründungen beziehungsweise Betriebsverlagerungen der Fall, wenn Arbeitgeber in kurzer Zeit erhebliche Neueinstellungen vornehmen müssen.

- Nach Vorabklärung durch die Vermittlungsfachkraft, wenn Anforderungsprofil und Bewerberprofil so weit auseinander liegen, dass ohne weitere Erklärungen und Gespräche eine einfache Bewerbung aussichtslos wäre.

- In Branchen, in denen Personalnot herrscht und die grundsätzlich bereit sind, auch über weniger passende Bewerber nachzudenken. Nach der Studie von Klös & Egle (ebd., S. 20 f.) ist am ehesten noch die Baubranche geneigt, Vermittlungsbegleitung als hilfreich bei der Rekrutierung anzusehen.

- Bei Betrieben, die über längere Zeit offene Stellen gemeldet haben, ohne diese besetzen zu können. Hier lassen sich auch die Anforderungen noch einmal systematischer besprechen und gegebenenfalls der Bewerberlage anpassen (Arbeitgeberberatung).

Arbeitsmarktbezogene Integrationsstrategien

d) Huckepack-Verfahren

Das Huckepack-Verfahren steht für eine seit vielen Jahrzehnten bewährte Technik, Arbeitgebern mit leistungsstarken Arbeitnehmern immer auch einen leistungsgeminderten Arbeitnehmer anzubieten. Im Regelfall ist ein derartiges Verfahren nicht mit einem standardisierten Vermittlungsvorschlag zu administrieren, sondern setzt einen vorhergehenden Kontakt mit dem Arbeitgeber voraus. Da sie zunächst aber weder unmittelbar dem Arbeitgeberinteresse entspringt, noch zwingend mit dem Arbeitnehmer abgesprochen werden muss, gilt diese Technik als direkte Matchingstrategie. Im Regelfall erfolgt eine telefonische Kontaktaufnahme mit dem Arbeitgeber, bei dem die aktuelle Stellenlage besprochen wird. Insbesondere wenn mehrere offene Stellen verfügbar sind, sollte die Auswahl geeigneter Arbeitnehmer soweit begrenzt werden, dass eine Stelle für einen leistungsgeminderten Arbeitnehmer offen bleibt. Im Hinblick auf die hohe Passgenauigkeit der leistungsstärkeren Bewerber sind Arbeitgeber dann oft bereit, sich auch mit dem leistungsgeminderten Arbeitnehmer intensiver zu beschäftigen und eine Einstellung zu prüfen (Win-win-Situation).

III. Arbeitnehmerbezogene Strategien

Arbeitnehmerbezogene Vermittlungsstrategien setzen darauf, die Wettbewerbsposition der betroffenen Arbeitslosen im Marktgeschehen zu verbessern. Dies kann in direkten Kontakten geschehen (Selbstvermarktung, Beratung) oder mittels gezielter Interventionen Dritter. Man nimmt an, dass Personen in einen Wettbewerb um Arbeitsplätze eintreten, zumindest solange die Arbeitskräftenachfrage geringer ist als das Arbeitskräfteangebot. Arbeitgeber stufen potenzielle Bewerber anhand von Hintergrundcharakteristiken wie Ausbildung, Berufserfahrung, Soft Skills und anderen Merkmalen ein und platzieren sie dann in einer Rangfolge von besonders geeignet bis gerade noch geeignet (Labour-Queue). Direkte wie indirekte Strategien versuchen hier die Wettbewerbssituation der Betroffenen zu verbessern, wohl wissend, dass dafür andere in der Schlange zurückgestuft werden.

a) Stärkung Selbstvermarktung

Kunden, die nach einer Stabilisierungsphase durchaus in der Lage sind, ihre Integrationsgeschicke wieder selbst in die Hand zu nehmen, benötigen oftmals nur eine Orientierung, wo und wie sie ihre Informationen abrufen können. Man kann hier als Teil der Forderungen an den Kunden durchaus auf die heilsame Chance der Selbstvermittlung und des Selbstmarketing setzen, wenn es der Leistungsfähigkeit des Kunden entspricht. Zur Selbstinformation gehört die systematische Nutzung von verschiedenen Unterstützungsmöglichkeiten bei der Stellensuche wie der Internetauftritt der Bundesagentur, die Berufsinformationszentren, private (vornehmlich) spezialisierte Vermittlungsdienste sowie virtuelle und reale Jobbörsen. Selbst-

Interne Leistungserbringung und Schnittstellen

marketing setzt alle Bewerbungsaktivitäten des betroffenen Kunden ein, denen er sich – gegebenenfalls nach einer Schulung – selbst bemächtigen kann, ohne auf die unterstützende Hilfe von Dritten angewiesen zu sein. Allerdings ist Vorsicht geboten: Zahlreiche begleitete Hospitationen zeigen, dass Kunden sich häufig sehr viel leistungsfähiger darstellen, als sie in Wirklichkeit sind. Es gibt Beispiele, wonach Legasthenikern die regelmäßige Aufgabe zufiel, monatlich zehn Bewerbungsnachweise zu erbringen. Zudem sind Strategien des Networking kaum in die Vermittlungsberatung einbezogen.

Selbstvermarktungsstrategien und Networking bilden die Antwort auf die zunehmende Erkenntnis, dass mittlerweile auch in der Bundesrepublik Deutschland der größte Teil der Stellen mit der höchsten Erfolgsquote über persönliche Kontakte beziehungsweise Kontakte der Mitarbeiter besetzt werden. Netzwerkstrategien, die die personalen Netzwerke des Kunden auf potenzielle Unterstützer untersuchen oder zusätzliche interorganisationale Netzwerke bereitstellen, nehmen im Hinblick auf die zunehmende Bedeutung von erfolgreichen Bewerbungen durch Kontakte zu. Nicht immer muss es dabei direkt der neue Job sein: Eine Nachfrage nach einem Praktikantenplatz oder eine Trainingsmaßnahme stellt häufig den Kontakt zu potenziellen Beschäftigern her, der anschließend auch für eine dauerhafte Integration trägt. Neuere Untersuchungsergebnisse zum Rekrutierungsverhalten der Unternehmen zeigen:

- „Bei der Personalrekrutierung zielt der weitaus überwiegende Teil betrieblicher Suchprozesse auf externe Bewerber. Betriebsinterne Suchstrategien sind 2010 mit rund 13 Prozent der Suchwege weit weniger verbreitet.

- Die häufigsten Wege bei der Personalsuche in Deutschland sind Kontakte zur Arbeitsagentur, Stellenangebote im Internet, Stellenanzeigen in Zeitungen oder Zeitschriften sowie die Nutzung persönlicher Kontakte. Über diese Suchwege werden rund 78 Prozent aller Stellen besetzt.

- Jeweils knapp ein Viertel aller Neueinstellungen im Jahr 2010 erfolgt über persönliche Kontakte sowie über Inserate in Zeitungen oder Zeitschriften. Stellenangebote im Internet führen vor allem bei Großbetrieben und bei der Suche nach Akademikern zur Stellenbesetzung.

- Die Suche über persönliche Kontakte hat die besten Erfolgsaussichten. In nahezu zwei von drei Versuchen über diese Kanäle kam es zur Besetzung der Stelle. Der Einsatz von Zeitungsinseraten ist in mehr als der Hälfte der Fälle erfolgreich.

- Knapp 39 Prozent der Neueingestellten waren vorher arbeitslos. Der größte Teil dieser Stellenbesetzungen gelingt über den Kontakt zur Arbeitsagentur. Aber auch persönliche Netzwerke spielen bei der Rekrutierung von Arbeitslosen eine wichtige Rolle: Sie führen in jedem vierten Fall zur Besetzung der Stelle" (Dietz, Röttger & Szameitat, 2011, S. 1).

b) Umschau (Selbstakquise)

Bereits im 18./19. Jahrhundert war es durchaus üblich, dass Arbeitsuchende von Werkstor zu Werkstor zogen, um direkt nach einer offenen Stelle zu fragen. Grundsätzlich gibt es auch heute noch Branchen, in denen diese Form der direkten Akquise nicht unüblich ist. Die Umschau oder – moderner – Selbstakquise bezieht sich auf ein Vorgehen, in dem der Arbeitsuchende initiativ und ohne vorherige telefonische oder schriftliche Bewerbung bei Arbeitgebern nach offenen Stellen fragt. Während der Zeit der Industrialisierung eine übliche Vorgehensweise, hat diese Bewerbungsform seit der Wiedervereinigung wieder zugenommen. Immer wieder gibt es Betriebe, die ihren Stellenbedarf an Werkstoren, Schaufenstern oder Eingängen bekannt machen. Die Bäckerei, die eine Aushilfe auf 400-Euro-Basis sucht, der Metallbaubetrieb, der kurzfristig Schlosserhelfer einstellt, die Tafeln bei den Zeitarbeitsfirmen, die Gaststätte, die für die kommende Karnevalsaison eine Aushilfe sucht etc. „Suche Aushilfe für 20 Std.", „Bäckereiverkäuferin in Teilzeit gesucht", „Wer hilft beim Kellnern?" oder „Reinigungskraft auf 400-Euro-Basis gesucht" begegnen einem täglich, wenn man danach sucht. Nicht selten werden die Angebote sonst nirgendwo mehr ausgeschrieben, sodass sich ein Rundgang durch Gewerbegebiete, Einkaufsmeilen und Shoppingcenter für Arbeitsuchende durchaus lohnt.

c) Vermittlungsorientierte berufliche Beratung

Die berufliche Beratung ist nach wie vor das Herzstück der öffentlichen Vermittlungseinrichtungen, woraus sie wesentlich ihre Daseinsberechtigung beziehen. Insgesamt hat eine deutliche Wendung von einem eher defizitorientierten Blick auf die Kunden zu einem ressourcenorientierten Vorgehen stattgefunden. Eine Beratung, die den Blick nicht auf die Problemsituation (Betreuung von zwei Kindern, Versorgungssicherheit, Zuverlässigkeit etc.) einer alleinerziehenden Mutter verengt, sondern die erworbenen und vernetzten Kompetenzen (Organisationstalent, Zeitmanagement, Vernetzung über Selbsthilfe-, Kindergarten- oder Krabbelgruppen etc.) für eine erfolgreiche Vermittlungsstrategie einsetzt, ist ein erster Schritt zu nachhaltigen und beteiligungsorientierten Integrationsstrategien. Gleichzeitig darf die Entwicklung nicht dazu führen, vorhandene Schwierigkeiten zu leugnen oder zu übersehen. Eine rein ressourcenorientierte Strategie führt leicht zu Überforderungen des Kundensystems und unterläuft erfolgreiche Integrationsstrategien. Vermittlungsorientierte berufliche Beratung setzt an konkret vorhandenen Stellenangeboten an. Anstatt wie üblich den Bewerbern pauschal zehn Bewerbungsnachweise monatlich abzuverlangen, gehen hier die Vermittlungsfachkräfte die konkreten Stellenangebote durch und prüfen diese mit dem Bewerber auf ihre Realisierungschancen. Dabei sollten vor allem die Mindestkriterien des Anforderungsprofils, die räumliche Erreichbarkeit und das bisherige Auswahlverfahren des Betriebes vor dem Hintergrund des Bewerberprofils gemeinsam durch-

Interne Leistungserbringung und Schnittstellen

leuchtet werden. Bei Unklarheiten können Vermittlungsfachkraft oder Bewerber direkt versuchen, die Personalverantwortlichen zu erreichen und offene Fragen zu klären.

Im Hinblick auf die Vermittlungsbemühungen ist es viel erfolgversprechender, einige wenige konkrete Stellenangebote (oft reicht schon ein Stellenangebot) mit den Bewerbern gezielt vorzubereiten. Hierzu zählen:

- Welche Informationen über den Betrieb liegen in den Datenbanken der Grundsicherungsträger/Arbeitsagenturen vor?
- Welche einstellungsrelevanten Informationen lassen sich im Internet über den Betrieb herausfiltern (hier auch berufsspezifisch suchen: verwendete Maschinen, Produktions- oder Dienstleistungspalette)?
- Lässt sich herausfinden, wann der Betrieb letztmalig jemanden aus Arbeitslosigkeit eingestellt hat und über welche Qualifikationen der Bewerber damals verfügte?
- Gibt es Verbindungen zum Betrieb, die zusätzliche Informationen oder gar vermittlungsunterstützende Hilfen liefern könnten (Netzwerke)?
- Wie könnten betriebsangepasste Bewerbungsstrategien aussehen?

In erweitertem Sinne kann im Rahmen der vermittlungsorientierten Beratung auch auf Überlegungen zu neuen Selbstvermarktungsstrategien eingegangen werden, mit denen sich Stellenangebote unter Umständen erschließen lassen. Hier skizzieren Egle/Bens (2004, S. 185 ff.) Selbstvermarktungsstrategien, die vor dem Hintergrund einer **engpasskonzentrierten Strategie** darauf bezogen werden, Nischen im Arbeitsmarkt zu identifizieren und zu besetzen. Es geht im Kern um drei Strategien, die allein oder im Verbund zur arbeitsmarktlichen Integration führen sollen:

1. Aktives Verhalten statt passiven Reagierens. „Folge nie den anderen", schreiben Egle/Bens (ebd., S. 250), „sei ihnen stets voraus. Wer zum Arbeitsamt geht oder aber die Inserate in den Zeitungen nutzt, hat Mitbewerber und führt nur eine Reaktion aus."
2. Zielgruppenspezifische Stellenakquise (Eigeninserate, Nutzung persönlicher Netzwerke, Initiativbewerbungen, Internetnutzung, E-Mail-Bewerbungen)
3. Technik des Querdenkens, bei der die traditionelle Suchstrategie (erlernter bzw. zuletzt ausgeübter Beruf = neuer Zielberuf) erheblich verändert wird und sowohl anderweitige Teilqualifikationen wie tätigkeitsspezifische Besonderheiten (z. B. Zulieferer/Abnehmer früherer Produkte oder Dienstleistungen als potenzielle neue Arbeitgeber) für neue Suchoptionen ausgewertet werden.

Diese Techniken können mit den Kunden auch in den Beratungsgesprächen durchgesprochen und auf ihre Umsetzungstauglichkeit hin überprüft werden.

Arbeitsmarktbezogene Integrationsstrategien

d) Arbeitsplatzbezogene Qualifizierung/Umschulung

Die bedeutsameren und kostenaufwendigeren Qualifizierungen beziehen sich eher auf indirekte Strategien und betreffen grundlegendere Weiterbildungen mit zertifizierten Abschlüssen (Fortbildung und Umschulung) oder die Arbeit an grundlegenden Kompetenzen (Arbeits- und Sozialverhalten). Qualifizierung als direkte Vermittlungsstrategie hingegen umfasst Maßnahmen, mit denen ein konkreter Arbeitsplatz erreichbar ist. In den meisten Fällen erfolgen die Qualifizierungen auf Wunsch/Forderung der Arbeitgeber, müssen aber nicht, wie bei den arbeitgeberbezogenen Strategien, direkt am Arbeitsplatz stattfinden. Häufig sind diese Kurzqualifizierungen zwingender Bestandteil des Anforderungsprofils der Stelle und können auf dem allgemeinen Qualifizierungsmarkt erworben werden. Jobcenter und Arbeitsagenturen haben in den letzten Jahren einen ganzen Pool von arbeitsplatzbezogenen Qualifizierungen finanziert, wenn die Unternehmen eine entsprechende Einstellungsabsicht äußerten. So gehörten beispielsweise Personenbeförderungsscheine, Schweißerscheine, Gefahrgutnachweise, Sprachzertifikate und Ähnliches zu den geförderten Kurzqualifizierungen.

e) Coaching/Mentoring

Coaching gibt es sowohl als eine besondere Form im Rahmen der Supervision (Führungs- und Fachkräfte-Coaching) als auch als zertifizierte Weiterbildung (IHK) zum Vermittlungscoach. Zudem hat sich in der Beratung und Begleitung behinderter Menschen der Begriff des *Jobcoaching* durchgesetzt, mit dem Maßnahmen gemeint sind, die Menschen mit Behinderungen unmittelbar am Arbeitsplatz in einem Betrieb des allgemeinen Arbeitsmarktes unterstützen. „Inhaltlich handelt es sich um eine individuell auf die Belange eines behinderten Menschen sowie des jeweiligen Beschäftigungsbetriebes zugeschnittene Qualifizierungsmaßnahme" (Hötten, 2010). Während hier bereits bestehende Beschäftigungsverhältnisse stabilisiert beziehungsweise gesichert werden sollen, ist das Vermittlungscoaching für den Matching-Prozess interessanter und soll näher betrachtet werden:

„Vermittlungscoaching ist ein einfaches und effizientes Konzept zur Unterstützung der beruflichen Orientierung und zur Senkung der Arbeitslosigkeit: Arbeitssuchende sowie Personen, die sich umorientieren möchten oder müssen, werden dabei von qualifizierten Coaches während sämtlicher Phasen der Zielfindung bzw. Jobsuche unterstützt. Auch in Methodik und Inhalten geht das Vermittlungscoaching über andere Ansätze hinaus: Im Mittelpunkt steht die berufliche Vision des Teilnehmers, ein Grundsatz lautet: Arbeit darf und muss Spaß machen. [...] In der Regel halten sich die Teilnehmer während des Coachings ganztägig in entsprechenden Gruppen auf, um nach dem Prinzip ‚Learning by doing' die erworbenen Erkenntnisse sofort in die Tat umzusetzen. Jeder Coachee erhält individuelles Training genau an den Punkten, an denen er es zu diesem Zeitpunkt benötigt. Ein wichtiger Aspekt dabei ist die Kombination aus äußerem Druck und praktischer Unterstützung – ist beides gegeben, stellt sich der Erfolg mit großer

Interne Leistungserbringung und Schnittstellen

Wahrscheinlichkeit ein. […] Coaching bedeutet in erster Linie, dem Teilnehmer bei der Suche nach eigenen Lösungswegen zu helfen: ‚In welchem neuen Berufsfeld könnte ich gebraucht werden?', ‚Welche zusätzlichen Kenntnisse und Fähigkeiten brauche ich und wie kann ich sie mir aneignen?', ‚Wo und wie finde ich Informationen, die mir auf dem Weg zum neuen Job helfen?' Für jeden Coachee wird ein maßgeschneidertes Selbstvermarktungskonzept erarbeitet und umgesetzt. Auch Arbeitssuchende werden so vom Bittsteller zum Problemlöser und strahlen neues Selbstbewusstsein aus" (Heinle, o. J.).

Verwandt und etwas stärker auf die Förderung benachteiligter Jugendlicher ausgerichtet ist das Mentoring, das sich insbesondere auch mit pädagogischen Interventionen zu individuellen Lern- und Entwicklungspotenzialen auseinandersetzt. Die Aufgaben von Jobmentoren werden wie folgt beschrieben (Buggenhagen, 2010, S. 10):

- Akquisition, Beratung und Begleitung bis zum beruflichen Wiedereinstieg: Aktivierung und Mobilisierung der Arbeitsuchenden, Stärkung der Selbsthilfekompetenzen, Aufbau übergreifendes Beraternetzwerk, Lernberatung
- Akquisition potenzieller Arbeitgeber: Kontaktaufnahme und -pflege regionale Wirtschaft, Werbung für die Zielgruppe, Recherche freier Arbeitsplätze und Praktikumsstellen, Vermittlung
- Zusammenarbeit mit Ämtern, Verbänden und Vereinen der Region: regionale Ämter, Agenturen für Arbeit, Jobcenter, Verknüpfung der unterschiedlichen Aktivitäten, Recherche Fördermöglichkeiten, Vernetzung regionaler Projekte
- Schließen der Schere zwischen vorhandenen und benötigten Kompetenzen: Anforderungsanalysen der Stellen, Vermittlung spezifischer Weiterbildung, Sicherstellung der Weiterbildungsqualität, Beachtung der Rahmenbedingungen von Weiterbildung, ganzheitlicher Ansatz
- Teilnehmerverwaltung: Dokumentation der Kontakte, Berichte, Kontaktanzahl und Dauer, Inhalte, Ergebnisse und Maßnahmen

Nicht alle Angebote lassen sich in der öffentlichen Arbeitsvermittlung nutzen, jedoch zeigen innovative lokale Umsetzungsstrategien, dass im Rahmen von Modellprojekten auch derartige Ansätze von den Vermittlungsfachkräften nutzbar sind.

f) Bewerbungshilfen

Bewerbungshilfen unterstützen Arbeitsuchende dabei, in der Bewerbungsschlange weiter nach vorne zu rücken. Bereits in den Auswahlstrategien der Arbeitgeber wurde deutlich, welche Bedeutung weiterhin gut gestaltete, inhaltlich tragfähige und fehlerfreie Bewerbungsunterlagen haben. Bewerbungshilfen sind im Rahmen der Grundsicherungsarbeit auf drei Wegen möglich:

Arbeitsmarktbezogene Integrationsstrategien

1. Durch die Gewährung von Bewerbungskosten aus dem Vermittlungsbudget
2. Durch gemeinsame Sichtung und Optimierung der Bewerbungsunterlagen mit der Vermittlungsfachkraft
3. Durch die Möglichkeit der Teilnahme an einem Bewerberseminar; zahlreiche Jobcenter und Arbeitsagenturen verfügen zudem über ein offenes Angebot zur Optimierung der Bewerbungsunterlagen, meist in räumlicher Nähe. Hier können Bewerber mit entsprechender Bescheinigung ohne lange Wartezeiten ihre Bewerbungsunterlagen durchsehen und verbessern lassen.

g) Nachbetreuung

Zum Thema Nachbetreuung wurde bereits bei den direkten arbeitgeberbezogenen Strategien Stellung genommen. Die Stabilisierung der Beschäftigungsverhältnisse kann selbstverständlich genauso aus der Perspektive der betroffenen Arbeitnehmer heraus verstanden werden. In diesen Fällen geht es eher um Fragen der Ausgrenzung (Mobbing), der nachholenden Qualifizierung, der betrieblichen Umsetzung, nicht eingelöster Zusagen und Ähnliches. Beratungsobjekt sind hier eher der Betrieb beziehungsweise seine Verantwortlichen.

9.4.1.2 Indirekte Strategien

Indirekte Strategien und Maßnahmen zielen darauf, eher generell die Fähigkeit und Bereitschaft von Arbeitgebern und Arbeitsuchenden zur Einstellung zu verbessern, ohne dabei unmittelbar auf das Zustandekommen eines Arbeits- oder Ausbildungsvertrages abzuzielen (Vermittlung i. w. S. = indirekte Strategien). Selbstverständlich wird auch beim Einsatz dieser Strategien das kurz- oder längerfristige Ziel verfolgt, den Abschluss eines entsprechenden Vertrages vorzubereiten.

I. Unternehmensbezogene Strategien

Sie umfassen Maßnahmen und Handlungsweisen, die einerseits präventiven Charakter aufweisen, um Arbeitslosigkeit zu verhindern, zum anderen auf eine bewerberunabhängige Akquise und Arbeitgeberberatung ausgerichtet sind.

a) Präventivstrategien

In diesem Kontext sind sicherlich Strategien besonders hervorzuheben, die Arbeitslosigkeit zu vermeiden suchen. Passive Leistungen wie das Kurzarbeitergeld (auch Saison- oder Transfer-KUG), das Elterngeld, aktive Leistungen wie die Qualifizierungsmöglichkeiten während der Kurzarbeit, Maßnahmen zum Erhalt von Arbeitsplätzen für behinderte Menschen, das Programm WeGebAU oder gesetzliche Schutzmechanismen wie der beson-

Interne Leistungserbringung und Schnittstellen

dere Kündigungsschutz für schwerbehinderte Menschen gehören in diesen Rahmen. Zudem bieten verschiedene Bundesländer eigene Programme an, die der Arbeitsplatzsicherung in strukturschwachen Regionen dienen. Die Jobcenter sind von diesen Angeboten weniger tangiert, sollten allerdings überlegen, ob beispielsweise im Rahmen der freien Förderung Nachhaltigkeitsstrategien für ehemalige Langzeitarbeitslose nicht eine ähnliche Bedeutung haben.

b) Allgemeine und besondere Akquisestrategien

Allgemeine Strategien der Akquise beziehen sich auf das vom Arbeitgeber bekannt gegebene Potenzial zu besetzender Stellen. Diese allgemeine Form der Stellenakquise lässt sich differenzieren in

- **Begleitende Akquise:** Wenn das Unternehmen eine Stelle veröffentlicht hat und die Vermittlungsfachkräfte das genauere Anforderungsprofil abklären, bietet sich die Chance, generell nach weiteren offenen Stellen oder Ausbildungsmöglichkeiten zu fragen, die noch nicht veröffentlicht wurden. Auch bei Rückfragen zu laufenden Stellenbesetzungsprozessen, die noch nicht abgeschlossen sind (Was ist aus den Bewerbungen geworden?/Welcher Bewerber wurde eingestellt? etc.), empfiehlt sich die regelmäßige Nachfrage nach weiteren offenen Arbeits- oder Ausbildungsplätzen.

- **Offene Akquise,** die beispielsweise durch E-Mail-Verteiler oder die Tagespresse angekündigt wurde. Viele Berufsberatungsfachkräfte veranstalten einmal jährlich einen Akquise-Tag, bei dem alle Fachkräfte die Betriebe nach regionalen oder berufsfachlichen Zuständigkeiten persönlich kontaktieren („Maikäferaktionen"). So mancher Ausbildungsplatz konnte dabei gewonnen werden, den die Unternehmen aus Zeitgründen nicht gemeldet hatten.

- **Gezielte Akquise,** wenn sich in einer größeren Zahl bestimmte Qualifikationen bei den Bewerbern zeigen, die nicht auf ein entsprechendes Stellenangebot stoßen. So kann man beispielsweise gezielt Unternehmen der Metallbranche ansprechen, wenn hier zahlreiche Fachkräfte mit einschlägigen Qualifikationen arbeitslos gemeldet sind beziehungsweise eine Qualifizierungsmaßnahme mit größerer Teilnehmerzahl kurz vor dem Abschluss steht.

Besondere Formen der Stellenakquise stellen Bemühungen der persönlichen Ansprechpartner oder beauftragter Dritter dar, Ausbildungs- und Arbeitsplätze zu erschließen, die bisher dem Markt nicht bekannt oder dem Unternehmen selbst als wirtschaftlich nicht erschließbar galten. Darin unterscheiden sie sich von den eben skizzierten Substitutionsstrategien. Hierzu zählen beispielsweise:

Arbeitsmarktbezogene Integrationsstrategien

- **Outbound-Aktivitäten** speziell beauftragter und geschulter Callcenter, die Angebote erschließen sollen, die Arbeitgeber aus den unterschiedlichsten Gründen bisher nicht öffentlich ausgeschrieben oder gemeldet haben. Es gibt beispielsweise auch im Rahmen finanzierter Weiterbildungen durch die Arbeitsagenturen oder Jobcenter (z. B. bei Call Center Agent) die Möglichkeit, den Trägern den Auftrag zu erteilen, die Übungen zur Erschließung ungenutzter Potenziale auf die Stellen- oder Ausbildungsakquise auszuweiten (vgl. Göckler & Winkens, 2000).

- Auch **Mailing-Aktionen** können nach bestimmten Kriterien erfolgreich sein, wenn sie nicht allzu oft erfolgen. Voraussetzung hierfür ist eine entsprechend vorbereitete und zumindest beruflich sortierte Datenbank.

- Unter **Job-Carving** wird die Schaffung von Stellenprofilen für Menschen mit Behinderungen oder leistungsgeminderte Menschen verstanden, bei denen der neue Arbeitsplatz aufgrund der Entlastung von betrieblichen Leistungsträgern entstehen soll. Die vorhandenen qualifizierten Arbeitsplätze werden auf Tätigkeiten hin untersucht, bei denen Fachkräfte Arbeiten verrichten, die nicht ihrer Qualifikation entsprechen (z. B. Maschinenreinigung, Sortieren, Material holen etc.). Lagert man bei den Fachkräften diese Tätigkeiten aus, so lässt sich deren Produktivität steigern und gleichzeitig ein neuer Arbeitsplatz mit geringerer Anforderung erschließen.

- **Huckepack-Akquise:** Nutzt man Außendienste generell dazu, nicht nur das erkennbare Stellenpotenzial genauer abzuklären, sondern mit den Personalverantwortlichen und Praktikern nach Beschäftigungsmöglichkeiten zu suchen, die dem Unternehmen selbst nicht so klar vor Augen stehen, wendet man die Huckepack-Vermittlung von der anderen Seite an. Gerade bei klein- und mittelständischen Unternehmen bestehen Chancen, Beschäftigungsmöglichkeiten im eher un- oder angelernten Bereich zu erschließen, die bisher nicht erkannt oder aus Scheu vor dem Rekrutierungsaufwand und arbeitsintensiven Einarbeitungen nicht verfolgt wurden.

Als günstig erweisen sich in diesem Kontext Fragestellungen, die beispielsweise die Entlastung von Fach- und Spezialkräften von nachgeordneten Routinearbeiten zum Inhalt haben, von nicht-realisierbaren Arbeitszeitwünschen vieler Mitarbeiter oder die Implementation von sogenannten Job-Rotation-Modellen, wenn Betriebe vor weitreichenden technischen oder betriebswirtschaftlichen Reorganisationen stehen.

c) Allgemeine Arbeitgeberberatung

Die allgemeine Arbeitgeberberatung ist als „Arbeitsmarktberatung" im § 34 SGB III geregelt. Während sie dort unter der Prämisse des gesetzlichen Auftrags verstanden wird (der Arbeitgeber als Beitrags- und Steuerzahler, als Sozialpartner und Kunde der Jobcenter und Arbeitsagenturen), stehen hier allgemeine Versuche im Mittelpunkt, den Arbeitgeber von der Meldung (weiterer) offener Stellen zu überzeugen. Dies kann geschehen

Interne Leistungserbringung und Schnittstellen

- mithilfe allgemeiner Informationsmöglichkeiten über die Fördermöglichkeiten der Arbeitsagenturen und Jobcenter,
- mittels der Beteiligung an Messen und Informationsveranstaltungen der einschlägigen Wirtschaftsverbände,
- aufgrund von Arbeitsmarktgesprächen für bestimmte Branchen und
- mithilfe regelmäßiger Kontaktschreiben (Newsletter) oder dem Angebot zu Kurzschulungen an Personalverantwortliche.

Diese Möglichkeiten bringen die Jobcenter als Ansprechpartner für Fragen der Vermittlung wieder in Erinnerung und sind als „Kontaktpflegeinstrumente" zu nutzen.

II. Matching-ausgerichtete Maßnahmen

Da Matching primär auf direkte Vermittlungsprozesse ausgerichtet ist, sind indirekte Matchingstrategien weniger sinnvoll/möglich. Allerdings kann man die Vermittlung durch Dritte (Aktivierungs- und Vermittlungsgutschein) als eine indirekte Matchingstrategie bezeichnen, weil hier der primäre öffentliche Arbeitsvermittler einen Dritten mit der Übernahme der direkten Vermittlung beauftragt.

III. Arbeitnehmerbezogene Strategien

Bei den indirekten arbeitnehmerorientierten Strategien geht es prinzipiell um eine generelle Steigerung der für den Arbeitsmarkt notwendigen Zugangsvoraussetzungen. Hier zeigen sich am ehesten die Maßnahmen, die zur Verbesserung oder Erhaltung der Beschäftigungsfähigkeit beitragen. Beschäftigungsfähigkeit weist dem Grunde nach drei grundlegende Förderansätze auf:

1. **Formale Qualifikationen** sowie weitergehende Basis- und Sozialkompetenzen
2. **Individuelle Voraussetzungen** wie Gesundheit, soziale und faktische Ressourcen und soziale Stabilität
3. **Marktbezogene Komponenten** wie Suchverhalten und Konzessionsbereitschaft (räumlich und beruflich)

Qualifizierung

Die Bedeutung beruflicher Qualifizierung (Berufsvorbereitung, Berufsausbildung, Fortbildung und Umschulung) ist seit Jahrzehnten unstrittig. Auch wenn Analysen zu Beginn des 21. Jahrhunderts gezeigt haben, dass sie nicht automatisch die Wettbewerbssituation der Arbeitnehmer in kurzer Zeit verbessern, zeigen die meisten Analysen eindeutig mittel- bis langfristig verbesserte Integrationsergebnisse. Der sich abzeichnende demografische Wandel macht deutlich, dass Absolventenzahlen von 10 Prozent, die die Regelschule ohne Abschluss verlassen, weder für die Vergangenheit noch für die Zukunft tragfähig waren/sind. Der Vorstand der Bundesagentur für Arbeit (2011, S. 15) hat deutlich gemacht, dass die Qualifizierung

Arbeitsmarktbezogene Integrationsstrategien

Ungelernter einen zentralen Strategiebereich für die Gewinnung zukünftigen Personals ausmacht. Dies gilt für bereits Beschäftigte wie für ungelernte Jugendliche und Erwachsene. Ein Fokus dabei liegt auch auf dem Nachholen anerkannter Berufsabschlüsse, den man sicherlich mit betrieblicher Umschulung wieder deutlich stärker in den Mittelpunkt rücken kann.

In ihrer Analyse der Qualifikationsstruktur des Erwerbspersonenpotenzials kommt Lott (Lott, 2010, S. 67) zu dem Schluss: „Die Gliederung der Arbeitsmarktbilanz nach der beruflichen Qualifikation führt in aller Deutlichkeit vor Auge, wie wichtig der Berufsabschluss für eine aktive Teilnahme am Erwerbsleben ist. Die Erwerbstätigen sind die Komponente des Erwerbspersonenpotenzials, die mit Abstand den geringsten Anteil an Personen ohne beruflichen Abschluss aufweist. Dieser Anteil ist bei den registrierten Arbeitslosen und bei der Stillen Reserve sehr viel höher. Im Gegenzug dazu finden sich in diesen beiden Komponenten deutlich geringere Anteile an Hochqualifizierten. Personen mit Fachschul- oder Hochschulabschluss sind weit überwiegend erwerbstätig und nur zu geringen Anteilen arbeitslos oder in der Stillen Reserve […]." Im Zuge der Einführung der „Gesetze für moderne Dienstleistungen am Arbeitsmarkt" hat die Bundesagentur für Arbeit die Förderung der beruflichen Weiterbildung (FbW) in den letzten Jahren deutlich reduziert. Die Wirkung dieser Maßnahmen hinsichtlich einer Reintegration der Erwerbslosen in eine nachhaltige Beschäftigung wurde eher pessimistisch betrachtet. Neuere Evaluationen zeigen jedoch, dass Weiterbildungs- und Umschulungsmaßnahmen längerfristig zu einer Erhöhung der Beschäftigungschancen beitragen können. Dieser längerfristige Aspekt sollte vor allem dann gewürdigt werden, wenn es dabei um Modelle geht, die sich am Lebensverlauf orientieren. So könnte eine Phase der Erwerbslosigkeit von einer Phase der Qualifizierung ersetzt werden.

Empfehlung: Umschulungen

Absolut unverständlich bleibt, dass die in der Vergangenheit so erfolgreichen betrieblichen Umschulungsmaßnahmen in der Praxis der Arbeitsförderung nach SGB II und III nahezu nicht mehr vorkommen. Erste Grundsicherungsträger haben erkannt, welche Erfolgspotenziale dieses Instrument gerade für einen langjährig arbeitslosen Personenkreis bietet. Die Förderung der §§ 77 ff. SGB III spricht ausdrücklich von Weiterbildung, umfasst damit die klassischen Förderbegriffe der Fortbildung und Umschulung. Im Gegensatz zu den meisten trägerbezogenen Gruppenumschulungsmaßnahmen sind betriebliche Einzelumschulungen in der Regel für den Grundsicherungsträger kostenfrei, reduzieren aufgrund der betrieblichen Gewährung der Ausbildungsvergütung sofort den Hilfebedarf und gewährleisten zu einem hohen Prozentsatz im Anschluss eine Übernahme in ein festes Beschäftigungsverhältnis. Wer an nachhaltiger Integration interessiert ist, wird um dieses bewährte Instrument nicht herumkommen.

Interne Leistungserbringung und Schnittstellen

Arbeitsgelegenheiten

Die Politik hat entschieden, das zahlenmäßig größte und im Gesamtbudget teuerste Instrument deutlich zu beschneiden. Für Vermittlungsüberlegungen außerhalb der sozial-stabilisierenden und persönlichkeitsfördernden Argumente spielen dabei folgende Faktoren eine zentrale Rolle:

1. Der Einsatz öffentlich geförderter Beschäftigung ist nur sinnvoll, wenn sie das Ergebnis einer mit den Kunden ausgehandelten und abgestimmten Eingliederungsstrategie ist. Sind die Integrationschancen so deutlich gemindert, dass ein dauerhafter Verbleib nur in öffentlich geförderter Beschäftigung möglich ist, so wären an dieser Stelle Vermittlungsstrategien zu beenden.

2. Arbeitsgelegenheiten sind erfolgreicher, je näher sie an realen Arbeitsbedingungen orientiert sind. Obwohl die letzten Jahrzehnte bewiesen haben, dass für die umsetzenden Träger der Widerspruch zwischen Zusätzlichkeit, Gemeinnützigkeit, Wettbewerbsneutralität und Arbeitsmarktnähe/Integration kaum auflösbar ist, sollten zumindest betriebliche Praktika systematisch eingebunden werden. Auf „Trockenübungen" sollte ganz verzichtet werden. Es gibt zahlreiche Datenbanken, in denen Modelle einer integrationsorientierten und arbeitsmarktnäheren Ausgestaltung von Arbeitsgelegenheiten zu finden sind („best practice"). Zu überlegen wäre, wie Qualifizierungsanteile in den Arbeitsgelegenheiten deutlich erhöht werden könnten.

3. Die vermittlungsbezogene und beraterische Aufgabe bleibt auch während der AGH-Zeiten durchgängige Verpflichtung. Gerade während einer Beschäftigungszeit zeigen sich kurzfristig leicht verbesserte Integrationschancen, während diese nach der Beendigung wieder absinken. Der Motivationsverlust ist enorm, wenn der hoffnungsvolle Beginn einer Beschäftigung bereits nach wenigen Monaten ohne Aussicht auf Besserung beendet wird. Vermittlungsstrategie muss hier sein, die Zeit der AGH für verstärkte Vermittlungsbemühungen zu nutzen.

4. Vom AGH-Träger ist ein Nachweis zu erwarten, an was und mit welcher Intention während der Betreuungszeit mit den Kunden gearbeitet wurde. Der Bericht und die Empfehlungen an das Jobcenter sind von den Kunden und Sozialpädagogen zu unterzeichnen. Regelmäßige Beratungen und Schulungen zu Bewerbungen und Internetrecherche gehören zum Pflichtprogramm einer AGH, auch wenn diese Leistungen seit 2012 als zusätzliche Maßnahme zu beantragen sind.

Bürgerarbeit

Mit dem Interessensbekundungsverfahren des Bundesministeriums für Arbeit und Soziales (BMAS) zur Durchführung von Modellprojekten „Bürgerarbeit" vom 19.04.2010 (vgl. nachfolgend Bundesverwaltungsamt, 2011) wurde ein mehrstufiges Verfahren geschaffen, mit dem arbeitslose erwerbsfähige Hilfebedürftige in den allgemeinen Arbeitsmarkt integriert

Arbeitsmarktbezogene Integrationsstrategien

werden sollen. Anträge auf Förderung von Arbeitsplätzen konnten bis zum 31.12.2011 eingereicht werden. Die Einrichtung und erstmalige Besetzung der Arbeitsplätze war bis zum 01.05.2012 möglich. Mit dem Programm werden sozialversicherungspflichtige Arbeitsplätze (ohne Versicherungspflicht in der Arbeitslosenversicherung) mit einer Dauer von bis zu 36 Monaten gefördert. Die Arbeitszeit muss 30 Wochenstunden und das Bruttoarbeitsentgelt mindestens 900 Euro monatlich betragen. Für Personen, denen eine Beschäftigung von 30 Wochenstunden nicht möglich ist, können alternativ auch Beschäftigungen mit 20 Wochenstunden und einem Bruttoarbeitsentgelt von mindestens 600 Euro monatlich eingerichtet werden. Neben dem Bruttoarbeitsentgelt wird auch der Arbeitgeberanteil zur Sozialversicherung (ohne Anteil zur Arbeitslosenversicherung) samt gesetzlicher Umlagen gefördert. Die Administration und Bezahlung wird nicht über die Jobcenter geleistet, sondern direkt über das Bundesverwaltungsamt. Ein Arbeitsplatz ist nur förderfähig, wenn er in Abstimmung mit der zuständigen Grundsicherungsstelle eingerichtet wurde. Die Grundsicherungsstelle führt eine Beteiligung lokaler Stellen (Träger öffentlicher Belange) in eigener Verantwortung durch und beachtet das regionale Kontingent der für drei Jahre förderfähigen Arbeitsplätze, für die ebenfalls wie bei den AGH die Kriterien der Zusätzlichkeit und des öffentlichen Interesses gelten.

Das Modellprojekt Bürgerarbeit soll als Nachfolgemodell des Beschäftigungszuschusses klären, ob, unter welchen Bedingungen und mit welchen Ergebnissen dauerhaftere Formen eines öffentlich geförderten Arbeitsmarktes finanziert werden sollten. Vorgesehen war, dass in der mindestens sechsmonatigen Aktivierungsphase rund 160.000 erwerbsfähige Hilfebedürftige teilnehmen sollten. Für die Beschäftigungsphase sollten 34.000 Bürgerarbeitsplätze zur Verfügung stehen. Das Bundesprogramm Bürgerarbeit, für dessen dreijährige Laufzeit insgesamt rund 1,3 Milliarden Euro aus dem Bundesetat (230 Millionen Euro pro Jahr) und Mitteln des Europäischen Sozialfonds (200 Millionen Euro pro Jahr) zur Verfügung stehen, setzt auf Erfahrungen eines Pilotprojektes im Agenturbezirk Bad Schmiedeberg. Im Rahmen von Vermittlungsstrategien sind hier nur drei Aspekte von Bedeutung:

1. In der sechsmonatigen Aktivierungsphase waren sowohl direkte Vermittlungsanstrengungen zu unternehmen wie ein zielorientierter Einsatz vorrangiger Maßnahmen.

2. Im Hinblick auf die bei den AGH aufgeführten Punkte darf erwartet werden, dass insgesamt die Tätigkeiten marktnäher ausgestaltet sind und sich während und im Anschluss die Vermittlungserfolge verbessern dürften.

3. Auch während der Bürgerarbeit, vergleichbar den AGH, sollte in regelmäßigen Abständen geprüft werden, ob reguläre Vermittlungen in den Ersten Arbeitsmarkt Aussicht auf Erfolg versprechen. Hier sind insbesondere auch neue Netzwerke einzubeziehen, die aufgrund der Bürgerarbeit vermittlungsunterstützend wirken können.

Interne Leistungserbringung und Schnittstellen

Ehrenamt/Engagement/Bundesfreiwilligendienst

Freiwillige Dienste lassen sich auch unter Zugrundelegung der strengen Zumutbarkeitskriterien des SGB II nicht erzwingen. Allerdings hat der Bundesgesetzgeber die Anreize für die Aufnahme einer derartigen Beschäftigung zum 01.01.2012 verstärkt, indem er den Selbstbehalt von bisher 60 Euro auf 175 Euro für Bundes- und Jugendfreiwilligendienste erhöht hat. Die Krise des Bundesfreiwilligendienstes ist aber sicherlich nicht mit dem Einsatz von arbeitslosen Menschen zu lösen. Ehrenamt, freiwilliges Engagement und Bundesfreiwilligendienst sind sicherlich dazu geeignet, neben den wichtigen sozialintegrativen Funktionen von Arbeit auch neue und zusätzliche Kompetenzen zu erwerben. Auch hier sollten die begleitenden Beratungs- und Vermittlungsdienstleistungen nicht aufgegeben werden, zumal die Menschen aufgrund ihrer Tätigkeit nachweisen, dass ihr Interesse an einer Beschäftigung nicht nachgelassen hat.

Passiv-Aktiv-Transfer

Bereits seit vielen Jahren wird darüber diskutiert, ob die Nutzung der passiven Leistungen Alg II/Sozialgeld für arbeitsmarktintegrative Aufgaben sinnvoll und möglich sein sollte. Viele europäische Nachbarländer (Schweiz, Niederlande) haben damit gute Erfahrungen gemacht. Das Bundesnetzwerk der gemeinsamen Jobcenter[11] fordert in einem Positionspapier zur Instrumentenreform: „Der Passiv-Aktiv-Transfer von Mitteln kann die Handlungsmöglichkeiten der aktiven Arbeitsförderung im SGB II erweitern. Die Möglichkeit, Geld dafür einsetzen zu können, dass ein Leistungsberechtigter seinen Lebensunterhalt durch eine aktive Beschäftigung deckt, wenn dadurch die Gewährung von Arbeitslosengeld II und/oder Kosten der Unterkunft entfallen, ist ein sinnvoller Ansatz, der gerade angesichts der drastischen Mittelkürzungen bei den Eingliederungsmitteln neu geprüft werden sollte. Dieser Ansatz wird noch kontrovers diskutiert. Die Möglichkeit sollte im Rahmen der Weiterentwicklung der Förder-Instrumente jedoch eröffnet werden." Einige Bundesländer haben bereits Vorschläge in die Bund-Länder-Kommission zum SGB II eingebracht.

Der Gefahr, dass es mit diesem Finanzierungstransfer zu einer Daueralimentierung von Arbeitslosen und zu einer Zementierung eines marktfernen Beschäftigungsbereiches kommt, ließe sich durch einige gesetzliche Festlegungen minimieren oder gar ausschließen. Hierzu könnte gehören:

- die eindeutige Festlegung auf einen definierten Personenkreis
- die Begrenzung der Förderung auf eine – allerdings ausgedehnte – Höchstdauer

---

[11] http://www.bba-bremen.de/documents/BNW_Jobcenter_Instrumentenreform_2011_03_18.pdf

Arbeitsmarktbezogene Integrationsstrategien

- Die Konzentration auf Sozialunternehmen, die keinen Gemeinnützigkeitsstatus haben, sondern marktfähige Produkte und Dienstleistungen anbieten. Diese Unternehmen tragen steuerrechtlich wie marktbezogen die Risiken eines Unternehmens, ohne ihre Gewinne zu privatisieren.

Unbestritten wird es in der Grundsicherung, selbst bei demografisch bedingter Entlastung der Arbeitsmarktsituation, immer Personen geben, bei denen sich zumindest für eine bestimmte Zeit, bei manchen auch dauerhaft, kein Unternehmen bereit zeigt, diese zu regulären Bedingungen zu beschäftigen. Teilhabe heißt aber auch hier, diesen Menschen Chancen auf Erfolgserlebnisse, auf Herausforderungen und Bewältigung zu eröffnen. Der Passiv-Aktiv-Transfer wäre eine Chance, diesen Ansatz auf eine solide Basis zu stellen.

Berufsorientierende berufliche Beratung

Steht berufliche und vermittlungsorientierte Beratung bei den direkten Strategien unmittelbar unter der Devise, konkret vorhandene Arbeitsplatzangebote mit einer optimierten Strategie zu erschließen, so verfolgt die orientierende berufliche Beratung grundsätzliche Überlegungen zu Ausbildung und Beruf. In diesen Beratungsangeboten kann es beispielsweise um folgende Fragestellungen gehen:

- Welche Bedeutung hat Erwerbsarbeit für den Kunden nach langjähriger Arbeitslosigkeit noch?
- Welche beruflichen Optionen lassen sich erschließen, wenn im erlernten Beruf keine Realisierungschancen bestehen beziehungsweise der Beruf aus gesundheitlichen Gründen nicht mehr fortgesetzt werden kann?
- Sind Teilqualifizierungen oder gar Umschulungen notwendig und realistisch?
- Welche sozialintegrativen Hilfen sind vorrangig vonnöten, um mittel- und langfristig die Rückkehroptionen auf dem Ersten Arbeitsmarkt zu verbessern?
- Welche Beschäftigungsmöglichkeiten sind gewünscht und realisierbar, wenn direkte Vermittlungsbemühungen erfolglos erscheinen?
- Was kann ich tun, wenn ich mich für keinen Beruf entscheiden kann oder will?

9.4.2 Selbstständigkeit

Bei Existenzgründungen aus der Arbeitslosigkeit unterscheidet man zwei Gründungsmotive: Einmal kann eine Neugründung erfolgen, um eine Marktchance auszunutzen; hier spricht man von „Opportunityentrepreneurship" (Chancengründung). Zum zweiten werden Neugründungen aus

Interne Leistungserbringung und Schnittstellen

Mangel an Erwerbsalternativen vorgenommen; diese bezeichnet man als „Necessityentrepreneurship" („Notgründungen"). Necessityentrepreneurship kann unterschiedlich motiviert sein, einer der häufigsten Gründe ist jedoch die Arbeitslosigkeit (Sternberg, 2010, S. 15). Die Förderung von Arbeitslosen im Hinblick auf eine Selbstständigkeit ist ein arbeitsmarkt- und sozialpolitisch schwieriger Akt. In der Mehrzahl sind Menschen davon betroffen, die wenig Möglichkeiten haben, sich Startkapital an den freien Finanzmärkten zu besorgen. Start-ups aus Arbeitslosigkeit erfolgen immer unter dem besonderen Risiko, dass sich bei einem Scheitern die soziale Lage der Betroffenen noch deutlich verschlechtern kann. Zu den Förderinstrumenten bei Selbstständigkeit zählen:

- Maßnahmen zur Aktivierung und beruflichen Eingliederung (SGB III)
- der Gründungszuschuss (SGB III)
- das Einstiegsgeld (SGB II)
- die Leistungen zur Eingliederung von Selbstständigen (SGB II)

Das Gründungsgeschehen aus Arbeitslosigkeit fußt auf drei Säulen und lässt sich mit der Abb. 16 gut verdeutlichen:

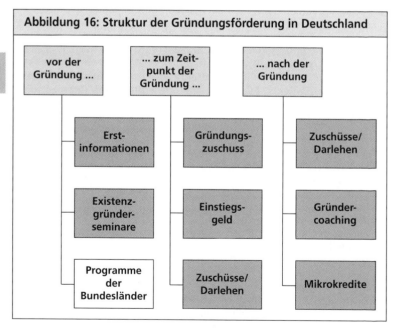

Quelle: Jülicher, 2010, S. 54

Arbeitsmarktbezogene Integrationsstrategien

Aus den direkten und indirekten Beratungsangeboten auf der Arbeitnehmerseite können sich jederzeit auch Fragestellungen zu einer potenziellen Selbstständigkeit ergeben. Im Rechtskreis des SGB III hat der Gründungszuschuss seit August 2006 die ehemaligen Förderinstrumente abgelöst. Eine Befragung der Vermittlungsfachkräfte ergab neben den bestehenden formalen Handlungsspielräumen auch gezielt neue informelle Handlungsspielräume. Die Autoren arbeiteten vier Routinen der Vermittlungsfachkräfte heraus (Bernhard & Wolff, 2011, S. 5 f.):

1. „Eine erste Möglichkeit, Handlungsspielräume zu schaffen, besteht prinzipiell im selektiven Hinweis auf die bestehenden Fördermöglichkeiten. Arbeitsvermittler können Kunden, die die Möglichkeit einer Gründungsförderung nicht von sich aus ansprechen, initiativ darauf aufmerksam machen. Dadurch informieren sie gezielt Personen, für die der Gründungszuschuss ihrer Ansicht nach eine geeignete Alternative zur Integration in abhängige Beschäftigung darstellt. […]

2. Im Vergleich zur gezielten Ansprache von Kunden ist die beraterische Intervention nach Einschätzung der Vermittler effektiver. Der überwiegende Anteil der befragten und im Kundenkontakt beobachteten Arbeitsvermittler sieht es als Teil seiner Aufgabe, die Kunden begleitend zur Vergabe des Gründungszuschusses zu beraten. Dieser Beratungsanspruch kann mehr oder weniger ausgeprägt sein. Einige Vermittler beschränken sich darauf, auf Besonderheiten und bestimmte Risiken einer Selbstständigkeit hinzuweisen. Andere unterziehen die Gründungsvorhaben einer umfassenden und kritischen Prüfung, die auch das Ziel haben kann, selbiges zu problematisieren. In Einzelfällen kommt es zu deutlichen Eingriffen und Vermittler raten in aller Deutlichkeit zur Aufgabe eines Projekts. Alle beobachteten beraterischen Interventionen haben die Gemeinsamkeit, dass sie nicht auf Druck und Zwang beruhen, sondern auf Überzeugungsarbeit. Sie setzen darauf, dass Informationen und kritische Einwürfe beim Kunden einen Reflexionsprozess in Gang setzen.

3. Eine weitere Möglichkeit zur informellen Steuerung der Gründungszuschussvergabe schaffen die Vermittler, indem sie eine Vorauswahl der fachkundigen Stellen treffen, bei denen ein Kunde seine Tragfähigkeitsbescheinigung einholen kann. Im Gesetz sind mögliche fachkundige Stellen in einer nicht abschließenden Liste aufgezählt. Prinzipiell können die Kunden wählen, ob sie zu einer Handwerkskammer, einer berufsständischen Kammer oder zu einem Steuerberater gehen möchten. Tatsächlich jedoch schränken die Arbeitsvermittler diesen Kreis oftmals auf wenige Stellen ein, bevorzugt auf Industrie- und Handelskammern, Handwerkskammern sowie auf lokale Kooperationspartner der Agenturen (z. B. regionale Ämter für Wirtschaftsförderung). Sie tun dies, indem sie diese Stellen empfehlen oder Alternativen nicht nennen. Diese Praxis hat in erster Linie das Ziel, Steuerberater aus dem Kreis der akzeptierten fachkundigen Stellen auszuschließen.

Interne Leistungserbringung und Schnittstellen

4. Die vierte Variante der Schaffung von Handlungsspielräumen geht über die individuelle Person des Arbeitsvermittlers hinaus und ist organisatorisch verankert. In vielen untersuchten Agenturen treffen die Arbeitsvermittler die Entscheidung zur Förderung nicht mehr vollständig autonom, sondern in Rücksprache mit anderen, zumeist den jeweiligen Teamleitern."

Der Gesetzgeber hat für Grundsicherung eigenständige Instrumente der Gründungsförderung geschaffen. Es handelt sich um das Einstiegsgeld nach § 16b SGB II, das eine zeitlich begrenzte finanzielle Förderung von Arbeitslosengeld II-Beziehern bei der Aufnahme einer sozialversicherungspflichtigen Beschäftigung oder einer selbstständigen Tätigkeit flankieren soll. Zudem besteht über den § 16c SGB II die Möglichkeit, auch Darlehen und Zuschüsse für die Beschaffung von Sachgütern zur Förderung von Selbstständigen bis zu einer Höhe von 5.000 Euro zu gewähren. Im Hinblick auf die Armutsverfestigung in der Grundsicherung ist bei der Existenzförderung im SGB II die sozialpolitische Verantwortung höher zu bewerten als im SGB III. Es empfiehlt sich daher in der Grundsicherung, die Existenzgründungsförderung in die Hände besonders qualifizierter Mitarbeiter zu legen und zudem eine enge Vernetzung mit entsprechenden Beratungsstellen zu suchen, letztendlich um weiteren – nicht nur finanziellen – Schaden von Grundsicherungsempfängern abzuwenden.

Evaluationsergebnisse

Eine aktuelle Evaluation der Erfolge des Existenzgründungszuschusses (Caliendo, Hogenacker, Künn & Wießner, 2012, S. 1) zeigte,

- „dass 19 Monate später noch 75 bis 84 Prozent der Geförderten selbstständig sind.
- Ein Großteil dieser Gründer erzielt mittlerweile ein existenzsicherndes Einkommen. Bei ihrer sozialen Absicherung gibt es aber noch Verbesserungsbedarf. Zwar verfügen fast alle über eine Krankenversicherung, die Altersvorsorge ist jedoch in einigen Fällen noch lückenhaft.
- Etwa ein Drittel der Gründer wird auch als Arbeitgeber aktiv: Im Durchschnitt schafft jeder dieser Geförderten zusätzlich 1,6 bis 2,8 vollzeitäquivalente Stellen.
- Die Strukturen der GZ-Geförderten ähneln eher denen der früheren Überbrückungsgeld-Empfänger als denen der Ich-AG-Gründer. Der Gründungszuschuss erreicht nicht mehr die gleiche Breite an gründungswilligen Personen.
- GZ-Geförderte gründen während ihrer Arbeitslosigkeit deutlich früher als die Geförderten der Vorgängerprogramme. Für eine stärkere Ausschöpfung des Leistungsanspruchs gibt es daher keine Hinweise.
- Die viel diskutierten Mitnahmeeffekte spielen offenbar eine geringere Rolle als bisher angenommen."

Allerdings macht die in Tab. 3 ausgewiesene Armutsrisikoquote deutlich, dass für viele Existenzgründer mit Aufnahme der Tätigkeit der Kreislauf aus Armut und Abhängigkeit nicht aufgehört hat. Die Armutsquoten liegen nur unwesentlich unter den allgemeinen Armutsquoten der Bevölkerung und signalisieren, dass sich die Existenzgründungsförderung durch die öffentliche Hand nicht nur auf die Gewährung der entsprechenden Integrationsleistungen verlassen darf.

Tabelle 3: Einkommenssituation der Selbstständigen bei Förderung mit Gründungszuschuss (19 Monate nach der Gründung)

	West		Ost	
	Männer	Frauen	Männer	Frauen
Individuelle Einkommen aus Selbstständigkeit*				
Selbstständige in Vollzeit (35 oder mehr Std./Woche, in %)	90,7	67,2	89,9	79,8
Netto-Einkommen (EUR/Monat, Mittelwert)	2.612	1.700	2.136	1.613
Selbstständige in Teilzeit (15 bis 34 Std./Woche, in %)	8,6	27,6	9,7	17,8
Netto-Einkommen (EUR/Monat, Mittelwert)	1.421	951	1.329	740
Berücksichtigung des Haushaltskontexts				
Netto-Äquivalenz-Einkommen (EUR/Monat, Mittelwert)	2.105	1.994	1.815	1.944
Armutsrisikoquote (in %)	12,5	12,4	14,8	14,1

* Selbstständige Personen mit einer Arbeitszeit von weniger als 15 Stunden/Woche wurden aufgrund zu geringer Fallzahlen bei der Berechnung der individuellen Einkommen nicht berücksichtigt.

© IAB

Quelle: Caliendo et al., 2012, S. 5

„Da nahezu alle Förderungen der Teilnehmer nach 18 Monaten abgeschlossen sind, sind vor allem die Wirkungen mehr als 18 Monate nach Teilnahmebeginn von Interesse. Die Schätzergebnisse zeigen, dass die Teilnehmer danach häufiger als die Vergleichspersonen nicht arbeitslos und auch seltener noch auf den Bezug von Arbeitslosengeld II angewiesen waren. So ist etwa 20 Monate nach Programmstart der Anteil der (ehemaligen) Teilnehmer, die nicht mehr auf Arbeitslosengeld II angewiesen sind, gut 10 bis 15 Prozentpunkte (je nach Personengruppe) höher als in der Vergleichsgruppe" (Heyer, Koch, Stephan & Wolff, 2012, S. 52).

In einer qualitativen Pilotstudie hat die Unternehmensberatung Abel & Müller (2009, S. 3) Existenzgründungen aus dem SGB II näher durchleuchtet und dabei die Fragen intensiver auf den (berufs-)biografischen Hintergrund der Geförderten abgestellt. Die Autoren unterschieden folgenden Typen:

Interne Leistungserbringung und Schnittstellen

- Typus 1: Existenzgründung als spätere zweite Berufslaufbahn
- Typus 2: Existenzgründung zu Beginn der Berufsbiografie
- Typus 3: Jobverlust und Kündigung als Chance zur Existenzgründung
- Typus 4: Wille zur Selbstständigkeit und Franchising

Diese Zuordnung ermöglicht Aussagen darüber, wie Existenzgründungsideen je nach Typus entstehen und welche unternehmerischen Eigenschaften für eine Erfolg versprechende Existenzgründung vorliegen und notwendig sind und wie sie im Zusammenhang stehen mit dem jeweiligen Typus. In ihrer Zusammenfassung (vgl. ebd. S. 27 ff.) stellen die Autoren auf die Arbeit der persönlichen Ansprechpartner und Fallmanager in der Grundsicherung ab: „Die Fallmanagerin oder die pAp können sich die Frage, zum Beispiel beim Profiling, stellen, zu welchen ihrer Kundinnen und Kunden eine Existenzgründung passen könnte. Dabei sind sowohl der Familienhintergrund als auch persönliche und fachliche Kriterien bedeutsam. Eine Existenzgründung sollte immer auch als Familienprojekt betrachtet werden, auch wenn die anderen Familienmitglieder keine Gründer oder Mitarbeiter sind. [...] In jedem Fall sollten die Biografie und das soziale Umfeld wichtige Bestandteile bei Beratungen von Existenzgründungen sein. Aber auch Fallmanager und Arbeitsberater könnten durch eine entsprechende Diagnose besser erkennen, wer vielleicht interessante persönliche, biografische oder familiäre Voraussetzungen für eine Existenzgründung mitbringt. In einigen Fällen steht zunächst der Wunsch nach Selbstständigkeit im Vordergrund. Die Erfolg versprechende Geschäftsidee muss dann noch gefunden werden. In anderen Fällen ergibt sich die Idee aus der Biografie, sie ist nicht beliebig. Die Idee kann sich aus der Berufsbiografie ergeben, aber auch aus privaten Erfahrungen und Neigungen. In jedem Fall muss die Idee konkretisiert und auf den Markt bezogen und auf die wirtschaftlichen Aussichten hin überprüft werden. Es gibt erfolgreiche Gründer unterschiedlichen Alters. Die lebenszyklische Situation während der Gründung ist jedoch unterschiedlich. Die Gründung kann für ältere Arbeitnehmerinnen und Arbeitnehmer, die auf dem Arbeitsmarkt geringere Chancen haben, eine Möglichkeit sein, weiterhin am Erwerbsleben teilzunehmen. Jüngeren, die in ihrem Ausbildungsberuf wenige Chancen sehen, kann sie eine neue Möglichkeit eröffnen."

9.4.3 Integration in atypische Beschäftigung

Als atypische Beschäftigungsverhältnisse werden nicht dem „Normalarbeitsverhältnis" entsprechende Ausübungsformen beruflicher Tätigkeiten bezeichnet. Ob atypische Beschäftigungen zu prekären Lebensverhältnissen führen, hängt mit der individuellen Haushaltszusammensetzung zusammen. Im Hinblick auf die Besonderheiten der im Fallmanagement zu betreuenden Personen bieten atypische Beschäftigungen oftmals eine realistische Chance, am Arbeitsmarkt wieder Fuß zu fassen. So geht der Anstieg der Leiharbeitnehmer in den letzten Jahren überwiegend auf Tätigkeiten in Helferberufen und Dienstleistungen zurück. Rund drei von zehn Beschäftigten in der Zeitarbeit verfügen über keine abgeschlossene Berufsausbildung. Allerdings zeigt sich auch, dass die Beschäftigungsverhältnisse in der Leiharbeitsbranche nicht stabil sind. Die Hälfte der Leiharbeitsverhältnisse endet nach weniger als drei Monaten und zeigt ein hohes Entlassungsrisiko. Zudem liegen die erzielten mittleren Bruttoarbeitsentgelte unter den mittleren Entgelten im Durchschnitt über alle Branchen (vgl. Bundesagentur für Arbeit, 2012).

Zu den atypischen Beschäftigungsformen zählen neben der Zeitarbeit geringfügige Beschäftigung (Mini-/Midijobs), befristete Beschäftigung und eine „kleine Selbstständigkeit". Unbestritten gilt: „Atypische Beschäftigungsformen gewinnen an Bedeutung. Gut 36 Prozent aller Beschäftigten arbeiten befristet, geringfügig, in Teilzeit oder als Leiharbeitnehmer. Im Vergleich zu unbefristeter Vollzeitarbeit sind diese mehrheitlich von Frauen ausgeübten Beschäftigungsverhältnisse mit deutlich höheren Risiken verbunden, nur einen Niedriglohn zu erhalten, den Arbeitsplatz wieder eher zu verlieren und nur eingeschränkten Zugang zu beruflicher Weiterbildung zu haben. Der Aufstieg in ein Normalarbeitsverhältnis gelingt nur wenigen. Langfristig droht Altersarmut" (Keller & Seifert, 2011, S. 1).

Eine Analyse des DGB zur Jobbörse der Bundesagentur ergab: „Reguläre Arbeitgeber, die ihre Stellen direkt ausschreiben, sind nur noch knapp ein Drittel des Stellenangebotes. 34,4 Prozent der Angebote wurden von privaten Arbeitsvermittlern erstellt, 30,1 Prozent der Angebote waren von Leiharbeitsfirmen" (Deutscher Gewerkschaftsbund, 2007, S. 5).

Atypische Beschäftigungsverhältnisse gehören überwiegend zum Niedriglohnsektor, der sich zunehmend sperriger gegenüber flexiblen Austauschformen in einen besser bezahlten Tarifbereich zeigt. Nur gut jeder achte Geringverdiener erreichte sechs Jahre später einen Lohn oberhalb der Geringverdienerschwelle. Für jüngere und besser ausgebildete männliche Geringverdiener sind die Chancen deutlich größer als für Frauen, Ältere und Unqualifizierte (Schank, Schnabel, Stephani & Bender, 2008). Ein deutlicher Hinweis darauf, dass auch bei einer erfolgreichen Integration in den Niedriglohnsektor die Bemühungen der Grundsicherung nicht aufhören dürfen, in einer weiteren prozesshaften Begleitung für die betroffenen Menschen nach existenzsichernden Aufstiegsmöglichkeiten zu suchen. Momentan sind in vielen Regionen Deutschlands die Chancen gut, bereits beschäftigte Menschen in der Grundsicherung (Aufstocker) auf besser bezahlte Arbeitsplätze zu vermitteln. Einige Jobcenter überlegen momentan die Einrichtung von Servicestellen, die sich als Projekt zeitlich befristet um die Vermittlung auf besser bezahlte Beschäftigungen kümmern. Eine Teilnehmerin berichtete, dass allein der Hinweis darauf, dass der betroffene Arbeitnehmer jetzt neu vermittelt werden sollte, zu einer deutlichen Lohnerhöhung geführt habe. Die öffentliche Diskussion um einen Mindestlohn tut ihr Übriges, um den Druck auf die Arbeitgeberseite zu erhöhen. Gleichzeitig dient die nachhaltige weitere Vermittlung durch die öffentlichen

Interne Leistungserbringung und Schnittstellen

Vermittlungseinrichtungen auch als Signal an die Wirtschaft, nicht jede Entwicklung nach unten mitzutragen. Das Wichtigste, was Sozialleistungsträger tun können, um einer weiteren Prekarisierung am Arbeitsmarkt entgegenzuwirken, ist demnach nicht nachzulassen in dem Bemühen darum, mit dem Kunden berufliche Aufstiegs- und Veränderungsperspektiven zu erarbeiten. Der Trend, dass es für die Statistik reicht, einen Menschen – um welchen Preis auch immer – vermittelt zu haben, muss gestoppt werden. Ein Nachhaltigkeitskriterium sowie ein Existenzsicherungskriterium für die Erfolgsmessung ist dringend geboten und sei es nur, um den politischen Handlungsbedarf deutlich aufzuzeigen.

> **Empfehlung: Zeitarbeit**
>
> Fallmanager in der Grundsicherung können zunächst keinen Einfluss darauf nehmen, welche Zeitarbeitsfirma ein Stellenangebot abgibt. In den Vereinbarungen von 2007 zwischen der Bundesagentur für Arbeit und führenden Firmen der Zeitarbeitsbranche verpflichtet sich die BA, die spezifischen Bedürfnisse der Zeitarbeitsunternehmen so weit wie möglich zu berücksichtigen (Ansprechpartner, IT-Systeme, Bewerberbörsen). Auch die Zeitarbeitsunternehmen verpflichten sich im Gegenzug zu bestimmten Standards (Meldung nur bei tatsächlichem Bedarf, aussagekräftige Informationen zum Angebot, Qualifikationsprofile, Arbeitsentgelt, Einsatzort u. a.). Fallmanager können somit durchaus selbst prüfen, ob das abgegebene Stellenangebot den Mindeststandards entspricht. Regelmäßige Rückfragen bei den Vermittlungsfachkräften zeigen immer wieder, dass die meisten Zeitarbeitsfirmen ein konkretes Stellenangebot nicht nachweisen können, sondern zur Erhöhung der eigenen Flexibilität ein Pool von Arbeitskräften vorhalten wollen, ohne direkt ein Beschäftigungsangebot unterbreiten zu können. Kooperieren die Unternehmen nicht, so nimmt es keiner übel, wenn man sich in seinen Bemühungen auf kooperierende Zeitarbeitsunternehmen konzentriert. Je mehr Mitarbeiter sich so verhalten, umso nachhaltiger können Agenturen für Arbeit und Jobcenter Einfluss auf die Qualität der Angebote in der Zeitarbeit nehmen. Berücksichtigen Sie Ihre Erfahrungen auch im Zusammenhang mit Rückmeldungen der Leiharbeitsfirmen, wenn es um Fragen der leistungsrechtlichen Sanktionierung geht.
>
> Bereits vor vielen Jahrzehnten verfügte die alte Arbeitsvermittlung über „Geheimwissen" von Arbeitgebern, an die man besser keine arbeitslosen Kunden vermittelte (das galt natürlich auch umgekehrt). Diese Sozialstandards sind zwar nicht mehr gefragt, dennoch ist es für die Beratung gut zu wissen, mit welchen Arbeitgebern man es zu tun hat.

9.5 Von der Reziprozität der integrativen Leistungen

Sowohl kommunale Leistungserbringer wie auch die Bundesagentur für Arbeit (die teilweise wegen der gesetzlichen Vorschriften gar nicht anders konnte) haben aufgrund der Art der Gewährung bestimmter Leistungen mit dazu beigetragen, Förderleistungen zu entwerten. Massengeschäfte bringen es typischerweise mit sich, dass der Einzelne nicht mehr wahrnimmt, welche Chance sich ihm durch die Gewährung der Leistung bietet. Der Wert einer Dienstleistung steigt, wenn ich zur Koproduktion verpflichtet bin, wenn ich sie nicht als „kostenlos" erlebe. Kostenlos ist oft wertlos. So wichtig es ist, die Beratung und Betreuung in den öffentlichen Einrichtungen für die Menschen kostenlos anzubieten, so ergeben sich jedoch bei den Förderleistungen mannigfache Möglichkeiten, den Wert der „Leistung" für den Kunden und dadurch auch seine Motivation zu erhöhen, indem er – im Hinblick auf die ökonomische Lage durchaus nicht immer materiell – zu einer Eigenbeteiligung angeregt und verpflichtet wird. Dies ist zwar administrativ aufwendiger, sichert aber unvergleichlich besser als in der Vergangenheit auch den Erfolg eingesetzter Leistungen. Die Rückzahlungspflicht beispielsweise im Zusammenhang mit Weiterbildungen, wenn diese aus schuldhaftem Verhalten des Teilnehmers beendet werden (§ 15 Abs. 3 SGB II), oder die Rückzahlungspflicht von Arbeitgebern bei Eingliederungszuschüssen (§ 92 SGB III) zeigen den richtigen Weg, gehen aber insgesamt noch nicht weit genug.

Einige Beispiele, wie Fallmanager und persönliche Ansprechpartner mit diesem Thema fallangemessen umgehen können, sollen den Ansatz verdeutlichen:

- Die Finanzierung eines *Pkw-Führerscheins*, der zur Aufnahme einer sozialversicherungspflichtigen Beschäftigung oder Ausbildung **unerlässlich** ist, wird gekoppelt an die Dauer der Beschäftigung, zumindest sofern der Arbeitnehmer hierüber selbst entscheiden kann. Dies kann beispielsweise so ausgestaltet werden: degressive gestaffelte Rückzahlungspflicht, wenn der Arbeitnehmer/Auszubildende das Beschäftigungsverhältnis aus ihm anzulastenden Gründen verliert. Innerhalb von 6 Monaten 100 Prozent, nach 6 Monaten 80 Prozent, nach 12 Monaten 50 Prozent, nach 24 Monaten 30 Prozent, rückzahlungsfrei nach bestandener Ausbildung oder 36 Monaten sozialversicherungspflichtiger Beschäftigung.

- Eine *Selbstvermittlungsprämie* wird gestaffelt gewährt. Je länger das Beschäftigungsverhältnis besteht, je höher kann die Gesamtprämie ausgestaltet werden – natürlich nicht grenzenlos. Beispiel: 100 Euro Sofortzahlung bei Abschluss und Vorlage eines Arbeitsvertrags, 500 Euro bei Fortbestand des Beschäftigungsverhältnisses nach 6 Monaten und nochmals 600 Euro bei Fortbestand über 12 Monate: Gesamtprämie: 1.200 Euro. Im Hinblick auf die eingesparten Kosten eine lohnenswerte, wirksame und wirtschaftliche Investition.

Interne Leistungserbringung und Schnittstellen

- Die Unterstützung einer *Selbstständigkeit* mit dem Kauf eines gebrauchten Kleinlastwagens. Häufig fehlt den Grundsicherungskunden die notwendige Eigenkapitalausstattung, eine Fremdfinanzierung über Banken ist nicht möglich. Da die Tätigkeit aus der Hilfebedürftigkeit hinausführt, kann ein angemessener Kleinlastwagen auf der Basis eines Darlehens oder Zuschusses gewährt werden. Auch hier kann man überlegen, dass die Rückzahlung beispielsweise erst verzögert einsetzt oder auf 50 Prozent gesenkt wird, wenn der Kunde seinen Lebensunterhalt auch im dritten Jahr der Selbstständigkeit hieraus noch sicherstellen kann. Mischformen zwischen Zuschuss und Darlehen wären ebenfalls denkbar.

Orientierungspunkte für reziproke Anforderungen

Es muss klarer werden, dass die Leistungen der persönlichen Betreuung und der sich daraus ergebenden Förderleistungen nicht kostenlos zu haben sind. Agenturen und Jobcenter, die im Eingangsbereich bereits „Vermittlungsgutscheine" für private Vermittlungseinrichtungen verteilen oder pauschale Bescheinigungen für Lohnkostenzuschüsse aushändigen, haben noch nicht verstanden, worum es geht, wie „Fördern und Fordern" auszutarieren sind. Die Eigenbeteiligung des Kunden sollte folgende „Grundregeln" beachten:

- Rückzahlungspflichten müssen eindeutig aus dem Verantwortungsbereich der Kunden resultieren.

- Eine Rückzahlungspflicht besteht auch, wenn der Kunde anschließend wieder Grundsicherungsleistungen in Anspruch nehmen muss. Die Rückzahlungsraten sind dann entsprechend niedrig anzusetzen.

- Eigenbeteiligung muss nicht immer eine finanzielle Eigenbeteiligung sein. Vorleistungen (Informationsbeschaffung, Berichterstattung, Vernetzung, erfolgreiche Teilnahme an einer vorhergehenden Maßnahme etc.) können genauso sinnvoll sein wie die Koppelung an Durchhaltevermögen (Dauer der Beschäftigung) oder die zusätzliche (gemeinnützige) Leistung.

- Leistungen, auf die ein Rechtsanspruch besteht, können nicht an eine Eigenbeteiligung gekoppelt werden.

Kersting (2000, S. 402 f.) kritisiert zum Abschluss seiner Theorien der sozialen Gerechtigkeit den bisherigen sozialstaatlichen Kompensationismus. Arbeitslosigkeit, so seine Sichtweise, ist mehr als Einkommenslosigkeit. Dies sei ethisch blind und „betrachte den Bürger als ein ausschließlich konsumptives Wesen, entkleidet ihn seiner fundamentalen Bedürfnisse, sich auszudrücken, Herausforderungen anzunehmen und zu bestehen, sein eigenes Leben zu führen und in der beruhigenden ethischen Reziprozität von Leistung und Gegenleistung zu leben". Das Einfordern reziproker Leistungen wäre demnach eine ethische Pflicht, die sicherlich nicht vorbehaltlos aber dennoch grundlegend gilt. Es hat auch mit Wertschätzung gegenüber den Personen, mit Achtung und Vertrauen in die Leistungsfähigkeit der Betroffenen zu tun. Ihnen etwas zuzutrauen ist ein erster Schritt zur Wiederherstellung von Autonomie. Dies zumindest immer dann, wenn auch die Betroffenen die in der angebotenen Leistung steckende Chance auf nachhaltige Teilhabe am Arbeitsleben erkennen können.

9.6 Die arbeitsmarktpolitischen Instrumente in der zusammenfassenden Bewertung

Insgesamt zeigt sich für die Bundesrepublik Deutschland ein großes Spektrum an unterschiedlichen Integrationsinstrumenten, das auch für die Integrationsarbeit im beschäftigungsorientierten Fallmanagement nutzbar und zu einem großen Teil direkt von den Fallmanagern auch zu steuern und zu administrieren ist. Die Instrumente der Arbeitsmarktpolitik gehören seit Einführung der Hartz-Gesetze zu den wissenschaftlich intensiv untersuchten Politikbereichen. Die bisherigen Befunde lassen sich in aller Kürze wie folgt zusammenfassen (Heyer, Koch, Stephan & Wolff, 2012, S. 57 f.):

- „Quasi-marktlich organisierte Vermittlungsdienstleistungen verbessern die Chancen der Geförderten auf eine Integration in den Arbeitsmarkt nicht generell, sondern instrumentenspezifisch nur für bestimmte Gruppen von Arbeitsuchenden.

- Die Förderung der beruflichen Weiterbildung und auch die ehemaligen nicht-betrieblichen Trainingsmaßnahmen leisten einen Beitrag zur Eingliederung der Geförderten in den Arbeitsmarkt. Dabei sind die Wirkungen teils nicht sehr stark ausgeprägt und treten vor allem bei der Förderung der beruflichen Weiterbildung mit Zeitverzug auf.

- Betriebsnahe Instrumente der aktiven Arbeitsmarktpolitik, die auf Eingliederung in den ersten Arbeitsmarkt setzen, wie Eingliederungszuschüsse, Gründungsförderung oder die ehemaligen betrieblichen Trainingsmaßnahmen, gehören zu den Instrumenten, die die Chancen der Teilnehmenden auf eine Integration in Erwerbsarbeit auch nach Ablauf der Förderung erhöhen – und das teilweise beträchtlich. Allerdings besteht bei ihnen ein Mitnahme- und Substitutionsrisiko.

- Arbeitsbeschaffungsmaßnahmen schaden der Tendenz nach eher den Integrationschancen der Geförderten. Es gibt nur ganz wenige – in der Regel arbeitsmarktferne – Teilnehmergruppen, auf die dies nicht zutrifft. Für die neuen, im Jahre 2005 eingeführten Arbeitsgelegenheiten hingegen sind die Evaluationsergebnisse verhalten positiv im Fall einer Förderung durch die Mehraufwandsvariante und deutlich stärker bei der Förderung durch die Entgeltvariante. Beim Beschäftigungszuschuss weisen aktuelle Ergebnisse darauf hin, dass offenbar zu arbeitsmarkt-

Interne Leistungserbringung und Schnittstellen

nahe Gruppen gefördert wurden. Mit dem Instrumentenreformgesetz wurden die Arbeitsbeschaffungsmaßnahmen als gesetzliche Leistung aus dem SGB III gestrichen.

- Maßnahmewirkungen unterscheiden sich häufig zwischen Gruppen von Teilnehmenden, aber auch zwischen einzelnen Fördervarianten ein und derselben Maßnahme.
- Verbesserungspotenzial besteht vor allem bei der Zielgenauigkeit der Teilnehmerauswahl."

Gerade der letzte Punkt weist noch einmal auf die starke Bedeutung guter und intensiver Beratungs- und Vermittlungsarbeit hin. Der Erfolg der arbeitsmarktintegrativen Instrumente wird wesentlich durch eine optimale Passung von Angebot und Bedarfslage der Kunden erreicht, die nur gelingen kann, wenn ein tragfähiges Arbeitsbündnis geschlossen wurde. Dabei zeigt sich, dass die Vielfalt der Instrumente, die Heterogenität von Bedarfslagen und die größeren nutzbaren flexiblen Handlungsspielräume die Mitarbeiter überfordern, werden sie nicht konsequent qualifiziert und fortlaufend geschult. Die aus der Abb. 17 auch für das beschäftigungsorientierte Fallmanagement zu ziehende Schlussfolgerung kann nur lauten, dass auch bei Menschen, denen scheinbar eine Rückkehr auf den allgemeinen Arbeitsmarkt versperrt ist, der Markteffekt nicht vernachlässigt werden darf. Die momentane Situation in Teilen Süddeutschlands zeigt, dass dort wieder Menschen eine reguläre Arbeit verrichten, denen die Vermittlungsfachkräfte und Fallmanager dies schon nicht mehr zugetraut haben. Allerdings bleiben Zielgruppen im beschäftigungsorientierten Fallmanagement, bei denen konventionelle Ausbildungs-, Beschäftigungs- und Qualifizierungsmaßnahmen noch nicht oder nicht mehr greifen. Konzepte mit wohnungslosen Jugendlichen zeigen, wohin die Überlegungen des beschäftigungsorientierten Fallmanagements gehen müssen: „Entscheidender ist aber, dass sie etwas machen, was ihren bis dahin ausschließlich subkulturell geprägten Alltag durchbricht und sie wieder beginnen, Fragmente einer veränderten Tagesstrukturierung aufzubauen. Projektbezogenes Arbeiten führt zu Ergebnissen und Erfolgen. Diese Jugendlichen können auch dann, wenn sie wieder für Zukunftsfragen sensibilisiert werden konnten, nur selten für konventionelle Bildungs-, Ausbildungs- und Beschäftigungsmaßnahmen motiviert werden. Zu schwer wiegen die in der Vergangenheit aufgetretenen Kränkungen und Misserfolgserlebnisse. Am erfolgreichsten waren jene Maßnahmen, in denen Ausbildung und Beschäftigung mit Teilen einer selbstbestimmten Lebensführung kombiniert wurden" (Titus, 2010, S. 286). Darum wird es auch bei der Implementierung eines beschäftigungsorientierten Fallmanagements gehen, das unter dem Primat der Passgenauigkeit nicht die (Auf-)Füllung eingekaufter Maßnahmen versteht.

Die arbeitsmarktpolitischen Instrumente

Abbildung 17: Arbeitsmarktinstrumente und ihre Wirkungen

Instrument	Wirkung*	Nebenwirkung/ Einschränkung	Evaluiert SGB II	Evaluiert SGB III
Maßnahmen zur Verbesserung der Eingliederungschancen				
Vermittlung durch Dritte	0		✓	✓
Vermittlungsgutschein	+	Mitnahme		✓
Nicht-betriebliche Trainingsmaßnahmen	+		✓	✓
Betriebliche Trainingsmaßnahmen	++	Mitnahme	✓	✓
Berufliche Weiterbildung	+	zeitverzögerte Wirkung	✓	✓
Maßnahmen zur Beschäftigungsförderung				
Eingliederungszuschuss	++	Mitnahme/Substitution	✓	✓
Gründungsförderung	++	Mitnahme/Substitution	✓	✓
Beschäftigung schaffende Maßnahmen				
Arbeitsbeschaffungsmaßnahmen	0	Substitution/Verdrängung	✓	✓
Arbeitsgelegenheiten	+	Substitution/Verdrängung	✓	
Beschäftigungszuschuss	–	Substitution/Verdrängung	✓	

*Beschäftigungswirkung: keine (0), leicht (+), spürbar (++), negativ (–).   © IAB

Quelle: Koch, Spies, Stephan & Wolff, 2011, S. 7

Netzwerkarbeit mit externen Partnern

10.1 Leistungssteuerung auf der Mikroebene 212
10.2 Die Schuldnerberatung 219
10.3 Die Suchtberatung 225
10.4 Psychosoziale Hilfen und Gesundheit 231
10.5 Öffentlich geförderte Beschäftigung 239
10.6 Das Bildungs- und Teilhabepaket 251
10.7 Das Betreuungsangebot für alleinerziehende Mütter und Väter sowie Unterstützung bei zu pflegenden Angehörigen 255

10.1 Leistungssteuerung auf der Mikroebene

Ein spezifischer Unterschied zwischen „Fallmanagement" und der klassischen Einzelfallhilfe („Case Work") liegt darin, „dass die Bearbeitung und unter Umständen die Lösung erkannter Probleme häufig nicht vom Fallmanager selbst in Angriff genommen wird, sondern dieser hierzu Leistungen „Dritter" in Anspruch nimmt, das heißt den Fokus seiner Arbeit in der kompetenten Vermittlung und Steuerung des richtigen Angebots sieht. Eine zentrale Qualität von Fallmanagement bemisst sich damit an der Kompetenz, Hilfsangebote in einer Weise zu vermitteln, dass sie auf die besondere Bedarfslage des Einzelfalls zugeschnitten sind. Dies beinhaltet, dass der Fallmanager Einwirkungsmöglichkeiten auf die Arbeit der Anbieter besitzt, deren Angebote in Anspruch genommen werden sollen. Es geht darum, einzelne benötigte Leistungen entsprechend der Eingliederungsvereinbarung **verbindlich** zu steuern" (Autorengemeinschaft, 2004, S. 28 f.).

Der eher mechanistische Begriff des „Steuerns" verwehrt häufig den Blick darauf, dass Zusammenarbeit, Kooperation und Koordination erhebliche Anforderungen an die soziale Kompetenz der Fachkräfte stellen. Institutionelle Netzwerke lassen sich selten allein über Macht oder Geld steuern. Allerdings zeigt sich zunehmend, dass Case Management-Ansätze in verschiedenen Feldern des Sozial- und Gesundheitswesens auch deshalb scheitern, weil ihnen die Möglichkeit einer verbindlichen Steuerung zugesagter Leistungen genommen ist. So verwundert es nicht, wenn Fachkräfte dann eine Verbindlichkeit über den Gesetzgeber einfordern, wenn „die Zusammenarbeit [...] ausschließlich vom guten Willen der Kooperationspartner abhängt" und Case Management deshalb „nur in Ansätzen verwirklicht werden" kann (Dietrich & Remmel-Faßbender, 2006, S. 91). In den Institutionen, in denen neben einer kooperativen Netzwerkarbeit auch verbind-

Abbildung 18: Koordinationsformen

Koordinationstyp	Markt	Hierarchie/Organisation	Netzwerk
■ Koordinationsmittel ■ Koordinationsform ■ Akteurbeziehung ■ Zugang ■ Zeithorizont ■ Konfliktregulierung	■ Preise ■ spontan / spezifisch ■ unabhängig ■ offen ■ kurzfristig ■ Recht	■ Formale Regeln ■ geregelt / unspezifisch ■ abhängig ■ geregelt ■ langfristig ■ Macht	■ Vertrauen ■ diskursiv ■ interdependent ■ begrenzt / exklusiv ■ mittelfristig ■ Verhandlung

Quelle: Weyer 2000, S. 7, nach Powell 1990, Mill/Weißbach 1992, Wilke 1995

lich eigene Leistungen gesteuert werden können, scheint hingegen die Implementation eines komplexen Case Management-Ansatzes eher zu gelingen (Toepler, 2007, für die Unfallversicherung).

Leistungssteuerung speist sich demnach aus den typischen Koordinierungsmechanismen gesellschaftlicher Ressourcen (vgl. Abb. 18), wie sie in der Transaktionskostentheorie entwickelt wurden: aus Hierarchie (formale/persönliche Macht), aus Marktmechanismen (ökonomische Macht) und aus dem Netzwerkgedanken (Weyer, 2000, S. 6 ff.).

- Hierarchieaspekte werden beispielsweise dann wirksam, wenn kommunale Leistungsträger nachgeordnete Stellen zur Mitarbeit im Netzwerk Grundsicherung verpflichten. So kann beispielsweise die kommunale Sozialdezernentin bewirken, dass zwischen Jobcenter und Jugendamt eine Vereinbarung zur Zusammenarbeit und gemeinsamen Planung berufsintegrierender Maßnahmen für Jugendliche zustande kommt.

- Marktmechanismen werden wirksam, wenn der Grundsicherungsträger über Vergabe- und Ausschreibungsmodalitäten verbindliche Standards zur Zusammenarbeit im Netzwerk festlegt. So kann bereits im Rahmen der Ausschreibungsunterlagen festgelegt werden, dass das Angebot klare Angaben zur Zusammenarbeit mit dem Fallmanagement des Jobcenters enthalten muss.

- Netzwerkmechanismen greifen dort, wo Verbindlichkeit in der Zusammenarbeit nur über eine gemeinsame Verständigung über angestrebte Ziele, auf freiwilliger Basis und unter reziproken Austauschformen erreichbar ist. Psychosoziale Beratungsstellen, Wohnungsgesellschaften, Suchtberatungsstellen oder andere vorwiegend karitative Einrichtungen stehen oftmals mit größeren Vorbehalten einer Zusammenarbeit mit den Grundsicherungsstellen gegenüber. Vertrauen auf der Netzwerkebene kann nur dort wachsen, wo die jeweilige Eigenlogik des Trägers Beachtung findet und die Mitarbeiter dort die Erfahrung machen können, dass auch für ihre Klienten ein Zugang in die Grundsicherung hilfreich ist.

Steuerung impliziert im Zusammenwirken mit Dritten die Berücksichtigung verschiedener Kontextfaktoren und unterschiedlicher Koordinationsformen:

- Zunächst einmal beinhaltet sie die Frage, inwieweit die mit entsprechenden finanziellen Ressourcen ausgestatteten Fallmanager nach dem SGB II „budgetgetrieben" sind. In der Tat ist das Setting des Fallmanagements im Kontext der Beschäftigungsförderung von institutionellen, operativen, personellen und kundenbezogenen Dimensionen geprägt, die nicht immer widerspruchsfrei agieren (vgl. Hofstätter-Rogger, 2008). Um die berechtigten Ansprüche aller Seiten auszutarieren,

bedarf es weitgehend autonomer, handlungssicherer und gut geschulter Fachkräfte, die dieses Spannungsfeld nicht einseitig zulasten des schwächeren Teils entladen.
- Des Weiteren sind Maßnahmen, die Fallmanager in diesem Kontext einleiten, nicht immer mit erheblichen finanziellen Aufwendungen verbunden. Hierbei spielen die eben dargestellten Koordinierungsformen eine große Rolle. Bedeutsame Unterstützungsleistungen, die Fallmanager in diesem Kontext anregen können, beziehen sich beispielsweise auf die
    – Eigenaktivierung mittels Gründung von Initiativen oder Selbsthilfegruppen Betroffener. Burmann u. a. (2000, S. 100 ff.) skizzieren in diesem Zusammenhang beispielsweise die Anregung zum gegenseitigen Erfahrungsaustausch über alltagsrelevante Themen (bei Spätaussiedlern) oder gegenseitige Unterstützung und Beratung, was beispielsweise zur selbstständigen Bildung von Fahrgemeinschaften oder zur gegenseitigen Betreuungsunterstützung für Kinder führte (bei Sozialhilfeempfängerinnen).
    – Die Fallmanagerinnen des Jobcenters Nürnberg (2012, S. 32 f.) starteten wegen fehlender Mittel 2011 das Projekt GUSTO, in dem auf der Basis des Konzeptes der stabilisierenden Gruppen (Kuhnert, 2008) für alleinlebende Frauen Gruppenangebote mit den Fallmanagerinnen im Jobcenter stattfanden. „Im Gegensatz zu unseren Maßnahmeangeboten handelt es sich bei GUSTO um ein Gruppenangebot, das von Mitarbeitern des Jobcenters in Räumen des Jobcenters durchgeführt wurde. Bedenken wegen dieser räumlichen und personellen Nähe haben sich schnell als überflüssig erwiesen. [...] Die räumliche Anbindung der Gruppenangebote an das Jobcenter hat dazu geführt, dass die Teilnehmerinnen die Institution Jobcenter unter einem neuen Blickwinkel kennenlernen konnten. Zu den Gruppenterminen kamen sie gerne in ‚ihr' Jobcenter, um dort gemeinsam an einer Aktivität teilzunehmen, die sie ansonsten nie mit dem Jobcenter verknüpft hätten. Sie hatten die Möglichkeit, ‚ihre' Fallmanagerinnen in einer anderen Rolle kennen und schätzen zu lernen." Dass diese Fachkräfte eine gute beraterische und sozialpädagogische Ausbildung genossen haben, sollte nicht unerwähnt bleiben. Der hierzu erforderliche Budgetrahmen bleibt jedenfalls überschaubar.
- Allerdings sind hier auch immer wieder Institutionen einzubinden, die sich mit einer Eigenlogik, entstanden aus einem spezifischen gesetzlichen Auftrag (Beispiel SGB VIII) oder aufgrund einer Selbstverpflichtung im Rahmen von Leitbildern (häufig gemeinnützige karitative Träger), in ihren Zielsetzungen vom Auftrag der Grundsicherungsträger unterscheiden können. Sofern eine Finanzierung nicht durch die Grundsicherungsträger aus dem Eingliederungstitel erfolgt, können diese Institutionen nur in ein Unterstützungsnetzwerk eingebunden werden, wenn man als Fallmanager und Koordinator diese Eigenlogiken beachtet und respektiert. Soziale Unterstützungsnetzwerke für die erwerbs-

fähigen Hilfebedürftigen zu schaffen setzt besondere, vor allem kommunikative Fähigkeiten bei den Fallmanagern voraus. Fallmanager aus der Praxis berichten, dass sie rund 25–30 Prozent ihrer Arbeit der Pflege, Initiierung, Abstimmung, aber auch der Ergebnissicherung der Netzwerkpartner widmen. Netzwerkarbeit ist anstrengend und setzt eine hohe Bereitschaft voraus, den Büroraum zu verlassen.

- Nicht zuletzt muss der organisatorische Rahmen ausgeleuchtet werden, in dem sich die Netzwerkbildung vollzieht. Die handelnden Fallmanager sind in der Regel nicht diejenigen, die (budget-)verantwortlich Verträge aushandeln und unterzeichnen, Ausschreibungen durchführen, auf Leitungsebene Absprachen zur Zusammenarbeit treffen und in Dienstanweisungen bekannt geben. Fallmanager können letztendlich in der Leistungssteuerung nur so wirksam arbeiten, wie es der Rahmen, der ihren Handlungen formal gesetzt ist, auch erlaubt. Daraus leiten sich ebenfalls unterschiedliche Aufgaben zwischen einem koordinierenden Systemmanagement und dem auf den Einzelfall ausgerichteten Fallmanagement ab, wie die nachfolgende Tab. 4 verdeutlicht. Diese grundsätzliche Aufgabenteilung bedeutet nicht, dass der einzelne Fallmanager nicht die

Tabelle 4: Zusammenwirken von Fallorientierung und System

Einzelfallsteuerung durch den Fallmanager	Systemmanagement durch Koordinatoren oder Führungskräfte
■ Budgetverantwortung und Rückgriffsoptionen auf systematische Leistungssteuerung	■ Globalbudget planen und verteilen Abstimmung zwischen den Teams/Fallmanagern, um übergreifende Maßnahmen zu initiieren (Maßnahmeplanung) Zuständigkeiten klären (intern und extern)
■ Überblick über Unterstützungsangebote verschaffen (Netzwerk i.e.S./institutionelles Netzwerk)	
■ Zuständigkeiten klären (intern und extern)	■ Kontraktmanagement (Kooperationsvereinbarungen, Dienstleistungsverträge etc.)
■ persönliche Kontakte herstellen und pflegen (Netzwerk i.w.S./persönlich-berufliches Netzwerk)	■ Anregungen der Praxisebene prüfen und entscheiden/initiieren
■ bestehendes Angebot mit Klientenbedarf abgleichen und bei Abweichungen Anregungen für weitere erforderliche Unterstützungsangebote geben und ggf. aktiv am Aufbau mitwirken (Rückkoppelung an Systemebene)	■ eigene Ideen zur Weiterentwicklung und zum (Neu-)Aufbau von Netzwerken
	■ Kontakt zu politischen und wirtschaftlichen Institutionen herstellen und pflegen (Mandatsträger, übergreifende Netzwerke, Wirtschaft, Arbeitsgemeinschaften)
■ Implementierung, Initiierung von Netzwerken sowie Entlastung des Netzwerkkoordinators bei der Kontaktpflege	■ Netzwerkmarketing (Pflege, Öffentlichkeitsdarstellung)
■ Leistungsergebnisse der Netzwerkpartner zur Kenntnis nehmen und thematisieren	■ Ergebnisse der Leistungsüberwachung zusammenführen/ggf. Konsequenzen ziehen

Netzwerkarbeit mit externen Partnern

Verantwortung für seine fallbezogenen Steuerungsaufgaben behält und auch verantwortlich sein Budget steuert. In vielen Fällen, insbesondere wenn es um Maßnahmen der beruflichen Qualifizierung geht, wird es allerdings nur zu einer adäquaten Form der Unterstützung von Kunden kommen können, wenn es für einen beauftragten Träger wirtschaftlich ist, eine derartige Maßnahme anzubieten. Dies setzt unter anderem auch eine entsprechende Teilnehmerzahl voraus, mit der wirtschaftliche Ergebnisse erzielt werden können.

- Im Rahmen der Definition zum beschäftigungsorientierten Fallmanagement wurde bereits darauf verwiesen, dass Versorgungsangebote und Dienstleistungen zu planen, zu implementieren, zu koordinieren, zu überwachen und zu evaluieren waren. Hier wird es zu neuen Qualitäten in der Zusammenarbeit zwischen beauftragten Trägern und Grundsicherungsträgern kommen müssen, die die bisherige Praxis in den Agenturen für Arbeit und den Sozialämtern verändern. Zwar war es immer üblich, den (Eingliederungs-)Erfolg einer Maßnahme darzustellen beziehungsweise zu überwachen; dies galt aber eher den globalen Zahlen. Individuelle Besonderheiten in der Fallbetreuung beim Träger spielten hier im Regelfall keine Rolle. Erst wenn eine Maßnahme abgebrochen werden musste, wenn Teilnehmer sich nach der Maßnahme erneut arbeitslos meldeten, wurde der Fall durch die Sozialinstitutionen wieder aufgenommen und nach Ursachen oder aber neuen Integrationsstrategien gesucht. Im günstigsten Fall gab es ein aussagefähiges Abschlussdokument des Trägers (Beurteilung, Zeugnis etc.). Das, was mit „dem Fall" während der Maßnahme passierte, wie der Träger mit den Menschen arbeitete und wie dieser sich im Verlauf der Maßnahme veränderte, entzog sich einem systematischen „Monitoring" durch die Fachkräfte. Fallmanagement übernimmt hier aber nicht nur die Verantwortung für die Qualität des eigenen Handelns, sondern auch für den beauftragten Dritten. Dies wird umso dringlicher, als im Zuge der öffentlichen Diskussion um die sparsame und wirksame Verwendung öffentlicher Mittel immer häufiger der Preis die Durchführung der Maßnahmen dominiert, nicht mehr die Qualität der Arbeit. Mit der Übertragung von finanziellen Ressourcen auf das Fallmanagement (Budgetverantwortung) steigen die Interventionsmöglichkeiten des einzelnen Fallmanagers und damit auch die Möglichkeit, Qualitätsprozesse bei Dritten zu beeinflussen und die unterschiedlichen Leistungen im Sinne des Kunden und der gesetzgeberischen Zielsetzung miteinander zu verzahnen. „Die Geburtsstunde des Case Managements", stellt Klug fest (2003, S. 51), liegt in dem „permanenten Konflikt zwischen Klienten und spezialisierten sozialen Diensten, die aus ihrer Logik heraus komplexe Problemlagen von Klienten unter dem Stichwort der ‚Zuständigkeit' in für sie definierbare Teilprobleme zu zerlegen suchten und die Koordination dem völlig überforderten Klienten überließen."

Es kristallisiert sich heraus, dass Fallmanagement in der Beschäftigungsförderung auf eine Vielzahl von Partnern und Unterstützern zurückgreifen

Leistungssteuerung auf der Mikroebene

muss, will es gelingen. Trotz einiger Ungenauigkeiten in der Abgrenzung, und im Einzelfall auch „Überlappungen", schälten sich bei der Befragung von Schulungsteilnehmern die in Abb. 19 dargestellten Netzwerkstrukturen heraus (vgl. Göckler & Kraatz, 2004). Sie unterstreichen auch noch einmal, warum sich beschäftigungsorientiertes Fallmanagement nicht vom Kontext seiner gesetzlichen Einbettung lösen kann und lösen sollte. Dabei ist die Einordnung in einen Kern-, Rand- oder Spezialbereich keine qualitative Bewertung, sondern sagt lediglich etwas über die Bedeutung für die Alltagsarbeit von Fallmanagern und persönlichen Ansprechpartnern in der Beschäftigungsförderung aus. Im konkreten Einzelfall ist jeder Partner bedeutsam.

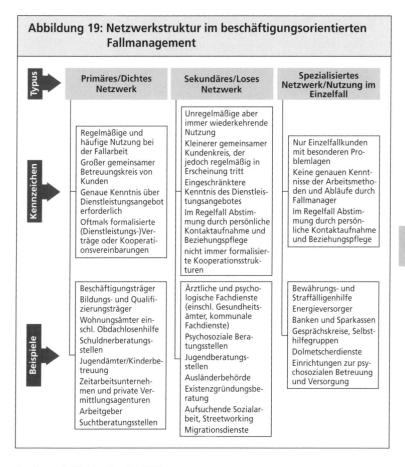

Quelle: nach Göckler/Kraatz, 2004

Netzwerkarbeit mit externen Partnern

Nimmt man exemplarisch einige Arbeitsmarktprogramme der Jobcenter aus neuerer Zeit zur Kenntnis, so zeigen sich gegenüber früheren Arbeitsweisen deutlich verbesserte Strukturen der Zusammenarbeit. Die Zusammenlegung der beiden Leistungsträger Kommune und Bundesagentur für Arbeit kann dann wirklich deutlich Fortschritte bringen, wenn in den Führungsetagen der Wille zu gemeinsamen Handlungsstrategien zu kommen überwiegt. Das Arbeitsmarktprogramm 2012 der Agentur für Arbeit und der Behörde für Arbeit, Soziales, Familie und Integration der Stadt Hamburg[12] zeigt, wie eine vernünftige Analyse der lokalen Arbeitsmarkt- und Arbeitslosigkeitssituation zu einer konsekutiven und/oder parallelen Angebotsstruktur ausgebaut werden kann. Es wird deutlich, wie eng die Zielgruppen beider Behörden miteinander verwoben sind und wo die schwierigen Schnittstellen zwischen Arbeitsförderung und Sozialauftrag verlaufen. Das auf vier Jahre angelegte gemeinsame Programm fokussiert auf eine Verbesserung der Vermittlung durch einen gemeinsamen Arbeitgeberservice (mit einem Schwerpunkt beim Übergang Schule–Beruf), Ausbau und Vernetzung der Hilfen für ältere Erwerbslose und angehende Selbstständige (Mikrokredite), Qualifizierungsoffensive auch für Beschäftigte, die Verzahnung von speziellen Angeboten für arbeitslose Frauen und Alleinerziehende, die Systematisierung und Strukturierung von Förderangeboten für Jugendliche (inkl. einem aufsuchenden sozialarbeiterischen Ansatz) sowie Sonderprogramme für Migranten und Langzeitarbeitslose. Gerade für die letztgenannte Gruppe zeigen sich interessante neue Ansätze der Vernetzung unterschiedlicher Angebote, so die Einrichtung von Arbeitsgelegenheiten für Alleinerziehende, die konsequent mit Betreuungsangeboten versehen und durch Angebote der Jugendhilfe im Sozialraum flankiert werden. Dort, wo das gesetzliche Instrumentarium des Jobcenters nicht mehr greift, baut der kommunale Partner die Brücken, die für eine ganzheitliche Arbeit mit der Zielgruppe erforderlich sind, zumindest in der Planung.

Der Gesetzgeber selbst hat im SGB II eine Vielzahl von Netzwerkpartnern angesprochen. Da die arbeitsmarktintegrativen Leistungen bereits im vorhergehenden Kapitel angesprochen wurden, soll sich dieser Teil auf das Leistungsspektrum der kommunalen Eingliederungsleistungen (§ 16a SGB II) sowie der öffentlich geförderten Beschäftigung (§§ 16d, 16e SGB II) konzentrieren, da für das Fallmanagement hierin deutlich größere Anteile zu nutzen sind. Der § 16a i. V. m. § 6 Abs. 1 Nr. 2 SGB II teilt die aufgelisteten Aufgaben dem kommunalen Grundsicherungsträger zu mit der Folge, dass die übertragenen Aufgaben nicht aus dem Eingliederungsbudget des Bundes finanziert werden.

Schuldner- und Suchtberatung, psychosoziale Betreuung oder die Unterstützung bei der Betreuung minderjähriger Kinder oder zu pflegender An-

---

[12] Zu finden unter: http://www.hamburg.de/basfi/veroeffentlichungen/3043212/arbeitsmarktpolitisches-programm.html

gehöriger sind somit kommunal zu finanzierende Aufgaben. Am Beispiel ausgewählter Beratungseinrichtungen soll verdeutlicht werden, dass es im Rahmen der Leistungssteuerung nicht darum gehen kann, den Kunden nur „zu schicken", sondern Zusammenarbeitsformen auf eine veränderte Grundlage zu stellen und für den Kunden Wege zu ebnen, insbesondere beim Zeitaufwand, mit dem die verschiedenen Dienstleistungen für den Kunden greifen („Warme Übergabe").

10.2 Die Schuldnerberatung

Überschuldung führt im Rahmen der arbeitsmarktbezogenen Integration zu Friktionen, die von „Verzögerung", „zusätzlichen Eingliederungsmitteln" bis hin zur „Vermittlungsverweigerung" führen. Die Praxis kennt zahlreiche Beispiele, in denen Fachkräfte wie Betroffene sich nur schwer vorstellen können, wie eine Arbeitsaufnahme gelingen kann, wenn mehrere 100.000 Euro Schulden existieren und unzählige Pfändungsbeschlüsse nur darauf warten, dass der Arbeitnehmer eine geregelte Beschäftigung aufnimmt. Eine Studie des SCHUFA-Verbraucherbeirats (Lechner, 2009) identifizierte drei unterschiedliche Personengruppen im Rahmen von Insolvenzverfahren, denen auch differenzierte Hilfestellungen gegenüberstehen müssen.

a) Als „Opfer moderner, biografischer Risiken" werden dabei Betroffene bezeichnet (ca. 50 Prozent), denen lediglich ein neuer Start ermöglicht und keine Jahre während Zeit der Bewährung auferlegt werden muss. Ihre Verschuldung stammt überwiegend aus Risiken wie Arbeitslosigkeit, einer gescheiterten Selbstständigkeit oder dem Zerbrechen einer Beziehung/Ehe. Sie haben gute Chancen, allein durch die Eröffnung des Insolvenzverfahrens einen neuerlichen Anfang erfolgreich zu gestalten.

b) „‚Insolvente mit Orientierungsproblemen' (42 Prozent) hingegen benötigen nach Jahren des Wohlverhaltens noch Zeit und Hilfe. Hilfe, die vor neuerlichen finanziellen Katastrophen bewahren kann und den Weg zurück in die Mitte der Gesellschaft ebnet. Mit dieser Hilfe könnte und kann die gesellschaftliche Reintegration und -inklusion vermutlich auch deutlich schneller als in sechs Jahren gelingen.

c) Während beim vorhergehenden Typus Beratung hilfreich erscheint, das Verfahren zu verkürzen und seinen Erfolg zu sichern, ist diese bei ‚Insolventen mit andauerndem Beratungsbedarf' (8 Prozent) unabdingbar. In Anbetracht des Bildes, das bei diesem Typ von insolventen Verbrauchern auf Grundlage der empirischen Befunde gezeichnet wird, wäre es einseitig, die Integrations- und Inklusionsfortschritte durch das Verfahren vollkommen zu negieren. Ohne kompetente Hilfe nach der Eröffnung des Verfahrens ist für diese Betroffenen die Chance aber sehr groß, durch die Drehtür des Insolvenzverfahrens in abermalige Überschuldungsprobleme zu geraten" (Lechner, 2009, S. 4).

Netzwerkarbeit mit externen Partnern

Dabei locken beständig Angebote der Kreditwirtschaft, die die Ausweglosigkeit noch verschärfen. Mit welchen Methoden unseriöse Kreditvermittlungen und gewerbliche Schuldnerberatungen arbeiten, hat der Arbeitskreis Neue Armut (2011) eindrucksvoll zusammengestellt. Mehrheitlich sind es wohl eher kleinere Beträge, die viele von Arbeitslosigkeit betroffene Menschen im Laufe der Zeit ansammeln. Der Überschuldungsreport 2011 (Knobloch & Reifner, 2011, S. 17) spricht von „Überschuldung erst dann, wenn die Stufe der so genannten ‚relativen Überschuldung' erreicht ist (vgl. Abb. 20). Diese bezeichnet eine Momentaufnahme innerhalb des Überschuldungsprozesses, in der es einem Privathaushalt nicht mehr möglich ist, seine fälligen Verbindlichkeiten trotz Einsatzes des vorhandenen Vermögens und Einschränkungen bei seinen Ausgaben mittelfristig zu begleichen" (relative Überschuldung). Auch wenn diese Definition viele Interpretationsspielräume offen lässt, ist sie von den harten Überschuldungszeichen wie der außerordentlichen Kreditkündigung, der Pfändung, Zwangsversteigerung, Kontokündigung und weiteren Maßnahmen zu unterscheiden (absolute Überschuldung).

Als Überschuldungsgründe nennt der Bericht „solche Faktoren, die kausal und zurechenbar für die Genese und den Verlauf der Überschuldungsbiografie sind". Dabei zeigt sich in Deutschland seit vielen Jahren ein ähnliches Bild, was die auslösenden Faktoren für die Initiierung von Überschuldungsprozessen auslöst (vgl. ebd., S. 21).

Die wichtigsten sind dabei mit 45,4 Prozent der unfreiwillige Verlust des Arbeitsplatzes, mit 19 Prozent die Trennung vom Partner und die damit verbundene Auflösung eines gemeinsamen Haushalts, mit 17 Prozent das unverantwortliche Konsumverhalten der Betroffenen und mit 11,7 Prozent eine gescheiterte Selbstständigkeit. Die Zahlen bezeichnen den Anteil der Haushalte, bei denen das entsprechende Merkmal als *eines* von drei angegeben wurde.

Abb. 20 verdeutlicht den idealtypischen Aufbau einer Schuldnerbiografie. Beginnend mit den Schulden auslösenden Ursachen versuchen die Haushalte zunächst mit eigenen Strategien das Problem zu lösen. Die Studie weist hierbei ganz deutlich auf den Einfluss privater Ratgeber hin, die im Regelfall mehr schaden als nutzen. Sind die Maßnahmen nicht ausreichend, so können erste Ratenzahlungen nicht mehr fristgerecht bedient werden. Findet hier schnelle Hilfe statt, kann ein Insolvenzverfahren oftmals vermieden werden. Ansonsten beginnt der Kreislauf in die absolute Überschuldung mit sich wechselseitig verstärkenden Einflussfaktoren. Die skizzierten subjektiven Belastungsfaktoren fallen weniger gravierend aus, je früher eine nachhaltige und fachkundige Aufarbeitung der Schuldenumstände und Lösungsansätze erfolgt. Ansonsten verstärken sie aus Sicht der Beschäftigungsförderung genau jene Folgen, die schon allein aus der Arbeitslosigkeit heraus die Integrationsperspektiven nachhaltig negativ beeinflussen.

Abbildung 20: „Typischer" Aufbau einer Schuldnerbiografie

Überschuldungsauslöser (Überschuldungsgefährdung)
Alo, reduzierte Arbeit, Beginn des Bezugs von Alg I und Alg II, Scheidung, Trennung, Auszug aus der Wohnung, Anmeldung neuer Wohnung, Krankheit, Unfall, Tod des Partners, Haushaltsgründung/Geburt eines Kindes, gescheiterte Selbstständigkeit, Immobilienfinanzierung, Zahlungsverpflichtungen, Bürgschaft/Mithaftung, Konsumverhalten, Haushaltsgründung

▼

Copingstrategien des Haushalts
Einsparungen bei Konsumausgaben, Liquidierung von Vermögen, Kreditaufnahme, Umschuldung, Ratenzahlungsvereinbarungen/Stundungen, Maßnahmen zur Einkommenserhöhung

▼

Relative Überschuldung
Einkommen reicht trotz Einsatz vorhandenen Vermögens mittelfristig nicht zur fristgerechten Erfüllung der laufenden Verbindlichkeiten des Haushalts

▼

Harte Überschuldungszeichen (Absolute Überschuldung)
Zahlungsverzug, Kündigung, Abgabe der eidesstattlichen Versicherung, Kontenpfändung, Zwangsversteigerung, Pfändungsversuche, Kontokündigung, Eintrag in öffentliches Schuldnerverzeichnis, Verschlechterung der Auskunftswerte bei Schufa/Creditreform

▼

Subjektive Belastungszeichen
Familiäre Störungen wie Scheidung/Trennung, psychische Erkrankungen (Depression), psychosomatische Erkrankungen, Suizid

▼

Schuldnerberatung
Erstkontakt, Beratungsbeginn, außergerichtliche Einigungsversuche, weitere Beratungsangebote

▼

Verbraucherinsolvenzverfahren
Eröffnungsantrag, Eröffnungsbeschluss, Wohlverhaltensperiode, Erteilung Restschuldbefreiung

▼

Zeit der Rehabilitation
Löschung der Negativmerkmale aus Schuldnerregistern und bei Auskunfteien, Wiedererlangung der Kreditwürdigkeit, wirtschaftlicher Neubeginn

Quelle: nach Knobloch & Reifner, 2011, S. 19

Netzwerkarbeit mit externen Partnern

Überschuldungsprobleme sind zentrale Integrationshemmnisse auf beiden Seiten des Arbeitsmarktes. Abtretungen oder Pfändungsbeschlüsse bewirken häufig auf Arbeitgeberseite eine Voreingenommenheit dem Bewerber gegenüber, Überschuldete haben oftmals kein nachhaltiges Interesse an einer Arbeitsaufnahme, da häufig nicht mehr/weniger bleibt als die aktuell bezogenen Grundsicherungsleistungen. Das Thema Überschuldung hat demnach für die Grundsicherung für Arbeitsuchende eine dominante Bedeutung. Alle wesentlichen Auslöser für Überschuldungsprobleme finden sich kumuliert hier wieder: Arbeitslosigkeit, geringes Einkommen, hohe Anteile von Alleinerziehenden mit Kind(ern).

Wirksamkeit und Wirtschaftlichkeit bewirken, dass der Fallmanager den Prozess der Schuldnerberatung kennen muss und differenzieren kann, welche Dienstleistung er von den Anbietern erwartet. Nicht immer muss der gesamte Betreuungsprozess einer Schuldnerberatung durchgeführt werden. Hierbei zeigen sich bereits unterschiedliche Grade von Steuerungsmöglichkeiten, je nachdem, welche Koordinierungsform gewählt wurde:

Wird Schuldnerberatung mit einer sozial ausgerichteten Eigenlogik[13] von einem Träger ausgeübt, der sein Dienstleistungsangebot fremdfinanziert durchführt, sind die direkten Einwirkungsmöglichkeiten eher gering. Probleme, die in diesem Zusammenhang häufiger entstehen, sind beispielsweise lange Wartezeiten, die doppelte Erhebung von Daten, längere Betreuungsprozesse, schwierige oder teilweise fehlende Bereitschaft zur Abstimmung. Insbesondere sozial-karitative Organisationsformen der Schuldnerberatung befürchten, „dass ihr sozialberufliches Handeln mehr oder weniger schleichend zu einer reinen Dienstleistung im Auftrag des Staates, der Länder und der Kommunen wird. Verbunden damit ist eine stärker an fiskalpolitische und ökonomische Ziele und Interessen ausgerichtete Entwicklung, wobei ethische Grundlagen bisher eher im Hintergrund stehen" (Schwarze, 2011, S. 77). Der Anteil von karitativen Einrichtungen, die eine Schuldnerberatung ohne staatliche (Teil-)Refinanzierung durchführen, ist jedoch verschwindend gering, wobei Eigenmittel durchaus im beachtlichen Umfang einfließen.

- Der Regelfall wird eine kommunal- und/oder teilweise landesfinanzierte Schuldnerberatung sein (Just, 2011, S. 39 f.), die allen Bürgern einer Kommune offensteht und sich nicht auf den Personenkreis der Grundsicherungsempfänger allein beschränkt. Hier wird die Beratung für Kunden der Grundsicherung überwiegend kostenfrei angeboten, wobei – ähnlich einer qualifizierten Beratung in einer Verbraucherberatung – durchaus über eine „symbolische" Beteiligung der Betroffenen auch in diesem Fall nachgedacht werden sollte. Grundsätzlich wären die Menschen wohl auch bereit, im Rahmen ihrer Möglichkeiten

---

[13] Ein gutes Beispiel für Eigenlogiken in diesem Zusammenhang bietet die Caritas-Dokumentation zur Zusammenarbeit von Jobcenter und Schuldnerberatung im Rahmen des SGB II. In: Neue Caritas, Heft 47/2004, S. 34 ff.

Die Schuldnerberatung

einen angemessenen Beitrag für eine qualitativ hochwertige Schuldnerberatung zu leisten (vgl. Diakonisches Werk, 2006, S. 30 f.). Für das Fallmanagement ist in diesen Fällen nach einer Absprache oder Vereinbarung auf Leitungsebene zu suchen, um den beteiligten Fachkräften auf beiden Seiten Orientierung zur Fallbetreuung zu geben. Dabei gibt es grundsätzlich drei Möglichkeiten:

a) Die Kommune selbst regelt im Rahmen ihrer Leistungsvereinbarung mit dem Anbieter das Zusammenwirken zwischen Grundsicherung und Schuldnerberatung.

b) Der Grundsicherungsträger selbst schließt eine Vereinbarung zur Zusammenarbeit mit den lokalen Schuldnerberatungsstellen ab.

c) Die Kommune tritt ihre Leistungsverantwortung an die Jobcenter ab und regelt dabei Budgetausstattung und Verfahren. In diesen Fällen kann der Grundsicherungsträger die Zusammenarbeitsstrukturen über die Vergabemöglichkeiten autonomer steuern.

Eine Schuldnerberatung setzt sich im Regelfall aus folgenden Komponenten zusammen (vgl. Just, 2011, S. 42 ff.), die vertraglich einzeln zu vereinbaren und zu finanzieren sind. Dadurch bestehen steuernde Möglichkeiten des Fallmanagers, auf Dauer und Qualität des Leistungserbringers einzuwirken:

- Existenzsicherung einschl. Schuldenstandsklärung/Forderungsüberprüfung/Schuldnerschutz
- Budgetberatung
- Schuldnerschutz und Schuldenregulierung einschl. der Einleitung eines notwendigen Insolvenzverfahrens
- psychosoziale Hilfen zur Stabilisierung der Betroffenen
- Beratung zum Thema „Wirtschaftliche Haushaltsführung/zeitweise Betreuung"

Die Existenzsicherung ist gerade für SGB II-Kunden essenzielle Aufgabe der Grundsicherungsträger und des Fallmanagements. Wissend, dass auch Grundsicherungsträger ihren gesetzlichen Verpflichtungen nicht immer zeitgerecht nachkommen, ist es – nicht nur im Fallmanagement – dennoch nicht hinnehmbar, wenn die fundamentalen Pfeiler der Existenzsicherung dort versagen. Sie sind die Basis für die Initiierung von Fallmanagementprozessen überhaupt, für die Schaffung von Vertrauen und Sicherheit im Umgang mit dem Kunden und daher vordringlichste Aufgabe auch im beschäftigungsorientierten Fallmanagement. Fallmanagern sollten hier direkte Zugriffsrechte auf die Leistungsgewährung eingeräumt werden.

Auch bei der Schuldenstandsklärung oder der psychosozialen Hilfe findet häufig ein Prozess statt, bei dem viele Schritte, die der Fallmanager bereits mit dem Kunden erarbeitet hat, wiederholt werden (z. B. ausführliches Assessment). In Einzelfällen kann dies auch dazu führen, dass Schuldnerbe-

Netzwerkarbeit mit externen Partnern

ratungsstellen durchaus wohlmeinende Strategien verfolgen, die der Integrationsplanung des Fallmanagers zuwiderlaufen, indem sie beispielsweise zentrale Prozesse verlängern und Integrationsabsichten unterlaufen. Dabei gilt es, sich nicht selbst zu überschätzen. Erfahrene Schuldnerberater haben einen sicheren Instinkt dafür, was man Klienten in der Situation zumuten kann oder nicht. Sozial kompetentes Networking findet einen Ausgleich, wenn sich die Intentionen der Schuldnerberatungsstelle und des beschäftigungsorientierten Fallmanagements widersprechen sollten.

In den Fällen, in denen eine professionelle Schuldnerberatung durch Dritte notwendig ist, muss für alle Beteiligten klar erkennbar sein, welche Leistungen abgerufen werden. Fallmanagement hat somit zu klären:

- Welche Dienstleistung kann ich in diesem Zusammenhang wirtschaftlich und ohne Nachteil für den Kunden selber erbringen?
- Welche genauen Dienstleistungen benötige ich vom eingeschalteten Träger?
- Wie beauftrage und finanziere ich die angeforderten Dienstleistungen (i. d. R. vertraglich geregelt)?
- Wie gestalte ich die Zusammenarbeit mit dem beauftragten Träger und dem Kunden, insbesondere auch dann, wenn der Kunde die geforderte Freiwilligkeit zur Inanspruchnahme der Schuldnerberatung nicht zeigt, weil ihm der Verbleib in der öffentlichen Subventionierung attraktiver erscheint?
- Wie überwache ich die erbrachten Dienstleistungen im Hinblick auf Dauer und Ergebnis?

In den Leistungsvereinbarungen beziehungsweise den direkten Absprachen zwischen Grundsicherungsträgern und Schuldnerberatungsstellen müssen diese Fragen geregelt werden. Dies ist bisher eher selten der Fall. Im Sinne des beschäftigungsorientierten Fallmanagements sollen Absprachen, Vereinbarungen oder Verträge mit Schuldnerberatungsstellen folgende Punkte regeln:

1. Vorlage einer Zustimmungserklärung nach § 67b Abs. 1 und 2 SGB X (Schweigepflichtentbindung)
2. Verbindliche Zugangs- und Wartezeitenregelungen für den betreuten Kundenkreis
3. Regelungen zum Informationsaustausch (wie häufig, Informationstiefe, Rückmeldungen bei Sondertatbeständen etc.)
4. Möglichkeit, die Dienstleistungsangebote auch einzeln abrufen zu können
5. Verbindliche Qualitätsstandards
6. Evaluationskriterien

Die Suchtberatung

Neben allgemeinen Forderungen nach einer besseren Finanzierung der Schuldnerberatungsstellen ergeben sich für die Führungs- und Fachkräfte in der Beschäftigungsförderung vor allem:

- Wartezeiten der Schuldnerberatungsstellen (2010 durchschnittlich 4,7 Monate) genau beobachten und gegensteuern, wenn die Wartezeiten einen gerade noch erträglichen Korridor überschreiten. Als Obergrenze sollte eine Wartezeit von drei Monaten nicht überschritten werden.

- Im Benehmen mit der/den örtlichen Schuldnerberatungsstelle/n klären, welche vorbereitenden Schritte bereits von den Fachkräften der Arbeitsförderung eingeleitet werden können, um das Verfahren zu beschleunigen. In einigen Fällen haben Schuldnerberatungsstellen mit den Jobcentern Absprachen getroffen, dass beim Vorliegen bestimmter Merkmale (u. a. geringe Schuldensumme, wenige Gläubiger, Bereitschaft, geringfügige Teilbeiträge aufzubringen) die Fachkräfte auch selbst aktiv werden können, beispielsweise im Sinne einer beidseitigen Vereinbarung zur Schuldenregulierung.

- Mit den Schuldnerberatungsstellen ist zu klären, wie die Kooperation bei den überstellten Adressaten aussehen muss (Wie erfolgt die Kontaktaufnahme? Wann werden Zwischenberichte ausgetauscht? Bei welchen Informationen unterrichten sich die Fachkräfte wechselseitig? Wer übernimmt die Fallführung? Wie werden Fälle abgeschlossen? etc.). Der jeweiligen Eigenlogik der Fachanbieter und den rechtlichen Betreuungs- und Vermittlungsnotwendigkeiten der Grundsicherungsträger ist dabei angemessen Rechnung zu tragen.

- Letztendlich gilt es, einen gewissen Grundschatz an Kenntnissen zu Beratungsabläufen und rechtlichen Erfordernissen bei Fach- und Führungskräften aufzubauen. Beispielsweise wurde der Pfändungsschutz ab 01.01.2012 nur noch über ein besonderes Pfändungsschutzkonto gewährt. Wurde ein Schuldner nicht rechtzeitig tätig, konnte ihn eine Vollstreckung in existenzielle Bedrängnis bringen. Gerade Empfänger von Grundsicherungsleistungen sollten zum Jahresanfang 2012 ihr Konto auf ein P-Konto (Pfändungsschutzkonto) umgestellt haben. Nicht alle Mitarbeiter waren über diese weitreichende Änderung informiert.

10.3 Die Suchtberatung

Grundsätzlich kann jedes menschliche Interesse und Verhalten Suchtcharakter annehmen. Die Vielzahl von Selbsthilfeinitiativen in diesem Bereich belegt dies eindrucksvoll. Spiel-, Fernseh-, Computer-, Sauberkeits-, Sex-, Kauf-, Risiko-, Ess- oder Magersüchte und Glücksspiel zeigen, wie schwer es vielen Menschen fällt, in einer scheinbar vollkommen offenen und freizügigen Gesellschaft sich selbst zu begrenzen. Sucht ist deshalb grundsätzlich nicht nur ein individuelles Krankheitsbild, sondern immer auch ein Spiegel-

Netzwerkarbeit mit externen Partnern

bild „krankhafter" Vorgänge im Gesellschaftssystem. Die jeweils aktuellen Drogen- und Suchtberichte (Drogenbeauftragte der Bundesregierung, 2012) zeigen, wie sehr die klassischen Suchtthemen mittlerweile um moderne Suchtformen erweitert werden müssen. In der Öffentlichkeit weitaus mehr beachtet sind die klassischen Suchtformen (Suchtbegriff i. e. S.), in denen die Einnahme von bestimmten Wirkstoffen mit der Zeit zu psychischen und physischen Abhängigkeitserscheinungen führt: Nikotin, Alkohol, Medikamente, Partydrogen und illegale Drogen. Dieser engere Suchtbegriff soll nachfolgend kurz behandelt werden.[14]

Schon der Umstand, arbeitslos zu sein, erhöht das Risiko gesundheitsschädlicher Verhaltensweisen. Status- und Identitätsverlust, Verlust der Zeitstruktur, Fehlen einer Zweckbestimmung und eine relative soziale Isolation bilden den Hintergrund erhöhter Suchtgefährdung – unabhängig vom Geschlecht und quer durch alle Suchtmittelformen – wie internationale Studien belegen (Elkeles & Kirschner, 2003, S. 21 f.). Auch wenn die differenzielle Arbeitslosenforschung mittlerweile zeigen konnte, dass die individuellen Verarbeitungsmuster von Arbeitslosigkeit weitaus vielfältiger sind als oft angenommen, tragen Arbeitslose ein deutlich erhöhtes Risiko beim Thema Sucht. Henkel (2008, S. 186) analysiert die Daten von Suchtabhängigen im Zusammenhang mit Arbeitslosigkeit und kommt zu einem ernüchternden Ergebnis: „Die präsentierten Daten zeigen zum einen, dass die gegenwärtige Situation in den verschiedenen Sektoren der Suchthilfe bei allen hier ausgewiesenen Suchtdiagnosegruppen von hohen Arbeitslosenquoten gekennzeichnet ist. Und sie dokumentieren zum anderen die sehr engen Grenzen, die einer beruflichen Wiedereingliederung der Arbeitslosen während und nach der Behandlung unter den Bedingungen der derzeit herrschenden Massenarbeitslosigkeit entgegenstehen." Im Zusammenhang mit Suchterkrankungen kumulieren faktische Arbeitsmarkthandicaps wie hohes Alter (bei Alkoholabhängigkeit), geringe schulisch-berufliche Qualifikation, gesundheitliche Einschränkungen, Haftstrafen (illegale Drogen) und langjährige Arbeitslosigkeit vor Beginn der Behandlung.

Das Versorgungssystem der Suchtkrankenhilfe umfasst rund 1.400 Beratungsstellen, 160 Fachkliniken, 7.500 Selbsthilfegruppen mit ca. 120.000 Mitgliedern sowie Tagesstätten, Notschlafplätze, Wohn- und Nachsorgegruppen (Frietsch, Holbach & Link, 2010, S. 72). Die Vielfalt der Einrichtungen und Angebote und das oftmals verwirrende System der Kostenträgerschaft zeigen, dass eine Spezialisierung auch in den Jobcentern durch beauftragte Fallmanager sinnvoll ist.

Auch wenn ein empirisch eindeutiger Nachweis zwischen Arbeitslosigkeit und dem Auftreten vermehrter Abhängigkeitssymptome nicht einfach zu

---

[14] Es ist allen Mitarbeitern anzuraten, die als persönliche Ansprechpartner/Fallmanager im Rahmen der Grundsicherung arbeiten, sich in einer eigenen Fortbildung mit der Thematik der Sucht, ihren Erscheinungsbildern, ihren Erkennungsmerkmalen, ihren Ursachen und ihren Therapiemöglichkeiten vertraut zu machen.

Die Suchtberatung

führen ist (Kausalität), zeigen die Ergebnisse der Arbeitslosenforschung, „dass eine Reintegration in Arbeit, wenn sie stabil bleibt, oft zu schnellen und markanten Abnahmen der arbeitslosigkeitsbedingten psychosozialen Belastungen führt, vor allem im Bereich des Selbstwertgefühls, der Depressivität, negativen Alltagsstimmungen, Ängstlichkeit und Gefühlen der Einsamkeit [...]. Auch die Rückfallforschung im Bereich der Suchtbehandlung zeigt, dass eine berufliche Wiedereingliederung das Rückfallrisiko für Drogenabhängige [...] und Alkoholkranke deutlich reduziert [...]" (Henkel, 2008, S. 56).

Den Fachkräften in den Jobcentern stellen sich in der Regel folgende Problematiken in der Arbeit mit Suchtgefährdeten und -erkrankten:

- Gibt der erwerbsfähige Hilfebedürftige zu erkennen, dass er ein Suchtproblem hat?

- Wenn nicht, gibt es Indikatoren, die einen glaubhaften Verdacht auf Suchtmittelmissbrauch begründen können?

- Wer stellt fest (und wie), ob eine Suchterkrankung vorliegt?

- Wenn eine Suchterkrankung vorliegt, sind Qualifizierungen, Beschäftigungsmöglichkeiten oder eine Vermittlung die richtigen Angebote oder eher kontraindiziert? Zu welchem Zeitpunkt sind diese Angebote hilfreich und wer entscheidet darüber?

- Wer übernimmt die Fallbetreuung, wenn die Suchterkrankung arbeitsmarktintegrative Überlegungen zurzeit ausschließt?

- Welche (datenschutzrechtlichen) Probleme können sich in der Zusammenarbeit mit Suchtberatungsstellen ergeben?

- Können Therapie und Beratung in der Suchtkrankenhilfe auch mithilfe von Druck und Sanktionsbedrohung erzwungen werden (Eingliederungsvereinbarung)?

Auf diese Fragen müssen interne Hilfen und Standards Antworten geben. Immer mehr Jobcenter sind dazu übergegangen, durch oder für ihre Fachkräfte und mit Unterstützung externer Experten, Hilfen, Standards und Ablaufdiagramme zu erarbeiten (Handbücher, Leitfäden, Arbeitshilfen).[15] Eine aussagekräftige Erhebung des Gesamtverbandes für Suchtkrankenhilfe (2010, S. 10 f.) ergab einige Hinweise zu Formen und Problemen der Kooperation mit der Suchtkrankenhilfe:

---

[15] Beispiel des Jobcenters Nürnberg: http://www.jobcenter-ge.de/lang_de/nn_586588/Argen/ArgeNuernberg/SharedDocs/Downloads/Schriftenreihen/Suchtt,templateId=raw,property=publicationFile.pdf
Weitere Beispiele guter Zusammenarbeit finden Sie unter http://www.sucht.org/fileadmin/user_upload/Aktuell/Best_Practice_Homepage_03.pdf

Netzwerkarbeit mit externen Partnern

- Mehr als die Hälfte des Personals in den befragten Jobcentern hatte keine Schulung bezüglich der Früherkennung von Suchtgefährdung erhalten.
- Bei Verdacht auf Missbrauch und Abhängigkeit von psychotropen Substanzen findet seitens des Personals der Jobcenter eine sehr heterogene Vermittlungspraxis statt, die von einheitlichen Standards weit entfernt ist. Vergleichbares gilt auch für den Abschluss einer Eingliederungsvereinbarung.
- Nur knapp die Hälfte der Beratungsstellen hatte eine Kooperationsvereinbarung abgeschlossen.
- Nur rund ein Drittel der Beratungsstellen halten gemeinsame Teamsitzungen mit den Mitarbeitern des Jobcenters ab. Dies gilt ebenso für einen weitergehenden fachlichen Austausch. So sind die Fachkräfte der Suchtberatungsstellen beim Abschluss einer EinV nur sehr selten beteiligt.
- Bei 38 Prozent der Einrichtungen gibt es gemeinsame Besprechungen auf Leitungsebene.
- Ein kontinuierlicher regelhafter Austausch über Fälle ist die große Ausnahme. Nur 10 Prozent der Suchtberatungsstellen berichteten, zumindest *gelegentlich* Informationen zu erhalten, wenn wesentliche Veränderungen für den Klienten eingetreten sind.

„Die Ergebnisse zeigen eine große Heterogenität in Bezug auf die konkrete Praxis bei der Betreuung suchtgefährdeter und -abhängiger KundInnen im SGB II. Aus Sicht der Suchtberatungsstellen sind die entscheidenden Faktoren einer effektiven Zusammenarbeit zwischen Suchtberatung und Grundsicherungsstelle

- eine enge Zusammenarbeit zwischen Suchthilfe und dem Personal des Jobcenters, die in einer verbindlichen, schriftlichen Kooperationsvereinbarung definiert wurde;
- eine spezielle Finanzierung der Beratungsleistungen für Kunden des Jobcenters;
- eine regelmäßige Schulung der MitarbeiterInnen des Jobcenters hinsichtlich der Früherkennung von Suchtgefährdung;
- eine aufsuchende Suchtberatung vor Ort im Jobcenter" (ebd., S. 104).

Trotz der erkennbaren Kritik muss man gegenüber der Praxis vor Einführung der Grundsicherung, insbesondere bei der Bundesagentur für Arbeit, den Trägern bescheinigen, dass die isolierten Praxen der Behörden aufgebrochen wurden und die Suche nach Vernetzung Wirkungen zeigt. Dabei zeichnet sich eine gute Praxis zur Integration Suchtkranker in das Erwerbsleben übereinstimmend durch folgende Kriterien aus (Henke, Henkel, Nägele, Pagels & Wagner, 2009, S. 152 ff.):

Die Suchtberatung

- „ausreichende personelle Ausstattung, günstiger Betreuungsschlüssel, Vorhandensein der notwendigen zeitlichen Ressourcen, um auf jeden Einzelfall bedarfsgerecht eingehen zu können,

- suchtspezifische Qualifizierung des mit der Betreuung/Integration von KundInnen mit Suchtproblemen befassten Personals, Unterstützung der Fachkräfte durch Supervision und kollegiale Beratung,

- Feststellung des regionalen Bedarfs an sozialen Leistungen/Suchtberatung in Kooperation mit den weiteren Akteuren/Fachkräften der Suchthilfe,

- Entwicklung eines Fachkonzepts zur Betreuung/Integration von Personen mit Suchtproblemen, Beauftragung einer Fachkraft als Koordinator/in für die fortlaufende Weiterentwicklung des Fachkonzepts,

- enge Kooperation mit dem System der Suchtkrankenhilfe, am besten vertraglich geregelt, nicht zwingend mit Vertrag nach § 17 SGB II,

- Beteiligung an lokalen oder regionalen Suchtnetzwerken unterschiedlicher Akteursgruppen,

- Berücksichtigung eines breiten Indikationsspektrums bei der Zuweisung zur Suchtberatung nach § 16a SGB II,

- frühe Einbeziehung der kooperierenden Suchtberatungsstelle in die inhaltliche Gestaltung der Eingliederungsvereinbarung nach § 15 SGB II und die Hilfeplanung,

- Sicherung von Nahtlosigkeit bei den Übergängen zwischen SGB II-Stelle, Suchtberatungsstelle und Einrichtung der Suchtrehabilitation durch Informationsaustausch und Abstimmung von Maßnahmen,

- Verzahnen von medizinischer und beruflicher Rehabilitation,

- Ausstattung von Beschäftigungs- und Qualifizierungsmaßnahmen mit suchtspezifischer Kompetenz (Arbeitsdiagnostik, Belastungserprobung), gemeinsame Durchführung von Integrationsmaßnahmen durch Suchtberatungsstellen und Beschäftigungsträger,

- strikte Beachtung der Datenschutz- und Schweigepflichtbestimmungen.

[...] Für die Betreuung suchtkranker KundInnen gibt es aus Sicht der befragten Grundsicherungsstellen vier zentrale Erfolgsfaktoren:

- eine enge Kooperation zwischen Grundsicherungsstellen und Suchthilfe,

- ein breites Angebot flankierender und kurzfristig verfügbarer sozialer Dienste,

Netzwerkarbeit mit externen Partnern

- Fachkräfte, die mit ausreichend Zeit beraten und
- suchtspezifisch qualifiziert sind."

Setzt man die mittlerweile vorhandenen Erkenntnisse zur Kooperation zwischen Suchtberatungsstellen und Grundsicherungsstellen für das beschäftigungsorientierte Fallmanagement in konkrete Handlungsschritte um, so bedeutet dies für die Arbeit der Verantwortlichen zunächst:

1. **Vorbereitende Gespräche** mit den Suchtberatungsstellen zu führen, die wechselseitig über Arbeitsweise und Kooperationsvorstellungen Auskunft geben.

2. Verstärken **wechselseitiger Hospitationen** (insbesondere für angehende Fachkräfte in der Ausbildung eine gute Möglichkeit zur lokalen individuellen Vernetzung) und Info-Tage für die Teams.

3. **Qualifizierung** der Teams zum Thema Sucht, verstärkt für Fallmanager, die sich mit suchtkranken Menschen beschäftigen.

4. Erarbeitung eines/r abgestimmten und gemeinsam getragenen **Positionspapiers/Vereinbarung/Kooperationspapiers o. Ä.** zur Zusammenarbeit, das mindestens folgende Punkte aufgreift:

    a) Darstellung des Leistungsangebotes der Suchtberatungsstellen (vgl. hier ausführlicher Fachverband Drogen und Rauschmittel e. V., 2005)

    b) Beschreibung der SGB II-Zielgruppen für die jeweiligen Leistungsangebote

    c) Regelungen zum Übergabeverfahren (vereinfachter Zugang für SGB II-Kunden, Sprechzeiten der Suchtberatung im Haus, abgestimmte Sprachregelung für die EinV, Datenschutzregelungen etc.)

    d) Regelungen zur Kooperation auf Fallebene (Wann erfolgen wechselseitige Informationen zum Fall unter welchen datenschutzrechtlich abgesicherten Umständen? Teamberatungen, Abschluss der Betreuung durch Suchtberatung–Rücküberangung)

    e) Vereinbarungen zu Kostensätzen, sofern keine Leistungsvereinbarungen mit der Kommune geschlossen wurden

    f) Erarbeitung eines **Leitfadens/Handbuchs** für die Mitarbeiter

      - Anspruchsvoraussetzungen für die Inanspruchnahme einer Suchtberatung
      - Verzeichnis kooperierender Suchtberatungsstellen
      - Leistungen der Suchtberatungsstellen
      - Differenzierte Darstellung des anspruchsberechtigten Personenkreises nach den jeweiligen Angeboten

Psychosoziale Hilfen und Gesundheit

- Verfahrensschritte zur Inanspruchnahme und Erbringung der Suchtberatung
  - Indikationen für eine Suchterkrankung
  - Überweisungsprocedere an eine Suchtberatungsstelle
  - Gewährleistung des Datenschutzes und Auswahlrecht der Kunden
  - Verankerung in der Eingliederungsvereinbarung
  - Hinweise zum beraterischen Umgang mit der Thematik
- Serviceadressen der Anbieter und zur Suchtproblematik generell
- Formblätter/Ablaufschemata für die Kooperation Jobcenter–Beratungsstellen, u. a. Überweisungsformular/Kostenübernahmeerklärung, Schweigepflichtentbindung, Zwischenmitteilungen, Abschlussmitteilungen, Fallkonferenzeinladung

Für die Beratungsarbeit mit Suchtabhängigen und Suchtgefährdeten gilt vor allem, sich nicht in das System der Ko-Abhängigkeit zu begeben. Aus den Weiterbildungsseminaren mit den lokalen Suchtberatungsstellen und auch aus der Literatur (Klein, 2007, S. 258) ist immer wieder erlebbar, dass Zwänge notwendigerweise Kennzeichen der Suchtfolgen sind, die für die therapeutische Arbeit durchaus nutzbringend verwendet werden. Insofern ist die mittlerweile durch Rechtsprechung abgesicherte Praxis, Kunden über die Eingliederungsvereinbarung zu einem Gespräch (nicht zur Therapie) mit den lokalen Suchtberatern zu drängen, ein durchaus gangbarer Weg. „Es gehen zu viele auf dem Weg zwischen Jobcenter und Suchtberatung verloren. Ich muss doch wenigstens die Chance bekommen, mich mit den Menschen zu unterhalten, der Rest ist fachliche Arbeit der Profis", so der lokale Leiter einer Suchtberatung, der sich durchaus nicht negativ über entsprechende Vereinbarungen in den Eingliederungsvereinbarungen äußerte.

Im Idealfall wird man die Gelegenheit nutzen, einen Repräsentanten der lokalen Suchtberatung direkt vor Ort zu haben und mit dem Kunden zusammen im Wege der „warmen Übergabe" einen direkten Kontakt zur Suchtberatung zu schaffen. Im Sinne der oben genannten Kriterien darf dieser Kontakt dann aber im beschäftigungsorientierten Fallmanagement nicht mehr abreißen.

10.4 Psychosoziale Hilfen und Gesundheit

Der Anteil von Hilfesuchenden, die vorübergehend oder beständig in ihrer psychischen oder physischen Gesundheit beeinträchtigt sind, nimmt zu. Leider sind die Erfassungsstatistiken gerade im Hinblick auf SGB II-Bezieher nicht mehr lückenlos, seit Arbeitsunfähigkeit im SGB II in den Datenbeständen der Krankenversicherungen nicht mehr meldepflichtig ist. Grundsiche-

Netzwerkarbeit mit externen Partnern

rungsempfänger geben jedoch in Befragungen immer wieder deutliche Hinweise auf erhebliche gesundheitliche Beeinträchtigungen. In der Selbsteinschätzung (vgl. Abb. 21) geben knapp drei Viertel der als arbeitslos registrierten Grundsicherungsempfänger an, einen schlechten Gesundheitszustand aufzuweisen. Aus zahlreichen Untersuchungen lassen sich einige Hinweise zu den Erkenntnissen und zum Umgang der Grundsicherung mit dem Thema Gesundheit, Gesundheitsförderung und psychosoziale Angebote identifizieren (vgl. zusammenfassend Hollederer, 2008; Hollederer, 2011; BzgA, 2011).

Abbildung 21: Erwerbsstatus und Zugehörigkeit zu ausgewählten Personenkreisen in Prozent

Erwerbsstatus der Leistungsbeziehenden nach Selbsteinstufung

	alle	Männer	Frauen	Jugendliche (u. 25 J.)	Ältere (ab 50 J.)
SV-pflichtig erwerbstätig	12,7	13,5	11,9	8,6	9,1
geringfügig erwerbstätig	22,4	22,8	22,0	10,9	24,4
erwerbstätig insgesamt	41,9	44,0	39,8	25,8	42,5
arbeitslos	64,8	68,0	61,7	37,9	78,6

	Eltern m. Kindern unter 3 J.	alleinerziehend	Migrationshintergrund	schlechte Gesundheit	behindert
SV-pflichtig erwerbstätig	15,9	13,8	13,3	6,2	8,6
geringfügig erwerbstätig	16,4	22,7	18,0	18,0	19,0
erwerbstätig insgesamt	33,9	41,5	35,5	32,3	36,7
arbeitslos	52,4	64,9	56,8	73,4	69,7

Anmerkung:
Erwerbstätig insgesamt: einschließlich Einstufung als freiberufliche/selbstständige Tätigkeit.

Quelle: Kundenbefragung, eigene Berechnungen; Brussig & Knuth, 2011, S. 17

- Im Gegensatz zu beschäftigten Arbeitnehmern ist sowohl das Morbiditäts- wie das Mortalitätsrisiko von Arbeitslosen höher.
- Eine „typische" Arbeitslosenkrankheit gibt es nicht. Alle Krankheitsbilder sind auch bei Arbeitslosen vorzufinden. Allerdings mehren sich Hinweise auf verstärkte psychische Erkrankungsbilder.
- Die Verarbeitung der Arbeitslosigkeitserfahrungen ist individuell sehr unterschiedlich und kaum Gegenstand der Beratung in der Grundsicherung.

Psychosoziale Hilfen und Gesundheit

- Bisher ist nicht eindeutig zu identifizieren, ob riskantere Lebensweisen zu den höheren Gesundheitsrisiken geführt haben oder ob diese bereits vorher bestanden und Anlass für die Arbeitslosigkeit waren. Vermutlich sind beide Ursachen in negativen Involvierungsdynamiken verwoben. „Die Phase der Erwerbslosigkeit zeichnet sich durch Mehrfachbelastungen aufgrund des erlittenen Arbeitsplatzverlustes, höherer Krankheitsrisiken und möglicher Verarmungsprozesse aus. Der Kreislauf ist damit sowohl von Selektionseffekten an den beiden Übergängen von Erwerbstätigkeit in Erwerbslosigkeit und von Erwerbslosigkeit in Erwerbstätigkeit sequentiell getrieben als auch offenbar von ursächlicher Wirkung durch die Erwerbslosigkeit selbst charakterisiert" (Hollederer, 2011, S. 246).

- Reine Angebote der Gesundheitsförderung erreichen oftmals gerade den Personenkreis nicht, der ihrer am meisten bedarf.

- Gute Erfahrungen liegen in einer (freiwilligen) Verknüpfung von beschäftigungsfördernden und qualifizierenden Angeboten mit gesundheitsfördernden Angeboten vor.

- Es empfehlen sich im Hinblick auf psychosoziale Angebote differenzierte Vorgehensweisen und eine intensive Schulung der Fallmanager.

- Nicht zuletzt hängen alle Maßnahmen der Beschäftigungsförderung in ihren Wirkungen auf eine Verbesserung oder zumindest Stabilisierung der (seelischen) Gesundheit auch damit zusammen, dass sich Zukunftsperspektiven erschließen lassen. „Die individuelle Zukunftssicht hat den größten Einfluss auf die Veränderung der seelischen Gesundheit" (Behle, 2007, S. 297). Von daher kann es auch nicht verwundern, wenn Entfremdungstendenzen von der Arbeitswirklichkeit eine Möglichkeit des Umgangs bieten, „mit der Lücke zwischen zu befriedigenden Bedürfnissen und eigenen Ressourcen im Sinne eines antizipatorischen Bewältigungsverhaltens" fertig zu werden (ebd. S. 298, in Anlehnung an Hurrelmann, 1998).

Das Robert-Koch-Institut (Kroll & Lampert, 2012, S. 6) fasst nach einer umfangreichen repräsentativen Telefonbefragung die Ergebnisse zum Zusammenhang von Arbeitslosigkeit, prekärer Beschäftigung und Gesundheit wie folgt zusammen: „Die vorliegenden Ergebnisse deuten auf einen stabilen Zusammenhang zwischen Arbeitslosigkeit, prekärer Beschäftigung und Gesundheit in Deutschland hin. Arbeitslose weisen ein erhöhtes Mortalitätsrisiko auf, sie haben mehr psychische Krankheiten und Beschwerden und verhalten sich auch häufiger gesundheitsriskant. Die vorliegenden Ergebnisse für Deutschland deuten darauf hin, dass ein ursächlicher Zusammenhang zwischen Arbeitslosigkeitserfahrungen beziehungsweise Arbeitsplatzunsicherheit auf der einen und der Verschlechterung der psychischen Gesundheit auf der anderen Seite besteht. Zudem führen gesundheitliche Probleme häufig auch zu Arbeitslosigkeit. Die direkten Auswirkungen der Arbeitslosigkeit auf die Gesundheit werden daher überschätzt, wenn nicht ausreichend berücksichtigt wird, dass Krankheiten auch eine

Netzwerkarbeit mit externen Partnern

Ursache der Arbeitslosigkeit sein können." Dies alles sind Hinweise, dass die Grundsicherungsarbeit dem Aspekt der Gesundheit besondere Aufmerksamkeit schenken muss.[16] Die Arbeit der Fachkräfte steht dabei vor vielfachen Herausforderungen:

1. Insgesamt haben die vor allem psychisch erlebbaren Belastungen in der Arbeitswelt zugenommen. Wie sollen gesundheitlich belastete Menschen in einen Arbeitsmarkt zurückkehren, der auf den Gesundheitszustand der Mitarbeiter wenig Rücksicht zu nehmen bereit ist?

2. Gesundheitliche Störungen und in Anbetracht von Anforderungen wiederkehrende Arbeitsunfähigkeit können Signale für vielfältige Belastungen sein. Sie können als Schutzmechanismus für subjektiv erlebte Überforderung verstanden werden, als tatsächliche gesundheitliche Einschränkung der Vermittelbarkeit oder als Verweigerungsindiz gegenüber einem an Prekaritätsbedingungen reichen Arbeitsmarktangebot für wenig Qualifizierte. Die Grenzen sind oft nicht klar zu bestimmen und es bedarf einer besonders sensiblen und absichernden Beratungs- und Betreuungsarbeit, um hier nachhaltige Fortschritte zu erzielen. Wichtig ist hierbei, sanktionsfreie Bewährungsräume zu schaffen, die im Gesetz eigentlich nicht vorgesehen, in der Praxis dennoch eingeräumt werden.

3. Die weiterhin schwachen Integrationsergebnisse bei der Integration behinderter Menschen weisen darauf hin, dass es in der Wirtschaft nach wie vor große Vorbehalte gegenüber gesundheitlich leistungsgeminderten Menschen gibt. Rechtliche Hilfen und finanzielle Förderung scheinen diese Schwierigkeiten nur unzureichend abzufedern.

4. Insbesondere für Migranten ist eine kultursensible Beratungspraxis dringend erforderlich, da vielfach standardisierte Angebote an der Be-

---

[16] In den letzten zehn Jahren hat sich jedoch eine Fülle unterschiedlicher Modellprojekte entwickelt, die den Beratungsfachkräften eine gute Orientierung und Unterstützung bieten. Wichtige Informationsmaterialien in diesem Zusammenhang, die Führungskräften und Mitarbeitern frei zugänglich sind, sind u. a.:

- **Kuhnert, P. & Kaczerowski, M. (2011):** Förderung der psychischen Gesundheit bei Erwerbslosen. Ein Leitfaden. LIGA.Praxis 4. Hrsg. vom Landesinstitut für Gesundheit und Arbeit des Landes Nordrhein-Westfalen [www.gesundheitliche-chancengleichheit.de/pdf.php?id=c727c04db7894671a220f086c4ec3141]

- **Rothländer, K. & Richter, P. (2009):** Gesund und mittendrin trotz Erwerbslosigkeit?! Ansätze zur Förderung der psycho-sozialen Gesundheit. Fachforum Analysen & Kommentare, N° 6 der Friedrich-Ebert-Stiftung [http://library.fes.de/pdf-files/do/06720.pdf]

- **Bundeszentrale für gesundheitliche Aufklärung (Hrsg., 2007):** Kriterien guter Praxis in der Gesundheitsförderung bei sozial Benachteiligten. Gesundheitsförderung KONKRET Band 5, Berlin [http://www.bzga.de/infomaterialien/gesundheitsfoerderung-konkret/?ab=10]

Psychosoziale Hilfen und Gesundheit

darfslage vorbeigehen. Lebensweltbezogene differenzierte Kommunikations- und Informationsstrukturen, Fachkräfte mit Migrationshintergrund, Partizipationschancen der Zielgruppen, pro-aktive Milieu- und Sozialraumorientierung sind nur einige Hinweise, die die Anforderungen an ein beschäftigungsorientiertes Fallmanagement skizzieren (Borde, 2009, S. 30).

5. Gesundheitsthemen und Gesundheitskompetenzen sind nachweislich keine reine Frage des „Wissens" und von daher einer Beratung nur partiell zugänglich. „Neben explizitem Wissen, implizitem Wissen und Fertigkeiten ist auf der individuellen Ebene die Handlungsbereitschaft als entscheidende Basis der Gesundheitskompetenz anzusehen. Motive als Triebfeder des Handelns sind dabei personenindividuell und nicht im Sinne von explizitem Wissen beliebig transferier- oder entwickelbar" (Kriegesmann, Kottmann, Masurek & Nowack, 2005, S. 71). Die Arbeit an Gesundheitsthemen und die Veränderung gesundheitsschädigenden Verhaltens sind demnach sicherlich nicht allein aufgrund guter Beratungsarbeit am Schreibtisch zu erreichen. Fallmanager sind hier auf Angebote und Netzwerke zur Gesundheitsförderung angewiesen.

Im beschäftigungsorientierten Fallmanagement dürfte die Mehrzahl der dort betreuten Fälle in mehr oder minder offener Form gesundheitliche Risiken und Schädigungen aufweisen. In der Grundsicherung laufen verschiedene strukturelle und individuelle Stränge in den Fallgestaltungen zusammen, die das Thema gesundheitliche Beeinträchtigungen so evident für eine nachhaltige Erwerbsintegration machen.

Strukturelle Einflussfaktoren auf Gesundheitsrisiken von Kunden (exemplarisch):

- Bildungsstand
- Wohnsituation
- Arbeitsmarktchancen/Arbeitslosigkeit
- gesundheitsschädliche Arbeitsbelastungen in der Vergangenheit

Individuelle Einflussgrößen auf das Gesundheitsverhalten (exemplarisch):

- gesundheitsschädliche Verhaltensweisen
- geringere Vorsorgebemühungen
- individuelle Moderatorenvariablen zur Verarbeitung der Arbeitslosigkeit
- Sozialisationsdefizite

Für die Fallmanager in der Beschäftigungsförderung heißt dies vor allem zunächst, die Angst davor zu verlieren, mit den Kunden auch Themen anzusprechen, die weit über das klassische Gespräch in der Berufsberatung und Arbeitsvermittlung hinausgehen. Folglich Themen, die beispielsweise die öffentliche Wirkung der Hartz IV-Debatte auf die individuelle Sichtweise und Verarbeitung aufnehmen, Themen, die mit Familie, Zukunftsplanung,

Netzwerkarbeit mit externen Partnern

Lebenserwartungen und Zukunftssorgen zu tun haben. Fast immer wird es in diesen Gesprächen auch um das Thema Beschäftigung gehen, der Zusammenhang zwischen Gesundheit und Arbeit ist evident. Die Weltgesundheitsorganisation bringt diese Zusammenhänge der wechselseitigen Beeinflussung unterschiedlichster Gegebenheiten sehr deutlich auf den Punkt:

„Die kombinierten Erkenntnisse aus Wirtschaftswissenschaft, Soziologie, Psychologie, Neurobiologie und Medizin deuten darauf hin, dass viel vom Verständnis der Wechselwirkungen zwischen materieller Benachteiligung und sozialem Sinn abhängt. Nicht einfach materielle Armut ist gesundheitsschädigend. Der soziale Sinn, der Armut, Arbeitslosigkeit, Ausgrenzung und anderen Stigmatisierungen beigemessen wird, ist ebenfalls wichtig. Als soziale Wesen benötigen wir nicht nur gute materielle Bedingungen, sondern auch von Kindesbeinen an das Gefühl, geschätzt und gemocht zu werden. Wir brauchen Freunde, wir brauchen menschliche Gesellschaften, wir müssen uns nützlich fühlen und wir müssen ein wesentliches Maß an Entscheidungsbefugnissen über eine sinnvolle Arbeit haben. Sonst sind wir anfälliger für Depressionen, Drogenkonsum, Angst, Feindseligkeit und Hoffnungslosigkeit mit entsprechenden Folgen für die körperliche Gesundheit" (Wilkinson & Marmot, 2004, S. 9). Eine derartige Einschätzung zeigt ein für Case Management-Ansätze zentrales Menschenbild, das weit weggeht von der Sichtweise eines Menschen unter der Prämisse seiner arbeitsmarktbezogenen Verwertbarkeit. Je nach Ausprägung der gesundheitlichen Einschränkungen sind gerade bei Erschöpfungen und Depression sicherlich keine kurzfristigen Erfolge zu erwarten. Fallmanagement sichert in diesen Fällen ab, dass Zeit zur Genesung und Wiederherstellung gesundheitlicher Leistungsfähigkeit zur Verfügung steht. „Nicht nur viele Betroffene selbst stellen sich auch die Frage, ob an bereits ‚überforderte Menschen' noch weitere Anforderungen zu stellen sind […] oder nicht erst einmal Lebenslagen und Biografien stabilisiert werden müssen" (Kuhnert & Kastner, 2009, S. 222).

Hilfsangebote/Netzwerke

Die mittlerweile auch in Deutschland häufiger anzutreffenden verwobenen Angebote von Beschäftigungs- und Gesundheitsförderung (zum Überblick vgl. Hollederer, 2009) zeichnen sich durch eine innovative und flexible Verknüpfung unterschiedlichster Angebotsformen aus. Hierzu gehören:

Innerhalb der Jobcenter

- ein durchdachtes und gesteuertes Screening gesundheitlicher Risiken und Schädigungen, das sich durch eine enge Koppelung mit medizinischen und/oder psychologischen Fachdiensten auszeichnet. Fachmediziner sind entweder direkt in die Assessment-Phase des Fallmanagements eingebunden oder durch unkomplizierte Inanspruchnahme als Fachgutachter erreichbar. Je näher und intensiver sich die gemeinsame Arbeit von Fallmanagement und Facharztstrukturen ausgestaltet, umso

Psychosoziale Hilfen und Gesundheit

besser und erfolgreicher die vorbereitende Beratung für die Kunden. Idealerweise gehören Teamberatungen der Kunden mit erhöhten Gesundheitsrisiken zu den Standards eines guten beschäftigungsorientierten Fallmanagements.

- Insbesondere im Zusammenhang mit dem Suchtthema empfiehlt sich die Spezialisierung von Fallmanagern und eine enge Kooperation mit den lokalen Suchtberatungsstellen. Auch hier sind gemeinsame Beratungen mit den Kunden von entscheidender Bedeutung.

- Einige Jobcenter sind dazu übergegangen, gesundheitsbelastete Kunden in besonderen Teams und mit direkten gesundheitsbezogenen Netzwerken zu verknüpfen. Teilweise haben besonders qualifizierte Träger das gesamte Beratungs- und Steuerungsgeschäft für diese Kunden übernommen. Eine derartige Vorgehensweise kann dann sinnvoll sein, wenn die Größe des Jobcenters ein (bedingtes) Outsourcing der Aufgabe wirtschaftlich macht oder sich ein überproportional großer Anteil bestimmter Gesundheitsrisiken zeigt (z. B. großstädtisches Suchtklientel), die auf spezialisierte Angebote zurückgreifen müssen.

- Ausgesprochen innovativ und mutig sind Initiativen der Fallmanager, eigenständige Angebote der Gesundheitsförderung anzubieten. So zeigt sich, dass gute qualifizierte Fachkräfte in der Lage sind, Selbsthilfepotenziale zu entwickeln und sogar innerhalb des behördlichen Terrains die Menschen zu erreichen. Insbesondere Fachkräfte der Sozialen Arbeit sind dabei qualifiziert, beispielsweise mit Konzepten wie dem Ansatz der stabilisierenden Gruppen (Kuhnert, 2008) innerhalb und außerhalb der Jobcenter zu arbeiten.

- Zu den Basics gehören grundsätzlich Fallkonferenzen mit den beteiligten Akteuren. Insbesondere vor der Festlegung gezielter Maßnahmen oder beim wiederholten Scheitern von Integrationsplanungen sind Fallkonferenzen mit den Betroffenen ein Mindeststandard im Case Management.

Angebotsstrukturen der Netzwerkpartner

- Die Angebote von gesundheits- und beschäftigungsfördernden Maßnahmen umfassen in der Regel ein Spektrum aus:
  - Präventionsangeboten
  - Gesundheitstrainings in Kleingruppen
  - Gesundheitsberatung und Gesundheitsförderplanung
  - Aufbau und Angebot von Selbsthilfegruppen
  - Sportangeboten
  - Intensivseminaren zu Gesundheitsthemen
  - Patenschaften
  - nachgehenden Betreuungsangeboten

Netzwerkarbeit mit externen Partnern

- Insbesondere die Konzeption der stabilisierenden Gruppen (Kuhnert & Kastner, 2009; Kuhnert, 2008) verspricht bei Menschen mit lang andauernder Arbeitslosigkeitserfahrung Hilfe. In der systematischen Vorgehensweise von Emotionsregulation (Aufgreifen und Bearbeiten der Befindlichkeit), der Betrachtung und Verbesserung der Alltags- und Lebensorganisation und der Steigerung von sozialer Kompetenz zur Inanspruchnahme von Hilfe bestehen Chancen, auch Menschen mit stark resignativem Verhalten und erlernter Hilflosigkeit zu erreichen.

- In eine ähnliche Richtung weisen auch die Modelle der „Lebenskompetenzprogramme" für Kinder, Jugendliche und Erwachsene. Für den deutschsprachigen Raum wurden derartige Programme bereits „bei Substanzmissbrauch, Angst und Depression, Aggression, Impulsivität und Gewalt mit dem Ziel der unspezifischen Gesundheitsförderung [angewendet]" (Bühler & Heppekausen, 2005, S. 25). Als Lebenskompetenz wird nach der WHO beschrieben, wer sich selbst kennt und mag, empathisch ist, kritisch und kreativ denkt, kommunizieren und Beziehungen führen kann, durchdachte Entscheidungen trifft, erfolgreich Probleme löst und Gefühle und Stress bewältigen kann. Lebenskompetenzprogramme, die in sehr unterschiedlichen Settings stattfinden können, sind theoretisch gut begründet und zeigen durchaus gute Ergebnisse. Der Ansatz, so viel wird klar, geht weit über die einzelspezifische Bearbeitung von Problemfeldern hinaus (ebd., S. 16 ff.).

- Je enger die beschäftigungsfördernden Maßnahmen mit gesundheitsfördernden Themen verzahnt werden, umso erfolgreicher kann eine Inanspruchnahme der gesundheitsförderlichen Angebote konstatiert werden. Hier sind neue Anforderungen an Konzeption und Vernetzung der Trägerlandschaft zu stellen, sowie an Finanzierung und Ausstattung. Die gekürzten Zuweisungen an die Träger von Arbeitsgelegenheiten bedürfen der Aufstockung, wenn diese qualifizierende, gesundheitsfördernde oder vermittelnde Hilfen systematisch einbinden.

Bei Planung und Umsetzung im Rahmen wirtschaftlicher Überlegungen sind für Jobcenter und das Fallmanagement zu berücksichtigen, dass

- für Kinder und Jugendliche das Bildungs- und Teilhabepaket Beträge für Sportvereine vorsieht. Zudem gibt es eine Kooperationsvereinbarung zwischen der Bundesagentur für Arbeit und dem Deutschen Olympischen Sportbund mit dem Ziel, den knapp zwei Millionen Kindern und Jugendlichen aus den sogenannten Hartz-IV-Familien einen unbürokratischen Zugang zu Sportvereinen zu ermöglichen.

- Zum anderen müssten insbesondere die Krankenkassen ein fundamentales Interesse an der Gesundheitsförderung arbeitsloser Menschen haben, stellen diese doch einen erheblichen Kostenfaktor auf der Ausgabenseite dar. Einige Modellprojekte zur Vernetzung von gesundheits- und beschäftigungsfördernden Angeboten wurden daher auch von den Krankenkassen (teil-)finanziert. Das beschäftigungsorientierte Fall-

Öffentlich geförderte Beschäftigung

management und die Geschäftsführungen sollten daher mit den Krankenkassen Kooperationsvereinbarungen dahingehend schließen, dass Kunden des Jobcenters die unterschiedlichen Angebote kostenfrei oder zumindest mit deutlich reduzierten Kostensätzen nutzen können, selbst wenn sie nicht Mitglied der Kasse sind. Partizipieren die großen Kassen insgesamt daran, wird keine Kasse benachteiligt.

Neuere Studien zur Verzahnung gesundheits- und arbeitsmarktbezogener Angebote zeigen, auf welche Faktoren es bei der Planung ankommt. „Die Untersuchungsergebnisse enthalten auf der anderen Seite ermutigende Aspekte und konkrete Lösungsansätze, im Kontext jener zu fordernden arbeitsmarktintegrierten Gesundheitsförderung: Maßnahmen einer derart kombinierten Gesundheits- und Beschäftigungsförderung [...] sind ganzheitlich auszurichten (mit Modulen zu Bewegung, Entspannung, Selbstwert, sozialem Support) und inhaltlich (niedrigschwellig; praxisorientiert), pädagogisch (stark motivierend; persönlich-empathisch; salutogenetisch) sowie organisatorisch (vorinformierend-einbeziehend; alltagsunterstützend) an die Bedarfslagen von (langzeit-)arbeitslosen Menschen anzupassen.

Außerdem zeigt sich in der Kombination von gesundheits- und beschäftigungsfördernden Angeboten ein Ansatz, wie zukünftig Kooperationen zur Bewältigung der gesamtgesellschaftlichen Thematik Sockel-/Langzeitarbeitslosigkeit über Verwaltungsgrenzen und (politische oder institutionelle) Eigeninteressen hinweg organisiert werden können. So etwa, wenn gesundheitsförderliche Module (SGB V) mit spezifischen Anpassungen an die Personengruppe der (Langzeit-)Arbeitslosen in Qualifizierungs- und Beschäftigungsmaßnahmen (SGB II oder SGB III) zusammengeführt werden. „Durch die synergetische und kostengünstige Nutzung von vorhandenen Ressourcen (Personal, Räumlichkeiten, inhaltliches Know-how) für gemeinsame Zielsetzungen bezogen auf (langzeit-) arbeitslose Teilnehmer/Kunden kann bisherigen kostenträchtigen und demotivierenden Abwärtsspiralen entgegengewirkt werden: Gesundheitsförderung ist in der Lage, die Erwerbsfähigkeit zu stärken und Beschäftigungsförderung wirkt stabilisierend auf die (psychische) Gesundheit" (Bröker, 2012, S. 9).

10.5 Öffentlich geförderte Beschäftigung

Öffentlich geförderte Beschäftigung gehört zu den strittigsten arbeitsmarktpolitischen Instrumentarien, die Deutschland kennt. Seit ihrer Einführung mittels Arbeitsbeschaffungsmaßnahmen hat die öffentliche Diskussion um Sinn und Unsinn eines öffentlich geförderten zweiten Arbeitsmarktes nicht nachgelassen. Von allen Instrumenten der Arbeitsmarktpolitik haben die Arbeitsgelegenheiten die Sozialgerichte am intensivsten beschäftigt und nicht selten das Vorgehen der Bundesagentur für Arbeit und der Jobcenter korrigiert.

Netzwerkarbeit mit externen Partnern

Argumente für öffentlich geförderte Beschäftigung

Zu den Argumenten für eine öffentliche Beschäftigung zählen vor allem (vgl. Bug, 2010, S. 9 f.), dass die grundsätzliche Beschäftigungsfähigkeit der betroffenen Personen wiederhergestellt, erhalten oder verbessert werden kann. Bei einer Verbesserung der Arbeitsmarktlage wären ihre Vermittlungschancen mittels Steigerung der Produktivität deutlich besser. Zudem zeigen viele Beispiele, dass Erwerbsarbeit nicht nur der Erzielung von Einkommen zum Lebensunterhalt dient, sondern auch die soziale Integration erleichtert. Sie erlaubt zum Beispiel einen strukturierten Tagesablauf, erschließt soziale Kontakte und vermittelt ein höheres Selbstwertgefühl. Träger berichten, dass nach den drastischen Kürzungen der Mittel bei den Arbeitsgelegenheiten immer wieder ehemalige Teilnehmer darum bitten, auch ohne die zusätzlichen 1,50 Euro weiterhin kommen zu dürfen. Ein Zeichen dafür, wie lang andauernde Erwerbslosigkeit zu sozialer Exklusion, zu psychischen Erkrankungen, zum Zerbrechen von Familien und möglicherweise zu abweichendem Verhalten führt. Auch lassen sich lang dauernde Karrieren von Transferleistungsabhängigkeit durchbrechen, insbesondere auch für junge Menschen, die bisher keine familiären Erfahrungen mit regelmäßiger Erwerbstätigkeit machen konnten. Nicht zuletzt werden durch den Einsatz von Leistungsbeziehern im öffentlich geförderten Bereich Produkte und Dienstleistungen erstellt, die ansonsten nicht bereitgestellt werden könnten oder würden. Insofern werde die Transferleistung produktiv für das Gemeinwohl umgesetzt. Immer wieder hat, insbesondere in Ostdeutschland und einigen Regionen Westdeutschlands, die öffentlich geförderte Beschäftigung auch eine Marktersatzfunktion gehabt, die weggebrochenen Arbeitsplätze zumindest zeitlich befristet und partiell zu ersetzen. Einige Bedenken gegen die ungeliebten Folgen öffentlicher Beschäftigung konnte die Forschung mittlerweile entkräften:

1. Die Höhe der Entlohnung (Entgeltvariante vs. Mehraufwandsentschädigung) hat keinen Einfluss auf das Suchverhalten der Teilnehmer. „Der Vergleich von drei ähnlichen Maßnahmen ermöglicht es uns, die Bedeutung von einzelnen Programmeigenschaften, wie dem gezahlten Lohn, für die Effektivität zu untersuchen. Im Gegensatz zu den anderen beiden Programmen erhalten Teilnehmer an Ein-Euro-Jobs keinen Lohn, sondern ihr Arbeitslosengeld II und eine Mehraufwandsentschädigung. Daher sollten hier die Anreize für Teilnehmer höher sein, sich einen regulären Job zu suchen. [...] Unsere Ergebnisse zeigen, dass die Programme teilweise dazu beitragen, Teilnehmer in reguläre Beschäftigung zu bringen und ihre Hilfebedürftigkeit zu verringern. Wir finden keine Hinweise darauf, dass die Anreize nach einem regulären Job zu suchen, bei den beiden Maßnahmen, in denen Teilnehmer einen Lohn erhalten, deutlich geringer sind als bei Ein-Euro-Jobs. Außerdem finden wir die stärksten Beschäftigungseffekte für Arbeitsgelegenheiten in der Entgeltvariante, die anders als die anderen beiden Maßnahmen nicht zusätzlich und gemeinnützig sein müssen" (Hohmeyer & Wolff, 2010, S. 4 f.).

Öffentlich geförderte Beschäftigung

2. Arbeitsgelegenheiten in der Mehraufwandsvariante führen nicht zu einem Substitutionsprozess mit regulären Beschäftigungsverhältnissen. „Das Ziel von Arbeitsgelegenheiten mit Mehraufwandsentschädigung (‚Ein-Euro-Jobs') ist es, schwer vermittelbare Langzeitarbeitslose wieder an eine Erwerbstätigkeit heranzuführen. Dabei besteht ein gewisses Risiko, dass Betriebe ihre ungeförderten Beschäftigungsverhältnisse durch Arbeitsgelegenheiten ersetzen (‚Substitution') oder dass aufgrund von Wettbewerbsnachteilen und Auftragseinbußen Beschäftigungsverluste bei Betrieben ohne Arbeitsgelegenheiten zu verzeichnen sind (‚Verdrängung'). Ziel der Studie ist es, potenzielle Substitutionseffekte bei Einrichtungen zu identifizieren, die Arbeitsgelegenheiten einsetzen. [...] Im Ergebnis lassen sich weder in Ost- noch in Westdeutschland Substitutionseffekte sozialversicherungspflichtiger Beschäftigung in den Betrieben mit Arbeitsgelegenheiten nachweisen" (Hohendanner, 2009, S. 4).

Im Bericht über die Wirksamkeit der arbeitsmarktpolitischen Instrumente für das BMAS fasst das IAB die Wirkung von Arbeitsgelegenheiten in der Mehraufwandsvariante (AGH MAE/Ein-Euro-Jobs) wie folgt zusammen:

„Diese sogenannten Ein-Euro-Jobs sollen vorwiegend Arbeitslosengeld-II-Bezieher mit besonderen Eingliederungsproblemen an den Arbeitsmarkt heranführen. Neue Ergebnisse zeigen, dass dies im Schnitt mittelfristig auch gelingt, allerdings sind die Effekte auf die Beschäftigungsaussichten nicht sehr hoch. Für Teilgruppen gibt es leicht positive Eingliederungswirkungen, z. B. bei westdeutschen Frauen. Ihre Beschäftigungschancen liegen 28 Monate nach Förderbeginn um 3 Prozentpunkte höher als für die Vergleichspersonen.

Da Ein-Euro-Jobs jedoch nicht nur zur Verbesserung der unmittelbaren Jobchancen dienen, lässt sich ihr Erfolg auch nicht ausschließlich anhand der Beschäftigungswahrscheinlichkeit beurteilen. Bei jungen Menschen ist das Ziel der Förderung explizit eine Heranführung an den Arbeits- und Ausbildungsmarkt; den Evaluationsbefunden nach wirkt sich eine Teilnahme mittelfristig jedoch nicht auf ihren Arbeitsmarkterfolg aus" (Koch, Spies, Stephan & Wolff, 2011, S. 6).

Argumente gegen öffentlich geförderte Beschäftigung

Im Vordergrund der kritischen Argumente gegen den Einsatz öffentlich bereitgestellter Beschäftigung steht vor allem, dass die Betroffenen nicht mehr genügend Anstrengungen unternehmen, die Arbeitslosigkeit zu beenden und ihre Bemühungen zur Rückkehr in den regulären Arbeitsmarkt verringern. Soziologisch kann eine Förderung auch zu einer Stigmatisierung des Arbeitslosen führen, wenn Arbeitgebern bewusst wird, dass es sich bei den Geförderten um Personen mit besonderen Vermittlungshemmnissen handelt. Es gibt Arbeitgeber, bei denen ein Arbeitsplatz nach vorheriger Teilnahme an öffentlich geförderter Beschäftigung ausgeschlossen ist. Daher werden Zweifel angemeldet, ob ein dritter Arbeitsmarkt tatsächlich im Interesse der betroffenen Arbeitslosen liege. Gerade diese Stigmatisierungseffekte werden herausgestellt, wenn Untersuchungsergebnisse das pauschale Urteil der sozialintegrativen Wirkungen von öffentlich geförderter Beschäftigung infrage stellen. „Das bisweilen vorgebrachte Argument, von Beschäftigungsprogrammen gehe nicht zuletzt eine sozialintegrative Wirkung aus, ist hingegen höchst problematisch. Denn in diesem Argument schwingt zum einen die paternalistische Unterstellung mit, dass Personen, die keine Arbeit haben, unbedingt einer beschützenden Intervention seitens des Staates bedürfen, weil sie andernfalls zwangsläufig in einen Strudel der Verwahrlosung, des Alkoholismus und der psychischen Erkrankung hineingeraten würden. Paternalistische Denkmuster bergen die Gefahr, bevormundenden Praktiken Tür und Tor zu öffnen. Zum anderen kann dem Argument die Auffassung zugrunde liegen, dass soziale Integration unter allen Umständen eine Sonderbehandlung jener erforderlich macht, die in die Normalitätsschemata der Gesellschaft nicht hineinpassen oder in ihr eine Randstellung einnehmen. Anstaltsförmig organisiert kann Hilfeleistung schnell in Repression umschlagen" (Schallberger & Wyer, 2010, S. 189 f.).

Ein Ausbau öffentlich geförderter Beschäftigungsverhältnisse ist überdies mit der nicht unbeträchtlichen Gefahr der (weiteren) Verdrängung regulärer Beschäftigung, auch und gerade im kommunalen Bereich, verbunden. Ein weiterer wichtiger Kritikpunkt ist die Wirtschaftlichkeit der Maßnahme, die als teurer als die Subventionierung eines Beschäftigungsverhältnisses am Ersten Arbeitsmarkt angesehen wird, denn zusätzlich fallen Personal-, Sach- und Ausstattungskosten an, die finanziert werden müssen. Der Gesetzgeber hat jedoch diese Regiekosten deutlich reduziert. Zudem sehen Experten noch die Gefahr von sogenannten Mitnahmeeffekten, wenn Arbeitgeber Einstellungen aus der Zielgruppe auch ohne finanzielle Förderung vorgenommen hätten.

Untersuchungen zu Arbeitsgelegenheiten in der Mehraufwandsvariante (AGH MA) in den Städten München und Hamburg bestätigten teilweise diese negativen Erkenntnisse und erhellten auch die inneren Betreuungsstrukturen (Koch & Fertig, 2011, S. 55 ff.; ähnlich für Hamburg Apel, Fertig, Koch & Osiander, 2011). „Mögliche Effekte der AGH-Teilnahme auf die Beschäftigungsfähigkeit und/oder gesellschaftliche Teilhabe der Geförderten müssen offen bleiben. Für die Untersuchung derartiger Wirkungen sind umfangreiche Befragungen notwendig, da diese beiden Ergebnisgrößen mit Hilfe der Prozessdaten der BA nicht operationalisiert werden können. Allerdings können mögliche positive Effekte der AGH-Teilnahme auf diese beiden Ergebnisgrößen unseres Erachtens nur dann als Rechtfertigung für die Durchführung von Zusatzjobs akzeptiert werden, wenn gleichzeitig *keine* negativen Beschäftigungseffekte auftreten. Mit anderen Worten, solange die AGH-Teilnahme – wie im vorliegenden Fall – einem substanziellen Teil der Geförderten in Termini ihrer Beschäftigungschancen schadet, kann am *Status quo* auch mit dem Verweis auf positive Teilhabeeffekte

Öffentlich geförderte Beschäftigung

kaum festgehalten werden. Zumindest dann nicht, wenn die Ziele des SGB II ernst genommen werden." Die Autoren empfehlen einige Veränderungen:

1. Stärkere Individualisierung und Intensivierung der Betreuung, die an den Ursachen für die Abhängigkeit von Grundsicherungsleistungen ansetzt, anstatt die Symptome bekämpft

2. Die Vorschaltung von Programmen einer „sozialen Aktivierung", wenn noch keine grundsätzliche Bereitschaft zur Arbeitsaufnahme gesehen wird, etwa weil keine Perspektiven außerhalb des Leistungsbezugs mehr gesehen werden. Auch Kontakt zu „Positivbeispielen", also Personen, denen es aus einer ähnlichen Situation heraus gelungen ist, den Leistungsbezug zu verlassen, können dazu gehören.

3. AGH als Maßnahme zur Tagesstrukturierung muss zeitlich befristet sein und zwingend mit einer Strategie gekoppelt sein, bei der die erworbenen Fähigkeiten auch angewendet werden können. Nichts ist frustrierender, als wenn nach einer Aktivierung wieder die Perspektivlosigkeit folgt.

4. Stärkung der Diagnosekompetenzen der Integrationsfachkräfte

5. Ressourcenverschiebung weg von Maßnahmen der Arbeitsmarktpolitik und hin zu einer geringeren Betreuungsrelation durch größeren Personaleinsatz

6. Klarere Festlegung der Merkmale, die der Personenkreis aufweisen muss. Hierzu gehören:

   - der Ausschluss von Personen, die in der jüngeren Vergangenheit bereits einmal am Ersten Arbeitsmarkt beschäftigt waren
   - besonders harte Kriterien für Personen unter 50 Jahren beziehungsweise die Einführung einer generellen Altersgrenze

7. Verkürzung der AGH und Begrenzung der Wiederzuweisung in eine AGH auf Ausnahmefälle

8. Begrenzung der Einflussnahme durch die AGH-Träger bei der Auswahl der Teilnehmer. Diese Auswahl sollte frei von Erwägungen zur Nutzbarkeit der Geförderten für bestimmte Tätigkeiten stattfinden.

9. Die inhaltliche Ausgestaltung von AGH muss sich stärker auf eine Ursachenbekämpfung mittels intensiverer Betreuung an den Erfordernissen der jeweils geförderten Person ausrichten. Dabei sollten die zu erbringenden Tätigkeiten so nah am Ersten Arbeitsmarkt sein, wie es die rechtlichen Bestimmungen erlauben, die nicht immer als hilfreich anzusehen sind.

Netzwerkarbeit mit externen Partnern

Arbeitsgelegenheiten (AGH)

Mit der Instrumentenreform zum 01.04.2012 hat der Gesetzgeber hier klar Prioritäten gesetzt und der öffentlich geförderten Beschäftigung stärker die Rolle eines Ausfallbürgen zugewiesen. Für Jugendliche soll zukünftig eine AGH die absolute Ausnahme sein. Die Nachrangigkeit der Arbeitsgelegenheiten gegenüber anderen Eingliederungsleistungen einschließlich der Maßnahmen zur Aktivierung und beruflichen Eingliederung wird zentral hervorgehoben. Mehr Nähe zum Ersten Arbeitsmarkt wird gefordert, obwohl der Gesetzgeber selbst die Distanz zu den allgemeinen Anforderungen des Arbeitsmarktes fördert. Neben den Kriterien der Zusätzlichkeit und des öffentlichen Interesses erfolgt die Aufnahme der Wettbewerbsneutralität in das Gesetz und verschärft damit das Dilemma der Träger, gleichzeitig die Beschäftigungs- und Vermittlungsfähigkeit der Kunden zu steigern (möglichst durch sinnvolle marktnahe Arbeit), andererseits den gesetzlichen Vorgaben zu folgen, die eine größtmögliche Distanz zum Ersten Arbeitsmarkt fordern. Die Jobcenter sind aufgefordert, bei der Einhaltung äußerste Sorgfalt anzulegen, können doch Fehleinschätzungen und Missbräuche zu einem Erstattungsanspruch gegen das Jobcenter (und zunächst nicht gegen den umsetzenden Träger) führen (vgl. BSG – B 14 AS 98/10 R –).

Neben den wissenschaftlichen Evaluationsergebnissen rüttelte insbesondere ein Gutachten des Bundesrechnungshofes an den Grundfesten der beschäftigungsschaffenden Maßnahmen. Danach dienten diese Maßnahmen vor allem dazu, dass Maßnahmeträger ihre Personalkosten reduzierten. Dies galt insbesondere für kommunale Gebietskörperschaften. Auch Weiterbildungsträger finanzierten teilweise Personalkosten in defizitären Bereichen über AGH. Zudem gab es Anzeichen für Verdrängungsmechanismen in den regulären Markt für Güter und Dienstleistungen, insbesondere weil häufig nicht förderungsfähige Arbeiten übertragen werden.

Überraschenderweise schlug der BRH der Politik vor, die Kriterien der Zusätzlichkeit, Wirtschaftsneutralität und des öffentlichen Interesses aufzugeben und stattdessen die Förderung solcher Arbeiten zu beschränken auf Aufgaben, die zu den öffentlichen Körperschaften gehören. „Als Maßnahmeträger kämen dann nur noch solche Körperschaften in Frage" (Bundesrechnungshof, 2010, S. 44). Dieser Idee folgt der Gesetzgeber nicht und verschärft aufgrund der Neuregelung das Dilemma der ausführenden Träger, gleichzeitig auf Integrationen zum Ersten Arbeitsmarkt hin gemessen zu werden, aber in den zu verrichtenden Tätigkeiten sich immer weiter weg von arbeitsmarktnahen Formen betätigen zu müssen. Arbeitsgelegenheiten nach § 16d SGB II sind gegenüber den anderen Integrationsinstrumenten konsequent nachrangig und grundsätzlich auf eine Dauer von 24 Monaten innerhalb eines Fünfjahreszeitraumes begrenzt. Die sozialpädagogische Begleitung und Qualifizierungsanteile sind mit der Kostenpauschale nicht mehr gedeckt, sodass einige Kommunen den Fehlbetrag aus ihrem Haushalt aufstocken – eine wenig durchdachte Verschiebung öffentlicher Ausgaben.

Öffentlich geförderte Beschäftigung

Förderung von Arbeitsverhältnissen und Bürgerarbeit

Der Gesetzgeber hat zum 01.04.2012 die bisherigen Förderinstrumente der Arbeitsgelegenheit in der Entgeltvariante und den Beschäftigungszuschuss in einer Vorschrift als „Förderung von Arbeitsverhältnissen" zusammengefasst. Er schreibt dazu: „Maßgeblich für die Förderung sind die mangelnden Chancen der erwerbsfähigen leistungsberechtigten Person auf eine Eingliederung in den Arbeitsmarkt. Beide Instrumente sind nachrangig zur Pflichtleistung der Vermittlung sowie zu den Ermessensleistungen zur Eingliederung, die auf eine unmittelbare Integration in den allgemeinen Arbeitsmarkt zielen. Damit wird die Ausrichtung der öffentlich geförderten Beschäftigung auf einen arbeitsmarktfernen Personenkreis zur Aufrechterhaltung und (Wieder-)Herstellung der Beschäftigungsfähigkeit geschärft" (BT-Drucksache 17/7266, S. 116).

Der Beschäftigungszuschuss war in der Absicht erarbeitet worden für Menschen, denen absehbar keine Perspektive auf dem Arbeitsmarkt bleibt, eine dauerhaftere Beschäftigungsmöglichkeit zu schaffen. Unter sozialen Gesichtspunkten ein wirklich innovatives Instrument. Dass der Gesetzgeber hiervon schnell wieder abrückte, mag an drei Gründen gelegen haben:

1. Die Struktur der Zuweisungsprozesse in derartige Maßnahmen war kompliziert und Hinweise aus der Praxis zeigten, dass nicht immer die besonders arbeitsmarktfernen Personenkreise hiervon profitierten.

2. Die Rückbindungseffekte auf die lokalen Eingliederungsbudgets waren so gravierend, dass einige Grundsicherungsträger nahezu handlungsunfähig wurden.

3. Die demografische Entwicklung und die deutliche Erholung der Arbeitsmärkte zeigt eine ungebrochene Notwendigkeit der Orientierung an den Erfordernissen des Ersten Arbeitsmarktes, was letztendlich auch den Absichten der Betroffenen entspricht.

Inwieweit die Modellversuche zur Einführung von Bürgerarbeit auf die Regelungen Einfluss nehmen, bleibt abzuwarten. Die Bundesregierung hielt sich in einer Anfrage der Linken zu den Konsequenzen zurück: „Nach Abschluss des Modellprojekts wird die Bundesregierung prüfen, inwieweit gute Ansätze aus der Bürgerarbeit in das Regelgeschäft übernommen werden sollen. Unabhängig davon stehen langzeitarbeitslosen Menschen, die trotz aller Anstrengung nicht in den allgemeinen Arbeitsmarkt integriert werden können, für eine Teilhabe am Arbeitsleben die gesetzlichen Instrumente der öffentlich geförderten Beschäftigung zur Verfügung" (BT-Drucksache 17/5854, S. 15). Insofern wird nachfolgend nicht weiter auf die Modellevaluation zur Bürgerarbeit eingegangen.

Wie vorher beim Beschäftigungszuschuss weisen auch die Regelungen zur Förderung von Arbeitsverhältnissen im § 16e SGB II grundsätzlich auf den engen Zusammenhang mit dem beschäftigungsorientierten Fallmanage-

Netzwerkarbeit mit externen Partnern

ment hin. Analog der bereits besprochenen Zugangsdefinition werden Personen gefördert, wenn

- sie langzeitarbeitslos sind und in ihren Erwerbsmöglichkeiten durch mindestens zwei weitere in ihrer Person liegende Vermittlungshemmnisse besonders schwer beeinträchtigt sind (Fallmanagementkriterien),
- sie für einen Zeitraum von mindestens sechs Monaten verstärkte vermittlerische Unterstützung nach Einbeziehung der übrigen Eingliederungsleistungen erhalten haben,
- eine Erwerbstätigkeit auf dem allgemeinen Arbeitsmarkt für die Dauer der Zuweisung ohne die Förderung voraussichtlich nicht möglich ist und
- innerhalb eines Zeitraums von fünf Jahren Zuschüsse an den Arbeitgeber höchstens für eine Dauer von 24 Monaten erbracht werden.

Gerade die Förderhöchstdauer soll verhindern, dass erwerbsfähige Leistungsberechtigte dauerhaft in geförderten Arbeitsverhältnissen „feststecken". Eine Abberufung/Kündigung ist jederzeit möglich, wenn sich Eingliederungschancen in eine reguläre Beschäftigung während des Förderzeitraums ergeben sollten oder eine Weiterbildung zielführend ist. Eine Förderung ist ausgeschlossen, wenn zu vermuten ist, dass der Arbeitgeber das Arbeitsverhältnis ausschließlich anbietet, um in den Genuss der Förderung zu kommen und dabei bestehende Beschäftigungsverhältnisse gelöst hat beziehungsweise andere Förderungen nicht mehr in Anspruch nimmt.

Die Bedeutung öffentlich geförderter Beschäftigung für das beschäftigungsorientierte Fallmanagement

Im Instrumentenreformgesetz hat der Gesetzgeber die öffentlich geförderte Beschäftigung grundlegend reformiert. Den Jobcentern stehen jetzt nur noch Arbeitsgelegenheiten in der bisherigen Mehraufwandsvariante zur Verfügung, die Arbeitsgelegenheiten in der Entgeltvariante und der Beschäftigungszuschuss sind in den Vorschriften zur Förderung von Arbeitsverhältnissen aufgegangen. Beide Unterstützungsformen sind an strengere Zuweisungskriterien gebunden. In der Gesetzesbegründung heißt es dazu: „Beide Instrumente werden konsequent integrations- und effizienzorientiert ausgestaltet. Eine Integration in den allgemeinen Arbeitsmarkt steht im Vordergrund und Fehlanreize zum Eintritt und Verbleib in diese Maßnahmen werden vermieden. Künftig sollen daher vor dem Einsatz von Arbeitsgelegenheiten und der Förderung von Arbeitsverhältnissen die Pflichtleistung der Vermittlung sowie die Ermessensleistungen zur Eingliederung, die auf eine unmittelbare Integration in den allgemeinen Arbeitsmarkt zielen, vorrangig genutzt werden." (BT-Drucksache 17/6277, S. 115)

Die mit der Neuregelung einhergehenden Kürzungen in der Arbeitsmarkt- und Beschäftigungspolitik haben gerade bei den Trägern der Beschäfti-

Öffentlich geförderte Beschäftigung

gungsförderung zu teilweise desaströsen Veränderungen geführt. In einer Umfrage konstatiert der Deutsche Paritätische Wohlfahrtsverband (DPWV Geamtverband, 2012), dass

- rund ein Fünftel der Träger seine Tätigkeit in der Arbeitsförderung mittlerweile ganz eingestellt habe, teilweise sogar in die Insolvenz gingen,

- die Teilnehmerzahlen in Maßnahmen der Arbeitsförderung seit 2010 um rund 38 Prozent zurückgingen, bei den Arbeitsgelegenheiten sogar um 60 Prozent,

- die Qualität der Förderangebote durch die rigiden Spardiktate deutlich verschlechtert wurde und

- vier Fünftel der Träger ihre Mitarbeiterzahl deutlich reduziert haben.

Die Evaluationsergebnisse zur Grundsicherung haben gezeigt, dass die Maßnahmen am Zweiten Arbeitsmarkt sehr häufig als „Ich weiß nicht weiter-Instrument" eingesetzt wurden, nicht zuletzt auf Druck der Betroffenen selbst, die hier allzu häufig eine Beschäftigung einfordern und die sozialintegrativen Aspekte öffentlich geförderter Beschäftigung dadurch unterstreichen. Die Empfehlungen der großstädtischen Studien sind durchaus richtungweisend, fehlt es doch – in vielen Fällen auch verständlich – an kreativen beraterischen Lösungen, wie mit der Zeit nach einer öffentlich geförderten Beschäftigung umgegangen werden soll.

Der Gesetzgeber weist der AGH eine Sonderrolle zu. Sie ist gleichzeitig Pflicht zum Nachweis der Arbeitsbereitschaft im Sinne des § 2 SGB II, andererseits wichtiges und helfendes Instrument für eine soziale Stabilisierung, insbesondere bei vorhergehenden psychiatrischen, suchttherapeutischen und sozialtherapeutischen Maßnahmen. Dementsprechend wäre für das beschäftigungsorientierte Fallmanagement zu überlegen, ob öffentlich geförderte Beschäftigung nicht stärker zielgruppenspezifisch auszurichten wäre, nicht zuletzt, um auch die fachliche Kompetenz bei den Trägern zu erhöhen. Grundlegend wäre demnach vor allem eine gesamtgesellschaftliche Verständigung über Sinn und Charakter von öffentlich geförderter Beschäftigung. Aus dem Blickwinkel des Fallmanagements sind dabei einige Hinweise bedeutsam:

1. Im Hinblick auf die gesundheitlichen Belastungen, die im vorhergehenden Kapitel dargestellt wurden, machen Anforderungen an bestimmte Zielgruppen, die denen am Ersten Arbeitsmarkt entsprechen, kaum Sinn. Es ist ja geradezu das Kennzeichen dieser Angebotsform, dass diese Angebote oftmals für Menschen gedacht sind, die die Anforderungen am Ersten Arbeitsmarkt noch oder auch dauerhaft nicht erfüllen (können). Die Gefahr dabei ist, dass diese Anforderungen häufig abstrakt bleiben und sich wie so oft erst nachhaltig absichern lassen, wenn entsprechende Versuche gescheitert sind.

2. Das schlechte öffentliche Image der öffentlich geförderten Beschäftigung führt gleich mehrfach in eine negative Verstärkungsspirale. Es gibt Hinweise, dass Arbeitgeber grundsätzlich nicht auf Bewerberinnen zurückgreifen, die vorher eine Arbeitsgelegenheit absolviert haben. Sie seien, heißt es, für den regulären Arbeitsmarkt und seine Anforderungen nicht mehr brauchbar. Gleichzeitig sinkt die Motivation vieler Teilnehmer, eine Arbeitsgelegenheit als Chance zur Verbesserung oder zum Erhalt der Beschäftigungsfähigkeit zu nutzen, weil ihnen eine Integrationsplanung keine nachhaltige Perspektive aufzeigt. Die verquere Gesetzeslage, die mit den Kriterien Zusätzlichkeit, öffentliches Interesse und Wettbewerbsneutralität ja geradezu die Arbeitsmarktnähe verhindert, erschwert den Trägern eine Ausrichtung, die die Vermittlungschancen der Teilnehmerinnen nachhaltig verbessert.

3. Gleichzeitig ist zu konstatieren, dass die fehlende enge Anbindung an Fallmanagementprozesse in der Vergangenheit mit dazu geführt hat, dass sich nicht alle durchführenden Träger an die abgesprochenen Arbeiten und Ziele gehalten haben. Insbesondere im Kontext von öffentlich geförderter Beschäftigung darf es nicht zu einem „Abgeben" der Kunden kommen, widerspricht dies doch grundlegend dem Gedanken der Fallverantwortung und Prozesssteuerung im Fallmanagement.

Grundsätzlich wäre daran festzuhalten, eine klarere Typologie des Zweiten Arbeitsmarktes auch gesetzlich festzuschreiben, denen dann ebenso entsprechende „Erfolgsindikatoren" zuzuschreiben wären. Unterscheidbar wären wenigstens vier Grundmodelle (vgl. Tab. 5):

Innerhalb der Grundmodelle wäre denkbar, spezifische Ausprägungen (inhaltliche Ausgestaltung) für bestimmte Zielgruppen zu kreieren, beispielsweise für Suchtabhängige nach einer stationären Therapie, für ältere Arbeitslose, für Jugendliche ohne Schulabschluss oder für Alleinerziehende beziehungsweise Berufsrückkehrer. Diese Modelle könnten ein Zwischenschritt auf dem Weg zu einem „Recht auf existenzsichernde Arbeit" werden, wie es Giarini & Liedtke (Giarini & Liedtke, 1998) in ihrem Bericht an den Club of Rome bereits Ende der 90er-Jahre mit ihrem Drei-Schichten-Modell der Arbeit vorgeschlagen hatten. Gleichzeitig würde ein derartiges Sozialmodell den Betroffenen das Stigma nehmen, auf Kosten der Allgemeinheit zu leben. Die jetzigen, von der Bundesregierung vorgenommenen Änderungen führen nicht in die richtige Richtung, lassen weder eine angemessene Deutung der Lebensumstände der Fallmanagement-Kunden erkennen, noch rufen sie eine Entfesselung der Kreativkräfte der Träger hervor. „Inwieweit die dargelegten Perspektiven für öffentlich geförderte sozialversicherungspflichtige Beschäftigung vor dem Hintergrund der massiven Mittelreduzierung der Bundesregierung im Bereich der Arbeitsförderung neben den unzureichenden instrumentellen Grundlagen kurzfristig zu realisieren sein werden, steht dagegen auf einem anderen Blatt. Vielmehr besteht eine unmittelbare Auswirkung der Kürzungen schon jetzt darin, dass sozialversicherungspflichtige Förderungen deutlich reduziert

Öffentlich geförderte Beschäftigung

Tabelle 5: Maßnahmecluster öffentlich geförderter Beschäftigung

	Basis-Arbeit	Motivations-Arbeit	Brücken-Arbeit	Dauer-/Bürgerarbeit
Zielgruppe(n)	Personen mit erheblichen gesundheitlichen Einschränkungen und geringer Belastungsfähigkeit, bei denen jedoch perspektivisch eine Besserung der Situation zu erwarten ist	Personen, die sich trotz gesundheitlicher und arbeitsmarktbezogener Angeboten systematisch und dauerhaft entziehen	Personen, die nach einer Stabilisierungs- und Maßnahmephase an die regulären arbeitsmarktbezogenen Anforderungen herangeführt werden sollen (Anschlussmaßnahme an Basis-Arbeit)	Personen, deren gesundheitliche oder intellektuelle Leistungsfähigkeit so eingeschränkt bleibt, dass sie auf absehbare Zeit für eine reguläre Beschäftigung nicht infrage kommen
Ziel(e)	• Sicherung und Steigerung der Beschäftigungsfähigkeit • Heranführen an die Anforderungen des Arbeitsmarktes	• Unterbindung von Schwarzarbeit • Erhöhung der Arbeitsbereitschaft • Intensivierung erfolgsausgerichteter Integrationsplanung	• hoher Qualifizierungsanteil • individuelle Kompetenzförderung • Möglichkeiten zur Erprobung unterschiedlicher Fähigkeiten und Fertigkeiten • reguläre Beschäftigungsanforderungen	• soziale Einbindung/Teilhabe ermöglichen • individuelle Kompetenzförderung • Möglichkeiten zur Erprobung unterschiedlicher Fähigkeiten und Fertigkeiten • Stabilisierung der Lebenssituation
Dauer	bis zu 6 (9) Monate	bis zu 3 (6) Monate	bis zu 9 (12) Monate	dauerhaft mit regelmäßigen Überprüfungsregelungen
Träger	karitative Träger	karitative und öffentliche Träger	alle Arbeitgeber	nur öffentliche Träger
Entlohnung	zusätzlich 1,50 EUR	zusätzlich 1,50 EUR	Tarif/Ortsüblichkeit	Tarif/Ortsüblichkeit
SV-Pflicht	nein	nein	sozialversicherungspflichtig in der ALO-Versicherung	sozialversicherungspflichtig ohne Beitrag ALO-Versicherung
Finanzierung	Eingliederungstitel der Grundsicherung	Eingliederungstitel der Grundsicherung	• Eingliederungstitel • Eigenbeitrag AG/Erwirtschaftungskostenbeitrag • Sondermittel Kommune/Land	• Aktivierung von Passivleistungen • Eigenbeitrag AG
Kriterien	• Zusätzlichkeit • öffentliches Interesse • Wettbewerbsneutralität	• Zusätzlichkeit • öffentliches Interesse • Wettbewerbsneutralität	• hoher berufsfachlicher Qualifizierungsanteil • auch wirtschaftsnahe Tätigkeiten möglich	• öffentliches Interesse • prozentualer Zuweisungsanteil nach regulär Beschäftigten • Zustimmung Personalvertretung • Übernahme-/und Vermittlungsprüfung nach regelmäßigen Zyklen
Bewertungs- und Erfolgskriterien	• Verbesserung der psychischen Verfassung • Stabilisierung der Gesundheit • Steigerung des Wohlbefindens • Vermittlung von Erfolgserlebnissen • Stabilisierung des Lebensumfeldes • Aufnahme kleiner Beschäftigungen • Steigerung des Durchhaltevermögens	• Abgänge in Arbeit • Sanktionen • Übergänge in weiterführende qualifizierende Maßnahmen • Ansätze für eine weitergehende proaktive Planung	• Abgänge in Arbeit/Ausbildung • Übergänge in weiterführende qualifizierende Maßnahmen • zusätzliche Qualifizierungsnachweise (zertifizierte Prüfungen) • Vermittlungsaktivitäten/Praktika	• Stabilisierung der Lebenssituation • Rückgang gesundheitlicher Belastungen • Lebenszufriedenheit gestiegen • kleine Qualifizierungen • Tätigkeitswechsel möglich

werden. Im Zusammenspiel mit den gesteigerten Erwartungen gegenüber der Arbeitsverwaltung, in höherem Umfang als bisher Übergänge in den allgemeinen Arbeitsmarkt zu erreichen, besteht die Gefahr, dass zunehmend besonders förderungsbedürftige Personen von Leistungen der aktiven Arbeitsmarktpolitik ausgeschlossen werden. Und auch die angekündigte Instrumentenreform droht die Mittelkürzungen auf instrumenteller Ebene lediglich zu flankieren und den nötigen Neubeginn in der öffentlich geförderten Beschäftigung weiterhin zu blockieren" (Matysik, Rosenthal & Sommer, 2011, S. 51).

10.6 Das Bildungs- und Teilhabepaket

Das sogenannte „Bildungs- und Teilhabepaket" (BTP) gewährt Ansprüche nicht nur für Kinder, Jugendliche und junge Erwachsene, die Leistungen der Grundsicherung (SGB II) oder Sozialhilfe (SGB XII) beziehen. Auch Familien, die einen Kinderzuschlag nach dem Bundeskindergeldgesetz erhalten, und Kinder in Familien mit Leistungen nach dem Asylbewerberleistungsgesetz können das Bildungs- und Teilhabepaket nutzen. Für die Grundsicherung sind die Leistungen zu Bildung und Teilhabe in §§ 28 und 29 SGB II geregelt, einem Unterabschnitt der Sicherungsleistungen zum Lebensunterhalt. Das BMAS, das mit dem Bildungs- und Teilhabepaket einerseits die fehlenden Mittel aus dem Regelsatzurteil des BVerfG nachschiebt, andererseits diese Leistungen nicht bar auszahlt, sondern im Regelfall den umsetzenden Einrichtungen zur Verfügung stellt, hat zur Beschleunigung des Verfahrens eine eigene Homepage geschaltet.[17] Formal regelt das Bildungs- und Teilhabepaket folgende Leistungen:

Leistungen für kulturelle und sportliche Förderung

Bedürftige Kinder sollen in der Freizeit nicht ausgeschlossen sein, sondern bei Sport, Spiel oder Kultur mitmachen. Deswegen wird der Beitrag für den Sportverein oder für die Musikschule in Höhe von monatlich bis zu 10 Euro übernommen.

Leistungen für Schulbedarf

Damit bedürftige Kinder mit den nötigen Lernmaterialien ausgestattet sind, wird ihnen zweimal jährlich ein Zuschuss überwiesen – zu Beginn des Schuljahres 70 Euro und zum zweiten Halbjahr 30 Euro, insgesamt also 100 Euro. Diese Leistung ist nicht neu, sondern wurde vorher als Einmalbetrag gezahlt. Es ist die einzige Leistung, die die Hilfeempfänger bar und ohne Nachweisführung erhalten.

---

[17] http://www.bildungspaket.bmas.de/

Das Bildungs- und Teilhabepaket

Leistungen zur Schülerbeförderung

Insbesondere wer eine weiterführende Schule besucht, hat oft einen weiten Schulweg. Sind die Beförderungskosten erforderlich und werden sie nicht anderweitig übernommen, werden diese Ausgaben erstattet. In der Regel erstattet diese Kosten direkt der Schulträger.

Leistungen zur Lernförderung

Bedürftige Schülerinnen und Schüler können Lernförderung in Anspruch nehmen, wenn nur dadurch das Lernziel – in der Regel die Versetzung in die nächste Klasse – erreicht werden kann. Voraussetzung ist, dass die Schule den Bedarf bestätigt und keine vergleichbaren schulischen Angebote bestehen. Die Ausführungen machen keine Vorgaben dazu, mit welcher Qualifikation die Nachhilfetätigkeit verbunden ist.

Mittagessen in Kita, Schule und Hort

Einen Zuschuss fürs gemeinsame Mittagessen gibt es dann, wenn Kita, Schule oder Hort ein entsprechendes Angebot bereithalten. Der verbleibende Eigenanteil der Eltern liegt bei 1 Euro pro Tag. Es gibt erste Hinweise darauf, dass teilweise bisher kostenfreie Angebote nach der Einführung des BTP mit geringen Kostensätzen für die Betroffenen versehen wurden.

Tagesausflüge und Klassenfahrten

Eintägige Ausflüge in Schulen und Kitas werden zusätzlich finanziert. Die Kosten mehrtägiger Klassenfahrten werden wie bisher erstattet.

Insgesamt wird das BTP von Fachleuten als unzureichend und im Hinblick auf das administrative Verfahren als zu aufwändig bezeichnet (Sell, 2011). Um die vollkommen heterogene Handhabung des BTP in der kommunalen Praxis etwas einzudämmen, haben einige Landesregierungen, karitative Träger und der Deutsche Verein für öffentliche und private Fürsorge (DV) Arbeitshilfen und Leitlinien zur Umsetzung erlassen. Das Arbeitspapier des DV (Deutscher Verein für öffentliche und private Fürsorge e. V., 2011, S. 4) „beantwortet eine Vielzahl der aufgeworfenen Rechtsfragen und soll der Praxis dabei helfen, die Vorschriften zum Bildungs- und Teilhabepaket zügig und praktikabel umzusetzen. Darüber hinaus beinhaltet es Empfehlungen zur Fortentwicklung der Vorschriften zum Bildungspaket, um dem Gesetzgeber mögliche Änderungsbedarfe aufzuzeigen."

Nach einem verzögerten Start scheint die Leistung langsam dort anzukommen, wo sie erwartet wurde. Die meisten kommunalen Träger haben mittlerweile fachliche Anweisungen zur Handhabung des BTP in ihrem Zuständigkeitsbereich verfasst und die Organisationen so umgestellt, dass die Leistungen administrierbar werden. Die Homepage des zuständigen Minis-

Netzwerkarbeit mit externen Partnern

teriums zeigt eine Fülle von Praxisbeispielen, in denen das BTP durch die handelnden Akteure vor Ort im Sinne der Betroffenen genutzt wird.[18] Der Deutsche Städtetag (2011) berichtete von den Ergebnissen einer Umfrage im Oktober 2011 unter 91 sich beteiligenden Kommunen. „Differenziert nach Rechtskreisen wurde

- im SGB II für 42,64 Prozent aller leistungsberechtigten Kinder und Jugendlichen mindestens ein Antrag gestellt.
- im SGB XII für 44 Prozent aller leistungsberechtigten Kinder und Jugendlichen mindestens ein Antrag gestellt.
- im Wohngeld/Kinderzuschlag für 50,3 Prozent aller leistungsberechtigten Kinder und Jugendlichen mindestens ein Antrag gestellt."

Besonders intensiv genutzt wurden in allen Rechtskreisen die Leistungen zur Bezuschussung der Mittagsverpflegung, gefolgt von der Finanzierung von Ausflügen und Klassenfahrten und die Finanzierung der Teilhabeleistungen (Mitgliedsbeiträge, Freizeiten). Die Schülerbeförderung und die Lernförderung liegen in allen Rechtskreisen auf den Plätzen 4 und 5 bei der Häufigkeit der Beantragung. Nahezu alle Kommunen haben mittlerweile Informationskampagnen für die Öffentlichkeit und die Zielgruppen gestartet. Etwas mehr als die Hälfte der kreisfreien Städte hat die Kapazitäten bei der Schulsozialarbeit aufgrund der Absprachen zur Finanzierung des Bildungs- und Teilhabepakets erhöht oder hat bereits eine feste dementsprechende Planung. In den meisten Fällen wird das BTP für das SGB II innerhalb der Jobcenter administriert, in den anderen Fällen innerhalb der Kommunalverwaltung. Auch Mischformen finden sich, die Leistungen aufsplitten oder nach den rechtlichen Zuständigkeiten einzeln administrieren. Insgesamt verstummt jedoch die Kritik an den bürokratischen Vorgaben und personalkostenintensiven Verfahren nicht. Zudem zeigen teilweise die angesprochenen Zielgruppen ein geringes Interesse an der Inanspruchnahme.

Wegen der lokal völlig unterschiedlichen Praxis soll hier nur ein Blick auf die Chancen für das beschäftigungsorientierte Fallmanagement geworfen werden. Zunächst einmal verdeutlicht das Bildungspaket, dass mit der Grundsicherung für Arbeitsuchende die ansonsten in der Sozialgesetzgebung übliche Begrenztheit und Versäulung der staatlichen Sozialleistungen verlassen wird. Dem Grunde nach ermöglicht das SGB II einen ganzheitlichen Betreuungsansatz, der weit über das enge Korsett einer unmittelbaren Arbeitsmarktfixiertheit hinausgeht. Das BTP ist ein Beispiel dafür, dass grundlegende Hilfe und Unterstützung sowohl unter der Perspektive der Sozialräumlichkeit wie eines systemischen Ansatzes möglich sind. Hierin unterscheidet es sich deutlich von der klassischen Arbeitsförderung des SGB III und verdeutlicht, dass das SGB II Fürsorge und Arbeitsförderung vereint. Man mag über die Art der Hilfegewährung streiten, die bürokratischen Regelungen kritisieren und das Paket als unzureichend ausgestattet

---

[18] http://www.bildungspaket.bmas.de/moeglich-machen/praxisbeispiele.html

Das Bildungs- und Teilhabepaket

verdammen. Für ein waches Fallmanagement bieten sich hier Chancen einer sozialräumlichen Hilfegewährung, einer Ausweitung von Vernetzungsmöglichkeiten für ganzheitliche Hilfen und ein individuelleres Handeln nach der Bedarfslage der Kunden.

> **Empfehlung: Beispiele Umsetzung BTP**
>
> Einige Beispiele aus der Praxis und den Schulungen sollen exemplarisch die Umsetzungsvielfalt des BTP verdeutlichen:
>
> Die erheblichen Probleme, die Frau M. mit ihren beiden Kindern hat, führten im Rahmen einer Fallkonferenz mit Jugendamt, Erziehungsberatungsstelle und Schule auch zur Feststellung der Versetzungsgefährdung. In Zusammenarbeit mit der Schulsozialarbeit konnten Regelungen gefunden werden, die Möglichkeiten der Nachhilfegewährung aus dem BTP für Nachhilfe einzusetzen, die Lehrpersonen der Schule auf ihren Unterricht hin ausrichteten.
>
> Die knappen Mittel bei Familie S. führten immer wieder zu unerfüllten Weihnachtswünschen für die beiden Kinder. Der älteste Sohn träumte bereits seit Längerem von einem Schlagzeug. Über das BTP konnte die lokale Musikschule gewonnen werden, den Jungen in die Schulungsgruppe der Schlagzeuger aufzunehmen. Das Schlagzeug wurde zunächst leihweise von der Musikschule gestellt, konnte aber auch außerhalb der Übungsstunden von dem Jugendlichen genutzt werden.
>
> Einige Jobcenter schlossen mit Kultur- und Sportanbietern Sondervereinbarungen für ihre Kunden. In einigen Fällen kamen sogar kleine Programmhefte zustande, die Kinder und Jugendliche an sportliche (v. a. Schwimmen) oder kulturelle Angebote heranführten, ihnen ein Hineinschnuppern in die unterschiedlichen Angebote ermöglichte.
>
> In runden Tischen gelang es einigen Akteuren, Schulen und Kitas, die bisher kein Mittagessen anboten, zur Einrichtung eines kleinen Angebotes zu bewegen. Eine unkomplizierte Abrechnung für alle leistungsberechtigten Kinder vereinfachte die Entscheidungen der Träger.

Für Fallmanager kommt es insbesondere darauf an, die bürokratischen Hürden für die Inanspruchnahme zu minimieren. Dies kann einerseits dadurch geschehen, dass sich Fallmanager intensiv in den Leistungserbringungsprozess einschalten und darauf achten, dass die betreuten Menschen die Anforderungen auch erfüllen können (Anträge sprachlich überarbeiten, Abläufe und Nachweise vereinfachen). Zum anderen müssen ganz pragmatische Hilfen beim Beantragen und Abrechnen von Leistungen gegeben werden.

10.7 Das Betreuungsangebot für alleinerziehende Mütter und Väter sowie Unterstützung bei zu pflegenden Angehörigen

Die Umsetzung von Hilfen zur Betreuung von Kindern und bei zu pflegenden Angehörigen stellt sicherlich eine der größten Herausforderungen für die Umsetzung des Grundsicherungsauftrages dar. Der Alltag in den Grundsicherungsstellen ist eingebunden in eine wesentlich weitere sozialpolitische Diskussion um Armut, Inklusion und Exklusion, um Teilhabe und die zukünftige Gestaltung des Sozialstaates (zum Überblick vgl. Huster, Boeckh & Mogge-Grotjahn, 2008). Auch wenn sich die nachfolgenden Ausführungen auf die Zielgruppe der Alleinerziehenden konzentrieren, gelten diese grundsätzlich für Familien mit Kindern im ALG-II-Bezug gleichermaßen. „Familien mit Kindern zeigen eine hohe Eigeninitiative, um einen Arbeitsplatz zu finden. Mehr als die Hälfte hat jedoch den Eindruck, keine Hilfe bei der Beendigung der Arbeitslosigkeit oder bei dem Ausstieg aus dem Bezug von ALG II (Hartz IV) zu erhalten" (GoE, 2011, S. 23).

An die kommunalen Leistungsträger ist in diesem Zusammenhang der konkrete Auftrag ergangen, die Leistungen für eine raschere und nachhaltige Integration von alleinerziehenden oder pflegenden Müttern und Vätern durch einen beschleunigten Zugang zu entsprechenden Betreuungsangeboten zu koordinieren und zu gewährleisten. Während zur Anforderung an die Grundsicherungsstellen nach Unterstützung bei der Pflege noch keine differenzierten Daten vorliegen und sich durch die Pflegeberatung und die Pflegestützpunkte ein eigenes CM-System bei den Krankenkassen oder im kommunalen Raum etabliert hat, ist die Datenlage bei den alleinerziehenden Haushalten deutlich besser.

10 Alleinerziehende und familien-, sozial- und arbeitsmarktpolitische Herausforderungen

Der Personenkreis der Alleinerziehenden gilt nicht nur in Deutschland als die Personengruppe, die am stärksten von Armutsrisiken betroffen ist. „Unter allen Haushaltstypen weisen Alleinerziehende mit weitem Abstand die höchsten Armutsraten auf […]. Über 40 Prozent der Personen in Haushalten von Alleinerziehenden mit minderjährigen Kindern galten 2008 als einkommensarm. War das jüngste Kind in einem solchen Haushalt bis zu drei Jahre alt, waren sogar mehr als die Hälfte der Personen von Armut betroffen. Die Zunahme des Armutsrisikos gegenüber 1998 war bei Alleinerziehenden, deren jüngstes Kind 12 bis 16 Jahre alt war, weit überdurchschnittlich" (Grabka & Frick, 2010, S. 7 f.).

„Neben anderen familienpolitischen Leistungen (u. a. Elterngeld, Kindergeld) gilt der Ausbau der Infrastruktur in der Kindertagesbetreuung als eine wichtige Voraussetzung, um Paare bei der Realisierung bestehender Kinderwünsche zu unterstützen. Zusätzlich zu dem damit verbundenen Ziel, die Geburtenrate in Deutschland wieder zu erhöhen, können wichtige

Das Betreuungsangebot für alleinerziehende Mütter und Väter

arbeitsmarktpolitische Anforderungen erreicht werden. Es gilt, gut ausgebildeten und qualifizierten Müttern und Vätern bessere Chancen als bislang auf dem Arbeitsmarkt zu eröffnen. Grundlegende Elemente einer qualitativ hochwertigen Kindertagesbetreuung sind auch die Aspekte Erziehung und Bildung, durch deren Einbeziehung der umfassende, ganzheitliche pädagogische Auftrag der Arbeit in Tageseinrichtungen deutlich wird. Außerdem vermittelt Kindertagesbetreuung Kindern, die heute häufig ohne oder nur mit einem Geschwisterteil aufwachsen, wichtige Sozialisationserfahrungen. Auf dem Krippengipfel von Bund, Ländern und Kommunen im Jahr 2007 wurde vereinbart, bis zum Jahr 2013 bundesweit für 35 Prozent der Kinder unter 3 Jahren ein Angebot zur Kindertagesbetreuung in einer Kindertageseinrichtung oder durch eine Tagesmutter bzw. einen Tagesvater zu schaffen. Da der Bedarf regional unterschiedlich hoch sein wird, kann es auf regionaler Ebene zu deutlichen Abweichungen von der bundesweiten Vorgabe von 35 Prozent nach oben oder auch nach unten kommen", so das Statistische Bundesamt (Statistisches Bundesamt, 2011, S. 4).

In der Zusammenfassung resümieren die Autoren (ebd. S. 24), dass

- „die Betreuungsquote in den Stadt- und Landkreisen der ostdeutschen Bundesländer wie schon in den Vorjahren deutlich über denen in den westdeutschen Ländern lag. Aufgrund des Nachholbedarfes kam es jedoch in Westdeutschland Anfang 2010 in fast allen Kreisen zu einem (teils deutlichen) Anstieg der Betreuungsquote. Aber auch in den ostdeutschen Kreisen stieg die Betreuungsquote, ausgehend von einem bereits hohen Niveau, weiter an.

- alle Kreise in Ostdeutschland und Berlin eine Betreuungsquote bei den unter 3-Jährigen von 35 Prozent aufweisen konnten und größtenteils sogar deutlich überschritten haben. In Westdeutschland gelang dies nur der Stadt Heidelberg.

- bei den 3- bis unter 6-Jährigen fast alle ostdeutschen Kreise Betreuungsquoten von über 90 Prozent erreicht haben. In Westdeutschland wurde diese Quote von annähernd zwei Drittel aller Kreise erzielt.

- in Westdeutschland das Betreuungsangebot für die unter 3-Jährigen – wie bereits im Vorjahr – in Hamburg (28,5 Prozent), Rheinland-Pfalz (20,1 Prozent) und Hessen (19,3 Prozent) und bei den 3- bis unter 6-Jährigen in Rheinland-Pfalz (96,6 Prozent), Baden-Württemberg (94,8 Prozent) und im Saarland (93,9 Prozent) am höchsten ist.

- in den ostdeutschen Kreisen der Anteil der Kinder in Kindertagesbetreuung, die einen Migrationshintergrund haben, deutlich unter dem in westdeutschen Kreisen lag. Dies gilt sowohl für die unter 3-jährigen als auch für die 3- bis unter 6-jährigen Kinder.

- die Inanspruchnahme von Ganztagsbetreuungsangeboten in den ostdeutschen Kreisen in beiden Altersgruppen deutlich stärker ausgeprägt ist als in den westdeutschen Bundesländern."

Netzwerkarbeit mit externen Partnern

Die statistische Seite der Alleinerziehenden

Im Jahresdurchschnitt 2010 bezogen von allen Alleinerziehenden im erwerbsfähigen Alter mit minderjährigen Kindern 40,7 Prozent Leistungen aus der Grundsicherung, im Vergleich zu 8,4 Prozent bei Paaren mit Kindern. Die Hilfequote bei Alleinerziehenden variiert stark mit der Zahl der minderjährigen Kinder. Sie betrug bei einem minderjährigen Kind 36,6 Prozent, bei zwei und mehr minderjährigen Kindern 49,7 Prozent. Die wesentlichen Indikatoren haben sich auch in den folgenden Jahren nicht wesentlich geändert (vgl. Abb. 22).

Der seit den 60er-Jahren in Westdeutschland zu beobachtende Wandel in den familiären Strukturen kennzeichnet die besondere Problematik für diese Haushaltssituation. Die Geburtenhäufigkeit sinkt, das Risiko einer Scheidung nimmt zu, Ehen werden seltener und später geschlossen und die prekären Arbeitsmarktstrukturen schlagen auch auf den Familienkontext zurück. In der Folge zeigen sich steigende Anteile bei den Ein-Personen-Haushalten, den nichtehelichen Lebensgemeinschaften, bei Alleinerziehenden, Patchworkfamilien und den außerehelichen Geburten.

Die Auswirkungen auf die Kinder

Das IAB untersuchte 2011 in einem Lebenslagenansatz die Auswirkungen der Armut auf Kinder im SGB II-Bezug. Im Ergebnis „zeigt sich, dass die SGB-II-Leistungen die elementare Grundversorgung gewährleisten: Auf eine warme Mahlzeit pro Tag, Heizung, Bad, Toilette, Gefrierschrank oder Waschmaschine müssen weniger als 3 Prozent der Kinder in SGB-II-Haushalten aus finanziellen Gründen verzichten. Benachteiligungen ergeben sich aber durchaus bei Gütern, denen eine hohe Relevanz beigemessen wird. So leben Kinder im SGB-II-Bezug häufiger in Haushalten, in denen nicht für jedes Haushaltsmitglied ausreichende Winterkleidung vorhanden ist (13 Prozent) oder in Wohnungen mit feuchten Wänden oder Fußböden (6 Prozent), die ein gesundheitliches Risiko darstellen können. 13 bzw. 4 Prozent der Kinder leben mit Eltern zusammen, die trotz der Übernahme der Wohnkosten ihre Miete bzw. die Nebenkosten nicht pünktlich zahlen können. In der Vergleichsgruppe in gesicherten Einkommensverhältnissen ist der entsprechende Anteil mit jeweils unter 2 Prozent der Kinder deutlich geringer [...]. Geht es über die grundlegende Versorgung hinaus, sind die Einschnitte im Lebensstandard für Familien mit SGB-II-Bezug drastischer. Mit der Grundsicherung gelingt es hier weniger als bei den elementaren Gütern, Benachteiligungen abzufedern. Mehr als die Hälfte der Kinder im SGB-II-Bezug lebt in Haushalten, in denen unerwartete Ausgaben nur unzureichend geschultert werden können. Noch häufiger kann kein fester Betrag pro Monat gespart werden. Dies ist insofern bedeutsam, da mit der Einführung des Arbeitslosengeldes II Einmalzahlungen für größere Anschaffungen abgeschafft wurden" (Lietzmann, Tophoven & Wenzig, 2011, S. 7 f.).

Das Betreuungsangebot für alleinerziehende Mütter und Väter

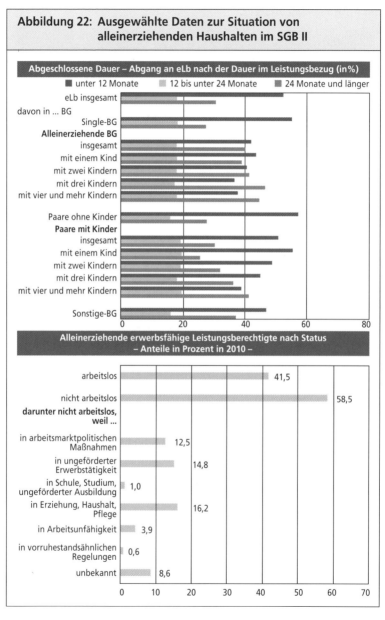

Abbildung 22: Ausgewählte Daten zur Situation von alleinerziehenden Haushalten im SGB II

Quelle: Sonderauswertung der Bundesagentur für Arbeit, 2011, Statistik

Netzwerkarbeit mit externen Partnern

Der Instrumenteneinsatz

Beim Einsatz der klassischen Instrumente der Arbeitsförderung sind Alleinerziehende häufig gegenüber anderen Personengruppen in der Arbeitsförderung benachteiligt. Der unterschiedliche Einsatz der Instrumente lässt sich nicht immer mit der besonderen Betreuungssituation dieser Haushalte erklären. „Insgesamt zeigen die Ergebnisse dieser Studie, dass alleinerziehende ALG-II-Empfängerinnen im Vergleich zu kinderlosen alleinstehenden Frauen sehr häufig an Ein-Euro-Jobs, schulischen Trainingsmaßnahmen und beruflichen Weiterbildungen teilnehmen, sobald das jüngste Kind 3 bis 5 Jahre alt ist. In betrieblichen Trainingsmaßnahmen werden Alleinerziehende dagegen erst dann genauso häufig gefördert wie kinderlose alleinstehende Frauen, wenn das jüngste Kind 15 Jahre alt ist, und mit Eingliederungszuschuss bzw. Einstiegsgeld erst, wenn das jüngste Kind mindestens 6 Jahre alt ist. Ein-Euro-Jobber können meistens nicht damit rechnen, in ein reguläres Arbeitsverhältnis beim gleichen Arbeitgeber übernommen zu werden, da diese Jobs im öffentlichen Interesse und zusätzlich sein müssen […]. Vermittlungen in diese Maßnahme können dazu dienen, die Verfügbarkeit von ALG-II-Empfängern/innen für den Arbeitsmarkt zu testen. Ein Ziel von Ein-Euro-Jobs ist es zudem, arbeitsmarktfernen Personen die Möglichkeit zu geben, sich an einen regulären Arbeitsrhythmus zu gewöhnen. Es stellt sich jedoch die Frage, ob die hohen Teilnahmeraten von alleinerziehenden ALG-II-Empfängerinnen mit jungen Kindern tatsächlich zu einer besseren Arbeitsmarktintegration dieser Personengruppe beitragen können. Denn vermutlich ist das wichtigste Erwerbshindernis für Alleinerziehende der Mangel an Kinderbetreuungsplätzen und nicht mangelnde Erwerbsorientierung" (Zabel, 2011, S. 6).

Die Chancen von alleinerziehenden Müttern und Vätern, den Hilfebezug in der Grundsicherung zu beenden, wird maßgeblich durch folgende Einflussgrößen geprägt (vgl. Lietzmann, 2010):

- Das Alter der Kinder: Je jünger die Kinder, desto weniger gelingt die Überwindung der Hilfebedürftigkeit, da Alleinerziehende die Betreuungs- und Erziehungslast nicht auf mehrere Schultern verteilen können.

- Auch bei Alleinerziehenden wirken die klassischen Merkmale erfolgreicher Arbeitsaufnahme: Wer besser qualifiziert ist, jünger und keinen Migrationsstatus hat, dem gelingt der Ausstieg aus der Hilfebedürftigkeit leichter. Die lokale Arbeitsmarktsituation ist natürlich aufgrund der häufig eingeschränkten Mobilität des Personenkreises von herausragender Bedeutung.

- Alleinerziehende weisen durchweg eine höhere Arbeitsmarktorientierung auf als vergleichbare Paarhaushalte. Die Verfügbarkeit eines Lebenspartners scheint eher dafür zu sprechen, dass Frauen dann verstärkt in die klassische Rollenverteilung zurückfallen.

Das Betreuungsangebot für alleinerziehende Mütter und Väter

Oftmals passen die standardisiert vorgehaltenen Angebote nicht auf die familiäre Situation. Beispielsweise gibt es Initiativen, ein Car-Sharing-Angebot für Eltern im Hartz IV-Bezug zu initiieren (vgl. GOE, 2011, S. 23), mit dem die Mobilitätshindernisse minimiert werden könnten. Zudem sind auch Selbsthilfeinitiativen in diesem Bereich durchaus wirksam, können für die einen eine sinnvolle Annäherung an erzieherische Berufe darstellen, für andere den Freiraum für eine eigene berufliche Entfaltung vergrößern.

Aufgaben im Kontext des beschäftigungsorientierten Fallmanagements

Die Bundesagentur für Arbeit (2008) brachte einen Leitfaden heraus, der den Geschäftsführungen der Jobcenter Anhaltspunkte für eine umfassende Betreuungs- und Integrationsplanung von Alleinerziehenden an die Hand geben sollte. Sehr viel differenzierter hatte bereits das Deutsche Jugendinstitut (DJI, 2005) ein kommunales Handlungskonzept zur Unterstützung Alleinstehender vorgelegt, das sich mit den Handlungsfeldern Arbeitsberatung und -vermittlung, Qualifizierung, flexible Kinderbetreuung, Nachbarschaft und soziales Netz beschäftigte. Die Ansätze sind richtungweisend für die Art der Vernetzung, die einen öffentlichen Träger allein systematisch überfordern würde.

Die Aufgaben für die Fach- und Führungskräfte im beschäftigungsorientierten Fallmanagement in Bezug auf Betreuung und Vermittlung stellen sich an mehreren Punkten:

a) Differenzierung, wer aus den Haushalten der Alleinerziehenden auf die besondere Unterstützung durch ein beschäftigungsorientiertes Fallmanagement angewiesen ist. Dabei spielen sicherlich Überlegungen eine Rolle, wie sehr der familiäre Hintergrund neben den Aufgaben der Kinderbetreuung belastet ist, wie sich die gesundheitliche Situation der betroffenen Haushalte darstellt, ob es behinderte Kinder gibt und ob in der Familie bereits andere Institutionen arbeiten. Diese Indikatoren weisen eher auf einen komplexeren Hilfebedarf und höheren Koordinationsaufwand hin.

b) Für das Fallmanagement wie für die Betreuung durch persönliche Ansprechpartner generell gilt, dass „nicht die Betreuungsquote, die in einem Kreis gegeben ist, entscheidend ist, sondern der Anteil der Ganztagsplätze [...]. Über die Länge der angebotenen Betreuung hinaus ist auch allgemein Flexibilität bei den Öffnungszeiten und Ferienbetreuung von Nöten" (Lietzmann, 2010, S. 32).

c) Entscheidend ist, inwieweit die Regelungen nach § 10 Abs. 1 Nr. 3 SGB II umgesetzt werden konnten, nach denen die zuständigen kommunalen Träger darauf hinwirken sollen, dass diesem Personenkreis bevorrechtigt ein Platz in einer Kindertagesbetreuung angeboten wird. Hier sind konkrete Regelungen und Vereinbarungen mit den Jugendhilfeträgern erforderlich, was grundsätzlich auch aus finanziellen Erwägungen für

Netzwerkarbeit mit externen Partnern

die Kommunen von Vorteil sein kann. Eine konkrete Absprache zur Vorgehensweise in Fällen von Kindertagesbetreuung mit den zuständigen Jugendhilfeträgern ist zwingend erforderlich.

d) Für das Fallmanagement kann es notwendig sein, ein intensiveres Netzwerk für belastete Familienkonstellationen unter den Alleinerziehenden aufzubauen. Hierzu zählen Kontakte zu gesundheitsfördernden Angeboten (u. a. Mutter-Kind-Kuren, Vorbereitungskurse in der Schwangerschaft, Sport- und Bewegungsangebote für Mütter mit Kindern), Kontakte zu Selbsthilfenetzwerken von Alleinerziehenden, die Gründung von Selbsthilfeinitiativen von SGB II-Leistungsbezieherinnen im Sinne von stabilisierenden Gruppen für diese Zielgruppe, der Aufbau von Weiterbildungsangeboten für Alleinerziehende, die die Erziehungs- und Betreuungsaufgabe verberuflichen möchten (Tagesmütter, Kinderpflege etc.).

e) Es empfiehlt sich, die Bedarfe für Familien und Kinder im Hinblick auf Arbeitsaufnahme differenziert zu erheben und zu bündeln. Oftmals lassen sich aus derartigen Ergebnissen sehr hilfreiche Angebote und Strategien ableiten. Es sind nicht nur die Mütter betroffen.

f) Für eine angemessene Pflegeunterstützung sollte der Kontakt zu den regionalen Pflegestützpunkten intensiviert werden, der bisher kaum systematisch genutzt und ausgebaut wurde. Sich im pflegefinanzierten Sektor auszukennen erfordert ein hohes Maß an Spezialkenntnissen, das in dieser Form nicht bei den Grundsicherungsstellen vorgehalten werden kann. Umso wichtiger ist ein gutes „Netzwerk Pflege", das den Weg zur entlastenden Pflegeunterstützung ebnen kann.

Das DJI (2005, S. 22) erwartet von einer zielgerichteten Betreuung für Alleinerziehende:

- „Durch eine Vermittlungsberatung soll sichergestellt werden, dass der Berufseinstieg für Alleinerziehende erleichtert wird, dem Qualifikationsniveau angemessen geschehen kann und in ein stabiles Arbeitsverhältnis mit guten Arbeitskonditionen führt.

- Wichtige Aspekte der Beratung sind die ganz praktischen Lösungen für die Vereinbarkeit von Beruf und Familie sowie eine umfassende Auseinandersetzung mit der Thematik der Ambivalenz (gute Mutter, schlechte Mutter), so dass die Alleinerziehenden gestärkt mit ihren Aufgaben in einem neuen Lebensabschnitt umgehen können.

- Die wirtschaftliche Besserstellung und die positivere Einstellung führen in langfristiger Perspektive zu selbstbestimmten Lebensentwürfen und größeren Chancen für die gesamte Familie.

- Die Kommunen profitieren vom Abbau sozialer Ungleichheit und auf der monetären Seite von sinkenden Transferzahlungen.

Das Betreuungsangebot für alleinerziehende Mütter und Väter

- Unternehmen profitieren von engagiertem Personal, das durch gut vorbereitete und sichere Organisation des Privaten motiviert für das Unternehmen tätig sein kann."

Dabei werden die Restriktionen der Zielgruppe, wie niedriges Ausbildungsniveau, fehlende Schulabschlüsse, geringe Berufserfahrung, Ortsgebundenheit und weitere Einschränkungen, durchaus gesehen. Dennoch ist die Gruppe der Alleinerziehenden deutlich heterogener, als es ein Blick auf die vorschnellen Vermittlungshemmnisse nahelegt. Insbesondere, so das DJI, ist die Zwiespältigkeit zwischen dem Bild der „guten Mutter" und einer angestrebten „Berufstätigkeit und Unabhängigkeit" eine Herausforderung für die Beratung der Zielgruppe, die grundlegend als „Konfliktberatung" angelegt ist. „Die umfassende Kenntnis der spezifischen Problemlagen, die für Alleinerziehende häufig zu Vermittlungshemmnissen werden, ist eine Grundvoraussetzung erfolgreicher Arbeitsberatung und -vermittlung. Um dieses Wissen im Beratungsprozess nutzbar zu machen, bedarf es darüber hinaus unbedingt beraterischer Kompetenzen, wie einer ausgeprägten Fähigkeit zur Empathie bei gleichzeitigem Bewahren einer professionellen Distanz. Bereitschaft und Fähigkeit der Berater/innen zur Selbstreflexion sind in Bezug auf den Umgang mit der eigenen Wertorientierung sehr wichtig, um eine neutral beratende Position einnehmen zu können. Eine positiv wertschätzende Beratungshaltung und hohe Gesprächsführungskompetenz tragen zum Gelingen der Beratung entscheidend bei", konstatiert das DJI (ebd. S. 28 f.) zur Beratungskompetenz der Mitarbeiter.

Beendigung des Fallmanagementprozesses

11.1 Entpflichtung zwischen Organisationszwängen
und Kundenbedürfnissen 264

11.2 Beendigungsgespräch und Nachhaltigkeit 265

11.1 Entpflichtung zwischen Organisationszwängen und Kundenbedürfnissen

Die Frage, wann der Begleitprozess des beschäftigungsorientierten Fallmanagements beendet werden sollte, ist strukturell einfach zu beantworten: dann, wenn die abgestimmten Ziele mit dem Kunden erreicht wurden. So haben die Grünen im Deutschen Bundestag 2008 einen Beschlussantrag eingebracht (BT-Drucksache 16/9599), der auf einen kritischen Bericht des Bundesrechnungshofes zur Betreuungsarbeit in der Grundsicherung reagierte. Es hieß dort:

Der Deutsche Bundestag fordert die Bundesregierung auf, die vom Bundesrechnungshof identifizierten Mängel in der Betreuung und im Fallmanagement der Träger des SGB II umgehend abzustellen und die folgenden fachlichen Mindestanforderungen gesetzlich zu verankern:

a) Eingliederungsvereinbarungen müssen in Zukunft regelmäßig innerhalb von acht Wochen – bzw. im Falle von unter 25-Jährigen innerhalb von drei Wochen – geschlossen werden und damit den Eingliederungsprozess beginnen.

b) Der Eingliederungsprozess basiert ausnahmslos auf einem individuellen Profiling mit den Elementen Beratung und Diagnose und einer auf den Einzelfall zugeschnittenen Eingliederungsstrategie mit Hilfeplanung und Zielvereinbarung sowie jeweils erreichbaren Zwischenzielen.

c) Die fortlaufende Begleitung des Eingliederungsprozesses muss für alle Hilfebedürftigen gewährleistet sein. *Eine automatische Einstellung des Fallmanagements nach Ablauf bestimmter Zeiträume ist nicht hinnehmbar, auch und gerade im Falle des Nichterreichens bestimmter Integrationsziele oder Zwischenziele.*

Für ein Fallmanagement in der generalisierten Variante kann die letzte Forderung der Grünen durchaus umsetzbar sein, denn solange der Leistungsbezug fortdauert, ist auch der Betreuungsprozess im SGB II formal nicht zu beenden. Für den hier vertretenen spezialisierten Ansatz des beschäftigungsorientierten Fallmanagements sind jedoch weitergehende Überlegungen anzustellen. Bei den jetzigen Belastungsstrukturen muss jede Führungskraft darauf achten, dass ein Fallmanagement nicht „zuläuft", das heißt, dass dort Fälle über Jahre hinweg „betreut" werden und keine Aufnahmekapazität mehr für neue Fälle besteht. Zudem sind Betreuungsprozesse, für die kein Ende absehbar ist, ermüdend, frustrierend und selbstzerstörerisch für beide Seiten.

Von vertrauensvoller Kooperation, Empowerment und Aufbruch kann man nach einer zehnjährigen Betreuungsphase sicherlich nicht mehr sprechen. Gerade die Sozialämter kennen jedoch Fallstrukturen, die teilweise seit zwei oder drei Generationen mehr oder weniger regelmäßig dort „betreut" wurden, und die es nie geschafft haben, sich aus der staatlichen Hilfe zu lösen. Inwieweit Case Management hier noch ein vertretbarer Ansatz sein kann, ist wohl nur im Einzelfall zu entscheiden. Primär geht es dann darum, im Sinne präventiven Arbeitens für die nachfolgenden Generationen den Ausstieg aus der Armutsspirale einzuleiten. Auch wenn die formale Struktur im beschäftigungsorientierten Fallmanagement eher nüchtern gehalten ist, ist für eine „Ablösung" Umsicht geboten. „Sind Fristen vereinbart worden und können sie eingehalten werden? Hat der Klient sich auf das Ende der Unterstützung oder Behandlung vorbereitet? Sind in der Versorgung die nötigen Schritte (rechtzeitig) getan, die für eine Beendigung oder Entlassung nötig sind (Verselbstständigung, Überleitung, Absprachen mit Angehörigen)? Wünscht der Klient die Beendigung und/oder ist sie in der Sache begründet? Ein Abschluss muss in jedem Fall verantwortet werden" (Wendt W. R., 2010, S. 162 in Anlehnung an Raiff & Shore, 1993).

11.2 Beendigungsgespräch und Nachhaltigkeit

Auf jeden Fall beginnt ein Ablöseprozess im Fallmanagement mit einer Beratung, in der mit dem Kunden zusammen das bisher Erreichte einer genauen Betrachtung unterzogen wird – der erste Schritt zur Rechenschaftslegung. Aus der Nutzerperspektive wird geprüft, ob der Kunde sich zum jetzigen Zeitpunkt so weit stabilisiert sieht, dass eine erfolgreiche Beschäftigungsaufnahme möglich und realistisch ist. Im Rahmen dieser Ergebnisbewertung werden noch einmal folgende Punkte thematisiert:

1. Wie war die Ausgangssituation bei der Fallübernahme?
2. Welche Ziele wurden anfangs erarbeitet?
3. Welche Umsetzungsschritte waren erfolgreich und warum?
4. Welche Umsetzungsschritte scheiterten und warum?
5. Welche Schritte sind noch zu gehen und: Bedarf es dazu weiterhin der komplexen Steuerungsunterstützung durch ein Fallmanagement oder reicht eine gute Vermittlungsfachkraft?

Dieser letzte Gesichtspunkt ist für die „Entpflichtung" von zentraler Bedeutung. In der Zugangsdefinition wurde bereits geklärt, dass der Einsatz der Personalressource Fallmanager davon abhängig gemacht werden soll, dass mit seinen komplexeren Steuerungskenntnissen der Fall besser und wirtschaftlicher entwickelt werden kann. Hat die Komplexität der Bedarfslagen abgenommen, können andere Fachkräfte den Fall ebenso gut „betreuen" und es gibt gute Argumente für eine Beendigung des Fallmanagementprozesses.

Allerdings sollte geschäftspolitisch kein vordefinierter Endzeitpunkt der Betreuung vorgegeben werden. Man sollte nicht vergessen, dass bei einem Teil der betreuten Kunden sich andere Institutionen und vor allem Fachkräfte der Sozialen Arbeit bereits seit Jahren darum bemühen, eine Verbesserung der Lage zu erreichen. Fallmanagement ist auch in der Beschäftigungsförderung kein „Wunderwerkzeug", vor allem dann, wenn strukturelle Benachteiligungen weit über den Einzelfall hinaus wirksam sind. Fallmanager sollten demnach mit ihren Kunden jeweils individuell ent-

Beendigung des Fallmanagementprozesses

scheiden können, wann der beste Zeitpunkt für eine Beendigung der Betreuung gekommen ist. Im Zusammenhang mit der gesetzlich vorgeschriebenen Überprüfung der Eingliederungsvereinbarung nach sechs Monaten ist jeweils in einem gesonderten Protokollvermerk zu begründen, warum der Fallmanager an der Betreuung festhält. Dieser sollte umfassen:

a) Eine kurze Bewertung zum bisher erreichten Stand der Betreuung

b) Die noch offen gebliebenen Zielsetzungen

c) Eine Einschätzung, inwieweit der Kunde fähig und bereit zur weiteren Zusammenarbeit ist. Dabei ist Vorsicht geboten, insbesondere in einem vorschnellen Urteil bezogen auf Motivationsanstrengungen der Kundenseite.

d) Eine Einschätzung, inwieweit der Fallmanager selbst an die Realisierung der noch offenstehenden Zielsetzungen glaubt und dadurch die weitere Fallführung begründen kann.

Für eine Beendigung des Betreuungsprozesses sprechen auf jeden Fall folgende Hinweise:

- Der Kunde konnte in eine Beschäftigung vermittelt werden und diese ist stabil (mindestens drei Monate Nachbetreuungsangebot).

- Der Kunde scheidet aus anderen Gründen aus dem System aus (anderer Kostenträger, leistungsrechtliche Hilfebedürftigkeit aus anderen Gründen beendet).

- Integrationsfortschritte konnten nicht erreicht werden und eine positive Entwicklung ist mittel- und langfristig nicht erkennbar.

- Der Kunde unterlässt dauerhaft die für ein Arbeitsbündnis erforderliche aktive Mitarbeit, wobei vor allem auch die beraterische Herausforderung einbezogen werden sollte.

- Notwendige Leistungsangebote, die für eine positive Entwicklung des Falles erforderlich sind, können nicht angeboten und auch kurz- und mittelfristig nicht geschaffen werden (Versagen des Leistungssystems).

- Der Betroffene lehnt eine weitere Betreuung von sich aus ab. Solange keine Sanktionstatbestände Ursache für den Wunsch sind, sollte im Sinne des Freiwilligkeitspostulats einem Abbruch des Fallmanagements auf Wunsch des Kunden Rechnung getragen werden können.

„Das Leben der meisten Klienten", resümiert Wissert (2008, S. 100), „wird auch nach Abschluss des Case Managements nicht einfach sein und in ihrer Lebensführung werden sie auch zukünftig z. T. große Probleme zu bewältigen haben. Das Ziel des Case Management-Prozesses war es auch, den Klienten und die in den Case Management-Prozess eingebundenen Personen und Dienste zu befähigen, zukünftig diese Probleme ohne den Einsatz von

Beendigungsgespräch und Nachhaltigkeit

Case Management gut bearbeiten und zufrieden stellend lösen zu können."

Dabei ist gerade im beschäftigungsorientierten Fallmanagement zu prüfen, ob im Sinne einer Nachbetreuung für einen vorher festgelegten Zeitraum eine generelle Ansprechbarkeit des Fallmanagers die Nachhaltigkeit der erreichten Ziele sichern kann.

Eine erneute Aufnahme in das Fallmanagement ist zwar grundsätzlich möglich, würde dann aber nochmals den gesamten Prozess auslösen, der für das Fallmanagement so kennzeichnend ist. Wer also nach einer langen Betreuungsphase im Fallmanagement erfolgreich integriert werden konnte und – aus welchen Gründen auch immer – nach einem Dreivierteljahr erneut Leistungen der Grundsicherung beziehen muss, ist damit nicht automatisch auch wieder ein Fallmanagementkunde.

Wirksamkeit und Controlling (Meso- und Makrosteuerung)

12.1 Modell der neuen Steuerung und New Public Management 270
12.2 Differenzierung von Steuerung und Controlling auf den Akteursebenen 271
12.3 Leistungssteuerung und Controlling als Führungsaufgabe 272
12.4 Erfolgsindikatoren im beschäftigungsorientierten Fallmanagement 276
12.5 Budgetierung als Teil der Leistungssteuerung 279

12.1 Modell der neuen Steuerung und New Public Management

Ausführungen zur Steuerung von Case Management auf der Ebene der Meso- und Makrostruktur sind nur möglich, wenn man diese in den Kontext übergreifender neuer Steuerungsmodelle stellt. Mit viel Enthusiasmus waren die Kommunen einst mit dem Modell der „Neuen Steuerung" (NSM) und des „New Public Managements" (NPM) angetreten, um bürokratische Strukturen aufzubrechen und mehr Bürgernähe und höhere Effizienz und Effektivität zu erreichen. Die teilweise unreflektierte Übertragung eines betriebswirtschaftlichen Verständnisses von Produktions- und Dienstleistungserbringung auf Verwaltungsstrukturen orientierte sich verkürzt an den vier zentralen Elementen Output-Orientierung, dezentrale Ressourcenverantwortung und Kontraktmanagement sowie Wettbewerb. Die Ende der 80er-Jahre von der KGSt (Kommunale Gemeinschaftsstelle; seit 2005 Kommunale Gemeinschaftsstelle für Verwaltungsmanagement) eingeführten Überlegungen führten in nahezu allen Kommunen zu nachhaltigen Veränderungen. Auf der Bundesebene wurden diese Steuerungsüberlegungen eher zögerlich nachvollzogen, haben aber seit der Jahrtausendwende umso nachhaltiger den Weg in die Gesetze gefunden. Im SGB II findet der Wettbewerbsgedanke im § 48a SGB II seinen Niederschlag, in dem Kennzahlenvergleiche zwischen vergleichbaren Jobcentern implementiert werden, deren detailliertere Festlegung in einer Kennzahlenverordnung erfolgt. § 48b SGB II sieht ein festes Kontraktmanagement zwischen den beteiligten unterschiedlichen Ebenen von Bund, Ländern, Bundesagentur für Arbeit und Kommunen vor. Während auf der Bundesebene momentan kaum Nachdenklichkeit zu den Implementierungsbedingungen und den Folgen festzustellen ist, hat sich nach fast 30 Jahren im kommunalen Umsetzungsalltag von NSM und NPM eher Ernüchterung breit gemacht. Die genannten Kernelemente von NSM und NPM sind auch „konzeptionell problematisch, weil die geforderte Umgestaltung dieses Verhältnisses nach dem Prinzipal-Agent-Modell das komplexe und auch funktionale Zusammenspiel des politisch-administrativen Systems und damit auch den politischen Charakter der Verwaltung verkennt; ein System, das eben nicht nur ökonomischen, sondern auch juristischen und politischen Rationalitäten Rechnung zu tragen hat [...]. Ernüchternd fallen auch die Befunde zu anderen zentralen Anliegen des NSM wie Mitarbeiterzufriedenheit, Kosteneinsparung und Steuerungsgewinne aus. Empirische Befunde sprechen von reformmüden und demotiviertem Personal der Kommunen [...] und nach der zeit- und kostenintensiven Implementierung des NSM lassen sich die erwarteten Kosteneinsparungen kaum feststellen. Dennoch hat die inzwischen langjährig währende Diskurshoheit des NSM die Organisationskultur und die Einstellungswelt der Kommunalverwaltung nachhaltig verändert [...]" (Hagn, Hammerschmidt & Sagebiel, 2012, S. 150). Zeitversetzt kann man dies sicherlich auch für die große Bundesbehörde Bundesagentur für Arbeit feststellen, in der Wirkungen und Nebenwirkungen auf allen Ebenen in ähnlicher Form auszumachen sind.

Differenzierung von Steuerung und Controlling

Inwieweit es unter diesen Bedingungen zu einer konsistenten Abbildung der Wirkungen und Erfolge der Arbeit eines nachhaltig implementierten Case Management-Ansatzes überhaupt kommen kann, muss skeptisch betrachtet werden. Die Fokussierung auf die Vermeidung/Beendigung des Leistungsbezugs und die ausschließlich arbeitsmarktintegrativen Kennzahlen, wie sie in der Kennzahlenverordnung vorgesehen sind, werden der Komplexität der Fälle und Anliegen an die Mitarbeiter in den Jobcentern nicht gerecht. Die aktuelle Arbeitssituation und Anforderungen, allein im Leistungsbereich der Grundsicherung, hat eine Arbeitsgruppe der Landesarbeitsgemeinschaft Jobcenter NRW (2012) gut dokumentiert und die skizzierten „Nebenwirkungen" in einem zumindest noch rechtlich klar geregelten Bereich verdeutlicht.

12.2 Differenzierung von Steuerung und Controlling auf den Akteursebenen

Zunächst sollen die unterschiedlichen Ebenen von Wirkung und Leistungssteuerung noch einmal geklärt werden. Die Leistungssteuerung am Fall obliegt den beteiligten Fallmanagern (Fall- oder Mikrosteuerung), in der Abb. 23 als *Leistungssteuerung I* gekennzeichnet. Ihre Aufgabe ist es, in der vertikalen Integration des Fallmanagementprozesses die operativen Aufgaben wahrzunehmen. Darüber bewegen sich mindestens zwei weitere Ebenen der Steuerung, die Auswirkungen auf die Einzelfallsteuerung haben.

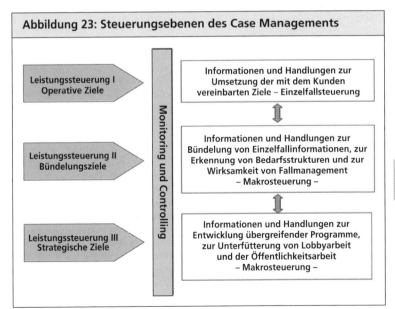

Quelle: Göckler, 2009

Wirksamkeit und Controlling (Meso- und Makrosteuerung)

Den einzelnen Fallmanagern in den Jobcentern ist es sicherlich nicht möglich, eine Verbindlichkeit in der Leistungssteuerung des Falles ohne entsprechende Rahmengestaltung zu Leistungsanbietern herzustellen. Die Herstellung und Gewährleistung des Rahmens ist primäre Aufgabe der *Leistungssteuerung II* auf der Mesoebene. Auf dieser Ebene erfolgt ein wechselseitig verwobener Prozess, der die Daten und Befunde aus den Einzelfällen des Fallmanagements auswertet, bündelt und auf Lücken in der Bedarfsabdeckung hin untersucht. In der Folge werden hier einerseits die notwendigen Anpassungen an die Netzwerkstrukturen der Jobcenter unter den spezifischen Belangen des Fallmanagements vorgenommen, andererseits resultieren aus den Ergebnissen und den lokalen und überregionalen Ansprüchen an die Jobcenter auch die Steuerungsimpulse und Vorgaben an die operativen Ebenen. Zudem ist hier das Scharnier zur kommunalen Sozialplanung und Sozialberichterstattung, die auf die differenzierten Daten der Grundsicherungsstellen angewiesen sind.

Letztendlich bewegt sich die Grundsicherung nicht in einem völlig autonomen lokalen Setting, sondern ist als umsetzende Behörde eines Bundesgesetzes abhängig von nationalen Entscheidungen und Einflüssen, wie sie eingangs skizziert wurden. Auf dieser Ebene der *Leistungssteuerung III* (Makrosteuerung) geht es darum, dass die lokalen Akteure ihre Erfahrungen bündeln und zu gemeinsamen Einflussversuchen der landes- und bundespolitischen Entscheidungsträger gelangen. Die Geschäftsführungen der gemeinsamen und kommunalen Jobcenter haben Landesarbeitsgemeinschaften und ein Bundesnetzwerk gegründet, um diesem Aspekt der Steuerung Rechnung zu tragen.

Die Ebene der Leistungssteuerung I wurde im vorangegangenen Kapitel weitgehend abgearbeitet. Sie richtet sich unmittelbar an den Fallführenden und besteht im Wesentlichen in einer systematischen und nachhaltigen Auswertung der Integrationsplanung mit den Kunden und einer Bündelung der Erkenntnisse zur weiteren Bedarfsplanung. Nachfolgend sollen die Ebenen der Leistungssteuerung II und III stärker in den Mittelpunkt rücken.

12.3 Leistungssteuerung und Controlling als Führungsaufgabe

Steuerung und Controlling haben zwar unterschiedliche Zielsetzungen, benötigen aber den gleichen Rahmen, um nicht gegensätzlich zu arbeiten beziehungsweise Widersprüche in der Datenlage zu produzieren. Steuerung soll gewährleisten, dass die die beabsichtigten Ziele erreicht werden können, stellt also die Gewährleistung der notwendigen Interventionsmechanismen sicher, während Controlling die notwendigen Informationen über den Stand der Zielerreichung zu verschiedenen Zeitpunkten zur Verfügung stellt (vgl. MAGS NW, 2006, S. 74). Die Controllingverfahren in der Grundsicherung haben sich nach anfänglichen Schwierigkeiten deutlich stabilisiert, schreiben die Autoren der § 6c- Evaluation: „Insgesamt gesehen verfügen beide Modelle der Aufgabenwahrnehmung zwischenzeitlich über Controllingstrukturen", wobei sowohl für die zugelassenen kommu-

Leistungssteuerung und Controlling als Führungsaufgabe

nalen Träger wie für die Arbeitsgemeinschaften weiterhin „Handlungsbedarf" auszumachen ist (ISG, 2007, S. 81). Für das beschäftigungsorientierte Fallmanagement ist dabei entscheidend, dass die bisherigen Controllingkennziffern und -verfahren sich nahezu ausschließlich an arbeitsmarktlichen Wirkungszielen orientieren, obwohl allen beteiligten Akteuren klar ist, dass weder die Arbeitsmarktsituation einen Zugang aller arbeitslosen Menschen ermöglicht, noch sich alle Menschen tatsächlich auch integrieren lassen. Es fehlen weiterhin Kennziffern, die eine soziale Stabilisierung und Inklusion abbilden können, Kennziffern, die für eine Abbildung der Wirkung des beschäftigungsorientierten Fallmanagements stehen.

Die Kennzahlenverordnung des BMAS

Die Verordnung des BMAS zur Festlegung von Kennzahlen nach § 48 SGB II (BGBl. I S. 1152) legt folgende Indikatoren verbindlich für die Grundsicherungsträger fest:

- Verringerung der Hilfsbedürftigkeit mit den Ergänzungsgrößen
  - Veränderung in der Summe Kosten der Unterkunft (KdU)
  - Veränderung in der Zahl erwerbsfähiger Leistungsberechtigter (eLB)
  - Durchschnittliche Zugangsrate eLB
  - Durchschnittliche Abgangsrate eLB
- Verbesserung der Integration in Erwerbstätigkeit mit den Ergänzungsgrößen
  - Quote der Eintritte in geringfügige Beschäftigung
  - Quote der Eintritte in öffentlich geförderte Beschäftigung
  - Nachhaltigkeit der Integrationen (noch nicht realisiert)
  - Integrationsquote der Alleinerziehenden
- Vermeidung von langfristigem Hilfebezug mit den Ergänzungsgrößen
  - Integrationsquote der Langzeitleistungsbezieher
  - Aktivierungsquote der Langzeitleistungsbezieher
  - Durchschnittliche Zugangs- und Abgangsrate der Langzeitleistungsbezieher

Mit diesem für alle Grundsicherungsstellen einheitlichen Indikatorensystem soll die Leistungsmessung der Grundsicherungsstellen erfolgen. Alle diese Messgrößen weisen in sich schon Erklärungsdilemmata auf, wie die Bundesagentur für Arbeit selbst konzediert (vgl. BA-Statistik, 2011). Hierzu gehören vor allem die unterschiedliche Konstitution von Arbeitsmärkten (offene Stellen, Branchengeschehen, Zusammenarbeit mit Arbeitsagenturen etc.), die auch mittels einer entsprechenden Clusterung vergleichbarer Grunddaten nicht aufgehoben werden kann. Die unterschiedliche Zusam-

Wirksamkeit und Controlling (Meso- und Makrosteuerung)

mensetzung der Teilnehmerkreise für arbeitsmarktpolitische Maßnahmen, unabhängig von den Rechtskreisen, die fehlenden Zeitreihenvergleiche aufgrund der ständigen Umstellung und Anpassung der statistischen Erfassungseinheiten, der unterschiedliche Zuschnitt der einzelnen Instrumente im Hinblick auf die angestrebten Erfolgsindikatoren, die unzureichende Aussagekraft einer Stichtagsprüfung (sechs Monate nach Austritt aus der Maßnahme), die mittel- und langfristige Wirkungen ausblendet, sowie das völlige Fehlen von Parametern, die die stabilisierenden, sichernden und Kompetenz erhaltenden Wirkungen der unterschiedlichen Maßnahmen erfassen.

Für Kolbe & Reis (vgl. 2008, S. 117 ff.) entspricht die Realität der Steuerung nicht den Anforderungen, wie sie die Komplexität im SGB II erfordert. „Aus diesem Grund plädieren wir nachhaltig dafür, die Komplexität der Steuerungsprobleme wahrzunehmen und nach Konzepten zu suchen, wie diese Komplexität nicht geleugnet oder durch Rekurse auf einfache betriebswirtschaftliche Modelle banalisiert, sondern reduziert werden kann."

Steuerungsmodell im beschäftigungsorientierten Fallmanagement

Bereits im nordrhein-westfälischen Modellversuch zu den Sozialagenturen im Vorfeld der Grundsicherungseinführung wurden Controllingprozesse auch für ein beschäftigungsorientiertes Fallmanagement erarbeitet (vgl. MAGS NW, 2006, S. 74 ff.). Die Forschungsergebnisse konnten zeigen, dass eine Messung der Wirksamkeit von sozialen Dienstleistungen sowie eine entsprechende Steuerung dieser Leistungsprozesse an drei unterschiedlichen Strategiebereichen ansetzen müssen:

1. An der Sicherstellung der monetären Leistungen, die für den häufig vulnerablen Personenkreis an erster Stelle stehen dürfte. Die Gewährung von Geld- und Sachleistungen hat sicherlich ihre Tücken und ist entgegen der zunächst erwarteten Vereinfachung gegenüber den früheren Sozialhilfeleistungen nach dem BSHG nicht einfacher geworden, lässt sich aber über klare Verantwortungsstrukturen und Messindikatoren gut abbilden.

2. Der Aspekt der Betreuung aus einer Hand in Verbindung mit dem Anspruch, ein „Leben, das der Würde des Menschen entspricht" (§ 1 Abs. 1 SGB II), zu gewährleisten, verdeutlicht, dass es auch darum gehen muss, personenbezogene soziale Dienstleistungen zu erfassen, die auf Koproduktion und einer unterschiedlichen – oft sozialpädagogischen – Interventionstiefe beruhen. Die Abbildung dieser sozialen Dienstleistung geht weit über die Messung von Integrationen auf dem Arbeits- und Ausbildungsstellenmarkt hinaus.

3. Letztendlich sind auch sozialräumliche und einzelfallunspezifische Prozesse abzubilden. Mit der Einführung des SGB II ist zwingend die Ausrichtung der Bundesagentur für Arbeit als Bundesbehörde auf die sozialräumlichen Gestaltungszusammenhänge vor Ort verbunden. „Solche

Leistungssteuerung und Controlling als Führungsaufgabe

Interventionen vermeiden negative Effekte der einzelfallorientierten Problemzuschreibung und die damit verbundene Gefahr einer Ausgrenzung. Sie sind zudem eng verknüpft mit dem System kommunaler sozialer Daseinsvorsorge und greifen auf Formen der Sozialberichterstattung und Sozialplanung zurück" (MAGS NW, 2006, S. 75). Erkennbar wird dies daran, dass immer häufiger die Arbeitsmarktprogramme der Jobcenter gemeinsame Planungen mit Jugendämtern, mit Sozialämtern oder weiteren kommunalen Dienstleistern aufweisen. Will die Bundesagentur für Arbeit in diesem sozialpolitischen Feld aktiv mitwirken, kann sie sich nicht mehr ausschließlich auf Steuerungsprozesse einer Bundesbehörde beschränken.

Wie Steuerungsimplikationen im Prozess des Case Managements miteinander verwoben sind, zeigt die nachfolgende Abbildung (Abb. 24).

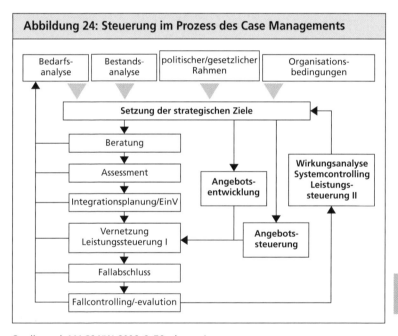

Quelle: nach MAGS NW, 2006, S. 76; eigene Anpassungen

Controllingdaten liefern sowohl Informationen für eine Steuerung der Fälle beim einzelnen Fallmanager (Fallcontrolling/Evaluation), wie für eine übergreifende Steuerung des Fallmanagements der Grundsicherungsträger (Führungs-/Systemcontrolling). Es ist ein regelmäßig wiederkehrendes Verfahren, welches selbst beständig im Hinblick auf seine Aussagekraft zu überprüfen ist. Controllingdaten beinhalten isoliert keine Ursachenanalyse

Wirksamkeit und Controlling (Meso- und Makrosteuerung)

für bestimmte sich abzeichnende Entwicklungen, noch darf man Controlling mit Steuerung verwechseln. Steuerungsprozesse können (sollen) auf Controllingdaten beruhen, müssen es aber nicht. (Wert-)Entscheidungen der Organisation können durchaus andere Steuerungsmechanismen implizieren, als es Controllingdaten ausweisen. Das Gleiche gilt selbstverständlich auch für gesetzliche Vorgaben, die sich aufgrund der Politik seit Einführung des SGB II nahezu permanent verändern. Insofern ist noch einmal auf die Untersuchungsergebnisse von Schütz (2008) zu verweisen, der im Zuge einer Übersteuerung der Bundesagentur für Arbeit den Verlust sozialstaatlicher Anteile an der Arbeitsmarktpolitik kritisiert.

Ein Steuerungssystem umfasst demnach die Elemente[19] Evaluation, Monitoring, Controlling sowie (geschäfts-)politische Zielsetzung und sollte deshalb

- Sicherheit über die gesetzlichen und geschäftspolitischen Ziele vermitteln,
- Vergleichbarkeit nach innen und außen sicherstellen,
- Transparenz über Wirkungen und Aufwendungen herstellen und
- Grundlage für den Dialog zwischen Führungs- und Fachkraftebene sein.

Letztendlich stellt ein Controlling auch die Kennzahlen bereit, mit denen die „Leistung" der Fallmanager selbst bewertet werden soll. Sie sind somit Grundlage einerseits für Zielvereinbarungen, die Fallmanager mit ihren Führungskräften vereinbaren, zum anderen geben sie die relevanten Informationen darüber, in welchem Korridor zukünftig Zielvereinbarungen abgeschlossen werden können und wie die einzelnen Fallmanager beziehungsweise ihre Teams die vereinbarten Leistungen erbringen.

12.4 Erfolgsindikatoren im beschäftigungsorientierten Fallmanagement

Eine vertiefte Erarbeitung der IT-technischen Umsetzung von Wirkungsgrößen im Fallmanagement lässt sich im Rahmen einer Einführung nicht leisten. Der Gesetzgeber selbst hat mittlerweile auf die anhaltende Kritik an den Verfahren und dem eher betriebswirtschaftlich ausgerichteten Steuerungsverständnis der Bundesagentur für Arbeit reagiert. Im Entwurf des „Gesetzes zur Neuausrichtung der arbeitsmarktpolitischen Instrumente" (BT-Drucksache 755/08, S. 40) betont er: „Gute Arbeitsmarktpolitik muss – neben dem Kerngeschäft einer raschen Eingliederung in Erwerbstä-

---

[19] Monitoring als prozessbegleitende Überwachung der Zielerreichung (in Einzelfallsteuerung wie in der Systemsteuerung) und Evaluation als Bewertung und Beurteilung eines abgeschlossenen Prozesses beruhen im Regelfall auf Controlling-Kennziffern (Kennzahlen).

Erfolgsindikatoren im beschäftigungsorientierten Fallmanagement

tigkeit – auch den sozialpolitischen Auftrag der Arbeitsförderung im Blick behalten. Deshalb kommt es darauf an, für weniger leistungsfähige Arbeitsuchende mit Vermittlungsproblemen und Defiziten in der Beschäftigungsfähigkeit einen Nachteilsausgleich zur mittel- bis langfristigen Verbesserung ihrer Arbeitsmarktchancen sicherzustellen. Zudem ist die Gleichstellung auf dem Arbeitsmarkt durch die Arbeitsförderung konsequenter zu unterstützen. Der Umsetzung dieses sozialpolitischen Auftrags, der zu den zentralen Merkmalen einer präventiven, ökonomisch effizienten und zukunftsfähigen Arbeitsmarktpolitik gehört, soll deshalb ein höherer Stellenwert als bisher eingeräumt werden." Leider wurde bisher versäumt, die Rahmenbedingungen hierfür zu klären und die Arbeit an diesem Auftrag in den Wirkungskatalog mit aufzunehmen.

In allen Schulungen, die Trainer im Rahmen der DGCC-Zertifizierung zum beschäftigungsorientierten Fallmanagement durchführen, sind die Themen Controlling und Wirkung mit einbezogen. Die Teilnehmer entwickeln anhand eines konkreten Arbeitsauftrags unter dem Dreischritt von Struktur-, Prozess- und Ergebnisqualität Indikatoren, mit denen sie ihre Arbeit angemessen abgebildet sehen. Die Ergebnisse zeigen immer wieder, dass es wenig Sinn macht, vor einer „Sozialhilferisierung der Grundsicherung" zu warnen, wie es der damalige Bundesarbeitsminister Müntefering tat. Die Lebenswelt der Betroffenen und die daraus abzuleitenden Bedarfe, die im Ausgleichsprozess der Beratung zu einem Leben führen soll, das der Würde des Menschen entspricht, führt zu komplexen Anforderungen an die Mitarbeiter der Grundsicherung, wie sie von außen kaum wahrgenommen werden. Die nachfolgende Übersicht möglicher Messindikatoren kann man schnell als Überforderung und weltfremd betrachten, wenn man die Wirkungen allein der Grundsicherungsarbeit zuordnen würde. Die aus den versäulten Strukturen der klassischen Sozialversicherung sich jedoch herauslösende Grundsicherung birgt die Chance, vernetzte Hilfestrukturen zu bündeln und zu systematisieren, wenn sie sich die fachkundigen Partner dazuholt. Die Empfehlungen des Bund-Länder-Ausschusses zum SGB II vom Juni 2011 zu den Mindeststandards legen jedoch nahe, Standards zur Verbesserung der Qualität im Sinne eines individuelleren Vorgehens bei Profiling, Eingliederungsvereinbarung und Fallmanagement zu erarbeiten. Die nachfolgende Abb. 25 zeigt die Ergebnisse zahlreicher Schulungen in dem Versuch, eine Grundstruktur der Bedarfslagen, auf die die Mitarbeiter in der Grundsicherung tagtäglich stoßen, im Hinblick auf Wirkungen zu bündeln.

Wirkungen über Fragen des Arbeitsmarktes hinaus – Was ist Erfolg im Fallmanagement?

Der Begriff der Wirkung auf der kommunalen Ebene hat eine andere Bedeutung als auf der Ebene der beitragsfinanzierten Bundesagentur oder des Bundes generell. Wirkung ist kommunal auch die Verringerung öffentlicher Armutsbilder, die Vermeidung von Obdachlosigkeit, die Verringerung von Kriminalität, die Entlastung von kommunal vorzuhaltenden Beratungsdiensten in Extremsituationen, von Verwahrlosungstendenzen ju-

Wirksamkeit und Controlling (Meso- und Makrosteuerung)

Abbildung 25: Denkbare Wirkungsindikatoren für das beschäftigungsorientierte Fallmanagement

Arbeitsmarktbezogene Wirkung (exempl.)

Direkter Arbeitsmarktbezug
- Vermittlungsunterstützung und Arbeitgeberberatung und -aquise
- Aufnahme sv-pflichtiger Beschäftigung (existenzsichernd/gefördert/ungefördert)
- Aufnahme einer sv-pflichtigen Beschäftigung (nicht-existenzsichernd/gefördert/ungefördert)
- Aufnahme einer nicht sv-pflichtigen Beschäftigung
- Sonstige direkte Maßnahmen am Arbeitsmarkt (Prak., AEP, EQ)
- Betriebliche Einzelumschulung

Indirekter Arbeitsmarktbezug
- Erweiterung der arbeitsmarktlichen Perspektiven durch Beratung (Verfügbarkeitsrahmen)
- Berufsvorbereitende Maßnahme
- Öffentlich geförderte Beschäftigung
- Öffentlich geförderte Ausbildung
- Ausbildungs- und Beschäftigungsmaßnahmen für behinderte Menschen
- Maßnahme zum Erhalt der Beschäftigungsfähigkeit
- Qualifizierungsmaßnahme/Nachholen Berufsabschluss
- Maßnahme zur Gruppenumschulung
- Sonstige Maßnahme der Aktivierung
- Bewerbungstrainings, Bewerbungsunterlagen

- Wirkungen auf dem Arbeitsmarkt- und Ausbildungsstellenmarkt (Besetzung von Stellen, Transparenz)
- Arbeitgeberzufriedenheit
- Verringerung der gesamtwirtschaftlichen und fiskalischen Kosten der ALO
- Stärkung des Wirtschaftsstandortes

Sozialinkludierende Wirkung (exempl.)

Direkte Wirkungsgrößen
- Unmittelbare und abgesicherte Leistungsgewährung lebenssichernder Leistungen incl. Verweis an andere zuständige Leistungsträger
- Sozialleistungsberatung
- Feststellung, Verbinden und Nachhalten sozialstabilisierender Dienstleistungen wie Schuldnerberatung, Suchtberatung/Gesundheitsberatung, psychosoziale Beratung, Wohnungslosenhilfe, Bewährungshilfe, Erziehungs- und Familienberatung, Rechtsberatung
- Förderung/Implementierung von Selbsthilfegruppen
- Ermöglichung einer Kinderbetreuung bzw. Pflegehilfe
- Einsatz von Leistungen aus BTP – Schulabschlüsse werden bestanden
- Einleitung/Vermittlung von Maßnahmen der Gesundheitsförderung
- Sicherung der Strom- und Heizungsversorgung
- Sicherstellung Kontoeinrichtung
- Wohnraum sichern bzw. verbessern
- Verringerung/Vermeidung von Sanktionen

Indirekte Wirkungsgrößen
- Stabilisierung/Verbesserung der Gesundheit
- Verringerung abweichenden Verhaltens
- Stärkung Selbstkongruenz/Verringerung der ALO-Folgen
- Erweiterung/Festigung sozialer Netze

- Rückgang öffentlicher Gewalt und Zerstörung
- Rückgang gesundheitsbezogener Folgekosten
- Steigerung von Lebenszufriedenheit
- Veränderungen im Wohnraumangebot und der Wohnraumstruktur
- Verringerung „sozialer Vererbbarkeit" von Armut

Quelle: eigene Darstellung

Budgetierung als Teil der Leistungssteuerung

gendlicher Leistungsempfänger, von Vandalismus und Segregation und Exklusion. Sanktionen, die in der Grundsicherung oder im vorgelagerten Bereich des SGB III verhängt werden, schlagen unmittelbar durch auf den Kunden und die Bedarfsgemeinschaft sowie auf die stützenden kommunalen Strukturen. Leistungskürzungen führen zu Miet- und Energiekostenrückständen, die kommunale Auffangnetze korrigieren müssen, führen zur Verwahrlosung in familiären Beziehungssystemen, die die Kommune mühsam aufarbeiten beziehungsweise mittels Bereitstellung sonstiger Unterstützung (Hilfe zur Erziehung, ASD etc.) lösen muss, steigern die ohnehin vorhandene sozialräumliche Isolation und damit verbundene psychische Erkrankungsformen oder lösen Aggressions- und Gewaltakte aus, die im kommunalen Stadtbild ihre Spuren hinterlassen. Der Zusammenhang von Bildungsbenachteiligung und abweichendem Verhalten ist offenkundig und lässt sich in konkreten Zahlen berechnen (vgl. Entorf & Sieger, 2010). Die Grundsicherung für Arbeitsuchende (SGB II) ist insoweit immer mehr als ein (oft nachrangig) verstandenes zweites Beschäftigungsförderungsgesetz. **Erfolg im Fallmanagement wäre demnach pauschal gegeben, wenn Sanktionen vermieden und Bewegung hin zum Ersten Arbeitsmarkt erreicht würde.**

Das SGB II ist ein Hybrid, gleichermaßen auf Beschäftigung wie auf soziale Integration ausgerichtet. Als Fürsorgegesetz mit klarer sozialpolitischer Ausrichtung zeichnet es sich immer wieder als zentraler Bestandteil der nationalen Strategieplanung zum Sozialschutz und zur sozialen Eingliederung aus. Im nationalen Reformprogramm (NRP) (BR DS 190/11 v. 06.04.2011, S. 24) verweist die Bundesregierung auf die Bedeutung der Grundsicherung für die Erreichung ihrer Ziele bei der Bekämpfung der Armut. „Ein entscheidender Faktor hin zu einer besseren Nutzung des Arbeitskräftepotenzials und zum Abbau von Armut und sozialer Ausgrenzung ist die von der Bundesregierung angestrebte **Reduzierung der Langzeitarbeitslosigkeit** um 20 Prozent bis 2020. Die Bundesregierung folgt dem Prinzip, Integration durch Arbeit'. Hierzu ist mit der Einführung der Grundsicherung für Arbeitsuchende zum 1. Januar 2005 die Voraussetzung geschaffen worden. Die Bundesregierung bleibt demnach bei ihrer bisherigen Strategie, auch das Armutsproblem vorrangig durch Arbeitsmarktintegration zu lösen. Fachleuten ist klar, dass dies an vielen Stellen zu kurz greifen wird, zumal die Arbeitsmarktnachfrage von den handelnden Akteuren kaum zu beeinflussen ist.

12.5 Budgetierung als Teil der Leistungssteuerung

Ein zentraler Aspekt der Leistungssteuerung in diesem Kontext kumuliert in der Frage, wie und in welchem Umfang dem einzelnen Fallmanager ökonomische Ressourcen zur Leistungssteuerung zur Verfügung stehen. Der Gesetzgeber hat mit der Einführung des Vermittlungsbudgets bereits einen ersten Schritt in diese Richtung getan, ist aber auf halbem Wege stehen geblieben. Bei der Budgetierung geht es nicht um den Etat der Leis-

Wirksamkeit und Controlling (Meso- und Makrosteuerung)

tungen zur Sicherung des Lebensunterhaltes, obwohl die Überlegungen zur Etatisierung der passiven Leistungen sicherlich in die richtige Richtung gehen. Nachfolgend geht es dennoch nur um den Eingliederungshaushalt der Grundsicherungsträger, der durch das Gesetz zur Verbesserung der Eingliederungschancen am Arbeitsmarkt vom 24.06.2011 (BT-Drucksache 17/6277) in erheblichem Umfang gekürzt wurde.

Im Grundgedanken folgt die Budgetierung der Logik des persönlichen Budgets im SGB IX. Der gegebene Finanzrahmen ist im Rahmen der Setzung der strategischen Ziele auf den verschiedenen Ebenen der Grundsicherung festzulegen und zur Betreuung der Kunden weitgehend eigenverantwortlich von den Fallmanagern zu bewirtschaften. Die konkrete Zuteilung erfolgt in einem strukturierten Aushandlungsprozess innerhalb der Organisation der Grundsicherungsträger, verbindet so strategische und operative Interessen, die sich in Zielvereinbarungen zwischen Leitung und operativ Handelnden niederschlagen. Niemand wird behaupten, dass es letztendlich so etwas wie eine auf den Einzelfall bezogene „gerechte" Budgetverteilung geben kann. Die Gegenposition kann aber nicht sein, dass „ohne Konzept" Einzelfälle bedient werden, bis das Budget aufgebraucht ist. Die Budgetverantwortung bedeutet im Klartext:

- Weitgehende Freiheit für die operativ Handelnden, wofür und wie die Mittel im Einzelnen ausgegeben werden. Diese „Freiheiten" können beispielsweise im Hinblick auf die Ausgabenhöhe bei einzelnen Instrumenten zugunsten einer einheitlichen Handhabung vor Ort eingeschränkt werden (z. B. mithilfe der Festlegung einer Höchstfördergrenze bei Führerscheinen oder dem Eingliederungszuschuss).

- Die Mittel sind innerhalb der Fallbetreuung beim Fallmanager/persönlichen Ansprechpartner gegenseitig deckungsfähig, das heißt, er kann den Budgetrahmen eines Kunden zulasten anderer von ihm betreuter Kunden überziehen, um die Optimierungspotenziale von Kunden und Netzwerken vor Ort auszuschöpfen.

- Eindeutige Verantwortung (Rechnungslegung) für die wirksame und wirtschaftliche Verwendung der Mittel.

- Unterstützungsmechanismen für die Budgetsteuerung im Hinblick auf die Wirksamkeit.

Eine nicht nur an der arbeitsmarktlichen Integrationsfähigkeit ausgerichtete Kundendifferenzierung und Budgetzuteilung kann folgende Zusammenhänge aufweisen: Budget je Fall in Abhängigkeit von

a) der prognostizierten Dauer des Leistungsbezuges (je länger der Unterstützungsprozess, desto höher das einsatzfähige Budget/ersatzweise die bisherige Dauer des Leistungsbezugs),

b) den Schwierigkeiten/dem Aufwand der sozialen und arbeitsmarktlichen Integrationserfordernisse (je mehr Integrationshemmnisse, je größer die Arbeitsmarktdistanz, desto höher das Budget bei gleichzeitiger Konstanz der Integrationsprognose = Kundendifferenzierung),

c) einem Faktor, der die Größe der Bedarfsgemeinschaft abbildet (je größer die Bedarfsgemeinschaft, umso höher die Budgetzuteilung).

Entscheidend für eine praxistaugliche Umsetzung, die sowohl soziale wie arbeitsmarktbezogene Indikatoren berücksichtigt, wäre dabei, dass sowohl die Kundentypologie wie auch der jeweilige Budgetansatz regional zu verhandeln wären. Eine zentral vorgegebene Kundendifferenzierungslogik führt bei der Heterogenität der Arbeitsmärkte in Deutschland und der Vielgestaltigkeit von Arbeitslosigkeit im regionalen Erscheinungsbild und der persönlichen Verarbeitung zu einer Erstarrung der Handlungslogik und undifferenzierten Abarbeitung standardisierter Indikatoren. Die controllinggesteuerten Fehlleistungen bestehen dann in einer fallunangemessenen Neusortierung der Kundengruppen, wenn Zielkorridore (orientiert an Normalverteilungsüberlegungen) überschritten wurden oder wenn eingekaufte Maßnahmen sich aus der vorgesehenen Kundengruppe nicht füllen ließen. Statt zentraler Vorgaben wäre ein „Steuerungscockpit" mit Empfehlungscharakter für die Mitarbeiter hilfreich, aus dem beispielsweise erkennbar wäre,

- wie sich die Arbeitsmarktchancen bei bestimmten Veränderungen (Erhöhung der Qualifikation, räumliche Mobilität) verbessern/verschlechtern,

- welches arbeitsmarktpolitische Instrument sich bei ausgewählten Kundenmerkmalen und bestimmten Arbeitsmärkten als besonders erfolgreich bei der Integration erwiesen hat oder

- welches sozial stabilisierende Angebot sich regional/überregional als besonders förderlich zur Erhaltung/Erhöhung der Beschäftigungsfähigkeit erwiesen hat.

Ein großer Teil einer derartigen Steuerungshilfe für die Fachkräfte steht in der Bundesagentur für Arbeit bereits zur Verfügung, wird jedoch vornehmlich für die Arbeitsmarktforschung und als Führungsinstrument eingesetzt und weniger für eine unmittelbare Fallsteuerung durch die Fachkräfte vor Ort. Eine Budgetverteilung könnte zu 60 Prozent über Sozialindikatoren (Größe der BG, Dauer der Arbeitslosigkeit, Anzahl schwerwiegender Vermittlungshemmnisse etc.) und zu 40 Prozent über Arbeitsmarktindikatoren (Nähe zum erreichbaren Arbeitsmarkt, Bereitschaft zu Mobilität, Qualifikation) gesteuert werden. Dass sich dabei auch Sozialindikatoren durchaus als wirtschaftliche Größe erweisen können, zeigt die Dauer der Arbeitslosigkeit genauso wie die Größe der Bedarfsgemeinschaft. Eine höhere „Investition" in eine Familie, in der beide Elternteile bereits seit Längerem arbeitslos sind und die mehrere Kinder zu versorgen hat, rechnet sich über einen mittelfristigen Zeitraum immer, wenn die Investition zu einer nachhaltigen Integration führt. Ein Beispiel auf Basis der

Wirksamkeit und Controlling (Meso- und Makrosteuerung)

„eigensinnigen Kunden"-Differenzierungslogik der Studie der Universität Jena (Bescherer, Röbenack & Schierhorn, 2008) könnte wie folgt aussehen (Tab. 6):

Tabelle 6: Fiktive Budgetierungssystematik auf Fallgruppen bezogen

	Kundendifferenzierung				Sozial-indikator		AM-Indikator	
	Typologie exempl. Gruppe	Dauer ALO < 1 Jahr	Dauer ALO > 1 Jahr	Größe der BG > 3 Pers.				
		in % v. Budgetanteil	in % v. Budgetanteil	in % v. Budgetanteil	Anzahl Personen	in %	Budgetanteil	in %
1	Aussichtsreiche arbeitsorientiert	10	40	50	250	8,3	210.000	3,5
2	Prekäre arbeitsorientiert	15	30	55	800	26,7	1.590.000	26,5
3	Kompensierer differente Erwerbsorientierung	18	32	50	700	23,3	1.200.000	20
4	Selbsttätige differente Erwerbsorientierung	20	35	45	500	16,7	900.000	15
5	Minimalisten differente Erwerbsorientierung	30	30	40	350	11,7	1.200.000	20
6	Konventionelle Orientierung jenseits Erwerbsarbeit	25	25	50	250	8,3	300.000	5
7	Verweigerer Orientierung jenseits Erwerbsarbeit	10	10	80	150	5,0	600.000	10
	Summe				3.000	100	6.000.000	100

Vor der Aufteilung von Einzelbudgets auf die agierenden Fachkräfte müssen im Rahmen eines abgestimmten Arbeitsmarktprogramms noch die Maßnahmen herausgerechnet werden, die im kommenden Jahr für die Grundsicherungsträger pauschal einzukaufen sind. Zunächst einmal sind also die übergreifenden und zwischen Geschäftsführung und operativer Ebene vereinbarten Maßnahmenpakete zu schnüren. Eine Vielzahl von Leistungsangeboten wird nur ermöglicht, wenn nicht jeder einzelne Fall-

Budgetierung als Teil der Leistungssteuerung

manager/Ansprechpartner seine Maßnahme plant, sondern sich wirtschaftlich tragfähige und erfolgreiche Angebote durch eine Kumulierung von vergleichbaren Fallgestaltungen für vergleichbare Ziele ergeben. Das Systemmanagement übernimmt dabei die Aufgabe, die ausgehandelten Pakete im Netzwerk zu verhandeln oder auszuschreiben und dabei Qualität, Wirksamkeit und Preis in ein tragfähiges Gleichgewicht zu bringen.

Sicherlich ist es sinnvoll, eine Budgetreserve zu bilden, um auch im laufenden Geschäftsjahr noch übergreifende Maßnahmen einleiten und unkalkulierbare Risiken abfedern zu können. Das restliche Eingliederungsbudget wird entsprechend der Kundendifferenzierung verteilt. Fallmanager verfügen nach diesem Schema im Regelfall über einen größeren Budgetansatz, da sich bei ihnen Personen und Bedarfsgemeinschaften mit kumulierten Problemlagen in größerer Zahl finden als bei den Vermittlungsfachkräften oder sonstigen persönlichen Ansprechpartnern. Wird Fallmanagement von allen Mitarbeitern als Teilfunktion praktiziert, verteilt sich auch das Eingliederungsbudget gleichmäßiger. Mit der Einführung von Budgets auf der Ebene der Fachkräfte ist zwangsläufig auch ein anderes Führungsverständnis verbunden, das deutlich die Autonomie der Fachkräfte stärkt und dem überbordenden Erfassungsprocedere Einhalt gebietet.

Zur Kritik am beschäftigungsorientierten Fallmanagement – eine Einordnung

13.1 Die Kritik am Fallmanagement aus der Sozialen Arbeit 286

13.2 Forschungstheoretische Einordnung – ein Ansatz 301

13.3 Wo steht das beschäftigungsorientierte Fallmanagement? 309

13.1 Die Kritik am Fallmanagement aus der Sozialen Arbeit

Sozialleistungsbehörden, insbesondere die nach SGB II, III, VIII und SGB XII, in denen immer auch die Sorge und das Bemühen um den Einzelfall verlangt werden, stecken in einem unauflösbaren Strukturdilemma. Exemplarisch verdeutlicht an der Vermittlungsarbeit wird an sie „der Anspruch formuliert gerecht zu handeln, indem allgemeine Rechtsnormen auf den Einzelfall ausgelegt werden. Dies soll zumindest annähernd Gleichbehandlung herstellen. Auf der anderen Seite soll die Arbeitsvermittlung am individuellen Bedarf der Kunden ansetzen und auf den Einzelfall zugeschnittene Dienstleistungen anbieten. In diesem nicht aufzulösenden Konflikt finden die Vermittlungsbemühungen statt. Dies verweist ganz allgemein auf das Problem, miteinander schwer zu vereinbarende Gerechtigkeitsnormen in konkretes Handeln zu übersetzen, beispielsweise prozeduraler Gerechtigkeit bzw. Verfahrensgerechtigkeit auf der einen und inhaltliche Fairness bzw. Bedarfs- oder Verteilungsgerechtigkeit auf der anderen Seite" (Steinke et al., 2012, S. 42 f.).

Letztendlich gilt es abzuwägen, ob eine größere Einheitlichkeit in der Rechtsanwendung oder eine stärkere Individualisierung der Hilfen angezeigt ist. In beide Richtungen wären, zum Erhalt eines rechtsstaatlich gesicherten bundesweiten Handelns und um dem grundgesetzlichen Auftrag als Sozialstaat eine Mindestsicherung auf individueller Ebene zu gewährleisten, Grenzen zu ziehen. Als Orientierung könnte lauten: Je kleiner, belasteter und ungewohnter der Hilfebedarf ist, desto flexibler, unkonventioneller und individueller sollte das Hilfeinstrumentarium ausgerichtet sein. Insofern ist eine konsequente, am Case Management-Ansatz ausgerichtete Beratung und Begleitung für Menschen in komplexen Bedarfssituationen insbesondere für die Grundsicherung ein sozial- und rechtsstaatliches Gebot.

Die Möglichkeiten des SGB II aus der lähmenden versäulten Hilfezuständigkeit auszubrechen sind in den positiven Dimensionen bis heute nur unzureichend ausgeleuchtet und gewürdigt. Dem Grunde nach besteht eine Zuständigkeit überall dort, wo die Lebensumstände von Menschen sich hinderlich auf ihre Teilhabe am Arbeitsleben auswirken. Das Bildungs- und Teilhabepaket verdeutlicht, dass die Hilfeleistungen sich weit in den familiären Kontext erstrecken und dort präventive Wirkungen entfalten können. Es bedürfte jedoch eines gemeinsamen Aktes aller gesellschaftlichen Akteure, die positiven Aspekte der Grundsicherung zu stärken – im Sinne eines vernetzten gemeinsamen Handelns.

Das beschäftigungsorientierte Fallmanagement[20] wird insbesondere aus dem Feld der Sozialen Arbeit zunehmend kritisiert. Zahlreiche Autoren versuchen herauszuarbeiten, dass das Fallmanagement in der Beschäftigungs-

---

[20] Die nachfolgenden Ausführungen folgen weitgehend dem Aufsatz des Autors „Vom Guten im Bösen? Das beschäftigungsorientierte Fallmanagement unter Druck" aus den Jahren 2011 und 2012.

Die Kritik am Fallmanagement aus der Sozialen Arbeit

förderung nicht mit den Ansprüchen und Standards der Sozialen Arbeit vereinbar ist und nicht als Case Management der Sozialen Arbeit gelten kann. Für Ebert (2009, S. 167) drängt sich in diesem Zusammenhang der Verdacht auf, „dass Träger und Ausbildungsagenturen im Kampf um Anerkennung vorschnell und freiwillig ideologische Prämissen der neoklassischen Ökonomie übernommen haben." Michel-Schwartze (2008, S. 83) stellt fest, dass die „Fallmanager [...] keine neutrale Position im Hilfeprozess [haben]; sie sind den eindeutigen beschäftigungspolitischen Regelungen des SGB II und ihrer Anstellungsbehörde verpflichtet; sie haben die dort vorgegebene Zielsetzung anzustreben und sie werden von ihrer Dienstleistungsbehörde geführt. Ihre berufliche Perspektive ist von volks- und betriebswirtschaftlichen sowie beschäftigungspolitischen Überlegungen geprägt; entsprechend fällt ihr Blick auf die Klientel. Beschäftigungsförderung kann ihrer Funktion nach nicht Anwältin der Betroffenen sein." Im Kontext eines gesundheitsorientierten Case Managements wird unterstrichen, dass „im Rahmen eines bFM, dem eine adressatenorientierte Perspektive systembedingt verschlossen ist und das funktionslogisch anderen Sinn- und Handlungsparametern unterliegt, [...] Gesundheitsförderung daher grundsätzlich erschwert" ist (Elkeles & Michel-Schwartze, 2009, S. 245 f.).

Das „Schwarzbuch Soziale Arbeit" (Seithe, 2010, S. 180 f.) konstatiert: „Genau so wie das Fallmanagement stellt sich der aktivierende Staat im Wesentlichen ‚seine' soziale Arbeit vor: arbeitsmarktfixiert, effizient, transparent und vor allem fürsorglich/paternalistisch und wenn es nötig ist auch autoritär. Verfechter der ‚aktivierenden sozialen Arbeit' sehen im Fallmanagement das geeignete Modell für die zukünftige strukturierte, rationale und konsequente soziale Praxis." Für Lutz (vgl. 2011, S. 45 f.) zeigt sich im bFM das Verfahren, das in die Zwei-Klassen-Sozialarbeit führt, wobei sich der wenig lukrative Teil als klassische Armenfürsorge manifestiert, während sich ein anderer Teil als marktfähig und damit gut einkommensgenerierend zeigt und für Trube (Trube, 2005, S. 108) war das „Casemanagement in diesem Sinne [...] durchaus ein Instrument des Changemanagements, wobei allerdings der absehbare Wandel nicht – wie im Konzept ausgewiesen – auf der Einbindung der Menschen in das System oder die Schaffung von Vertrauenskapital bzw. Netzwerkentwicklungen fußt, sondern Exklusion und Marginalisierung, statt Integration erzeugt".

Fasst man diese Aussagen stellvertretend für viele andere zusammen, so arbeiten die Mitarbeiter der Grundsicherung fremdgesteuert, denn sie werden durch Zielvorgaben und Vorgesetzte geführt, die ihnen das Denken und Verantworten abnehmen. Der Blick auf den Menschen ist vorgeprägt durch eine spezifische Brille des Arbeitsmarktes, dem sich Mitarbeiter und Kunden mehr oder weniger widerspruchsfrei unterordnen. Letztendlich ist das Fallmanagement in der Beschäftigungsförderung ein politisch opportunes Instrument im Gefüge wirtschafts- und sozialpolitischer Strategien des Neo-Liberalismus und mitnichten mit dem Case Management der Sozialen Arbeit zu verwechseln, das aus dem Hilfesystem erwächst (vgl. Michel-

Zur Kritik am beschäftigungsorientierten Fallmanagement

Schwartze, 2010, S. 325 ff.). In dieser Form führt es systematisch zur Ausgrenzung von Menschen. Hiernach gibt es also ein „gutes" Case Management, welches sich ausschließlich klientenorientiert versteht, die Bedürfnisse der Person in den Mittelpunkt stellt, ressourcenorientiert arbeitet und individuelle Hilfeziele festlegt, fest auf die Motivation der Klienten vertraut, mit sensiblen Daten vertraulich umgeht und lebensweltorientiert und adressatengerecht vorgeht. Hingegen sei das „schlechte" Fallmanagement problemfixiert, nur auf die Marktbedürfnisse ausgerichtet, bewerte Arbeitslosigkeit dysfunktional und ist ausschließlich am Ziel der Arbeitsmarktintegration ausgerichtet, so die zusammenfassende Analyse.

Ein Case Management – viele Einsatzfelder

Dass sich Case Management im internationalen Kontext nicht ausschließlich auf eine advokatorische Funktion festlegen kann, sondern sich in unterschiedlichen Rollenverständnissen zeigt, gehört zu den Essentials des Programms. Nicht nur Wendt (2010, S. 185 ff.) verweist auf unterschiedliche Funktionen oder Rollen, die Case Manager einnehmen können, je nachdem, in welchem Auftrag sie tätig werden. In der Darstellung der Rollentypen als Systemagent, Kundenanwalt, Versorgungsmanager oder Dienstemakler ist nicht erkennbar, dass hier eine ethische oder qualitative Bewertung vorgenommen wird. Im jeweiligen Handlungsrahmen agieren alle Professionellen nach den Standards, die mit der Ausübung des Case Managements verbunden sind. Im US-amerikanischen Kontext (vgl. Powell, 2010) sind die unterschiedlichen Rollenanforderungen selbstverständlicher Teil des Anforderungsprofils an Case Manager. Die advokatorische Rolle gehört ebenso dazu wie ein pädagogischer Auftrag, planerische Hilfestellung zu geben und Unterstützungsnotwendigkeiten zu bewerten, Qualitäts- und Ressourcenmanager zu sein sowie das Verbinden (Linking) der aktuell am Fall Beteiligten. Rollenambiguität ist Teil des fachlichen Standards und für das US-amerikanische Verständnis von CM ist es selbstverständlich, die advokatorische Funktion auch auf die Organisation oder die Gemeinschaft der Beitrags- und Steuerzahler zu erweitern. Immer wieder sind Entscheidungsmechanismen zuzuordnen (z. B. Bewertung von Unterstützungsnotwendigkeiten), die ein einseitiges advokatorisches Mandat infrage stellen. Überall dort, wo Case Management als öffentlich-rechtliche Aufgabe oder durch privatwirtschaftliche Unternehmen beauftragt agiert, stehen Widersprüche in der Auftragswahrnehmung auf der Tagesordnung, sicherlich nicht nur im Feld der Sozialen Arbeit. Es gehört zu den Transparenzkriterien, die unterschiedlichen Einflüsse deutlich zu machen, auf die Fallsituation abzustimmen und sich vor allem nicht vereinnahmen zu lassen.

Als Verfahren sind die Prozessstandards des Case Managements neutral gegenüber dem Einsatzfeld, nicht jedoch gegenüber einer beliebigen inhaltlichen Anpassung und Ausgestaltung, auch nicht durch Organisation oder Gesetzgebung. Es ist daher unsinnig den Versuch zu unternehmen, Case Management in ein „gutes" und ausschließlich klientenorientiertes Verfahren und in ein „böses" defizitverhaftetes Verfahren des Fallmanagements zu trennen. Immer dort, wo Case Management – oder in der eingedeutschten Version als Fallmanagement – zum Einsatz kommt, ist zu prüfen, inwieweit die professionellen Standards für gelingendes Case Management umgesetzt werden. Case Management ist als „interdisziplinäres Verfahren angelegt und entwickle sich mittlerweile als autonomes Handlungssystem auch außerhalb der Sozialen Arbeit, indem Wissensbestände aus Sozialarbeitswissenschaft, Pflegewissenschaften, Ökonomie, Versorgungsforschung und Politikwissenschaft und deren praxisorientierten Derivaten wie beispielsweise Managementtheorien genutzt würden" (Löcherbach, 2009, zitiert nach Soler, 2012, S. 21).

Kritik – Ja, aber ...

Es ist nicht möglich, auf alle Aspekte der Kritik am beschäftigungsorientierten Fallmanagement einzugehen. Die Dilemmata zwischen Hilfe und Kontrolle, zwischen Standardisierung und Individualisierung, zwischen Norm und Lebenswelt sind ja gerade für die Soziale Arbeit typisch. „Das Steuerungspotenzial sozialer Dienstleistungen erschöpft sich weder in rein hermeneutischen Verstehensprozessen und kommunikativer Selbstregulierung, noch ist das hergebrachte Konzept sozialtechnischer und disziplinierender Kontrolle angemessen. Technologische und hermeneutische Herangehensweisen sind nicht als unvereinbare Gegensätze anzusehen, sondern als komplementäre Herangehensweisen, die in der sozialberuflichen Regulierungspraxis miteinander verbunden sind. Vor diesem Hintergrund muss die Frage der Standardisierung in der Sozialen Arbeit neu gestellt und ein modernes Steuerungsparadigma entwickelt werden" (Hansen F., 2009, S. 141).

Die Kritik am beschäftigungsorientierten Fallmanagement soll hier zumindest partiell aufgegriffen werden, wissend, dass die Auseinandersetzung um „Geist, Standards und Umsetzung" des Case Managements gerade in der Beschäftigungsförderung an vielen Stellen zu führen ist und es im Verständnis und der Umsetzung in der Grundsicherung für Arbeitsuchende erhebliche Defizite gibt.

1. Den Case Managern in der Beschäftigungsförderung wird unterstellt, sie agierten ausschließlich arbeitsmarktfixiert und seien dadurch weder in der Lage, eine adressatenorientierte Perspektive einzunehmen, noch sich von paternalistisch-bevormundenden Strategien zu lösen (vgl. Elkeles & Michel-Schwartze, 2009; Seithe, 2010). Im Alltag hingegen sind sie beschäftigt mit der Klärung von Mietrückständen, mit der Unterstützung bei Anträgen für die verschiedensten (Sozial-)Leistungen, mit der Klärung und Einleitung schuldenregulierender Maßnahmen, der Einrichtung oder dem Erhalt von Bankkonten, mit den Auswirkungen von Suchterkrankungen, mit psychischen Erkrankungsformen und familiären Konflikten. Die Prüfung geeigneter Hilfen, die wieder Sicherheit und Halt geben, ist dann ein erster Schritt. Die Fallmanager sind erste Anlaufstelle für viele ungelöste Schwierigkeiten ihrer Kun-

Zur Kritik am beschäftigungsorientierten Fallmanagement

den, ordnen und strukturieren die (Lebens-)Situation und entwickeln dabei zum Teil sehr langfristige Rückkehrstrategien in die Beschäftigung. In der Folge vermitteln sie zum Leidwesen ihrer Organisationen eher selten direkt in den Ersten Arbeitsmarkt, weil die Lebenswirklichkeiten der Menschen eine rein arbeitsmarktbezogene Lösung momentan überhaupt nicht ermöglichen. Mitarbeiter berichten in Schulungen immer wieder, wie viele Termine erforderlich sind, bis man mit den betroffenen Menschen tatsächlich über arbeitsmarktbezogene Integrationsstrategien sprechen kann.

In vielen Fällen arbeiten gerade Fachkräfte der Sozialen Arbeit innerhalb und außerhalb des Grundsicherungssystems partnerschaftlich daran, durch einen abgestimmten Blick auf das, was den Fall ausmacht, dazu beizutragen, dass Arbeitslose wieder befähigt werden, größere Kontrolle über ihre Lebensumstände zu gewinnen. In den allermeisten Fällen wird dabei bewusst oder intuitiv auf lebensweltliche Ansätze der Sozialen Arbeit Bezug genommen, schon allein deswegen, weil die Bedarfsvielfalt keinen „Tunnelblick" zulässt. Von Arbeitsmarktfixiertheit kann im Kontext der spezialisierten Variante des Fallmanagements in der Beschäftigungsförderung nicht gesprochen werden, zumal die Zufriedenheit der Mehrzahl der Grundsicherungsempfänger mit der Beratungs- und Betreuungsarbeit besser ist, als in vielen (Presse-)Veröffentlichungen dargestellt (vgl. Tisch, 2010; differenzierter die Studie von Ames, 2006).

Unbestritten davon ist zu konzedieren, dass zunächst einmal sehr pauschal persönliche Ansprechpartner und Fallmanager häufig überfordert sind, insbesondere aufgrund regional unterschiedlicher, dennoch insgesamt weiterhin zu hoher Betreuungsrelationen. Weder die technischen Supportstrukturen noch die kollegialen Hilfesysteme sind bisher ausreichend, zu einer leistbaren, ausgewogenen und abgestimmten komplexen Fallführung beizutragen. So zeigen sich in der Folge oft fachliche (ethisch-beraterische, rechtliche, wirtschaftliche, strategische) Fehler, bei denen institutionelle Logiken auf Betroffene übertragen werden, die sich dem kaum entziehen können (vgl. Udsching, 2011; Englert, Sondermann, Lackner & Plambeck, 2012).

Nicht zuletzt arbeiten die Mitarbeiter in einem gesellschaftlich aufgeheizten Klima um das Thema „Hartz IV" mit weiterhin geringer Wertschätzung ihrer Arbeit. Versuche der Standardisierung von Beratungs- und Vermittlungsprozessen tragen häufig eher zur De-Professionalisierung bei denn zu einer wirklichen Unterstützung bei der Bewältigung des komplexen Alltags. Die zwischen hoheitlichem Auftrag und individueller Beratung und Aufbau eines Vertrauensverhältnisses angesiedelte Aufgabe bedarf einer sehr ausgewogenen Balance von Regeln und Anweisungen und freien Entscheidungsstrukturen (vgl. Osiander & Steinke, 2011, S. 21 ff.). Hilfebedürftigkeit im umfassenden Sinne darf weder pauschal unterstellt, noch im Sinne eines falsch verstandenen Empowerments geleugnet werden.

Die Kritik am Fallmanagement aus der Sozialen Arbeit

2. Case Management stellt grundsätzlich die Frage nach dem, was der Fall ist. Beim Case Management in der Bewährungshilfe sind es die Schwierigkeiten einer Haftentlassung, die hier strukturell aufgegriffen und bearbeitet werden sollen. In der Suchthilfe sind es die mit dem Missbrauch einhergehenden lebenseinschränkenden Zusammenhänge, die zum Gegenstand des CM gemacht werden. Im Kontext der Beschäftigungsförderung geht es um den Fall der (Langzeit-)Arbeitslosigkeit, der hier in besonderer Weise durch das Verfahren des Case Managements bearbeitet werden soll, wenn die daraus resultierenden Einschränkungen zu einem Hilfebedarf führen, der eben nicht aus den strukturellen Ungleichgewichten des Arbeitsmarktes resultiert.

Vor dem Hintergrund der bis heute unzureichend geklärten datenschutzrechtlichen Kompetenzen von Mitarbeitern im Case Management erscheint die Konzentration auf das, was der Fall ist, zwingend notwendig. Die von vielen Autoren unterstellte Arbeitsmarktfixiertheit der Akteure ist zunächst einmal nichts anderes als eine fachlich begründete Zuwendung auf das, was die Betroffenen von einem Dienstleister in dieser Situation erwarten, nämlich Unterstützung bei der Bewältigung der Langzeitarbeitslosigkeit und der damit verbundenen negativen Belastungen, im Idealfall mittels Aufnahme einer sozialversicherungspflichtigen Beschäftigung. Der Blick des beschäftigungsorientierten Fallmanagers wendet sich der Bedarfssituation zu und idealiter wird in kooperativer Weise herausgearbeitet, was belastet und was trägt, wo Hindernisse aus dem Weg zu räumen sind, wo professioneller Support geleistet werden muss und wo man auf die Stärken/Ressourcen des Klienten und seiner sozialen Umwelt vertrauen und diese auch einfordern darf.

In diesem Zusammenhang ist der Verweis auf strukturelle Diskrepanzen zwischen Angebot und Nachfrage auf dem Ausbildungs- oder Arbeitsmarkt völlig deplatziert. Jede Führungs- und Fachkraft in der Beschäftigungsförderung ist sich dieses Zusammenhangs seit Jahrzehnten bewusst. Aber ebenso wenig wie man sich als Case Manager in der Bewährungshilfe aufgrund von Statistiken davon leiten lassen kann, dass ohnehin eine hohe Zahl ehemaliger Strafgefangener früher oder später wieder mit dem Gesetz in Konflikt kommt, sich der onkologische Case Manager davon leiten lässt, mit einer hohen Rückfall- und Todesquote nach einer Krebserkrankung nur kurzfristige Hilfeprogramme zu planen, kann sich ein Fallmanager in der Beschäftigungsförderung davon leiten lassen, dass er die Aufnahme einer existenzsichernden Beschäftigung oder zumindest die Wahrnehmung einer sinnstiftenden Tätigkeit für unmöglich hält. Wäre dies der Fall, so ist eine prinzipiell andere rechtliche Zuständigkeit (SGB XII) gegeben, auch wenn der Graubereich deutlich stärker ausgeprägt ist, als es die scheinbar klare rechtliche Regelung des § 8 SGB II verspricht. Im Gegenteil: Für einen grundlegenden Erfolg arbeitsmarktbezogener Rückkehr ist es zuerst erforderlich, dass die beratende Fachkraft eine Vorstellung davon entwickelt, was mach-

Zur Kritik am beschäftigungsorientierten Fallmanagement

bar ist, und den Klienten für fähig hält, dies auch umzusetzen. Die Wirkmechanismen aus Beratung und Therapie zeigen, dass das „Für-möglich-Halten" eine essenzielle Voraussetzung für Erfolg ist (vgl. Golze & Göckler, 2010). Ein anziehender Arbeitsmarkt wird zukünftig zeigen, wer ausschließlich marktbedingt nicht zum Zuge kam und wer in seinen individuellen Hemmnissen den Zugang verfehlt. Gut qualifizierte Fallmanager hängen weder einer überzogenen Ressourcenorientierung nach, die sehr viel stärkere Risiken einer Überforderung trägt, noch einem sturen Defizitblick, der Motivation und Engagement untergräbt. Die ehrliche Bilanz, die gemeinsam gezogen wird, ist die Voraussetzung für eine gelingende Rückkehrplanung in den Arbeitsmarkt.

3. In nahezu allen Kritiken werden undifferenziert die strukturierten Vermittlungsprozesse der Bundesagentur für Arbeit und das Fachkonzept zum beschäftigungsorientierten Fallmanagement in einen Topf geworfen. Die zitierten fachlichen Belege, die in diesem Kontext kritisch zum beschäftigungsorientierten Fallmanagement angeführt werden, basieren jedoch überwiegend auf Untersuchungen, die entweder überhaupt nicht in der Grundsicherung durchgeführt wurden, oder sich auf Vermittlungsfachkräfte bezogen, die weder entsprechend geschult noch im Verfahren des spezialisierten Ansatzes von bFM gearbeitet haben (exemplarisch hier die fehlerhaften Zuordnungen von Buestrich, Dahme, Kühnlein & Wohlfahrt, 2010, S. 246 ff.). Diese unsaubere wissenschaftliche Zuordnungspraxis findet sich in den meisten kritischen Hinweisen zum Fallmanagement in der Beschäftigungsförderung, obwohl Studien (vgl. Kaltenborn, Kolerus, Titova & Wielage, 2008; Boockmann, Koch, Rosemann, Stops & Verbeek, 2010) belegen konnten, wie unterschiedlich die Anwendungspraxis zwischen den Vorgehensweisen im SGB II und SGB III, aber auch innerhalb der beiden Rechtskreise in der konkreten Alltagspraxis ausfällt. Es ist etwas anderes, ob man die Geschäftspraktiken der Bundesagentur für Arbeit insgesamt einer kritischen Bilanz unterzieht oder ob man konkret auf das Verfahren des beschäftigungsorientierten Fallmanagements abzielt. Fakt ist, dass das beschäftigungsorientierte Fallmanagement – zumindest bis jetzt – lediglich eine „Übergangsschnittstelle" zu den strukturierten Vermittlungsprozessen (Vier-Phasen-Modell/4-PM) der Bundesagentur für Arbeit aufweist und im unzureichenden IT-System ein zugriffsgeschütztes eigenes Betreuungstool aufweist. Kritik, die auf dieser Ebene ansetzt, verkennt, dass das Fachkonzept zum beschäftigungsorientierten Fallmanagement bis heute seinen eigenständigen Charakter im Dienstleistungsangebot der Grundsicherung behalten hat. Eine inhaltliche Verquickung mit den strukturierten Vermittlungsprozessen, wie sie beispielsweise Michel-Schwartze (2010, S. 329 ff.) vornimmt, ist fachlich unzulässig, da das beschäftigungsorientierte Fallmanagement über ein offenes und wenig strukturell vorgegebenes Assessmentverfahren verfügt (im Gegensatz zum Profilingansatz des 4-PM der Bundesagentur für Arbeit). In ähnlicher Weise wird auch in aktuellen Untersuchungen

Die Kritik am Fallmanagement aus der Sozialen Arbeit

nicht klar differenziert, auf welches Konzept des Fallmanagements man sich bezieht und ob die Grundlage für eine Beurteilung eher in den standardisierten Vermittlungsprozessen des Vier-Phasen-Modells zu sehen ist. Die Aussage, dass „durch das Konzept des beschäftigungsorientierten Fallmanagements eher standardisierte Vorgehensweisen gestärkt, die einzelfallbezogenen, sich situativ zeigenden Ambivalenzen nicht zu lösen [...] sind" (Böhringer, Karl, Müller, Schröer & Wolff, 2012, S. 248), sind jedenfalls mit dem hier vorliegenden Verständnis des spezialisierten Fallmanagements nicht vereinbar.

Wie verquer gerade das Vermittlungsmodell mit dem Case Management-Ansatz in der Beschäftigungsförderung wirkt, haben Reis & Ludwig (2011) herausgearbeitet. Sie sprechen davon, dass aufgrund der Systemlogik des strukturierten Vermittlungsprozesses und der Klientenanliegen beziehungsweise der Problemstruktur der Kunden der Aufbau von „Parallelwelten" mithilfe der agierenden Fallmanager vonnöten sei. Die gesetzlichen Grundsicherungsträger sind gut beraten, für Menschen mit komplexen Bedarfssituationen auf Standardisierungen zu verzichten, die Eindimensionalität zu verstärken und Offenheit der Hilfen systemisch zu beschränken. Dies wäre in der Tat mit grundlegenden Standards des Case Managements nicht vereinbar.

4. Kritik wird auch geübt an der Zuweisungspraxis in das beschäftigungsorientierte Fallmanagement. Die hierzu häufig verwendete Zugangsdefinition des Fachkonzeptes (Autorengemeinschaft, 2004) muss dazu herhalten, dem Konzept Stigmatisierungsprozesse und Entwertungstendenzen der einbezogenen Klientel zuzuweisen. Einmal abgesehen davon, dass der Arbeitskreis diese Definition lediglich zur Erprobung empfohlen hat, gehört es zu den Standards eines guten Case Managements genau zu definieren, für wen die personalintensive Ressource vorgehalten wird. Nahezu alle Fachleute, die zum Case Management veröffentlichen, legen auf diesen Prozessschritt gesteigerten Wert. Die Deutsche Gesellschaft für Care und Case Management (2011, S. 12) legt unzweideutig fest, dass CM nur „bei Menschen in komplexen Problemlagen [greift], zu deren Lösung eine Beteiligung mehrerer Akteure (Leistungserbringer), die in einem kooperativen Prozess aufeinander abgestimmt agieren, notwendig ist (hohe Akteursdichte)". Dieser Zugang ist klar zu definieren und für alle Beteiligten transparent zu administrieren. Der Deutsche Verein spricht in diesem Zusammenhang von einer „Herausforderung für das Fallmanagement [...], die Zielgruppe anhand der Bedarfe klar zu identifizieren" (Deutscher Verein, 2009, S. 3). Eine eindeutige und für Klienten wie Mitarbeiter verständliche und nachvollziehbare Zuordnungssystematik ist demnach ein fachlicher Standard, der nicht nur mit dem Konzept des beschäftigungsorientierten Fallmanagements notwendigerweise verbunden ist.

Im Gegensatz zu den kritischen Stimmen, die davon ausgehen, dass das beschäftigungsorientierte Fallmanagement den Betroffenen „aufoktroyiert" wird, lautet die Empfehlung der Bundesagentur für Arbeit für die umsetzenden Grundsicherungsstellen bisher, dieses Verfahren infrage kommenden Kunden als freiwillige Leistung anzubieten. Die Nicht-Annahme dieser Dienstleistung ist ohne Kontroll- und Sanktionsdruck zulässig.

5. Die fachliche Umsetzung, beispielsweise im Assessment, von Michel-Schwartze (2010, S. 329) als dubioses, alltagstheoretisch fundiertes Erhebungsinstrument bezeichnet, basiert durchaus auf wissenschaftlich tragfähigen Ansätzen. Bei der gewünschten Offenheit, die das Einbringen von Alltagserfahrung ermöglichen soll, sind zahlreiche Kategorien des Assessments für die „Fallbetrachtung" relevant. Wer sich mit den aktuellen Ergebnissen um Kompetenzentwicklung und Beschäftigungsfähigkeit vertraut macht, der weiß, dass beispielsweise das motivationale Moment ein zentrales Merkmal der Fallerhebung sein muss. In allen vorliegenden deutschsprachigen Untersuchungen zu diesem Thema wird beispielsweise dem Suchverhalten arbeitsloser Menschen eine statistisch signifikante Rolle bei der erfolgreichen Rückkehr auf dem Arbeitsmarkt zugewiesen (vgl. Apel & Fertig, 2009). Das ist beileibe keine „dubiose Alltagstheorie" und im Kontext des Fallverstehens ein zwingendes Thema des Assessments, welches im Erhebungsbogen der Bundesagentur für Arbeit einen aus der sozialarbeiterischen Anamnesepraxis bekannten beraterisch notwendigen Freiraum genießt. Dabei bleibt zentral, den Eigenlogiken der Klienten mehr Raum zu geben, die sich häufig nicht decken mit den standardisierten Idealen der strukturierten Vermittlungsprozesse. Für gute Beratungsfachkräfte sind gerade diese Logiken eine permanente Quelle guter und nachhaltiger Fallentwicklung.

Gut qualifizierte Mitarbeiter bei kommunalen Trägern und in der Bundesagentur für Arbeit sind durchaus in der Lage, strukturell bedingte Hinderungsgründe einer erfolgreichen Rückkehr in den Arbeitsmarkt von individuellen zu trennen. Die Grundsicherung für Arbeitsuchende ist geradezu darauf angelegt, an beiden Seiten des Arbeitsmarktes Ansatzpunkte für Hilfen entwickeln zu können. Das bedeutet auch, dass sie in Grenzen in der Lage ist, zeitlich befristete Beschäftigung zu generieren oder Integrationen auf dem Ersten Arbeitsmarkt zu flankieren. Case Management in der Beschäftigungsförderung ist (wie CM in vielen anderen Einsatzfeldern auch) darauf angelegt, die vorhandenen Rahmenbedingungen und internen wie externen Ressourcen aus der Perspektive der betroffenen Menschen zu erschließen, zu gewichten, auf Einfluss- und Veränderungsmöglichkeiten zu prüfen und letztendlich auch Unterstützung zu leisten in den Fällen, in denen die Anpassung des Individuums im Sinne erweiterter Handlungsspielräume den größten Nutzen stiftet. Die von den Betroffenen gewünschte „Normalitätsorientierung" ist ja nun gerade für die Soziale Arbeit kein neues Thema, ist Gegenstand von Reflexionsprozessen in Ausbildung und Praxis bei Fachkräften der Sozialen Arbeit.

Die Kritik am Fallmanagement aus der Sozialen Arbeit

Die Schwierigkeiten des Case Management-Ansatzes in der Beschäftigungsförderung

Das beschäftigungsorientierte Fallmanagement gerät momentan gleich von zwei Seiten unter Druck. Aufgrund einer Außenperspektive, die es einem klientenfernen und ausgrenzenden Verfahren zuordnet, und einer Binnenperspektive, der es weniger um nachhaltige Hilfe denn um betriebswirtschaftlich geprägte Maßnahmen der Kostensenkung geht (vgl. Abb. 26).

Abbildung 26: Beschäftigungsorientiertes Fallmanagement unter Druck

Kritik aus der Sozialen Arbeit
- Arbeitsmarktfixiert
- fehlende Klientenorientierung
- Neo-liberal verkappte „soziale" Dienstleistung
- Betriebswirtschaftlich ausgerichtet
- Ausschließlich Regel- und weisungsgebundenes Handeln
- Ausgrenzend statt integrativ

Fallmanagement in der Beschäftigungsförderung

Organisationale Aushöhlung
- Standardisierung von Bedarfslagen
- Unzureichende Kennzahlen und Anreizstrukturen für Führungskräfte
- Zieldiffusion
- „Imageprobleme" im Kontext Hartz IV
- Überladung/fehlende Netzwerkorientierung

Quelle: Göckler, 2012, S. 30

Nach wie vor versuchen die Grundsicherungsträger Case Management in Betreuungsrelationen umzusetzen, die eine individualisierte und übergreifende Steuerung des Falles kaum zulassen. Vom gesetzgeberischen Ideal einer realen Betreuungssituation von 1:75 sind die meisten Mitarbeiter weit entfernt. Mit einhundert, zweihundert oder mehr Fällen ist Case Management nicht mehr erfolgreich zu praktizieren. Die noch laufenden Modellvorhaben der Bundesagentur für Arbeit, mit einer verbesserten Betreuungsrelation zu besseren Ergebnissen zu kommen, belegen, dass gute und intensivere Beratungsarbeit oftmals erfolgreicher ist als teure Integrationsinstrumente (vgl. Schiel, Schröder, Gilberg & Kruppe, 2008; Hofmann, Krug, Sowa, Theuer & Wolf, 2010). Statt personelle Einsparungen zu fordern, sollte der Fokus auf eine Betreuungsrelation gelegt werden, wie sie auch im europäischen Kontext als angemessen und tragfähig gesehen wird. Dabei zeigen sich immer dann die besten Erfolge, wenn man früh mit intensiver Beratungs- und Betreuungsarbeit ansetzt und das Angebot den strukturierten Rahmen der Organisationslogik verlässt. Gelingt dies, sind auch in der wissenschaftlichen Evaluation folgende Feststellungen nicht ungewöhnlich:

„Nur sehr wenige Arbeitslose, die sich zunächst auf eine Zusammenarbeit eingelassen haben, kehrten wieder in die Regelvermittlung zurück, weil sie mit dem PRIMUS-Dienstleistungsangebot gar nicht zufrieden waren. Im Ausgangssample der beobachteten Teilnehmer/innen gab es nur ein Paar, das nach neun Monaten eine Rückkehr in die Regelvermittlung wünschte. Und nur in drei weiteren Projektfällen waren Kund/inn/en mit der Dienstleistung nicht (in vollem Umfang) zufrieden [...]. Trotz vereinzelter kritischer Stimmen ergibt sich damit insgesamt eine ausgesprochen positive Bilanz der KundInnen, die in ihrer zusammenfassenden Bewertung nicht selten zu Superlativen griffen: „Toll!" „Ich fühle mich rundum gut betreut." „Eine bessere Beraterin kann man gar nicht haben", „Besser als sie es jetzt macht, glaube ich, kann man nichts machen", „Also ich finde es perfekt ... würde ich jedem empfehlen" (Bartelheimer, Henke, Kotlenga, Pagels & Schelkle, 2012, S. 69).

Zudem zeigen Untersuchungen und Modellprojekte immer wieder, dass es gerade Personen mit komplexem Hilfebedarf sind, die in den administrativen Wirren scheitern und dort, als „widerständig" abgestempelt, die notwendige Unterstützung nicht erhalten. Diejenigen, die einen hohen Grad normabweichenden Verhaltens zeigen, benötigen die intensivste Unterstützung, weil sie eben nicht nur an den Grundsicherungsanforderungen scheitern. Gleichzeitig sind es genau die Fälle, die trotz beständiger Sanktionsbedrohung der Grundsicherung nicht verloren gehen und über Jahre und Jahrzehnte hinweg durch kurzatmige „Erste Hilfe" ohne Nachhaltigkeit fiskalisch hohe Kosten verursachen. Die Zahl derjenigen, die zwischen Grundsicherung und geschlossenen Formen (stationäre Einrichtungen, Justizvollzugsanstalten, Psychiatrie etc.) hin und her pendeln, scheint zu wachsen. Der Kostendruck in allen sozialen Einrichtungen und staatlichen Institutionen verhindert in unserer nach wie vor versäulten sozialen Praxis, dass nachhaltige, abgestimmte und konsequente Hilfe greifen kann. Wer auf die Wirtschaftlichkeit des Case Managements setzt, kann nicht kurzfristig denken. Hierzu gehört im Kontext der Beschäftigungsförderung zwingend auch die Freiheit, über Fragen nachzudenken, wie gelingendes Leben außerhalb der regulären Arbeitsmärkte aussehen könnte. Die Aussage, die der Vorstandsvorsitzende Weise gegenüber einer Controlling-Zeitschrift machte, erweist sich für den Kontext der Grundsicherung als völlig unzureichend und erklärt vielleicht, warum sich die Bundesagentur für Arbeit, getrieben von einer hektischen Politik, aus ihrer Arbeitsförderungstradition des SGB III immer noch so schwer mit dem Fürsorgekern des SGB II tut:

Die Kritik am Fallmanagement aus der Sozialen Arbeit

„Ich habe ein Geschäft zu führen, bei dem 10 Kunden in meinen Laden kommen und ich weiß: nur einem einzigen kann ich etwas anbieten [...]. Wir können zwar die restlichen neun Kunden in unserer Agentur freundlich behandeln, wir können auch den Auftrag sehr schnell abarbeiten, wir können sozusagen nach einer Stunde schon sagen, wir haben alles verstanden, wir haben die Daten aufgenommen – aber wir haben ihnen leider nichts anzubieten" (Weise, 2005, S. 435 f.).

Wenn sich Case Management im Rahmen der Leistungssteuerung damit beschäftigt, welche Hilfeoptionen im Einzelfall die nachhaltigste Wirkung verspricht, wird es sich notwendigerweise auch mit Optionen außerhalb der regulären Beschäftigung auseinandersetzen müssen. Insofern darf vom bFM ein Impuls für eine weitere Ausdifferenzierung von Hilfeangeboten erwartet werden. Es gibt Fälle, in denen die Stabilisierung der familiären, gesundheitlichen oder persönlichen Situation bereits ein erheblicher Erfolg ist. Hier zeigt sich, dass akzeptierte Zieldimensionen für sozial stabilisierende Hilfen seit langer Zeit ein Problem der Sozialversicherungsträger und der Sozialen Arbeit generell sind. Nimmt der Gesetzgeber den Gedanken über eine nachhaltige Integration ernst, werden zwangsläufig andere als die jetzt genutzten Kennziffern für den Erfolg der Arbeit in der Grundsicherung bedeutsam. Indikatoren, die die beschäftigungsfördernden und fürsorgerischen Aspekte des Gesetzes besser zusammenführen, sind dringend geboten. Praxis und Wissenschaft stehen dabei nicht am Anfang und lassen gerade in Verbindung mit dem Case Management eine angemessene Abbildung von Indikatoren erwarten.

Warum am beschäftigungsorientierten Fallmanagement festhalten?

Case Management als sozial orientiertes Verfahren sollte als „Muster" gegenüber einer menschlich entfremdeten Organisations- und Betreuungspraxis nicht vorschnell aufgegeben werden. Die strukturierten Vermittlungsprozesse der Bundesagentur für Arbeit (4-PM) dienen in erster Linie Organisations- und Steuerungszwecken und sind stark arbeitgeberseitig ausgerichtet. Das verabschiedete Fachkonzept zum bFM orientiert sich jedoch an den fachlichen Standards, die für Case Management grundsätzlich gelten, und benötigt in den Strukturen der Organisation einen Freiraum, der fachliche Arbeit auf den unterschiedlichen Ebenen ermöglicht und von der Führung legitimiert und unterstützt wird. Die Zuordnungslogik in die Kundengruppen des 4-PM zwingt die Mitarbeiter in eine „Behandlungslogik" der Menschen, der sie sich kaum entziehen können. Im fachlichen Standard des Case Managements verbietet es sich geradezu, die Zuordnung mit einer vorgegebenen Handlungslogik zu verquicken. Was im Management des Falles zu tun ist, ist das Ergebnis einer Bedarfsfeststellung und Aushandlung zwischen Fallmanager und Kunden unter Berücksichtigung der zur Verfügung stehenden Hilfsangebote.

Zur Kritik am beschäftigungsorientierten Fallmanagement

Allerdings ist auch klar, dass das Verfahren des Case Managements keine Universallösung ist, die sich grundsätzlich immer und überall eignet und Heil und Hilfe verspricht. Case Management, so Kleve (Kleve, 2009, S. 87), „lässt sich nicht so einführen, wie es theoretisch erdacht wurde. Die komplexe Praxis kann diesbezüglich nicht einem theoretischen Plan entsprechend gestaltet werden, sie bleibt im positiven Sinne widerständig, der theoretischen Logik entgegen stehend, ja widersinnig." Ähnlich argumentiert Pantucek (2007, S. 432 f.): „Case Management als Fallmanagement zu etablieren, ist immer ein Kampf gegen die Ordnung des Sozial- und Gesundheitswesens nach der Logik der Institutionen, der Versuch, für je diesen Klienten / diese Klientin die Unterstützung nach der Logik des Falls zu organisieren. Und das, obwohl alles dagegen spricht, dass das gelingen kann. Case Management ist Sisyphusarbeit. Es scheitert an seinen hohen Ansprüchen vor allem dort, wo es am dringendsten benötigt wird: Nämlich dort, wo KlientInnen aufgrund komplexer Problemlagen sich nicht mit einigen wenigen Hilfen begnügen können und nicht ihr Leben ansonsten recht gut im Griff haben. Case Management scheitert, weil es die institutionelle und spezialisierte Organisation des Sozial- und Gesundheitswesens einerseits zur Voraussetzung hat, andererseits unter dieser Bedingung eben nicht seinen Anspruch auf ein ‚rundes' klientInnenorientiertes Unterstützungspaket einlösen kann.

Dass Case Management die eigenen Ansprüche nie einlösen kann, das sollte uns allerdings nicht dazu verleiten, das Konzept zu verwerfen. Im Gegenteil: Wie bei jedem Idealkonzept ist auch bei diesem nichts mehr zu fürchten als seine allseitige Umsetzung. Die wäre nämlich notwendigerweise mit einem Verlust von Kontingenz, von Unplanbarkeit, also von Freiheitsgraden verbunden. Eine umfassende Planung und Steuerung aller nicht-staatlichen und staatlichen Maßnahmen im Fall durch eine Case-Managerin würde dieser eine problematische Machtfülle zuweisen, die nur schwer zu kontrollieren ist. Ein gewisses Maß an Unplanbarkeit ist eine notwendige Bedingung für Freiheit, von menschlichen Verhältnissen. Hinreichend große Reste von Ungewissheit sichern Entscheidungsfreiheit und sichern die Chance, dass sich sinnvolle Entwicklungen realisieren, obwohl deren Sinnhaftigkeit von den ‚ExpertInnen' bei der Planung des Prozesses nicht erkannt worden war. Um es noch einmal zuzuspitzen: Case Management in seiner vollen Blüte ist ein autoritäres Konzept (wie jede Sozialutopie). Die Abwesenheit von fallbezogener Unterstützungsplanung hingegen bedeutet die absolute Dominanz rein institutioneller partikularistischer Logiken. Die Abwesenheit von Case Management lässt also die institutionelle und administrative Logik ohne Gegengewicht" (ähnlich Kleve, 2009, S. 86 ff.).

Stichwortartig werden abschließend die zentralen Argumente noch einmal zusammengefasst, die auch aus Sicht der beteiligten Organisationen für eine konsequente, führungsgestützte und qualitativ gesicherte Einführung des beschäftigungsorientierten Fallmanagements sprechen sollten:

Die Kritik am Fallmanagement aus der Sozialen Arbeit

- Das beschäftigungsorientierte Fallmanagement führt eine zersplitterte Förderlandschaft zu abgestimmten Zielen zusammen. Es unterstützt die Betroffenen bei der Auswahl von Hilfen und deren Umsetzung und Durchführung. Deshalb hat CM den Anspruch, das Hilfesystem zu koordinieren und so lange zu stabilisieren, bis eine (nachhaltige) Besserung oder Stabilisierung der Lebenssituation der Betroffenen eingetreten ist. Die Steuerung des Falles ist dabei zentral abhängig von einer dominanten Bedarfslage. Rücken extern zu koordinierende Bedarfslagen außerhalb der Arbeitsmarktintegration in den Vordergrund, tritt das beschäftigungsorientierte Fallmanagement in der Fallführung hinter die Betreuung (Fallführung) durch die jeweiligen Experten aus anderen Feldern zurück.

- Es ist interdisziplinär und interorganisatorisch angelegt und keine weitere Spezialdisziplin. Es ist zu Recht auch kein Verfahren, welches ausschließlich von der Sozialen Arbeit beansprucht werden kann. Allerdings gibt es viele Gründe davon überzeugt zu sein, dass Soziale Arbeit mit diesem Verfahren besonders wirkungsvoll arbeiten kann. Diese Fachkräfte der Sozialen Arbeit sind dazu ausgebildet, den schmalen und immer wieder auszutarierenden Grat von Kontrolle und Hilfe zu gehen. Aktivierung als Form der (Wieder-)Ermächtigung ist sowohl mit dem Grundsicherungsauftrag wie mit dem Selbstverständnis der Sozialen Arbeit zu vereinbaren. „Soziale Arbeit hat in ihrer Praxis nur ein Mandat: Menschen bei der Aktivierung ihrer Kräfte zu unterstützen, die zeitweise oder auch auf Dauer nicht ohne Hilfe in der Lage sind sich in ihrer Umwelt einzurichten, ihren Verpflichtungen nachzukommen, sich zu verwirklichen und dabei Sinn, Identität und Wohlbefinden zu finden" (Lutz, 2010, S. 16).

- Beschäftigungsorientiertes Fallmanagement hat parallel den Anspruch, die erkennbaren Bedarfe auszuwerten, die Anforderungen zu bündeln und rückgreifend auf das Versorgungsnetz im Sinne einer Anpassung/Optimierung zu wirken. Insofern ist CM ohne ein ausreichendes Hilfenetz nicht denkbar. CM ist hier ein Brückenverfahren, welches die kommunale Sozialplanung wie die regionalen Arbeitsmarktprogramme mit weichen Daten versorgen kann, die für eine verlässliche und nachhaltige Planung und Umsetzung zwingend erforderlich wären.

- CM wendet sich an Menschen mit komplexem Hilfebedarf, denen der arbeitsmarktfixierte Blick des Profilings eher Hindernis als Hilfe ist. Die betreuten Menschen im Case Management sind im Hinblick auf ihre Integrationschancen in den Arbeitsmarkt vorübergehend oder auch dauerhafter deutlich eingeschränkt, benötigen unterschiedliche Hilfen aus den sozialen und arbeitsmarktintegrativen Leistungen der Grundsicherung sowie Unterstützung aus dem Feld von Gesundheit und Sozialer Arbeit. Damit ist auch klar, dass von Arbeitslosigkeit betroffene Menschen, die nur deshalb arbeitslos sind, weil ihnen der Markt keine Möglichkeit gibt, ihre Arbeitskraft einzusetzen, nicht die Zielgruppe des bFM sind. Insofern ist Case Management als Verfahren nicht dazu ge-

Zur Kritik am beschäftigungsorientierten Fallmanagement

eignet, in eine „Zwei-Klassen-Sozialarbeit" (Lutz, 2010, S. 53 ff.) zu führen, indem dort nach „Unterstützungsfähigen" (Professionelle Sozialarbeit auf sozialwirtschaftlicher Basis) und „Nur zu Verwaltenden" (Sozialarbeit als verarmte Grundversorgung) unterschieden wird, eher im Gegenteil. Im Zugang ist die Komplexität des zu koordinierenden Hilfebedarfs zu klären und je größer die Komplexität, umso notwendiger der Einsatz des bFM.

- Die erkennbare demografiebedingte Bedarfssituation auf dem Arbeitsmarkt und das Thema Langzeitarbeitslosigkeit geraten zunehmend in den öffentlichen Blick. Neue Strategien werden erforderlich, betriebliche Anforderungen (Qualität) und Bedarfe (Quantität) mit den Leistungsreserven und Ressourcen der Betroffenen zu verbinden. Zudem haben sich die bisher gezeigten Integrationsstrategien bei dem Personenkreis der Langzeitarbeitslosen als zu wenig erfolgreich und nachhaltig erwiesen. Deutschland weist auch im internationalen Vergleich weiterhin eine zu hohe Quote in der Langzeitarbeitslosigkeit auf (vgl. Bundesagentur für Arbeit, 2011). Hierzu gehört auch die Erkenntnis für den Gesetzgeber, dass man nicht gleichzeitig den Arbeitsmarkt flexibilisieren kann (kürzere Kündigungszeiten, Ausweitung atypischer Beschäftigung, Verzicht auf Lohnuntergrenzen etc.) und andererseits gerade für die wenig qualifizierten Arbeitskräfte die Grundsicherungsträger unter dem Aspekt Nachhaltigkeit dafür in die Pflicht nimmt, möglichst in existenzsichernde und unbefristete Arbeit zu vermitteln. Dieser strukturelle Widerspruch kann von den Grundsicherungsträgern nicht gelöst werden, darauf hinzuweisen und Belege zu sammeln schon.

- Gut qualifizierte Case Manager sorgen an der Nahtstelle zwischen Organisation und Außenwelt für eine wechselseitige Transparenz. Sie bringen Kritik und Veränderungspotenziale nach innen und erklären Klienten und Partnern, was im Kern vor sich geht, unvermeidlich und rechtskonform ist. Für den Erhalt einer sozial- und rechtsstaatlichen Funktion der Sozialversicherung sind gute Beratungsfachkräfte und Case Manager eine verlässliche Stütze (vgl. Bohrke-Petrovic & Göckler, 2009).

- Nicht zuletzt birgt CM die Chance, dem erlahmenden Prozess der Neuausrichtung öffentlicher Dienstleistungen einen neuen Schub zu geben. Beschäftigungsorientiertes Fallmanagement als sozialwissenschaftlich orientiertes Verfahren, welches die Diskussion um die Modernisierungsanforderungen an die öffentliche Verwaltung neu beleben kann, weil es zwischen der betriebswirtschaftlichen Ökonomisierung des Sozialen, einer ausschließlich rechts- und verwaltungsorientierten Vorgehensweise der Vergangenheit und einer intransparenten sozialen Orientierung der Unverbindlichkeit ein konstruktiv vermittelndes Bindeglied wäre, das die soziale Balance nicht verliert, sollte nicht vorschnell aufgegeben werden.

Kritik an der Umgestaltung des Sozialen ist vonnöten und an vielen Stellen berechtigt. Die zunehmende Spaltung der Gesellschaft in Arm und Reich hat Grenzen des Erträglichen erreicht, die Finanzierungslogiken öffentlicher Haushalte und die Exzesse an den Kapitalmärkten sind kaum noch vermittelbar und die Anzeichen einer „erschöpften Gesellschaft" (Keupp, 2010) unübersehbar. Case Management kann punktuell ein Baustein sein, konfligierende Interessenlagen zusammenzuführen. Es wird allein nicht reichen, verdient aber eine Chance, die nicht (ausschließlich) auf kurzfristige „Erfolge" setzt. Viele Schwierigkeiten bei Implementation und Praxis des Case Managements sind nicht dem Verfahren an sich geschuldet, sondern betreffen grundlegende Steuerungs- und Wirkungsoptionen in modernen Gesellschaften, denn nicht nur im Feld der Beschäftigungsförderung zeigen sich komplexe Ausgangssituationen.

Wer an der Veränderung sozialstaatlicher Politik grundlegende Kritik übt, darf nicht vergessen, dass im Systemwechsel auf beiden Seiten des Schreibtisches Menschen sitzen, die die Unterstützung und Begleitung von Wissenschaft und Praxis benötigen. Sie allein im Dilemma der Umsetzung zurückzulassen erfüllt mit Sicherheit nicht den Anspruch auf eine advokatorische Interessenvertretung. Denjenigen, die sich mit aktuellen Handlungsdilemmata in der Grundsicherung beschäftigen, ob in Wissenschaft oder Praxis, Opportunismus oder gar „die Exekution eines Sachzwangs" (in welchen Feldern öffentlichen Handelns wäre das nicht so) vorzuwerfen, zeugt weder von Professionalität noch von Gestaltungswillen.

13.2 Forschungstheoretische Einordnung – ein Ansatz

Eine forschungstheoretische Einordnung des beschäftigungsorientierten Fallmanagements zum jetzigen Zeitpunkt fällt weiterhin schwer. Soler (2012, S. 22 ff.) fragt danach, wie sich ein Verständnis von Case Management auf der organisationalen Ebene zu einem individuumsorientierten Ansatz verhält und ob sich aus den jeweiligen Blickwinkeln nicht Spannungsfelder auftun, die unter Umständen auch dazu beitragen können, dass Case Management zur Ausgrenzung von Menschen beiträgt. Sie kritisiert weiter den fehlenden Theorierahmen des Handlungskonzeptes, das oftmals als einfaches „Ablaufprogramm" (ebd., S. 23) einzuordnen sei und dadurch zur De-Professionalisierung der Fachkräfte beitragen könnte. Dabei ließe sich ein theoretischer Zugang zum Case Management schon dadurch schaffen, dass man in diesem „Ablaufschema" die grundlegenden Strukturen einer entscheidungstheoretischen Verortung bereits erkennt.

In der neueren Entscheidungstheorie werden mittlerweile hoch komplexe Prozeduren auf Prozessmodelle der Entscheidung aufgesetzt. Weiterhin gehen die meisten Experten (vgl. Laux, Gillenkirch & Schenk-Mathes, 2012, S. 12 ff.) davon aus, dass entscheidungsbasierte Strategien zunächst darin bestehen,

1. das Problem zu formulieren,
2. das Zielsystem, auf das hin eine Entscheidung getroffen werden soll, zu präzisieren,

Zur Kritik am beschäftigungsorientierten Fallmanagement

3. die zur Verfügung stehenden Alternativen zu erforschen,
4. nach festzulegenden Kriterien aus dem Zielsystem eine Auswahl unter den Alternativen zu treffen,
5. innerhalb der Realisierung weitere Subentscheidungen treffen zu müssen und
6. eine Nachentscheidungsphase zu bewältigen.

Abb. 27 verdeutlicht, dass man einem derartigen Entscheidungsprocedere gut das Prozessmodell des Case Managements zuordnen kann. So, wie in der neueren Entscheidungstheorie klar ist, dass dieses Modell nur eine Orientierungsfunktion hat, gilt dies auch für das Case Management. Je nachdem, ob man Entscheidungen unter Sicherheit/Unsicherheit, risikofreudig/risikoaversiv oder als Einzelperson/Gruppe zu treffen hat, verändern sich die einzelnen Entscheidungsparameter. Die Entscheidungstheorie hat sich längst zu einem veritablen Forschungszweig der Psychologie, der Ökonomie, der Mathematik/Empirie und anderer Wissenschaftszweige entwickelt, die man heute spieltheoretisch untersucht. Auch in der psychologischen Forschung, beispielsweise bei berufswahltheoretischen Modellen, finden derartige Modellstrukturen ihren Niederschlag (vgl. Schreiber, 2005) und belegen die Relevanz des Ansatzes.

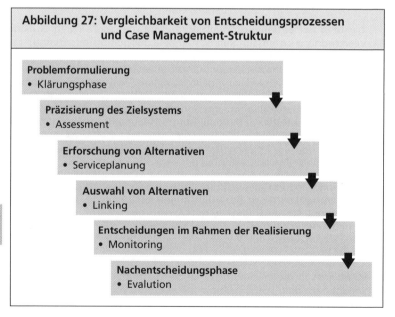

Abbildung 27: Vergleichbarkeit von Entscheidungsprozessen und Case Management-Struktur

Quelle: in Anlehnung an Laux et al., 2012

Forschungstheoretische Einordnung – ein Ansatz

Natürlich sollte Case Management darüber hinaus in einen weitergehenden sozial- und wirtschaftspolitischen Diskurs eingebunden werden, bei dem zu untersuchen ist, wie sich das Spannungsfeld zwischen normativen Orientierungen und empirischen Belegen auflösen lässt (CM als Baustein moderner Governance-Strukturen). Eine der wissenschaftstheoretisch interessanten Einordnungsmuster könnte sich aus der Stellung des beschäftigungsorientierten Fallmanagements in der Konstruktion der Übergangsmärkte ergeben, bei der vor allem Schmid (Schmid, 2011, S. 45 f.) versucht, den Worthülsen von Risikogesellschaft, Chancengesellschaft, Flexicurity und Ähnlichen mit der Theorie der Übergangsmärkte und des sozialen Risikomanagements einen Sinn zu geben und die Handlungsfähigkeit der Politik wiederherzustellen. Die Entwicklungen auf den Beschäftigungsmärkten zwingen dazu, den Blick von der Arbeitslosigkeit auf die Arbeit insgesamt auszuweiten und eine Konstruktion zu wählen, die die sozialen Risiken moderner Gesellschaften rund um das Thema Arbeit in einer Arbeitsversicherung bündelt, bei der die sozialen Risiken der Modernisierung nicht nur individualisiert, sondern auch gemeinschaftlich abgesichert werden.

Für Klug (2003, S. 136 ff.), der sich zunächst auf der Ebene der konkreten Implementation bewegt, sind drei Kategorien maßgeblich für eine wissenschaftsgestützte Herangehensweise zur Einordnung und Systematisierung von Case Management-Ansätzen.

1. Der **Grad der Beziehungsintensität**, welche von einem reinen Broker-Verständnis ohne ein notwendiges Arbeitsbündnis bis zu einem therapeutisch oder pädagogisch orientierten Fallmanagement in der Jugend- und Kinderhilfe oder der Suchtkrankenhilfe reicht.

2. Der **Grad der Involviertheit** in die Gemeinwesenebene, die ebenfalls nur von einer marginalen Einbindung beim Broker-Modell auf der einen Seite, auf der anderen Seite von einem stark sozialräumlichen Fallmanagement (Stadtteilarbeit, Gemeinwesenarbeit) gekennzeichnet wäre. Hier steht insbesondere auch der sozialarbeiterisch-politische Aktivierungsansatz der Betroffenen selbst im Vordergrund.

3. Beim **Grad der Systemkontrolle** geht es um eine gewollt-gesteuerte Verbesserung humaner Dienstleistungen insbesondere unter dem Gesichtspunkt der Kosteneffizienz. Das Broker-Modell wird hier von Klug auf der consumer-driven-Seite angesiedelt, was jedoch nur dann der Fall ist, wenn der Kunde selbst Auftraggeber des Fallmanagements ist.

Versucht man in diesem Rahmen, das beschäftigungsorientierte Fallmanagement nach dem SGB II zu verorten, ergibt sich das aus Tab. 7 erkennbare Bild:

Zur Kritik am beschäftigungsorientierten Fallmanagement

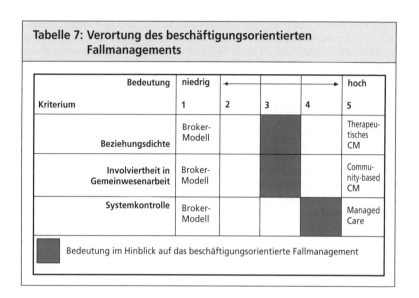

Tabelle 7: Verortung des beschäftigungsorientierten Fallmanagements

Quelle: Göckler, 2005 in Anlehnung an Klug, 2003, S. 143

Beschäftigungsorientiertes Fallmanagement im SGB II beruht auf einer mittleren Ausprägung bei der **Beziehungsdichte**, weil einerseits das Arbeitsbündnis zur Erreichung von Zielen eine verlässliche und auf Wertschätzung basierende Kundenbeziehung benötigt, das aus durchaus sehr persönlichen Informationen und Bekenntnissen die notwendigen arbeitsmarktlichen Schlussfolgerungen zieht. Andererseits hat sich der gesetzliche Fokus auch stärker dem sozialintegrativen Auftrag zugewandt. Einerseits durch eine Ausdehnung der sozial integrativen Angebote (z. B. Bildungs- und Teilhabepaket), andererseits aufgrund der Klärung des sozialpolitischen Auftrags in § 1 SGB II. Auch wenn der Gesetzgeber klarmacht, dass sich hieraus keine unmittelbaren leistungsrechtlichen Konsequenzen ergeben, zwingt er die umsetzenden Grundsicherungsträger dazu, sich auch dieses Auftrages klarer anzunehmen. „Der neu eingefügte § 1 Abs. 1 SGB II macht es der Grundsicherung für Arbeitsuchende zur Aufgabe, den erwerbsfähigen Leistungsberechtigten und ihren Familien die Führung eines Lebens zu ermöglichen, das der Würde des Menschen entspricht. Der Gesetzgeber erfüllt mit den Leistungen der Grundsicherung für Arbeitsuchende verfassungsrechtliche Ansprüche, die aus dem Grundrecht auf Sicherung eines menschenwürdigen Existenzminimums (Art. 1 Abs. 1 in Verbindung mit Art. 20 Abs. 1 GG) folgen" (BT-Drucksache 17/3404, S. 90 f.). Allerdings erschweren zunehmende Budgetbegrenzungen und gesetzliche Auflagen sowie Sanktionsmöglichkeiten die Kundenbeziehung.

Forschungstheoretische Einordnung – ein Ansatz

Die **Involviertheit auf der Gemeindeebene** ist im SGB II insofern verankert, als die Kommune selbst Verantwortung übernimmt (zugelassene kommunale Träger) oder in ihrer Teilverantwortung in die gemeinsamen Jobcenter eingebunden ist. Sie ergibt sich zusätzlich aus der erforderlichen Einbindung sozial- und arbeitsmarktintegrativer Netzwerke vor Ort. Es liegt in der Natur der Sache, dass viele der in §§ 16 ff. SGB II aufgeführten Leistungen nur vor Ort und mit Unterstützung der regionalen Netzwerke angeboten und umgesetzt werden können. Ohne dieses Netzwerk ist beschäftigungsorientiertes Fallmanagement nicht möglich. Die Bundesregierung betont ganz im Sinne der Kommunitarismusdebatte[21] des letzten Jahrzehnts, dass der Staat nur dann Verantwortung übernimmt, wenn der Mensch selbst nicht in der Lage ist, den Bedarf für sich und seine Angehörigen zu sichern. Der Gesetzesentwurf der damaligen rot-grünen Bundesregierung „baut auf dem Grundgedanken auf, dass jeder Mensch grundsätzlich selbst dafür verantwortlich ist, seinen Bedarf und den Bedarf seiner Angehörigen zu sichern" (BT-Drucksache 15/1516, S. 44). Da in der Betreuung von Langzeitarbeitslosen immer auch eine Grundkompetenz benötigt wird, die übergreifende (systemische) Zusammenhänge (z. B. sozialräumliche Gebundenheit der Kunden) erkennt, um Fallbetreuung zu optimieren, fließen Standards der Sozialarbeitswissenschaft hier ein.

Gleichzeitig wird durch den gesetzgeberischen Auftrag aber auch deutlich, dass konkrete Gemeinwesenarbeit nicht zum primären Auftrag der Grundsicherung im Kontext dieses Gesetzes gehört. Die weiterhin prioritäre Ausrichtung auf die Arbeitsmarktintegration lässt „Nebenziele" weitgehend außen vor, soll auch verhindern, dass sich die kommunalen Grundsicherungsträger im „Netz" gegenseitiger Verpflichtungen verfangen.

Unstrittig bleibt, dass in einer mittel- und langfristigen Perspektive beschäftigungsorientiertes Fallmanagement auch sozialräumlich verstanden werden muss, denn nur dort werden sich in einer gemeinsamen Anstrengung aller Akteure die Rahmenbedingungen optimieren lassen, die für von Exklusion bedrohte Personenkreise eine gesamtgesellschaftliche Verantwortung erkennen lassen. Eine lokale gemeinwesenorientierte Beschäftigungsförderung ist dabei unter Umständen mit der Option leichter umsetzbar als mit der Bundesbehörde Bundesagentur für Arbeit. Strukturell wirken an dieser Nahtstelle Aktivitäten, die auf Flexibilität, Sanktionsdruck und schnelle Vermittlungsarbeit, unabhängig von der Qualität der angebotenen Arbeitsplätze setzen, Strategien der lokalen Nachhaltigkeit und Lebensqualität der Betroffenen entgegen (vgl. Hanesch, Jung-Kroh &

---

[21] So schreibt Amitai Etzioni: „Solch ein Megalog über die Zukunft des Wohlfahrtsstaates wird derzeit in Deutschland und vielen andern Ländern Europas intensiv geführt, wenngleich häufig mit falschen Schwerpunkten und auf der falschen Ebene. Es geht um das Ausmaß der Kürzungen, mögliche Kompromisse und entsprechende ökonomische Fragen. Die grundlegende Frage aber lautet: Was ist eine gute Gesellschaft?" (Etzioni, 1997, S. 243)

Zur Kritik am beschäftigungsorientierten Fallmanagement

Partsch, 2005). Allerdings kann in der lokalen Umsetzung ein auf Vernetzung ausgerichtetes beschäftigungsorientiertes Fallmanagement viel dazu beitragen, diese strukturelle Diskrepanz zu verringern und einen Ausgleich der unterschiedlichen Interessenlagen in die Wege zu leiten. Um wirklich vermittlungssteigernde Ergebnisse auch bei langjähriger Arbeitslosigkeit zu erzielen, konstatiert Kuhnert (2008, S. 237), dass es „hierzu vernetzter Initiativen und starker regional gut verankerter Bündnisse gegen Ausschluss vom Arbeitsmarkt" bedarf.

Letztendlich handelt es sich bei der Grundsicherung für Arbeitsuchende um ein stark **systemgetriebenes Fallmanagement** (system-driven). Der geforderte ganzheitliche Betreuungsansatz erfährt seine Begrenzung dadurch, dass sich das Informationsbegehren des Fallmanagements darauf beschränkt, die für eine erfolgreiche Arbeitsmarktintegration erforderlichen Daten und Interpretationen zu erheben. Gesundheit, Familiensituation, persönliche Befindlichkeiten/Merkmale und alle im Assessment dargestellten Gesprächsbereiche werden gefiltert auf die Frage: Was davon ist für die Reduzierung der Hilfebedürftigkeit und die Aufnahme einer Beschäftigung bedeutsam? Die weitgehende Pauschalisierung der Leistungen zum Lebensunterhalt und die Standardisierung vieler integrativer Instrumente sind weitere Kennzeichen für die Systemperspektive. Dies macht allerdings eine Steuerung des beschäftigungsorientierten Fallmanagements wie der persönlichen Betreuung generell nicht überflüssig. Das SGB II kennt keine Qualitätskriterien für die Betreuung und so fordert die Nationale Armutskonferenz zu Recht, dass „die Grundsicherung […] durch Bereitstellung einer sozialen Integrations-Infrastruktur wie Beratung, Unterstützung, Ermutigung ausgebaut und ergänzt werden [muss]" (Armutskonferenz, 2011, S. 3). Es ist absehbar, dass diese aus der Sozialen Arbeit heraus entwickelten Orientierungspunkte für ein gesetzlich ausgerichtetes Case Management nicht ausreichend sind, solange die gesetzlichen Zielerwartungen nicht mit einbezogen werden.

Wie die verschiedenen Ebenen der Steuerung ineinandergreifen müssen, um letztendlich Fallmanagementstrukturen wirkungsvoll zu etablieren, verdeutlicht Löcherbach (2004) am Beispiel der Netzwerksteuerung. Abb. 28 zeigt, wie das Management der Einzelfälle zurückgekoppelt wird auf die Ebene der Systemsteuerung und damit der Steuerung des Fallmanagements selbst. In dieser Darstellung verbinden sich die beiden Blickwinkel einer wissenschaftstheoretischen Verortung des beschäftigungsorientierten Fallmanagements wieder und verdeutlichen, dass Systemperspektive und konkrete Ausgestaltung nur zwei Seiten der gleichen Medaille darstellen. Bei aller Offenheit von Ausgestaltungsspielräumen vor Ort bleibt das beschäftigungsorientierte Fallmanagement im Rahmen der Grundsicherung des SGB II rückgebunden an die gesetzgeberischen Ziele und Wertentscheidungen. Hier liegen auch die zentralen Unterschiede zu einem von hoheitlichen Aufgaben befreiten „freien" Case Management in der Grundsicherung.

Forschungstheoretische Einordnung – ein Ansatz

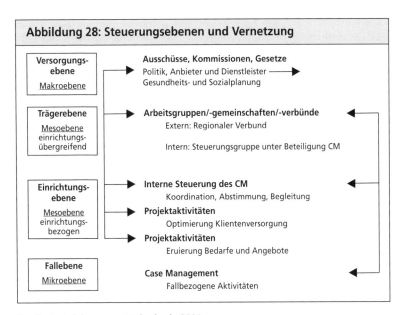

Abbildung 28: Steuerungsebenen und Vernetzung

Quelle: in Anlehnung an Löcherbach, 2004

Generalisiertes und spezialisiertes Fallmanagement

Während beschäftigungsnahe Versuche, mit Case Management-Ansätzen zu arbeiten, durchaus positive Wirkungen im Hinblick auf Wirtschaftlichkeit und Integration verzeichnen (vgl. ifes, 2004, S. 205 ff.), stehen repräsentative Ergebnisse für die Wirkung des Fallmanagements in der Grundsicherung noch aus. Forschungstheoretisch wäre es sicherlich interessant herauszufinden, ob es Kriterien geben kann, an denen die Fallmanager Ausmaß und Grad der reziproken Gegenforderung bestimmen können, um eine Über-/Unterforderung der Kunden zu verhindern.

In der Gesamtwirkung hat ein generalisiertes Fallmanagement nach der Hartz IV-Evaluation als Organisationsmodell bessere Ergebnisse erzielt als die spezialisierte Variante (BMAS, 2008 (a), S. 17). Es ist somit klar, dass von einem flächendeckenden System des Fallmanagements Menschen in größerer Zahl profitieren. Die Frage bleibt unbeantwortet, ob man dies dann noch als Aufgabe mit einem besonders hohen Maß an komplexen Steuerungsaufgaben bezeichnen kann.

Gissel-Palkovich (2012, S. 7 f.) versucht, zwischen Case Management und Fallmanagement zu differenzieren, indem sie Fallmanagement ausschließlich auf Beratung, Fallsteuerung und Netzwerkarbeit bezieht. „Kern der dahinter stehenden Konzepte und Anwendungspraxen ist die Fallebene, im Wesentlichen die Fallsteuerung, während die Systemsteuerung in der Regel vernachlässigt wird. So verfügen die FallmanagerInnen oftmals über

Zur Kritik am beschäftigungsorientierten Fallmanagement

keine bzw. nur geringe funktionale Kompetenzen zur Gestaltung der Systemebene und ist eine systematisierte Verknüpfung und Durchlässigkeit zwischen den einzelnen Ebenen wenig ausgearbeitet. Diese Modelle sind demnach nicht mit CM gleichzusetzen. Sie beziehen sich jedoch auf Teilelemente des Regelkonzeptes, die hin zu diesem weiterentwickelt werden können oder nicht."

Diese Differenzierung führt jedoch grundsätzlich nicht weiter, da mit der erweiterten Einzelfallhilfe bereits ein erprobtes Modell aus der Sozialen Arbeit zur Verfügung steht. In Ansätzen gibt es Hinweise, das Case Managementkonzept gänzlich in das Methodenrepertoire der Einzelfallhilfe zu integrieren (vgl. Meinhold, 2005). Die Fachgremien des Case Managements tun deshalb gut daran, das Konzept nicht aufzuweichen und an den Standards festzuhalten. Insofern ist klar, dass der generalistische Ansatz des Fallmanagements keinesfalls zu einem befriedigenden Ergebnis unter der Perspektive des Case Managements führen, sondern sich höchstens als Schritt in diese Richtung positionieren kann.

Die ungünstige Wirkung des generalistischen Ansatzes auf einen Personenkreis, der besonders belastet ist, zeigt sich – analog zu US-amerikanischen Forschungsergebnissen – allerdings ebenso. In der Bundesagentur für Arbeit macht sich der Begriff des „Bezahlkunden" breit, der darauf hindeutet, dass „schwierige Fälle" besser als „Karteileichen" zu führen sind, weil sie so weniger Arbeit machen und wohl auch weniger Integrationsleistungen aus dem Eingliederungstitel erfordern. Hier stößt die ökonomische Rationalität wieder an den sozialpolitischen Auftrag, unabhängig davon, dass es in Einzelfällen durchaus angemessen sein kann, ein hektisches „Fordern und Fördern" mittels einer Ruhephase für besonders belastete Kunden zu ersetzen. Dies aber wäre genau das Ergebnis eines sorgfältigen Assessments. Nur in der spezialisierten Variante des Fallmanagements wird diesem Personenkreis die notwendige Aufmerksamkeit geschenkt, die Chancen auf eine (manchmal nur ansatzweise) inkludierende Arbeitsmarktbeteiligung eröffnet. Insofern ist der Grundgedanke gegenüber dem Exklusionsvorwurf eindeutig zu verteidigen. Das beschäftigungsorientierte Fallmanagement beruht in diesem Verständnis auf

1. stringenter Beteiligung der betroffenen Kunden als Fachleute in ihren eigenen Angelegenheiten,
2. einem ausgewogenen Verständnis von Ressourcen- und Problemorientierung,
3. einem grundlegend sozialräumlichen Hilfeansatz,
4. der festen Überzeugung, dass es immer eine (manchmal langwierige) Lösung geben kann, weil der Zustand der Arbeitslosigkeit nach allen empirischen Forschungen als belastend empfunden wird, egal wie man im unmittelbaren Beratungs-Setting dazu steht,
5. einem advokatorischen Verständnis insoweit, als die Kräfte der betroffenen Kunden nicht ausreichen, die gesetzlich zustehenden Leistungen auch abzurufen, ohne dass es dabei zu einem Missbrauch dieser Leistungen kommt.

Wo steht das beschäftigungsorientierte Fallmanagement?

Geschickte Organisationen, die arbeitsmarktliche und soziale Zielsetzungen gleichermaßen präferieren, werden hieraus ihre Schlussfolgerungen ziehen können und die beiden Varianten nicht als Gegensatz verstehen. Es spricht überhaupt nichts dagegen, die persönlichen Ansprechpartner und gegebenenfalls auch die Mitarbeiter der Leistungsabteilung grundsätzlich nach dem generalistischen Fallmanagementverfahren arbeiten zu lassen. Im Sinne eines Job-Enrichments dürfte dies zu einer besseren Arbeitszufriedenheit führen und gleichzeitig aufgrund des erweiterten Netzwerkblicks auch die Dienstleistungsqualität insgesamt verbessern.

Nimmt man gleichermaßen den gesetzlichen sozialintegrativen Auftrag ernst, wird man für besonders belastete Zielgruppen des Arbeitsmarktes mit hohem Steuerungsbedarf allerdings auch auf die spezialisierte Variante zurückgreifen. Wer über den Tellerrand des eigenen Budgets blickt, wird erkennen, dass es gerade dieser Personenkreis ist, der an zahlreichen anderen Stellen teilweise erhebliche Kosten verursacht: in der Kinder- und Jugendhilfe, in der Krankenversicherung, bei der sozialen Infrastruktur der Kommunen oder den fiskalischen Folgen von abweichendem Verhalten und Kriminalität.

13.3 Wo steht das beschäftigungsorientierte Fallmanagement?

Qualitativ bleiben Fragen zurück, ob Fallmanagement seine Potenziale in der Beschäftigungsförderung tatsächlich entfalten konnte. Die Stichproben, die Kolbe & Reis (2008, S. 123 ff.) hierzu erhoben haben, weisen weiter darauf hin, dass es eher nicht gelingt, den notwendigen organisatorischen Reformprozess auf den Weg zu bringen, den Fallmanagement in der Umsetzung benötigt. Dies vor allem aus drei Gründen:

1. Die Leistungsprozesse bleiben weiterhin durch das Zielsystem des Bundes und der Bundesagentur für Arbeit dominiert, das sich am Regelsystem der Arbeitsförderung im SGB III orientiert und den Fürsorgecharakter der Grundsicherung unzureichend abbildet. Die Vermeidung der „Sozialhilferisierung"[22] der Grundsicherung mag politisch gewollt sein, sie gegen die Lebenslagen der Betroffenen durchzusetzen, wird jedoch scheitern.

---

[22] Der damalige Bundesminister für Arbeit und Soziales, Franz Müntefering, bei einer Rede vor dem Bundesrat: „Als erster Punkt ist aus meiner Sicht sehr wichtig: Es muss klar bleiben, dass es *einen* Arbeitsmarkt gibt. Ziel sind Integration und Vermittlung. SGB II und SGB III sind die Instrumente auf diesem einen Arbeitsmarkt. Es gibt **keine** „Sozialhilfe plus" namens Arbeitslosengeld II. Wir müssen uns einer gewissermaßen schleichenden ‚Sozialhilferisierung' des gesamten Bereichs entgegenstellen. Was auf dem Arbeitsmarkt stattfindet – wir haben viele aus der Sackgasse der Sozialhilfe herausgeholt und sie auf den Arbeitsmarkt gebracht –, muss mit Arbeitsmarktmomenten beantwortet werden. Grundsicherung ist keine Sache, in der sich die Menschen einrichten sollen, sondern sie sollen durch Qualifizierung und Vermittlung auf den Arbeitsmarkt hin orientiert werden." Quelle: Deutscher Bundesrat, Stenografischer Bericht 824. Sitzung Berlin, Freitag, den 7. Juli 2006, S. 226.

Zur Kritik am beschäftigungsorientierten Fallmanagement

2. In der Folge greifen Selektionsprozesse, die aufgrund weitgehender Creaming-Prozesse gerade dem Personenkreis Mittel vorenthalten, der ihrer am meisten bedarf. Die Konsequenzen der bisherigen Kundensteuerung im SGB III und die teils massive Kritik an der Bundesagentur für Arbeit am Umgang mit sogenannten „Betreuungskunden" findet so pfadabhängig in der Grundsicherung ihre Fortsetzung. Das rechtskreisübergreifende Konzept des Vier-Phasen-Modells spricht von Kundengruppen mit komplexer Profillage und nährt systematisch Überlegungen, Leistungen für diese Personengruppe nicht aus dem Eingliederungstitel zu gewähren, sondern vor allem auf die kommunalen Leistungen zu verweisen. Die rigiden Kürzungen des Eingliederungsbudgets nach der letzten Instrumentenreform schmälern zusätzlich die Möglichkeiten der Jobcenter, für einen belasteten Personenkreis adäquate Hilfen zu organisieren, die vor allem auch den beschäftigungsfördernden Gedanken nicht aus dem Auge verlieren.

3. Die Pfadabhängigkeit zeigt sich zudem nochmals in der Auswahl beteiligter Dritter, die nur jeweils isoliert den bisherigen Praktiken der beiden Grundsicherungsträger folgen. „Der Grundgedanke der passgenauen vom Bedarf der Person ausgehenden Hilfe rückt damit zu Gunsten „bewährter Strukturen" zumindest vorübergehend in den Hintergrund" (ebd., S. 125).

Die für eine wirkungsvolle Implementation des beschäftigungsorientierten Fallmanagements notwendigen Organisationsreformen, die tiefe Einschnitte in bestehende Organisations-, Lenkungs- und Leistungsstrukturen erfordern, sind bisher nur ansatzweise erkennbar. Hier fügen sich die Blickwinkel wieder zusammen, denn seinen Platz in der Förderwelt der Beschäftigung wird das Fallmanagement nur finden, wenn Führungskräfte mittels eines Steuerungssystems dafür belohnt werden, sich um eine wirkungsvolle Implementierung zu kümmern. Die Regelungen zum damaligen Beschäftigungszuschuss deuteten darauf hin, dass auch dem Gesetzgeber klar geworden ist, dass – unabhängig von der Arbeitsmarktlage – gerade im Fallmanagement Menschen betreut werden, die wenig Hoffnung auf ein reguläres sozialversicherungspflichtiges Beschäftigungsverhältnis haben dürfen und die dennoch die Kriterien der Erwerbsfähigkeit nach § 8 SGB II erfüllen. Ein fordernder Ansatz der Aktivierungspolitik bleibt für diese Menschen nur so lange glaubwürdig, wie „Hoffnung" auf eine existenzsichernde Arbeit erhalten bleiben kann. Endlose Aktivierungsketten, ohne das Versprechen auf glaubwürdige beschäftigungsausgerichtete Integration, verbieten sich auch in einem auf Aktivierung angelegten neuen Sozialstaatsverständnis. Die neuen Regelungen zur Förderung von Arbeitsverhältnissen im SGB II sind aus dieser Perspektive gegenüber den Vorgängerregelungen ein Rückschritt.

Wo steht das beschäftigungsorientierte Fallmanagement?

Fallmanagement als Mikroelement in gesamtgesellschaftlichen Veränderungsprozessen

Im Prozess der Individualisierung von Lebensrisiken, der sich besonders anschaulich auch am Risiko Arbeitslosigkeit verdeutlichen lässt, zeichnet sich schleichend eine Veränderung des viele Jahrzehnte tragenden Wertesystems der sozialen Marktwirtschaft ab. Die Ergebnisse qualitativer Studien, die im Kontext der Hartz IV-Evaluation entstanden sind, zeichnen dieses Bild nach. Sie zeigen vor allem in der Praxis des SGB II eine Veränderung weg von der Auffassung einer solidarischen Risikoabwehr hin zu einer individualistischen Auffassung von Risikoabwehr als beitragsabhängige Versicherungsleistung einschließlich des Bedürfnisses nach gesellschaftlicher Anerkennung geleisteter materieller und symbolischer Beiträge zur Entwicklung und Funktion der Arbeitsgesellschaft. „Am Übergang zwischen Arbeitslosenversicherung und neu gestalteter Armenfürsorge zeichnet sich also ein Konflikt ab zwischen sozialer Anerkennung und biografischer Gerechtigkeit versus Solidarprinzip, bei dem Letzteres momentan zunehmend ins Hintertreffen gerät" (Achatz et al., 2009, S. 234). Es gilt demnach, zunehmend aufmerksam zu beobachten, welche (hoffentlich) nicht-intendierten Nebenwirkungen ein undifferenziertes Aktivierungspostulat in der realen Welt biografischer Lebenslagen wirklich auslöst. Dennoch gilt, dass sich für Deutschland eine reine „marktförmige Vergesellschaftung der sozialen Sicherung ohne ergänzende Unterstützung als nicht dauerhaft durchsetzbar erwiesen [hat]. Allen Leistungsrestriktionen der jüngeren Sozialreformen zum Trotz besitzt das deutsche Sozialversicherungssystem eine stabile Mehrebenenstruktur, in der sich Familien, betriebliche Für- und Vorsorge, soziale Dienste und staatliche Einrichtungen wiederfinden. Jeder dieser Bereiche hat besondere Vorzüge, wirft aber auch spezifische Probleme auf" (Zapfel & Promberger, 2011, S. 24). Aus diesem labilen Geflecht von individuellem Wunsch nach Sicherheit und Beständigkeit, nach Planbarkeit und Verlässlichkeit auf der einen, und gesamtgesellschaftlich und ökonomisch entfesselten Marktkräften, hohen Mobilitätsanforderungen, Wettbewerb und permanenter Veränderung – mit den entsprechenden Lernanforderungen – auf der anderen Seite, bezieht das Case Management seinen Wert. Interdisziplinarität, Vernetzung, Beteiligung und Fairness sind die Bausteine des CM, die zwar die Strukturen nicht nachhaltig verändern können, jedoch die Orientierung und Platzierung in diesem Geflecht für besonders belastete Menschen erleichtert. Ein ernst gemeinter Ansatz zur Implementierung eines beschäftigungsorientierten Fallmanagements weist in der Grundsicherung einen Weg, legitime Anforderungen an den Einzelnen mit produktiver und bedarfsgerechter Hilfe zu verbinden und so dem Solidarprinzip einen neuen Rückhalt zu geben. Die Grundkonstruktion ist darauf angelegt, den individuellen Blick nicht aus dem Auge zu verlieren und auf der Systemebene die Steuerungsprozesse so zu beeinflussen, dass die geplanten Hilfen auf die Bedarfsstrukturen reagieren und nicht auf Gewinnstrukturen. Die Implementation von Case Management ist allerdings nicht bedingungslos, sondern vielmehr gekoppelt an Voraussetzungen, unter denen sich die Wirkung erst entfalten kann.

Zur Kritik am beschäftigungsorientierten Fallmanagement

In der Beschäftigungsförderung bleibt weiterhin Aufmerksamkeit erforderlich: „Erhält Fallmanagement die Chance, Wirkungen zu erzielen, oder sorgen nicht bereits die schlechte Ressourcenausstattung, die teilweise miserable Qualifikation des Personals und die gegenseitige Blockadepolitik der Arbeits- und Kommunalverwaltungen in vielen Arbeitsgemeinschaften dafür, dass sich auch bei uns bald die Frage stellt, die die kanadische Soziologin Maeve Quaid im Untertitel ihres Buches über vergleichbare Reformprozesse in den USA und Kanada formuliert ausdrückte: ‚Why good social policy ideas go bad?'", schreibt Reis (2005, S. 18) und gibt seiner generellen Sorge um den Erfolg des Fallmanagements im Kontext des SGB II Ausdruck. Selbst dort, wo Fallmanagement bereits den Nachweis von Wirksamkeit und Wirtschaftlichkeit erbracht hat, scheint es den Verantwortlichen schwer zu fallen, die dauerhafte Einführung dieses Verfahrens abzusichern (vgl. ifes, 2004, S. 272 ff.). Beschränkt sich die Einführung des beschäftigungsorientierten Fallmanagements in der Grundsicherung auf einige werbewirksame Aushängeschilder (Namensschilder, Berufsprofile, Fachkonzepte, Schulungen), ohne dass dem eine wirksame Implementation des gesamten Ansatzes folgt, wird Fallmanagement zum „Mythos". „Der Mythos verbirgt die Realität, dass eine Aktivierung in Richtung Arbeitsmarkt nur für einen Teil der Klientel erfolgt und der andere Teil gleichzeitig schlechter versorgt wird als unter den Bedingungen des BSHG. Damit wird genau das nicht oder nur sehr begrenzt umgesetzt, was programmatisch gewollt wurde. Die Aktivierung beschränkt sich dann auf einen Personenkreis, der rasch integrierbar ist und Fallmanagement nicht benötigt, und die Organisations- und Handlungsstrukturen der Agenturen für Arbeit sind nur verdoppelt, ohne dass damit für die ehemaligen Sozialhilfeempfänger positive Effekte verbunden wären. Sollte sich dieses flächendeckend feststellen lassen und keine Veränderung eintreten, wäre die Reform allerdings als gescheitert zu betrachten" (Kolbe & Reis, 2008, S. 127). Fügt sich Fallmanagement gerade in der Grundsicherungslogik ausschließlich einem „neoliberalen Verständnis" (Hansen E., 2006) in der Steuerung humaner Dienstleistungen, wird sich der Vertrauensvorschuss schnell aufbrauchen.

Fallmanagement, so viel sei hier abschließend noch einmal betont, findet im Kontext des SGB II alle Bedingungen vor, wirtschaftlich, wirksam und sozialverantwortlich zu gedeihen. Der enorme Druck auf die öffentlichen Haushalte, die hohe politische Bedeutung des Themas Arbeitslosigkeit, die bisher wenig erfolgreichen Integrationsbemühungen und -programme bei marginalisierten Personengruppen sollten Anlass genug sein, diesem neuartigen Konzept eine wirkliche Chance in der Beschäftigungsförderung einzuräumen. Die erfolgreiche Implementierung wird mit der Zeit auch erhebliche Rückwirkungen auf die vorgelagerten Aktivitäten der Arbeitsvermittlung haben. Nach meiner Erfahrung sind es nicht die Mitarbeiter der Grundsicherungsträger, die in der Zusammenarbeit der verschiedenen Institutionen die Probleme sehen. Die Ergebnisse der wissenschaftlichen Forschungen zu den sozialstaatlichen Veränderungen im Rahmen des Aktivierungspostulats verdeutlichen, dass weniger die arbeitsmarktpolitischen

Wo steht das beschäftigungsorientierte Fallmanagement?

Instrumente – bei aller wirkungsorientierten Unterschiedlichkeit – an sich (Eingliederungszuschüsse, Trainingsmaßnahmen, Qualifizierungen, Arbeitsgelegenheiten etc.) die Rückkehr in das Beschäftigungssystem fördern, sondern die quantitative Dimension der Betreuungsrelation und die qualitative Dimension der Beratungs- und Betreuungsgüte (Qualifikation und Persönlichkeit der Mitarbeiter).

Im Kontext arbeitgebernaher Case Management-Ansätze wird dies noch einmal in einer österreichischen Untersuchung deutlich: „Der Erfolg mag daran liegen, dass die KlientInnen dort abgeholt werden, wo sie sich in ihrer gesundheitlichen und beruflichen Situation befinden. Sie werden genau in dem Bereich unterstützt, in dem sie Bedarf haben, sei es nun fehlendes Wissen, Perspektivlosigkeit oder mangelnde Kraft oder Motivation, um selbst aus der misslichen Lage herauszufinden. Die Case ManagerInnen scheinen auf jede Frage eine Antwort zu haben bzw. leiten die KlientInnen fachkundig zur selbständigen Lösungsfindung an. Die Beratung hilft sowohl in der akuten Krise als auch bei der langfristigen Perspektivenplanung. Die KlientInnen wie auch die UnternehmensvertreterInnen fühlen sich gut aufgehoben und betreut. Das Case Management als individuell angepasste begleitende Beratung funktioniert aufgrund der Besetzung des Teams mit entsprechend hoch- und umfassend qualifizierten und erfahrenen Arbeitskräften und aufgrund des regelmäßigen Austausches, der den Know-how-Transfer zwischen den Case ManagerInnen ermöglicht. Die einzelnen Case ManagerInnen haben viel Freiraum in ihrer Arbeitsweise. Es gibt keinen Zeit- bzw. Leistungsdruck, jedoch klar definierte Rahmenbedingungen und Grenzen der Beratung (z. B. keine Psychotherapie). Es liegt in dem Ermessen der Case ManagerInnen, welche Schritte gesetzt werden. Sie folgen vor allem ihrem selbst auferlegten, professionellen Anspruch und den Zielen der Gesundheitserhaltung und Erhaltung der Arbeitsfähigkeit bzw. der Arbeit. Konkrete Beratungsziele werden mit den KlientInnen individuell definiert. Austausch in den zweimal wöchentlich stattfindenden Teambesprechungen und laufende Supervision sichern und fördern die Qualität. Das Besondere an der SAG-Beratung ist, dass sie sich auf medizinisches, psychologisches, sozialarbeiterisches, psychotherapeutisches, sozialrechtliches und Arbeitsmarkt-Know-how stützt. Dieses Leistungsspektrum im Rahmen von Case Management abzudecken ist ein Alleinstellungsmerkmal am Beratungsmarkt" (Egger-Subotitsch, Haydn & Muralter, 2010, S. 72).

Es sind diese und ähnliche Beispiele (vgl. Jobcenter Nürnberg, 2012; Bartelheimer, Henke, Kotlenga, Pagels & Schelkle, 2012), die Hoffnung geben, dass der Case Management-Ansatz in der Beschäftigungsförderung Früchte tragen kann. Es ist einer der wenigen vielversprechenden Ansätze, die Arbeitsmotivation überwiegend frustrierter Mitarbeiter wieder zu steigern, zum Nutzen der Kunden, der Mitarbeiter selbst und der Organisation. Einige wenige Führungskräfte haben es verstanden, ihre Fachkräfte zu entfesseln und ihre wirklichen Potenziale abzurufen.

Zur Kritik am beschäftigungsorientierten Fallmanagement

Zur Qualifizierung von Fallmanagern gibt es bereits eine Vielzahl von Publikationen, die herangezogen werden können (vgl. Sinn & Haselow, 2005; Löcherbach, 2005; Wendt 2010). Das Thema der Qualifikation und Qualifizierung von Mitarbeitern, obwohl von zentraler Bedeutung für Erfolg oder Misserfolg des „Unternehmens Fallmanagement", wurde deshalb hier nicht mehr vertiefend behandelt. Die Bundesagentur für Arbeit hat sich über ihre Führungsakademie als Ausbildungseinrichtung bei der Deutschen Gesellschaft für Care und Case Management zertifizieren lassen. Ihre geprüften Ausbilder sind verpflichtet, nach den Ausbildungs- und Ethikstandards und den zertifizierten Ausbildungsmodulen ihre Trainings und Seminare durchzuführen. Die großen Dachverbände (DLK, DStGB, Deutscher Städtetag, BA, KGSt, DV) haben ebenso wie die Bund-Länder-Kommission (2011) mittlerweile zahlreiche Initiativen und Empfehlungen zur Qualifizierung des Personals herausgegeben. Sieht man gleichzeitig die Arbeitsbelastung vor Ort und den Druck, dem Mitarbeiter und Führungskräfte ausgesetzt sind, bleibt wenig Zeit, eine nachhaltige und qualitativ hochwertige Qualifizierung sicherzustellen. Letztendlich aber gilt für Trainer wie für die Teilnehmer an entsprechenden Qualifizierungsmaßnahmen und für die Kunden der Grundsicherung: Wenn nicht mehr die Hoffnung bleibt, dass sie irgendwann auch einmal in die Lage versetzt werden, glaubwürdiges beschäftigungsorientiertes Fallmanagement auszuüben, wird die Motivation und Einsatzbereitschaft nicht erhalten bleiben, die sich allemal in den Schulungen der ersten Jahre gezeigt hat. Nachhaltigkeit in der Qualifizierung ist hier ebenso erforderlich wie ein Freiraum, dieser Aufgabe in der Alltagsrealität zu entsprechen. Auf allen Ebenen ist hier Verbesserungsbedarf anzumahnen, insbesondere muss den Führungskräften der Rücken gestärkt werden, die neue und ungewohnte Wege gehen und dabei nicht sofort Erfolg haben. Das jetzige Controllingsystem wird diesem Anspruch erkennbar nicht gerecht, weil sich Erfolg bei den besonders schwierigen arbeitsmarktlichen Gruppen erst teilweise nach Jahren wirklich messen lässt.

Sinn und Zweck einer Einführung ist es, in Grundzügen das Konzept vorzustellen und möglichst nah an der Praxis auszurichten. Vieles, dessen ist sich der Autor bewusst, blieb an der Oberfläche, manches ist noch nicht abschließend durchdacht, bedarf der weiteren Erprobung in der Praxis, die für Beteiligte wie Organisationen beständig Neues bereithält. Von den beiden grundsätzlichen Positionen, entweder Fundamentalkritik an den Verhältnissen zu üben und alles schlecht zu reden oder die Dinge vor Ort zu beobachten und nach kleinen Verbesserungspotenzialen zu suchen, hat sich der Autor klar für die zweite Variante entschieden. Dies führt nicht zu einer Betriebsblindheit, die die gesamtgesellschaftlichen Veränderungsprozesse oder organisationalen Anpassungen außen vor lässt – wie sollte dies gerade bei einer arbeitsmarktnahen Dienstleistung auch anders sein können –, trägt aber der Erkenntnis Rechnung, dass die Betroffenen (Mitarbeiter, Führungskräfte und Kunden) *jetzt* Orientierung und Unterstützung benötigen, nicht *nach* der „Revolution".

Literaturverzeichnis

Achatz, J., Dornette, J., Popp, S., Promberger, M., Rauch, A., Schels, B., et al. (2009). Lebenszusammenhänge ewerbsfähiger Hilfebedürftiger im Kontext der Grundsicherungsreform. In J. Möller & U. Walwei, *Handbuch Arbeitsmarkt* (S. 203–235). Nürnberg, Bielefeld: Bertelsmann Verlag.

Ames, A. (2006). *„Ich hab's mir nicht ausgesucht ..." Die Erfahrungen der Betroffenen mit der Umsetzung und den Auswirkungen des SGB II.* Mainz: Eine Studie im Auftrag des Zentrums Gesellschaftliche Verantwortung der Evangelischen Kirche in Hessen und Nassau (Hrsg.).

Anheier, H., Priller, E., Seibel, W. & Zimmer, A. (1997). *Der Dritte Sektor in Deutschland. Organisationen zwischen Markt und Staat im gesellschaftlichen Wandel.* Berlin: Edition Sigma.

Apel, H. & Fertig, M. (2009). Operationalisierung von „Beschäftigungsfähigkeit" – ein methodischer Beitrag zur Entwicklung eines Messkonzeptes. *Zeitschrift für ArbeitsmarktForschung* (ZAF)(42), 5–28.

Apel, H., Fertig, M., Koch, S. & Osiander, C. (2011). *Evaluation von Beschäftigung schaffenden Maßnahmen nach § 16d und § 16e SGB II in Hamburg. Endbericht.* Abgerufen am 14.02.2012 von Institut für Arbeitsmarkt- und Berufsforschung [http://doku.iab.de/externe/2011/k110725301.pdf]

Arbeitsgruppe Jobcenter der LAG NRW (2012). *Die Arbeitssituation in den Leistungsbereichen der Jobcenter NRW.* Abgerufen am 12.05.2012 von http://www.haraldthome.de/media/files/Endfassung-Positionspapier-Leistung-2012.03.09.pdf

Arbeitskreis Neue Armut (2011). *Geschäfte mit der Armut. Unseriöse Kreditvermittlung und Schuldenregulierung.* Berlin: Arbeitskreis Neue Armut, EWS e.V., Medialis.

Aust, J. & Müller-Schoell, T. (2007). Vom Missbrauch einer Debatte. In C. Rudolph & R. Niekant, *Hartz IV. Zwischenbilanz und Perspektive.* (S. 46–65). Münster: Westfälisches Dampfboot.

Autorengemeinschaft. (2004). *Fachkonzept „Beschäftigungsorientiertes Fallmanagement im SGB II". Abschlussfassung des Arbeitskreises.* Abgerufen am 12.02.2012 von http://www.arbeitsagentur.de/zentraler-Content/A03-Berufsberatung/A033-Erwerbspersonen/Publikationen/pdf/Fallmanagement-Fachkonzept.pdf

Baethge-Kinsky, V., Bartelheimer, P., Henke, J., Wolf, A., Land, R., Willisch, A., et al. (2007). *Neue soziale Dienstleistungen nach SGB II.* Nürnberg: IAB-Forschungsbericht 15.

Bahrenberg, R. (2002). *Richtig beraten, Anregungen, Techniken. Grundwerk individueller Beratung. Band 1: Beratungsrelevante Einstellungen, Grundhaltungen und Gesprächstechniken.* Nürnberg: Bundesanstalt für Arbeit.

Bahrenberg, R., Bardon, A. & Schober, K. (2002). *Richtig beraten, Anregungen, Techniken. Band 3. Ausgewählte Texte zu Inhalt und Qualität beruflicher Beratung.* Nürnberg: Bundesanstalt für Arbeit.

Bartelheimer, P., Henke, J., Kotlenga, S., Pagels, N. & Schelkle, B. (2012). *„Es lässt sich gut mit allen arbeiten". PRIMUS – Arbeitsmarktdienstleistungen zwischen Vermittlung und Fallmanagement.* Nürnberg: IAB-Forschungsbericht 5.

Literaturverzeichnis

Behle, H. (2007). *Veränderung der seelischen Gesundheit durch arbeitsmarktpolitische Maßnahmen. Eine Analyse am Beispiel des Jugendsofortprogramms JUMP.* Nürnberg: IAB-Bibliothek Band 308.

Bernhard, S. & Wolff, J. (2011). *Die Praxis des Gründungszuschusses. Eine qualitative Implementationsstudie zur Gründungsförderung im SGB III.* Nürnberg: IAB-Forschungsbericht 3.

Bescherer, P., Röbenack, S. & Schierhorn, K. (2008). Nach Hartz IV: Erwerbsorientierung von Arbeitslosen. *APuZ, Heft 33–34,* S. 19–24.

Beste, J., Bethmann, A. & Trappmann, M. (2010). *Arbeitsmotivation und Konzessionsbereitschaft. Alg-II-Bezug ist nur selten ein Ruhekissen.* Nürnmberg: IAB-Kurzbericht 15.

Böhringer, D., Karl, U., Müller, H., Schröer, W. & Wolff, S. (2012). *Den Fall bearbeitbar halten. Gespräche in Jobcentern mit jungen Menschen.* Opladen, Berlin, Toronto: Verlag Barbara Budrich.

Boockmann, B., Koch, S., Rosemann, M., Stops, M. & Verbeek, H. (2010). Fördern und Fordern aus Sicht der Vermittler. *IAB-Kurzbericht.*

Borde, T. (2009). Migration und Gesundheitsförderung – Hard to reach? Neue Zugangswege für ‚schwer erreichbare' Gruppen erschließen. In Bundeszentrale für gesundheitliche Aufklärung, *Migration und Gesundheitsförderung. Ergebnisse einer Tagung mit Expertinnen und Experten* (S. 17–31). Berlin: Band 12 der Fachreihe „Gesundheitsförderung konkret", herausg. von der BzgA.

Boss, A.; Christensen, B. & Schrader, K. (2010): Die Hartz IV-Falle: Wenn Arbeit nicht mehr lohnt. Kieler Diskussionsbeiträge Nr. 474/475, hrsg. vom IfW, Kiel

Brader, D., Faßmann, H., Lewerenz, J., Steger, R. & Wübbeke, C. (32004). *Qualitätsstandards für ein „Case Management zur Erhaltung von Beschäftigungsverhältnissen behinderter Menschen" (CMB).* Abgerufen am 13.02.2012 von Institut für empirische Soziologie an der Friedrich-Alexander-Universität Erlangen-Nürnberg: http://www.ifes.uni-erlangen.de/pub/pdf/m_3_2004.pdf

Brenke, K. (2008). Arbeitslose Hartz IV-Empfänger: Oftmals gering qualifiziert, aber nicht weniger arbeitswillig. *DIW Wochenbericht 43,* S. 678–685.

Brinkmann, C. & Wiedemann, E. (1994). Zu den psychosozialen Folgen der Arbeitslosigkeit in den neuen Bundesländern. *Aus Politik und Zeitgeschichte (APuZ),* 16–29.

Bröker, A. (2012). Gesundheitsförderung und Beschäftigungsförderung. Zwei notwendigerweise miteinander zu verzahnende Interventionsansätze. *Prävention, 1,* S. 6–10.

Bruckmeier, K., Graf, T. & Rudolph, H. (2008). *Working poor: Arm oder bedürftig? Eine Analyse zur Erwerbstätigkeit in der SGB II-Grundsicherung mit Verwaltungsdaten.* Nürnberg: IAB Discussion Paper 34.

Brülle, H., von Freyberg, T., Hobusch, T., Kinstler, H., Kolbe, C., Reinmüller, R., et al. (2006). *Fallmanagement in der Arbeit mit Arbeitslosen. Ein kritischer Leitfaden.* Frankfurt/M.: Fachhochschulverlag.

Brussig, M. & Knuth, M. (2009). Individuelle Beschäftigungsfähigkeit: Konzept, Operationalisierung und erste Ergebnisse. *WSI Mitteilungen* (6), 287–294.

Literaturverzeichnis

Brussig, M. & Knuth, M. (2011). *Die Zukunft der Grundsicherung – Individualisieren, konzentrieren, intensivieren.* Bonn: Abteilung Wirtschafts- und Sozialpolitik der Friedrich-Ebert-Stiftung (WISO Diskurs).

Buestrich, M., Dahme, H.-J., Kühnlein, G. & Wohlfahrt, N. (2010). Funktionale Professionalisierung. Die Betreuung der Überflüssigen und die sozialarbeitsbezogenen Konsequenzen. In H. Burghardt & R. Enggruber, *Soziale Dienstleistungen am Arbeitsmarkt in professioneller Reflexion Sozialer Arbeit* (S. 237–255). Berlin: Frank & Timme.

Bug, A. (2010). *Ausweitung öffentlich geförderter Beschäftigung. Argumente, Standpunkte und Erfahrungen.* Berlin: Infobrief des Wissenschaftlichen Dienstes des Deutschen Bundestages: WD 6-30000-055/10.

Buggenhagen, P. (2010). Zielgruppenspezifisches Jobmentoring zur Unterstützung von Kompetenzentwicklung und Integration in Arbeit. In R. GmbH, *MEMO – Mentoring-Modelle zur Entwicklung persönlicher Lebenschancen und zur gesellschaftlichen Integration durch nachholende Grundbildung* (S. 7–15). Schwerin: http://www.regiovision-schwerin.de/fileadmin/Medienpool/regiovision.de/Produkte/MEMO_Handbuch-RegioVision.pdf

Bühler, A. & Heppekausen, K. (2005). *Gesundheitsförderung durch Lebenskompetenzprogramme in Deutschland. Grundlagen und kommentierte Übersicht.* Köln: Schriftenreihe „Gesundheitsförderung Konkret", Band 6, der Bundeszentrale für gesundheitliche Aufklärung.

Bundesagentur für Arbeit (2008). *Leitfaden für die Förderung von Alleinerziehenden im SGB II. Anregungen für die Geschäftsführungen.* Nürnberg: Bundesagentur für Arbeit, Geschäftsbereich SP II 11.

Bundesagentur für Arbeit (2011). *Grundsicherung für Arbeitsuchende. Beschäftigungsfähigkeit sichern, Chancen am Arbeitsmarkt verbessern. Jahresbericht 2010.* Nürnberg: Bundesagentur für Arbeit.

Bundesagentur für Arbeit (2011). *Neue Wege zur Personalgewinnung.* Nürnberg: Bundesagentur für Arbeit.

Bundesagentur für Arbeit (2012). *Arbeitsmarkt in Deutschland – Zeitreihen bis 2011. Analytikreport der Statistik.* Nürnberg: Bundesagentur für Arbeit – Statistik.

Bundesagentur für Arbeit (2012): Der Arbeitsmarkt in Deutschland. Zeitarbeit in Deutschland – Aktuelle Entwicklungen. Nürnberg

Bundesagentur für Arbeit – Statistik – (2011). *Methodenbericht. Die Statistik über die Arbeitsförderung nach der Neuausrichtung der arbeitsmarktpolitischen Instrumente.* Abgerufen am 12.04.2012 von http://statistik.arbeitsagentur.de/Statischer-Content/Grundlagen/Methodenberichte/Arbeitsmarkt-Arbeitsmarktpolitik/Generische-Publikationen/Methodenbericht-Statistik-Arbeitsfoerderung-Neuausrichtung-AMP-Instrumente.pdf

Bundesministerium für Arbeit und Soziales (2008). *Lebenslagen in Deutschland. Der 3. Armuts- und Reichstumsbericht der Bundesregierung.* Berlin.

Bundesrechnungshof. (2010). *Mitteilung an den Vorstand der Bundesagentur für Arbeit über die Prüfung der Arbeitsgelegenheiten und Leistungen zur Beschäftigungsförderung (§§ 16d und 16c SGB II).* Bonn.

Bundesregierung (2008). *Unterrichtung durch die Bundesregierung. Bericht zur Evaluation der Experimentierklausel nach § 6c des Zweiten Buches Sozialgesetzbuch.* Berlin: BTD 16/11488.

Literaturverzeichnis

Bundeszentrale für gesundheitliche Aufklärung (2011). *Kriterien guter Praxis in der Gesundheitsförderung bei sozial Benachteiligten. Ansatz – Beispiele – Weiterführende Informationen.* Berlin: Band 5 der Fachreihe „Gesundheitsförderung konkret" der BzgA.

Burmann, N., Sellin, C. & Trube, A. (2000). *Ausstiegsberatung für Sozialhilfeempfänger. Konzepte, Instrumente und Ergebnisse eines vergleichenden Modells.* (T. u. Fürsorge, Hrsg.) Frankfurt/M.: Deutscher Verein für öffentliche und private Fürsorge.

Caliendo, M., Hogenacker, J., Künn, S. & Wießner, F. (2012). *Gründungszuschuss für Arbeitslose. Bislang solider Nachfolger der früheren Programme.* Nürnberg: IAB-Kurzbericht 2.

Conen, M.-L. (2007). Wie kann ich Ihnen helfen, mich wieder loszuwerden? In M.-L. Conen & G. Cecchin, *Wie kann ich Ihnen helfen, mich wieder loszuwerden? Therapie und Beratung in Zwangskontexten.* (S. 15–176). Heidelberg: Carl Auer Verlag.

Deutsche Gesellschaft für Care und Case Management e.V. (2011). *Rahmenempfehlungen zum Handlungskonzept Case Managment.* Heidelberg: medhochzwei Verlag.

Deutsche Gesellschaft für Supervision e.V. (2012): *Beratung zwischen Fördern und Fordern. Supervision und Coaching im Jobcenter. Fachinformation. Dokumente zu Supervision und Beratung 3.* Kassel: university press.

Deutscher Paritätischer Wohlfahrtsverband – Geamtverband (2012). *Starke Einbußen für Langzeitarbeitslose und Einrichtungen. Längsschnittumfrage zu den Kürzungen in der Arbeitsmarktpolitik 2010–2012.* Berlin: Der Paritätische Gesamtverband.

Deutscher Gewerkschaftsbund (2007). *Arbeitsmarkt aktuell. Untersuchung der Jobbörse der Bundesagentur für Arbeit. Explorative Studie in 11 Berufsfeldern und 3 Regionen.* Berlin: Deutscher Gewerkschaftsbund (Hrsg.).

Deutscher Paritätischer Wohlfahrtsverband, G. (2011). *Von Verhärtungen und neuen Trends. Bericht zur regionalen Armutsentwicklung in Deutschland 2011.* Berlin: DPWV.

Deutscher Städtetag, Bundesministerium für Arbeit und Soziales & Bundesministerium für Wirtschaft, Zusammenarbeit und Entwicklung (2009). *Die Berücksichtigung sozialer Belange im Vergaberecht. Hinweise für die kommunale Praxis.* Berlin: http://www.bagfw-esf.de/uploads/media/soziale_Belange_im_Vergaberecht.pdf

Deutscher Verein für öffentliche und private Fürsorge e. V. (2004). Qualitätsstandards für das Fallmanagement. Empfehlungen des Deutschen Vereins für öffentliche und private Fürsorge. *Nachrichtendienst des Deutschen Vereins für öffentliche und private Fürsorge,* (152), 4; S. 149–153.

Deutscher Verein für öffentliche und private Fürsorge e. V. (2011). *Hinweise des Deutschen Vereins zur Datenübermittlung bei Beratungsleistungen (SGB II und SGB XII).* Abgerufen am 02.04.2012 von Deutscher Verein: http://www.deutscher-verein.de/05-empfehlungen/empfehlungen_archiv/2010/pdf/DV%2009-11%20Datenschutz.pdf

Deutscher Verein für öffentliche und private Fürsorge e. V. (2011). *Leistungen für Bildung und Teilhabe – Erste Empfehlungen zur Auslegung der neuen Regelungen im SGB II und XII sowie im Bundeskindergeldgesetz 1.* Berlin: Deutscher Verein für öffentliche und private Fürsorge e. V. – DV 44/11 AF III.

Deutsches Jugendinstitut (2005): Unterstützung für Alleinerziehende – Arbeitsmarktintegration und soziale Teilhabe. Ein kommunales Handlungskonzept. Im Auftrag des BMFSFJ. München [http://www.dji.de/napra/handlungskonzept.pdf]

Literaturverzeichnis

Dietrich, M. & Remmel-Faßbender, R. (2006). Case Management in der Migrationsberatung – erste Erfahrungen mit Integrationsvereinbarung und Integrationsplan. *Case Management,* (2) 2, S. 87–91.

Dietz, M., Röttger, C. & Szameitat, J. (2011). *Neueinstellungen gelingen am besten über persönliche Kontakte.* Nürnberg: IAB-Kurbericht 26.

Dietz, M., Stops, M. & Walweis, U. (2012). Vollbeschäftigung in Sicht? Zur Lage auf dem deutschen Arbeitsmarkt. *Aus Politik und Zeitgeschichte,* (62), 14–15, S. 20–30.

Diakonisches Werk der ev.-lutherischen Landeskriche Hannover (2006). *Diakonische Schuldnerberatung in der Sicht der Klienten. Ergebnisse einer Befragung.* Hannover: Diakonisches Werk der ev.-luth. Landeskirche Hannover.

Drogenbeauftragte der Bundesregierung (2012): Drogen- und Suchtbericht 2012. Berlin

Ebert, J. (2009). Soziale Arbeit zwischen Professionalisierung und De-Professionalisierung am Beispiel des Case Managements in der Beschäftigungsförderung. In L. Finkeldey & A. Thiesen, *Case Management in der Jugendberufshilfe* (S. 167–179). Hildesheim u. a.: Olms Verlag.

Egger-Subotitsch, A., Haydn, F. & Muralter, D. (2010). *Aktive Arbeitsmarktpolitik im Brennpunkt XI: Evaluierung „Service Arbeit und Gesundheit" des BBRZ Wien.* Wien: Arbeitsmarktservice Österreich, AMS report 71.

Egger-Subotitsch, A., Haydn, F., Muralter, D. & Schnabl, M. (2010). *Evaluierung „Service Arbeit und Gesundheit" des BBRZ Wien.* Wien: Arbeitsmarktservice Österreich (Hrsg.).

Egle, F. & Bens, H.-W. (2004). *Talentmarketing. Strategien für Job-Search, Selbstvermarktung und Fallmanagement.* Wiesbaden: Gabler Verlag.

Egle, F., Franck, M., Göckler, R. & Zahn, E. (2002). *Der Arbeitsmarkt. Grundzusammenhänge und Theorieansätze.* Essen: Akademie Verlags- und Druckgesellschaft mbH.

Eichhorst, W. (2011): Vom kranken Mann zum Vorbild Europas: Kann Deutschlands Arbeitsmarkt noch vom Ausland lernen? IZA Standpunkte Nr. 46, Bonn

Eichhorst, W. & Sesselmeier, W. (2006). *Die Akzeptanz von Arbeitsmarktreformen am Beispiel von Hartz IV.* Bonn: Abteilung Wirtschafts- und Sozialpolitik der Friedrich-Ebert-Stiftung.

Elbert, A. (o. J.): *Case Mangement-Beratung auf dem Prüfstand. Beratung in der Sozialhilfe.* Bern [http://www.sozialhilfe.bs.ch/cm_pruefstand.pdf]

Elkeles, T. & Kirschner, W. (2003). *Arbeitslosigkeit und GesundheitInterventionen durch Gesundheitsförderung und Gesundheitsmanagement – Befunde und Strategien. Gutachten für den BKK-Bundesverband. Endbericht.* Neubrandenburg, Berlin: Fachhochschule Neubrandenburg, Forschung Beratung + Evaluation Berlin.

Elkeles, T. & Michel-Schwartze, B. (2009). Gesundheitsförderung in der Fortbildung für Fallmanager und Arbeitsvermittler. In A. Hollederer, *Gesundheit von Arbeitslosen fördern! Ein Handbuch für Wissenschaft und Praxis.* (S. 230–260). Frankfurt/M.: Fachhochschulverlag.

Engler, W. (2005). Der Herbst der guten Arbeit und der Osten Deutschlands. *Aus Politik und Zeitgeschichte,* 16, 6–9.

Englert, K., Sondermann, A., Lackner, M. & Plambeck, J. (2012): *Respekt – Fehlanzeige? Erfahrungen von Leistungsberechtigten mit Jobcentern in Hamburg. Ergeb-*

Literaturverzeichnis

nisse einer qualitativen Untersuchung. Herausgegeben vom Diakonisches Werk Hamburg, Fachbereich Migration und Existenzsicherung. Hamburg.

Entorf, H. & Sieger, P. (2010). *Unzureichende Bildung: Folgekosten durch Kriminalität.* Gütersloh: Bertelsmann Stiftung.

Ertelt, B.-J. & Schulz, W. (2008). *Handbuch Beratungskompetenz. Mit Übungen zur Entwicklung von Beratungsfähigkeiten in Bildung und Beruf.* Leonberg: Rosenberger Fachverlag.

Etzioni, A. (1997). Im Winter einen Pullover ablehnen, weil es im Sommer warm war? Ein kommunitaristischer Versuch, den Wohlfahrtsstaat neu zu definieren. *Blätter für deutsche und internationale Politik;* 2, 239–248.

Europäische Kommission (2008). *Thematische Studie über politische Maßnahmen zur Bekämpfung von Kinderarmut.* Luxembourg: Amt für Veröffentlichung der Europäischen Gemeinschaften.

Europäische Kommission (2011). *Leitfaden Soziales Europa. Teil I: Beschäftigungspolitik.* Luxemburg: Amt für europäische Veröffentlichungen der Europäischen Union.

Ewers, M. (2005). Das anglo-amerikanische Case Management: Konzeptionelle und methodische Grundlagen. In M. Ewers & D. Schaeffer, *Case Management in Theorie und Praxis*. (S. 53–90). Bern: Verlag Hans Huber .

Ewers, M. & Schaeffer, D. (2005). Einleitung: Case Management als Innovation im bundesdeutschen Sozial- und Gesundheitswesen. In M. Ewers & D. Schaeffer, *Case Management in Theorie und Praxis* (S. 7–27). Bern: Verlag Hans Huber.

Fachverband Drogen und Rauschmittel (2005). *Mindeststandards der ambulanten Suchthilfe. Vorschläge des Fachverbandes Drogen und Rauschmittel zu den Arbeitsgrundlagen von ambulanten Hilfen für Suchtkranke.* Hannover: Fachverband Drogen und Rauschmittel e. V.

Fehr, S. & Vobruba, G. (2011). Die Arbeitslosigkeitkeitsfalle vor und nach der Hartz-IV-Reform. *WSI Mitteilungen,* (64) 5, S. 211–217.

Fiedler, R., Rana, H., Hinrichs, J. & Heuft, G. (2011). *Förderung beruflicher Motivation. Trainingsprogramm für die Rehabilitation.* Weinheim, Basel: Beltz Verlag.

Frietsch, R., Holbach, D. & Link, S. (2010). *Handbuch Sucht & Arbeit. Arbeitshilfe für das Schnittstellenmanagement.* Koblenz: IWS.

Fromm, S. & Sproß, C. (2008). *Aktivierende Arbeitsmarktpolitik. Wie wirken Programme für erwerbsfähige Hilfeempfänger in anderen Ländern?* Nürnberg: IAB-Kurzbericht 4.

Fuchs, J., Söhnlein, D. & Weber, B. (2011). Entwicklung des Arbeitskräfteangebotes in Ost und West. Die Luft am Arbeitsmarkt wird für die Betriebe dünner. *IAB-Forum 2,* S. 4–9.

Gesamtverband Suchtkrankenhilfe (2010). *Erhebung zur Kooperation von Suchtberatung und Jobcenter im Rahmen des SGB II. Abschlussbericht.* Berlin: Gesamtverband Suchtkrankenhilfe im Diakonischen Werk der Evangelischen Kirsche in Deutschland e. V.

Geschäftsführung des Jobcenter Nürnberg (2012). *Beschäftigungsorientiertes Fallmanagement. Ein Leitfaden für Arfbeitsvermittlung, Fallmanagement und Netzwerkeinrichtungen.* Nürnberg: Band 7 der Schriftenreihe des Jobcenters Nürnberg-Stadt.

Literaturverzeichnis

Gesellschaft für Organisation und Entscheidung GbR (2011). *Wirksame Wege für Familien mit geringem Einkommen im Braunschweiger Land gestalten.* Braunschweig: Diakonisches Werk der Ev.-luth. Landeskirche in Braunschweig Land, Stiftung Braunschweigischer Kulturbesitz.

Giarini, O. & Liedtke, P. (1998). *Wie wir arbeiten werden. Der neue Bericht an den Club of Rome.* Hamburg: Hoffmann und Campe.

Gissel-Palkovich, I. (2012). Case Management benötigt mehr Begriffs- und Inhaltsklarheit! – Versuch einer Klärung. *Case Management, (9), 1;* 4–12.

Göckler, R. (2009). *Beratung im Sanktionskontext. Sanktionsgespräche in der Grundsicherung für Arbeitsuchende. Theorie und Praxis der Umsetzung.* Tübingen: dgvt-Verlag.

Göckler, R. (2011). Vom Guten im Bösen? Das beschäftigungsorientierte Fallmanagement unter Druck (Teil I). *Case Management (8) 4,* 181–186.

Göckler, R. (2012). Zwangskontexte der Beratung – eine Chance für Veränderungen? *Blätter der Wohlfahrtspflege,* (159), 3, S. 87–92.

Göckler, R. & Kraatz, S. (2004). *Fallmanagement und Netzwerkarbeit in der Beschäftigungsförderung – Ein Leitfaden für die soziale und berufliche Integration.* Mannheim: Texte für die Aus- und Fortbildung in der Bundesagentur für Arbeit, Heft 11, Hrsg. von der Fachhochschule des Bundes, Fachbereich Arbeitsverwaltung.

Göckler, R. & Rudolph, H. (2004). Vom Profiling, den Vermittlungshemmnissen und den Zuweisungskriterien zum Fallmanagement – Eine Einführung. In B. f. Arbeit, *Fachkonzept Beschäftigungsorientiertes Fallmanagement* (S. Anlage 2). Nürnberg.

Göckler, R. & Winkens, D. ((51) 2 2000). Zum Einsatz externer Telefonakquisiteure bei der Gewinnung betrieblicher Ausbildungsverhältnisse. *arbeit und beruf,* S. 35–38.

Golze, M. & Göckler, R. (2010). Berufliche Beratung im Fallmanagement der Grundsicherung für Arbeitsuchende (SGB II). *Forum, Zeitschrift des Deutschen Verbandes für Bildungs- und Berufsberatung e. V.,* Heft 1, S. 5–17.

Grabka, M. & Frick, J. (2010). Weiterhin hohes Armutsrisiko in Deutschland: Kinder und junge Erwachsene sind besonders betroffen. *Wochenbericht des DIW, 7,* S. 2–11.

Grathwohl-Schuster, U. (2012). Praxisbericht: Der Einsatz von Integrationslotsen – oder: wie der Intake im Case Management in der Beschäftigungsförderung aussehen könnte. *Case Managament (9) 1,* S. 27–28.

Grosch, B. (2004). Case Management in der Beschäftigungsförderung. *Durchblick (1),* 11–13.

Grunow, D. (1978). *Alltagskontakte mit der Verwaltung.* Frankfurt/New York: Campus.

Grunwald, K. (2001). *Neugestaltung der freien Wohlfahrtspflege.* Weinheim, München: Juventa Verlag.

Hagn, J., Hammerschmidt, P. & Sagebiel, J. (2012). Ergebnisse und (Neben-)Wirkungen des Neuen Steuerungsmodells für die Soziale Arbeit. In J. Hagn, P. Hammerschmidt & J. Sagebiel, *Modernisierung der kommunalen Sozialverwaltung. Soziale Arbeit unter Reformdruck?* (S. 149–164). Neu-Ulm: AG SPAK Bücher.

Hanesch, W., Jung-Kroh, I. & Partsch, J. (2005). *Gemeinwesenorientierte Beschäftigungsförderung in Stadtteilen mit besonderem Entwicklungsbedarf – Schlussbericht.* Frankfurt/M.: Hessische Gemeinschaftsinitiative Soziale Stadt.

Literaturverzeichnis

Hansen, E. (2006). Das Case/Care Management. Anmerkungen zu einer importierten Methode: Qualitätssicherung und -management in der Sozialen Arbeit. In M. Galuske & W. Thole, *Vom Fall zum Management. Neue Methoden der Sozialen Arbeit.* (S. 17–36). Wiesbaden: Verlag für Sozialwissenschaften.

Hansen, F. (2009). *Standards in der Sozialen Arbeit.* Berlin: Deutscher Verein für öffentliche und private Fürsorge e. V. (Eigenverlag).

Harrach von, E.-M., Loer, T. & Schmidtke, O. (2000). *Verwaltung des Sozialen. Formen der subjektiven Bewältigung eines Strukturkonflikts.* Konstanz: uvk.

Haye, B. & Kleve, H. (2008). Systemische Schritte helfender Kommunikation. Sechs-Phasen-Modell für die Falleinschätzung und Hilfeplanung. In H. Kleve, B. Haye, A. Hampe-Grosser & M. Müller, *Systemisches Case Management. Falleinschätzung und Hilfeplanung in der Sozialen Arbeit.* (S. 103–125). Heidelberg: Carl Auer Verlag.

Heckmann, M., Noll, S. & Rebien, M. (2010). *Stellenbesetzungen mit Hindernissen. Auf der Suche nach Bestimmungsfaktoren für den Suchtverlauf.* Nürnberg: IAB-Discussion Paper 2.

Heiner, M. (2010). *Soziale Arbeit als Beruf.* München, Basel: Ernst Reinhardt Verlag.

Heinle, T. (o. J.). Das Vermittlungscoaching. München, http://www.fes.de/integration/pdf/info_heinle.pdf

Helmrich, R., Zika, G., Kalinowski, M. & Wolter, M. (2012). Engpässe auf dem Arbeitsmarkt: Geändertes Bildungs- und Erwerbsverhalten mildert Fachkräftemangel. *BiBB-Report 18/12*, S. 1–13.

Henke, J., Henkel, D., Nägele, B., Pagels, N. & Wagner, A. (2009). *Erhebung von Ansätzen guter Praxis zur Integration Suchtkranker ins Erwerbsleben im Rahmen des SGB II.* Berlin: FIA Forschungsteam Internationaler Arbeitsmarkt.

Henkel, D. (2008). Stand der internationalen Forschung zur Prävalenz von Substanzproblemen bei Arbeitslosen und zur Arbeitslosigkeit als Risikofaktor für die Entwicklung von Substanzproblemen: Alkohol, Tabak, Medikamente, Drogen. In D. Henkel & U. Zemlin, *Arbeitslosigkeit und Sucht. Ein Handbuch für Wissenschaft und Praxis* (S. 10–69). Frankfurt/M.: Fachhochschulverlag.

Henkel, D. (2008). Wie viele Suchtbehandelte sind arbeitslos, und welche Chancen haben sie, wieder Arbeit zu finden? Bundesweite empirische Daten zur beruflichen Integration vor und nach der Suchtbehandlung. In D. Henkel & U. Zemlin, *Arbeitslosigkeit und Sucht. Ein Handbuch für Wissenschaft und Praxis* (S. 163–188). Frankfurt/M.: Fachhochschulverlag.

Heyer, G. (2004). König Kunde bei der Bundesagentur für Arbeit. Ergebnisse der Erhebung 2004 zur Akzeptanz der Bundesagentur für Arbeit. *Bundesarbeitsblatt* (o. JG), 12, 4–7.

Heyer, G., Koch, S., Stephan, G. & Wolff, J. (2012). *Evaluation der aktiven Arbeitsmarktpolitik. Ein Sachstandsbericht für die Instrumentenreform 2011.* Nürnberg: IAB-Discussion Paper 17.

Heyer, G., Koch, S., Stephan, G. & Wolff, J. (2012). Evaluation der aktiven Arbeitsmarktpolitik: Ein Sachstandsbericht für die Instrumentenreform 2011. *Journal for Labour Market Research – Zeitschrift für ArbeitsmarktForschung,* (45) 1; S. 41–62.

Hielscher, V. & Ochs, P. (2009). *Arbeitslose als Kunden? Beratungsgespräche in der Arbeitsvermittlung zwischen Druck und Dialog.* Berlin: Edition Sigma.

Literaturverzeichnis

Hierming, B., Jaehrling, K., Kalina, T., Vanselow, A. & Weinkopf, C. (2005). *Stellenbesetzungsprobleme im Bereich einfacher Dienstleistungen. Abschlussbericht einer Studie im Auftrag des Bundesministeriums für Wirtschaft und Arbeit. Dok. BMWA Nr. 550.* Berlin.

Hirseland, A. & Lobato, P. (2010). *Armutsdynamik und Arbeitsmarkt. Entstehung, Verfestigung und Überwindung von Hilfebedürftigkeit bei Erwerbsfähigen.* Nürnberg: IAB-Forschungsbericht 3.

Hofmann, B., Krug, G., Sowa, F., Theuer, S. & Wolf, K. (2010). *Modellprojekt in den Arbeitsagenturen. Kürzere Arbeitslosigkeit durch mehr Vermittler.* Nürnberg: IAB-Kurzbericht 9.

Hofstätter-Rogger, Y. (2008). Widersprüche im Case Management. *Case Management, (4),* 2, S. 88–92.

Hohendanner, C. (2009). *Arbeitsgelegenheiten mit Mehraufwandsentschädigung. Eine Analyse potenzieller Substitutionseffekte mit Daten des IAB-Betriebspanels.* IAB-Discussion Paper 24: Nürnberg.

Hohmeyer, K. & Wolff, J. (2010). *Wirkungen von Ein-Euro-Jobs für ALG-II-Bezieher. Macht die Dosierung einen Unterschied?* Nürnberg: IAB-Kurzbericht 4.

Hollederer, A. (2008). Fallmanagement als „neuer Weg in der Beschäftigungsförderung": Auch ein Weg aus Sucht und Arbeitslosigkeit? In D. Henkel & U. Zemlin, *Arbeitslosigkeit und Sucht* (S. 189–213). Frankfurt/M.: Fachhochschulverlag.

Hollederer, A. (2009). *Gesundheit von Arbeitslosen fördern! Ein Handbuch für Wissenschaft und Praxis.* Frankfurt/M.: Fachhochschulverlag.

Hollederer, A. (2011). *Erwerbslosigkeit, Gesundheit und Präventionspotenziale.* Wiesbaden: VS Verlag für Sozialwissenschaften.

Hötten, R. (2010). Handlungskonzept Job-Coaching. http://www.lwl.org/abt61-download/html/AT-Forum/pdfs/Handlungskonzept_Job-Coaching-v1.02.pdf

Huster, E.-U., Boeckh, J. & Mogge-Grotjahn, H. (2008). *Handbuch Armut und Soziale Ausgrenzung.* Wiesbaden: Verlag für Sozialwissenschaften.

Ingenkamp, K. (2008). *Lehrbuch der pädagogischen Diagnostik.* Weinheim, Basel: Beltz Verlag.

Institut für Sozialwissenschaft (2004). *MoZART. Neue Strukturen für Jobs. Abschlussbericht der wissenschaftlichen Begleitforschung.* (Bd. 541). (B. f. (BMWA-Dokumentation), Hrsg.) Bonn: Pressestelle.

Institut für empirische Soziologie (2004). *Case Management zur Erhaltung von Beschäftigungsverhältnissen behinderter Menschen. Abschlussbericht der wissenschaftlichen Begleitung einer Modellinitiative der Bundesarbeitsgemeinschaft für Rehabilitation.* Nürnberg: Selbstverlag.

International Labour Organization (2012). *Untersuchungen über Wachstum und Gerechtigkeit. Deutschland. Ein beschäftigungsorientierter Ansatz.* Genf: ILO (Kurzfassung).

Jülicher, P. (2010). Vorstellung von Fallbeispielen zur Existenzgründung in Deutschland. Berlin, BMAS: Aus der Arbweitslosigkeit in die Selbstständigkeit – im Aufschwung Gründungen fördern. Internationale Konferenz in Zusammenarbeit mit der OECD 2010 Berlin, http://www.bmas.de/DE/Service/Publikationen/a809-aus-der-arbeitslosigkeit-selbststaendigkeit-foerdern.html

Literaturverzeichnis

Just, W. (2011). Bedarfe, Anforderungen und Strukturen der Schuldnerberatung vor Ort. *Archiv für Wissenschaft und Praxis der sozialen Arbeit (42), 4,* S. 38–46.

Kähler, H. (2005). *Soziale Arbeit in Zwangskontexten. Wie unerwünschte Hilfe erfolgreich sein kann.* München, Basel: Reinhardt Verlag.

Kalinowski, M. & Quinke, H. (2010). Projektion des Arbeitskräfteangebots bis 2025 nach Qualifikationsstufen und Berufsfeldern. In R. Helmrich & G. Zika, *Beruf und Qualifikation in der Zukunft* (S. 103–123). Bielefeld: Bertelsmann Verlag.

Kaltenborn, B., Kolerus, A., Titova, N. & Wielage, N. (2008). *Lokale Arbeitsmarktstrategien im SGB II.* Berlin: Beitrag Nr. 32 zur Wirtschaftsforschung und Politikberatung, Kaltenborn Wirtschaftsforschung und Politikberatung.

Keller, B. & Seifert, H. (2011). *Atypische Beschäftigung und soziale Risiken. Entwicklungen, Strukturen, Regulierung.* Berlin, Bonn: Friedrich Ebert Stiftung WISO direkt. Analysen und Konzepte zur Wirtschafts- und Sozialpolitik.

Kersting, W. (2000). *Theorien der sozialen Gerechtigkeit.* Stuttgart: J.B. Metzler Verlag.

Kettner, A. & Rebien, M. (2007). Hartz-IV-Reform. Impulse für den Arbeitsmarkt. *IAB-Kurzbericht Nr. 19.*

Keupp, H. (2010). Wege aus einer erschöpften Gesellschaft. In H. Keupp, R. Rudeck, H. Schroer, M. Seckinger & F. Straus, *Armut und Exklusion. Gemeindepsychologische Analysen und Gegenstrategien* (S. 27–44). Tübingen: dgvt-Verlag.

Klein, R. (2007). Von (ohn)mächtigen Helfern und berauschten Sehnsüchten – Gedanken zum systemischen Verständnis süchtigen Trinkens. In M.-L. Conen & G. Cecchin, *Wie kann ich Ihnen helfen, mich wieder loszuwerden? Therapie und Beratung in Zwangskontexten.* (S. 252–273). Heidelberg: Carl Auer Verlag.

Kleve, H. (2009). Theorie und Praxis! Weitere Typen der Case-Management-Kritik. *Case Management; (6), 2,* S. 85–88.

Klinger, S. & Rebien, M. (2009). *Soziale Netzwerke helfen bei der Personalsuche.* Nürnberg: IAB-Kurzbericht 24.

Klöß, H.-P. & Egle, F. (1999). *Stellenbesetzungsprobleme trotz hoher Arbeitslosigkeit im Bereich des Arbeitsamtes Bielefeld/Gütersloh. Gutachten des Instituts der deutschen Wirtschaft Köln.* Gütersloh: Bertelsmann Verlag.

Klug, W. (2003). *Mit Konzept planen – effektiv helfen. Ökosoziales Case Management in der Gefährdetenhilfe.* Freiburg/Brsg.: Lambertus Verlag.

Klug, W. (2009). Case Management im US-amerikanischen Kontext. Anmerkungen zur Bilanz und Folgerungen für die deutsche Sozialarbeit. In P. Löcherbach, W. Klug, R. Remmel-Faßbender & W. Wendt, *Case Management. Fall- und Systemsteuerung in der Sozialen Arbeit.* (S. 40–66). München: E. Reinhardt Verlag.

Klußmann, R. & Nickel, M. (2009). *Psychosomatische Medizin. Ein Kompendium für alle medizinischen Teilbereiche.* Wien, New. York: Springer Verlag.

Knobloch, M. & Reifner, U. (2011). *iff-Überschuldungsreport 2011. Überschuldung in Deutschland.* Hamburg, Nürnberg: Institut für Finanzdienstleistungen e. V., Stiftung für private Überschuldensprävention.

Knuth, M. (2000). Das „Ende der Erwerbsarbeit" oder: Die „sauren Trauben" der Arbeitsförderer. In H. Wittig-Koppe & A. Trube, *Effekthascherei – oder: Wie effektiv ist die Arbeitsmarktpolitik?* (S. 148–177). Münster: Lit Verlag.

Literaturverzeichnis

Koch, S. & Fertig, M. (2011). *Evaluation von Arbeitsgelegenheiten in der Mehraufwandsvariante im Jobcenter München. Endbericht.* Abgerufen am 13.02.2012 von Institut für Arbeitsmarkt- und Berufsforschung: http://doku.iab.de/grauepap/2011/Evaluation_MUC.pdf

Koch, S., Spies, C., Stephan, G. & Wolff, J. (2011). *Kurz vor der Reform. Arbeitsmarktinstrumente auf dem Prüfstand.* Nürnberg: IAB-Kurzbericht 11.

Kolbe, C. (2012). Irritationen im Zwangskontext – Interaktionen im SGB II. *WSI Mitteilungen, 3,* S. 198–205.

Kolbe, C. & Reis, C. (2005). *Vom Case Management zum „Fallmanagement". Zur Praxis des Case Managements in der Sozialhilfe und der kommunalen Beschäftigungspolitik am Vorabend von Hartz IV.* Frankfurt/M.: Fachhochschulverlag.

Kolbe, C. & Reis, C. (2008). *Die praktische Umsetzung des Fallmanagements nach dem SGB II. Eine empirische Studie.* Frankfurt/M.: Fachhochschulverlag.

Koller, L. & Rudolph, H. (2011). *Arbeitsaufnahmen von SGB II-Leistungsempfängern. Viele Jobs von kurzer Dauer.* Nürnberg: IAB-Kurzbericht, 14.

Kommission Moderne Dienstleistungen am Arbeitsmarkt (2002). *Moderne Dienstleistungen am Arbeitsmarkt. Kommissionsbericht.* Berlin: Bundesministerium für Wirtschaft und Arbeit.

Konle-Seidl, R. (2005). *Lessons learned. Internationale Evaluierungsergebnisse zur Wirkung aktiver und aktivierender Arbeitsmarktpolitik.* Nürnberg: IAB-Forschungsbericht 9.

Konle-Seidl, R. (2008). *Hilfeformen und Aktivierungsstrategien im internationalen Vergleich.* Nürnberg: IAB-Forschungsbericht 7.

Kraus, K. (2008). *Beschäftigungsfähigkeit oder Maximierung von Beschäftigungsoptionen? Ein Beitrag zur Diskussion um neue Leitlinien für Arbeitsmarkt- und Beschäftigungspolitik.* Bonn: Expertise im Auftrag der Friedrich-Ebert-Stiftung.

Kriegesmann, B., Kottmann, M., Masurek, L. & Nowack, U. (2005). *Kompetenz für eine nachhaltige Beschäftigungsfähigkeit.* Dortmund/Berlin/Dresden: Schriftenreihe der Bundesanstalt für Arbeitsschutz und Arbeitsmedizin.

Kroll, L. & Lampert, T. (2012). *Arbeitslosigkeit, prekäre Beschäftigung und Gesundheit.* Berlin: Robert Koch-Institut, GBE Kompakt 3(1).

Kuhnert, P. (2008). *Handbuch stabilisierende Gruppen. Ein Praxisratgeber für die Einzel- und Gruppenarbeit mit ALG-II-Empfängern.* Dortmund: BMAS.

Kuhnert, P. & Kastner, M. (2009). Gesundheits- und beschäftigungsorientierte Beratung bei Arbeitslosigkeit – Das Konzept der Stabilisierenden Gruppen. In A. Hollederer, *Gesundheit von Arbeitslosen fördern! Ein Handbuch für Wissenschaft und Praxis* (S. 203–229). Frankfurt/M.: Fachhochschulverlag.

Landert, C. (2011): *Nationales Projekt Case Management Berufsbildung. Bericht zur Umsetzungsevaluation.* Hrsg. vom Bundesamt für Berufsbildung und Technologie (BBT). Bern.

Laux, H., Gillenkirch, R. & Schenk-Mathes, H. (2012). *Entscheidungstheorie.* Berlin, Heidelberg: Springer Gabler.

Lechner, G. (2009). *Eine zweite Chance für alle gescheiterten Schuldner? Längsschnittstudie zur Evaluation des Verbraucherinsolvenzverfahrens.* Wiesbaden: Schufa-Verbraucherbeirat, Schufa-Holding AG.

Literaturverzeichnis

Lietzmann, T. (2010). *Zur Dauer der Bedürftigkeit von Müttern. Dauer des Leistungsbezugs im SGB II und Ausstiegschancen.* Nürnberg: IAB-Discussion Paper, 8.

Lietzmann, T., Tophoven, S. & Wenzig, C. (2011). *Grundsicherung und Einkommensarmut. Bedürftige Kinder und ihre Lebensumstände.* Nürnberg: IAB-Kurzbericht 6.

Löcherbach, P. (2005). Qualifizierung im Case Management. Bedarf und Angebote. In P. Löcherbach, W. Klug, R. Remmel-Faßbender & W. Wendt, *Case Management. Fall- und Systemsteuerung in der Sozialen Arbeit.* (S. 218–246). München: Ernst Reinhardt Verlag.

Lott, M. (2010). *Soziodemografische Muster der Qualifikationsstruktur von Erwerbstätigkeit und Unterbeschäftigung.* Nürnberg: IAB-Forschungsbericht 2.

Ludwig-Mayerhofer, W., Behrend, O. & Sondermann, A. (2009). *Auf der Suche nach der verlorenen Arbeit. Arbeitslose und Arbeitsvermittler im neuen Arbeitsmarktregime.* Konstanz: UVK Verlagsgesellschaft.

Luedtke, J. (1998). *Lebensführung in der Arbeitslosigkeit.* Pfaffenweiler: Centaurus Verlagsgesellschaft.

Luthe, E.-W. (42003). Sozialtechnologie. *Archiv für Wissenschaft und Praxis der sozialen Arbeit,* S. 3–49.

Lutz, R. (2010). *Das Mandat der Sozialen Arbeit.* Wiesbaden: Verlag für Sozialwissenschaften.

Maeder, C. & Nadai, E. (2004). *Organisierte Armut. Sozialhilfe aus wissenssoziologischer Sicht.* Konstanz: UVK.

Manz, R. (2011). *Arbeitsbelastungen und Bedrohungen in Arbeitsgemeinschaften nach Hartz IV. Abschlussbericht.* München: Deutsche Gesetzliche Unfallversicherung.

Matysik, A., Rosenthal, P. & Sommer, J. (2011). *Öffentlich geförderte sozialversicherungspflichtige Beschäftigung in Deutschland. Aktuelle Instrumente, Programme und Konzepte.* Bonn: Abteilung Wirtschafts- und Sozialpolitik der Friedrich-Ebert-Stiftung.

McLeod, J. (2011). *Beraten lernen. Das Übungsbuch zur Entwicklung eines persönlichen Beratungskonzepts.* Tübingen: dgvt-Verlag.

Mehlich, M. (2005). *Langzeitarbeitslosigkeit.* Kassel: Nomos.

Meinhold, M. (2005). Einzelfallhilfe/Case-Management. In H.-U. Otto & H. Thiersch, *Handbuch Sozialarbeit Sozialpädagogik* (S. 361–367). München, Basel: Ernst Reinhardt Verlag.

Michel-Schwartze, B. (2008). Die strukturelle Devianz des beschäftigungsorientierten Fallmanagements. Wie viel Case Management steckt im Fallmanagement? In M. Müller & C. Ehlers, *Case Management als Brücke: Arbeitsfelder und Organisationsformen.* Berlin: Schibri Verlag.

Michel-Schwartze, B. (2010). *„Modernisierungen" methodischen Handelns in der Sozialen Arbeit.* Wiesbaden: Verlag für Sozialwissenschaften.

Miller, W. & Rollnick, S. (2009). *Motivierende Gesprächsführung.* Freiburg/Brsg.: Lambertus Verlag.

Ministerium für Arbeit und Soziales, Qualifikation und Technologie des Landes NRW (2000). *Modellprojekt Sozialbüros NRW. Endbericht.* Düsseldorf: Selbstverlag.

Literaturverzeichnis

Ministerium für Arbeit, Gesundheit und Soziales des Landes NRW (2006). *Leistungsprozesse im SGB II. Lehren aus dem Modellprojekt „Sozialagenturen – Hilfe aus einer Hand"*. Düsseldorf: FH Frankfurt/M.

Ministerium für Arbeit, Soziales, Gesundheit und Familie des Landes Brandenburg (2008). *AMIGA. Arbeitsförderung mit gesundheitsbezogener Ausrichtung. Leitfaden für die praktische Umsetzung*. Potsdam: MASGF Brandenburg, Öffentlichkeitsrabeit.

Ministerium für Wirtschaft und Arbeit des Landes NRW (2002). *Initiativ in NRW. Sozialagenturen – Hilfe aus einer Hand*. Düsseldorf: Referat Presse- und Öffentlichkeitsarbeit.

Ministerium für Wirtschaft und Arbeit des Landes NRW (2003). *Initiativ in NRW. Case Management. Theorie und Praxis*. Düsseldorf: Toennes Druck + Medien.

Möller, J., Walwei, U., Koch, S., Kupka, P. & Steinke, J. (2009). *Fünf Jahre SGB II: Eine IAB-Bilanz. Der Arbeitsmarkt hat profitiert*. Nürnberg: IAB-Kurzbericht, 29.

Müller, J. & Schmillen, A. (2008). *Hohe Konzentration auf wenige ist ein steigendes Risiko für alle*. Nürnberg: IAB-Kurzbericht 4.

Nationale Armutskonferenz (2011). *Positionspapier der Nationalen Armutskonferenz. Grundsicherung für Arbeitsuchende: Armutsverwaltung oder Armutsbekämpfung?* Berlin: Nationale Armutskonferenz, AG Grundsicherung.

Nestmann, F. (1997). Beratung als Ressourcenförderung. In F. Nestmann, *Beratung. Bausteine für eine interdisziplinäre Wissenschaft und Praxis*. (S. 15–37). Tübingen: dgvt-Verlag.

Nestmann, F. (2012). Zwangsberatung ist keine Beratung – Beratung braucht die Freiheit der Wahl. *Verhaltenstherapie & Psychosoziale Praxis,* S. 23–28.

Oevermann, U. (2000). Dienstleistungen in der Sozialbürokratie aus professionstheoretischer Sicht. In M.-L. Harrach von, T. Loer & O. Schmidtke, *Verwaltung des Sozialen. Formen der subjektiven Bewältigung eines Strukturkonflikts*. (S. 57–77). Konstanz: UVK.

Osiander, C. & Steinke, J. (2011). *Street-level bureaucrats in der Arbeitsverwaltung. Dienstleistungsprozese und reformierte Arbeitsvermittlung aus Sicht der Vermittler*. Nürnberg: IAB-Discussion Paper 15.

Ott, M. (2011). *Aktivierung von (In-)Kompetenz. Praktiken im profiling – eine machtanalytische Ethnographie*. Konstanz: UVK Verlagsgesellschaft.

Pantucek, P. (2007). Falleinschätzung im Case Management. *Soziale Arbeit,* 11/12, S. 432–440.

Paul, K. & Moser, K. (2009). Metaanalytische Moderatoranalyse zu den psychischen Auswirkungen der Arbeitslosigkeit – Ein Überblick. In A. Hollederer, *Gesundheit von Arbeitslosen fördern! Ein Handbuch für Wissenschaft und Praxis* (S. 3961). Frankfurt/M.: Fachhochschulverlag.

Plath, H.-E. (33/4 2000). Arbeitsanforderungen im Wandel, Kompetenzen für die Zukunft – Eine folgenkritische Auseinandersetzung mit aktuellen Positionen. *Mitteilungen aus der Arbeitsmarkt- und Berufsforschung,* S. 583–593.

Poetzsch, J. (2007). *Case Management: The magic bullet for labour integration? An international comparativ study*. Genf: International Social Security Association, Technical Report 06.

Literaturverzeichnis

Powell, S. (2010). *Case Management: A Practical Guide for Education and Practice. Nursing Case Management.* Philadelphia/USA: Lippincott Williams & Wilkins.

Prognos. (2011). *Studie Arbeitslandschaft 2030.* München: Vereinigung der Bayerischen Wirtschaft e.V.

Pröll, U. (2004). *Arbeitsmarkt und Gesundheit. Gesundheitliche Implikationen der neuen Arbeitsmarktpolitik und Ansätze zur Prävention.* Dortmund, Berlin, Dresden: Band Fb1018 der Schriftenreihe der Bundesanstalt für Arbeitsschutz und Arbeitsmedizin.

Promberger, M. (2011). Typenbildung mit quantitativen und qualitativen Daten. *IAB-Discussion Paper 12.*

Promberger, M. (2012). Mythos der Vollbeschäftigung und Arbeitsmarkt der Zukunft. *Aus Politik und Zeitgeschichte, (62), 14–15,* S. 30–38.

Ramakers, C. (2000). Niederlande. Auswertung des Case Management-Projektes Nieuw-Doddendaal. In H. Engel & D. Engels, *Case Management – Erfahrungen aus neun Ländern. Materialband und Workshop-Diskussion.* (S. 383–414). Stuttgart: W. Kohlhammer Verlag.

Reis, C. & Ludwig, M. (2011). Steuerungsillusionen und ihre praktische Wirkung. Das ‚Vier-Phasen-Modell' der Bundesagentur für Arbeit als Lehrstück für Case Management. *Case Management, (8) 2,* S. 67–77.

Reis, C. (2005). Case Management als zentrales Element einer dienstleistungsorientierten Sozialhilfe. In P. Löcherbach, W. Klug, R. Remmel-Faßbender & W.-R. Wendt, *Case Management. Fall- und Systemsteuerung in der Sozialen Arbeit* (S. 181–198). München, Basel: Reinhardt Verlag.

Reis, C. (2005). Welche Wirkungen hat Case Management? Einige Überlegungen zur Implementation von Case Management im Rahmen des SGB II. *Case Management, (2) 1;* S. 16–19.

Rübner, M. & Sprengard, B. (2010). *Handbuch für Berufsberaterinnen und Berufsberater. Beratungskonzeption der Bundesagentur für Arbeit.* Nürnberg: Bundesagentur für Arbeit.

Rudolph, H. & Müntnich, M. (2001). *Modellprojekt Profiling. Endbericht an die EU-Kommission.* Nürnberg: Bundesagentur für Arbeit, Institut für Arbeitsmarkt- und Berufsforschung (Hrsg.).

Runia, P. (2005). *Das soziale Kapital auf dem Arbeitsmarkt.* Frankfurt/M.: P. Lang Verlag.

Schallberger, P. & Wyer, B. (2010). *Praxis der Aktivierung. Eine Untersuchung von Programmen zur vorübergehenden Beschäftigung.* Konstanz: UVK Verlag.

Schank, T., Schnabel, C., Stephani, J. & Bender, S. (2008). *Niedriglohnbeschäftigung. Sackgasse oder Chance für den Aufstieg.* Nürnberg: IAB-Kurzbericht 8.

Schemmel, H. & Schaller, J. (2003). Ressourcen: Ausgangspunkte. In H. Schemmel & J. Schaller, *Ressourcen. Ein Hand- und Lesebuch zur therapeutischen Arbeit.* (S. 9–19). Tübingen: dgvt-Verlag.

Scherl, H. (2004). Verlaufstypen, Bestands- und Stromgrößen beim gesamtwirtschaftlichen Stellenangebot – mit einer Stellenangebotsgesamtrechnung für Westdeutschland 2001. *Zeitschrift für Arbeitsmarktforschung (2), 1,* 9–28.

Schiel, H., Schröder, H., Gilberg, R. & Kruppe, T. (2008). *Öffentliche Arbeitsvermittlung. Mehr Personal – mehr Zeit – mehr Vermittlungen.* Nürnberg: IAB-Kurzbericht 21.

Literaturverzeichnis

Schmid, G. (2011). *Übergänge am Arbeitsmarkt. Arbeit, nicht nur Arbeitslosigkeit versichern.* Berlin: Edition sigma.

Schreiber, M. (2005). *Entscheidungstheoretische Aspekte der Ausbildungs- und Berufswahl Jugendlicher.* Göttingen: Cuvillier Verlag.

Schuberth, K. (1999). *Arbeitsmarkt- und Beschäftigungspolitik. Eine Einführung.* Bayreuth: PCO Verlag.

Schütz, H., Kupka, P., Koch, S. & Kaltenborn, B. (2011). *Eingliederungsvereinbarungen in der Praxis. Reformziele noch nicht erreicht.* Nürnberg: IAB-Kurzbericht 18.

Schütz, H., Steinwede, J., Schröder, H., Kaltenborn, B., Wielange, N., Gerhard, C., et al. (2011). *Vermittlung und Beratung in der Praxis. Eine Analyse von Dienstleistungsprozessen am Arbeitsmarkt.* Nürnberg u. Bielefeld: wbv-Verlag.

Schwarze, U. (2011). Ethik und soziale Schuldnerberatung: Reflexionen zu einer „stillen Beziehung". *Archiv für Wissenschaft und Praxis der sozialen Arbeit (42), 4,* S. 70–84.

Seithe, M. (2010). *Schwarzbuch Soziale Arbeit.* Wiesbaden: Verlag für Sozialwissenschaften.

Sell, S. (2011). *Bürokratie 2 oder: Die Schildbürgerstreichhaftigkeit des „Bildungspakets" im Rahmen der Hartz IV-Reform.* Remagen: Fachhochschule Remagen: Remagener Beiträge zur aktuellen Sozialpolitik 11.

Sesselmeier, W., Funk, L. & Waas, B. (2010). *Arbeitsmarkttheorien: Eine ökonomisch-juristische Einführung.* Heidelberg: Physica Verlag.

Sickendiek, U., Engel, F. & Nestmann, F. (2008). *Beratung. Eine Einführung in sozialpädagogische und psychosoziale Beratungsansätze.* Weinheim, München: Juventa Verlag.

Siefken, S. (2006). Die Arbeit der sogenannten Hartz-Kommission und ihre Rolle im politischen Prozess. In S. Falk, D. Rehfeld, A. Römmele & M. Thunert, *Handbuch Politikberatung* (S. 374–388). Wiesbaden: Verlag für Sozialwissenschaften.

Siekendiek, U., Nestmann, F., Engel, F. & Bamler, V. (2007). *Beratung in Bildung, Beruf und Beschäftigung.* Tübingen: dgvt-Verlag.

Sinn, I. & Haselow, R. (2005). *Hartz IV. Fallmanagement. Ein Beitrag zur Personalentwicklung. Aufgaben, Anforderungen und Qulifizierung der Fallmanager.* Münster: VGS Verlag.

Soler, M. (2012). Case Management – ein professionelles Handlungskonzept der Sozialen Arbeit? *Case Management (9), 1,* S. 19–25.

Spitzer, M. (2007). *Lernen. Gehirnforschung und die Schule des Lebens.* München: Elsevier/Spektrum Akademie Verlag.

Statistisches Bundesamt, Wissenschaftszentrum Berlin für Sozialforschung & Deutsches Institut für Wirtschaftsforschung. (2011). *Datenreport 2011. Ein Sozialbericht für die Bundesrepublik Deutschland.* Bonn: Bundeszentrale für politische Bildung.

Statistisches Bundesamt (2011). *Kindertagesbetreuung regional 2010. Ein Vergleich aller 412 Kreise in Deutschland.* Wiesbaden: Statistisches Bundesamt.

Steiner, C., Hauss, F., Böttcher, S. & Lutz, B. (o. J.). *Evaluation des Projektes Bürgerarbeit im 1. Flächenversuch in der Stadt Bad Schmiedeberg.* Abgerufen am 22.12.2011 von www.zsh-online.de: http://www.zsh-online.de/fileadmin/PDF-Dokumente/Forschungsberichte/08_1FB.pdf

Literaturverzeichnis

Steinke, J., Koch, S., Kupka, P., Osiander, C., Dony, E., Güttler, D., et al. (2012). *Neuorientierung der Arbeitsmarktpolitik. Die Neuausrichtung der arbeitsmarktpolitischen Instrumente aus dem Jahr 2009 im Blickpunkt: Mehr Flexibilität und größere Handlungsspielräume für die Vermittler?* Nürnberg: IAB-Forschungsbericht 02.

Sternberg, R. (2010). *Existenzgründung aus ökonomischer Verantwortung Notwendigkeit: Aus der Arbeitslosigkeit in die Selbstständigkeit.* Berlin: BMAS: Aus der Arbeitslosigkeit in die Selbstständigkeit – im Aufschwung Gründungen fördern. Internationale Konferenz in Zusammenarbeit mit der OECD 2010 Berlin.

Storch, M. & Krause, F. (2005). *Selbstmanagement – ressourcenorientiert. Grundlagen und Trainingsmanual für die Arbeit mit dem Züricher Ressourcen Modell.* Tübingen: dgvt-Verlag.

Straubhaar, T. (2012). Wege zur Vollbeschäftigung. *Aus Politik und Zeitgeschichte, (62), 14–15*, S. 3–7.

Summers, N. (2011). *Fundamentals of Case Management Practice. Skills for the Human Services.* (4. Ausg.). Belmont: Brooks Cole.

Tisch, A. (2010). Kundenzufriedenheit im SGB II. Arbeitsvermittler im Urteil der Alg-II-Empfänger. *IAB-Kurzbericht (7)*.

Titus, S. (2010). Wohnungslosigkeit: Arbeitsmarktbezogene Perspektive. In C. Müller, F. Schulz & U. Thien, *Auf dem Weg zum Jugendintegrationskonzept. Grundlagen und Herausforderungen angesichts veränderter Lebenslagen junger Menschen* (S. 282–288). Münster: Lit Verlag.

Toepler, E. (2007). Case Management in der Unfallversicherung. *Case Management, (3) 1*, S. 77–81.

Trube, A. (2005). Case Management als Changemanagement? Zur ambivalenten Professionalisierung Sozialer Arbeit im aktivierenden Sozialstaat. In H. Dahme & N. Wohlfahrt, *Aktivierende Soziale Arbeit. Theorie – Handlungsfelder – Praxis* (S. 88–108). Baltmannsweiler: Schneider Verlag.

Udsching, P. (2011). Das Fallmanagement im SGB II – aus Sicht der Sozialgerichtsbarkeit. *Case Management, (8) 1*, S. 12–17.

Urban, U. (2004). *Professionelles Handeln zwischen Hilfe und Kontrolle. Sozialpädagogische Entscheidungsfindung in der Hilfeplanung.* Weinheim, München: Juventa Verlag.

Vonderach, G. (2002). *Arbeitslose im Blick der Sozialforschung. Ausgewählte Studien aus der Geschichte der empirischen Arbeitslosenforschung im deutschsprachigen Raum.* Münster: Lit Verlag.

Voß, G. (2011). Strukturwandel der Arbeit. In R. Haubl & G. Voß, *Riskante Arbeitswelt im Spiegel der Supervision. Eine Studie zu den psychosozialen Auswirkungen spätmoderner Erwerbsarbeit.* (S. 51–56). Göttingen: Vandenhoeck & Ruprecht.

Weber-Halter, E. (2011). *Praxishandbuch Case Management. Professioneller Versorgungsprozess ohne Triage.* Bern: Verlag Hans Huber.

Weise, F.-J. (2005). Ziele statt Weisungen. Der Umbau einer Behörde zu einer modernen Dienstleistungsorganisation. *CM Controller Magazin*, S. 435–438.

Wendt, W. R. (2011). State of the art: Das entwickelte Case Management. In W. Wendt & P. Löcherbach, *Case Management in der Entwicklung. Stand und Perspektiven in der Praxis* (S. 1–38). Heidelberg: medhochzwei Verlag GmbH.

Literaturverzeichnis

Wendt, W. R. (2010). *Case Management im Sozial- und Gesundheitswesen. Eine Einführung.* Freiburg/Brsg.: Lambertus Verlag.

Weyer, J. (2000). *Soziale Netzwerke. Konzepte und Methoden der sozialwissenschaftlichen Netzwerkforschung.* München, Wien: Oldenbourg Verlag.

Wilkinson, R. & Marmot, M. (2004). *Soziale Determinanten von Gesundheit. Die Fakten.* Kopenhagen: Weltgesundheitsorganisation.

Willke, G. (2011). *Armut – was ist das? Eine Grundsatzanalyse.* Hamburg: Murmann Verlag.

Wissert, M. (2008). Tools und Werkzeuge beim Case Management. Evaluation und Entpflichtung. *Case Management,* S. 98–100.

Zabel, C. (2011). *Alleinerziehende ALG II-Empfängerinnen mit kleinen Kindern. Oft in Ein-Euro-Jobs, selten in betrieblichen Maßnahmen.* Nürnberg: IAB-Kurzbericht, 21.

Zapfel, S. & Promberger, M. (2011). Gemeinschaft, Gesellschaft und soziale Sicherung. Überlegungen zu Genese und Wandel des modernen Wohlfahrtsstaates. Nürnberg: IAB-Discussion Paper, 21.

Stichwortverzeichnis

Ablösung im Fallmanagement 265
Advokatorische Funktion 61, 75, 288
Akquise 178
Akquisestrategien 190
Aktivierung 312
Aktivierungsparadigma 34
Aktivierungspolitik 310
Alleinerziehende (Statistik) 256
Anamnese 110
Angebote der Gesundheitsförderung 233
Annäherungsziel 137
Ansprechen von Gefühlen 124
Arbeitgeberberatung 178, 191
Arbeitgeberbezogene Strategien 178
Arbeitnehmerbezogene Strategien 192
Arbeitnehmerbezogene Vermittlungsstrategien 183
Arbeitsbelastung 51
Arbeitsbündnis 22, 85, 97, 102, 103, 115, 145
Arbeitsgelegenheiten 194, 244, 258
Arbeitsgruppe Beschäftigungsförderung 66
Arbeitshilfen und Leitlinien BTP 251
Arbeitslosigkeit 38
Arbeitsmarktanforderungen 58
Arbeitsmarktausgleich 27
Arbeitsmarktbezogene Integrationsstrategien, s. Vermittlungsstrategien 170
Arbeitsmärkte 27
Arbeitsmarktfixiertheit des bFM 289
Arbeitsmarktkompetenzen 175
Arbeitsmarktnische 186
Arbeitsmarktpolitik 207
Arbeitsmarktpolitische Instrumente 207
Arbeitsmarktreformen 31
Arbeitsmarktsituation 27, 34
Arbeitsmotivation 33
Arbeitsplatzbezogene Qualifizierung/Umschulung 187
Arbeits- und Ausbildungsvermittlung 176
Arbeitsvermittlung 163
Arbeitswilligkeit 33
Armenfürsorge 311
Armut 38
Armutsauswirkungen auf die Kinder 256
Armutsbekämpfung 41
Armutsfolgen 39
Armutsraten Alleinerziehender 254
Armutsrisikoquote 38
Assessment 40, 78, 110, 306
Assessment (Vorgehen) 111
Atypische Beschäftigung 202
Aufstocker 29, 65, 203
Aufstockerproblematik 28
Ausbildungsbonus 179
Auskunftsbogen 115

Back-Office 165
Bedarfsgemeinschaft 141
Bedarfssituation 291
Beendigung des Fallmanagements 264
Befragung 122
Behinderte Menschen 234
Beleihung 93
Beratung 94, 122, 235
Beratungsarbeit mit Suchtabhängigen 231
Beratungsarbeit mit Suchtgefährdeten 227
Beratungspraxis 102
Beratungsreflexion 102
Beratungstetragon 95
Beratung (unfreiwillige) 97
Berufliche Rehabilitation 166
Berufliche Weiterbildung 207
Berufsberatung 166
Berufsbiografische Daten 113
Berufsinformationszentren 183
Berufskenntnisse 174
Berufsorientierende berufliche Beratung 197
Berufsrollen 74
Beschäftigungsfähigkeit 51
Beschäftigungsförderung 305, 312
Beschäftigungsorientiertes Fallmanagement 38, 41, 49, 55, 58, 153, 208, 246, 297, 299, 304, 308
Beschäftigungsorientiertes Fallmanagement (Chancen) 22, 46, 47
Beschäftigungsorientiertes Fallmanagement (Definition) 64
Beschäftigungsorientiertes Fallmanagement (historisch) 20
Beschäftigungsorientiertes Fallmanagement (Organisationsvarianten) 61
Beschäftigungsorientiertes Fallmanagement (Risiken) 22
Betreuungsangebot für Alleinerziehende 254
Betreuungsquote Kita 255
Betreuungsrelation 295
Betreuungsschlüssel 57
Betreuungs- und Integrationsplanung von Alleinerziehenden 259
Betriebliche Einzelumschulung 179
Betriebsnahe Qualifizierung 49
Bewegungsdaten der Arbeitslosigkeit 50
Bewerberorientierte Vermittlung 59
Bewerber- und Stellenprofile 48
Bewerbung 174
Bewerbungshilfen 188
Bezahlkunden 308
Beziehungsgestaltung 99
Beziehungsintensität 303
Bildungsmaßnahme 142
Bildungs- und Teilhabepaket 250
Biografie 202
Bruttoinlandsprodukt 39

Stichwortverzeichnis

BTP (s. Bildungs- und Teilhabepaket) 252
Budgetierung 71, 279
Budgetkompetenz 169
Budgetreserve 283
Budgetverantwortung 71
Bundesagentur für Arbeit 15, 27, 46, 157, 259, 270, 276, 294, 296, 314
Bundesfreiwilligendienst 196
Bund-Länder-Kommission 314
Bürgerarbeit 194, 245

Callcenter 191
Car-Sharing-Angebot für Eltern 259
Case Management (Aufgabenintegration) 80
Case Management (historisch) 19
Case Management (USA) 18, 20, 69
Case Management (widerständiges) 298
Chancen- und Risikoanalyse 134
Chancen von alleinerziehenden Müttern und Vätern zur Beendigung der ALO 258
Clusteranalysen 172
Coaching/Mentoring 187
consumer-driven CM 60, 120
Controlling 272
Controllingsystem 314
Creaming 26, 32

Datenschutz 112, 116, 157
Demografie 300
Demografische Entwicklung 28
De-Professionalisierung 290, 301
Detailziele 136
Dezentrale Ressourcenverantwortung 270
Diagnose 110
Dienstemakler 74, 288
Dilemmata zwischen Hilfe und Kontrolle 289
Dokumentation 136
Dokumentenanalyse 122
Drei-Schichten-Modell der Arbeit 248

Effizienz und Effektivität 37
Ehrenamt 196
Eigenlogik 46
Eigenlogik von Institutionen 214
Eignung 58, 134, 173, 176
Einfacharbeitsplätze 51
Eingliederungsmaßnahme 142
Eingliederungsvereinbarung 132, 139, 266
Eingliederungszuschuss 179
Einstiegsberatung 83, 101
Einstiegsgeld 200
Einzelfallhilfe 308
Eklektizismus (Beratung) 122
Empowerment 101, 111, 119, 291
Engpasskonzentrierte Strategie 186
Entgrenzung von Arbeit 52
Entpflichtung 265
Entscheidungstheoretische Verortung 301

Entscheidungstheorie 301
Erfolgsindikatoren 276
Ergebnisqualität 81, 108, 130, 150
Erhebungsbogen 113
Ermessenslenkende Weisungen 86
Europäische Kommission 41
Europäische Union 30
Evaluation 296
Evaluation der Arbeitsmarktpolitik 207
Existenzgründertypologie 201
Existenzgründung 197
Exklusion 40, 254

Fachkonzept beschäftigungsorientiertes Fallmanagement 292
Fachkonzept bFM 65, 163
Fachkräftebedarf 28
Fachkräfte der Sozialen Arbeit 290
Fallbesprechungen 161
Fallkonferenz 161
Fallmanagement durch Dritte 91
Fallmanagementhandbuch 106
Fallmanagementkonzept 58
Fallsteuerung 152
Fallübernahme 84
Fallverantwortung 59, 68
Fallverständnis 72
Fallzugang 83
Familien mit Kindern im ALG-II-Bezug 254
Feedback 125
Finanzierungsvarianten bei Dritten 93
Folgeberatungen 104
Folgen der Arbeitslosigkeit 42
Fordern und Fördern 32
Fördern und Fordern 41, 47, 76, 115, 140
Förderung der beruflichen Weiterbildung 193
Förderung von Arbeitsverhältnissen 245
Forschungslage 18
Forschungstheoretische Einordnung 301
Frageformen 124
Freiwilligkeit 85
Führungskräfte 310
Fürsorgegesetz 279

Ganzheitliche Betreuung 59
Ganzheitlicher Betreuungsansatz 252
Ganzheitliches Fallverständnis 70
Gemeinwesenarbeit 305
Generalisiertes Fallmanagement 63, 162, 307
Gerechtigkeitsnormen 286
Gerechtigkeitsvorstellungen 31
Geschäftsidee 202
Gesellschaftliche Modernisierungsprozesse 69
Gesundheit 115, 231
Gesundheitliche Störungen 234
Gesundheitsdaten 115
Gewalt 37
Gezielte Bekräftigungen 125
Grundsatzziele 136

Stichwortverzeichnis

Grundsicherung für Arbeitsuchende 294
Gründungsförderung 198
Gründungszuschuss 199

Handlungslogiken 297
Harte Auswahlkriterien 174
Hartz IV-Gesetz, s. SGB II 12
Hausbesuch 123
Hierarchie 213
Hilfesystem, veraltetes 11
Hilfsangebote bei Sucht und Gesundheitsproblemen 236
Huckepack-Akquise 191
Huckepack-Verfahren 183

Implementation 310
Implementierung 53
Indirekte Strategien 189
Indirekte Vermittlungsstrategien 181
Individualisierung von Lebensrisiken 311
Individuelle Einflussgrößen auf das Gesundheitsverhalten 235
Initiativvermittlungen 49
Inklusionsauftrag 61
Insolvenzverfahren 220
Institutionelle Logiken 290
Instrumenteneinsatz 179
Instrumenteneinsatz bei Alleinerziehenden 258
Instrumentenreform 244
Intake 78
Integrationschancen 47
Integrationslotsen 123
Integrationsplan 135
Integrationsplanung 132, 134
Integrationsstrategie 34, 185
Integration Suchtkranker 228
Interdisziplinarität 299
Interessenkonflikte 132
International Labour Organization 26
Involviertheit 303
IT-Unterstützung 154

Jobbörse 203
Job-Carving 191
Jobcenter 27
Job-Enrichment 309
Job-Rotation 191
Jugendämter 166

Karitative Träger 93
Kennzahlenverordnung 271, 273
Kernprozesse 92
Kindertagesbetreuung 254
Kollegiale Beratung 160
Kollegiale Fallberatung 126
Kommission Moderne Dienstleistungen am Arbeitsmarkt 21
Kommunale Grundsicherungsträger 305
Kommunale Leistungsträger 254
Kommunikationstechniken 124
Kommunitarismus 305

Kompetenzen 114, 175
Kompetenz (Fallmanager) 133
Kompetenzfeststellung 175
Komplexer Hilfebedarf 299
Komplexität der Steuerung von Prozessen im SGB II 274
Konfligierende Interessenlagen 301
Kontingenz 127
Kontraktmanagement 270
Kontroverse um Hartz IV 30
Konzessionsbereitschaft 33
Kooperationsformen mit der Suchtkrankenhilfe 228
Koordinierendes Systemmanagement 59
Koordinierungsformen 214
Koproduktion 104
Kostendruck 296
Kriterienkataloge 86
Kritik am beschäftigungsorientierten Fallmanagement 286
Kundenanwalt 74, 288

Langzeitarbeitslosigkeit 30, 39, 42, 300, 305
Lebenslagenansatz 256
Lebens- und Wohnbedingungen 39
Leistungen für kulturelle und sportliche Förderung 250
Leistungen für Schulbedarf 250
Leistungen zur Lernförderung 251
Leistungen zur Schülerbeförderung 251
Leistungserbringung 152
Leistungssachbearbeitung 164
Leistungssteuerung 137, 152, 212, 272, 279
Leistungsvereinbarungen 224
linking 153
Lokale Umsetzung 306
Lokale Umsetzungsstrategien 172

Mailing-Aktionen 191
Makrosteuerung 272
Marktmechanismen 213
Maßnahmenpaket 282
Maßnahmeplanung 148
Maßnahmeträger 244
Matching 174
Matching-ausgerichtete Maßnahmen 180, 192
Menschenbild 236
Metakommunikation 125
Methodenvielfalt 122
Migranten 142, 143, 234
Mindeststandards 277
Mittagessen 251
Mittlerfunktion 23, 66
Mitwirkungsbereitschaft 65
Monitoring 78
Motivation 40, 98, 138
Motivierende Gesprächsführung 125

Nachbetreuung 52, 180, 189
Nacherfüllungspflicht 141
Nachhaltige Erwerbsintegration 65

Stichwortverzeichnis

Nachhaltigkeit 300
Nachhaltigkeit in der Qualifizierung 314
Neoliberales Verständnis von CM 312
Networking 184, 224
Netzwerk 171
Netzwerkarbeit 120, 212
Netzwerke (Gesundheit) 237
Netzwerkkarte 114
Netzwerkmechanismen 213
Netzwerksteuerung 306
Neue Steuerungsmodelle 270
Niedriglohnsektor 31, 51
Normabweichendes Verhalten 296
Normalarbeitsverhältnis 202

Öffentlich geförderte Beschäftigung 239
Öffentlich geförderte Beschäftigung (Contra-Argumente) 241
Öffentlich geförderte Beschäftigung (Pro-Argumente) 240
Öffentlich-rechtlicher Vertrag 141
Ökonomisierung 11
Ökosozialer Ansatz 67
Organisationsreformen 310
Orientierungsfunktion 302
Outbound-Aktivitäten 191
Output-Orientierung 270

Paraphrasieren 124
Partikularistische Logiken 298
Passiv-Aktiv-Transfer 196
Pausen (Kommunikation) 125
Personalrekrutierung 58
Personenbezogene Dienstleistungen 104
Personen mit komplexem Hilfebedarf 296
Persönliche Ansprechpartner 61
Persönlichkeitsdaten 114
Pfadabhängigkeit 23, 310
Pflichtleistungen 141
Pkw-Führerschein 205
Präventivstrategien 189
Praxisberatung 160
Prekarisierung 204
Prekarität 29
PRIMUS 296
Profiling 40, 110, 202, 299
Profillagen 95
Projektionen (Arbeitsmarkt) 29
Prozess Case Management 77
Prozessqualität 81, 107, 129, 150
Prozessschritte 67
Prozessstandards CM 288
Psychische Stabilität 42
Psychosoziale Hilfen 231

Qualifizierung 192
Qualitative Studien 311
Qualitätssicherung 79, 81
Qualitätszirkel 160

Reaktanz 99
Re-Assessment 79, 126
Rechtsfolgehinweise 141
Reduzierung der Langzeitarbeitslosigkeit 279
Reformfähigkeit des öffentlichen Dienstes 52
Regelsystem der Arbeitsförderung 309
Reorganisationsprozess 53
Ressourcen 118
Ressourcenansatz 118
Ressourcendaten 114
Ressourcen (individuelle) 100
Ressourcenorientierung 101
Reziprozität 205
Risikogruppen 39
Rollenanforderungen 60
Rollenklärung 73
Rückzahlungspflicht 205

Sanktionen 47, 85, 144
Schnittstellen 152
Schnittstellen (externe) 167
Schnittstellenmanagement 162
Schnittstellenprobleme 91
Schuldnerberatung 219
Schuldnerberatung (Prozess) 223
Schuldnertypologie 219
Sekundärtugenden 174
Selbsteinschätzung 123
Selbsthilfefähigkeit 120
Selbstmarketing 183
Selbstständigkeit 197
Selbstvermittlungsprämie 205
Selektionsprozesse 310
Serviceplanung 133
SGB II 21
SGB II (Perspektive) 23
Sicherndes Fallmanagement 62, 165
S.M.A.R.T.-Formel 138
Soft Skills 175
Solidarprinzip 311
Soziale Arbeit 286, 294, 299
Soziale Unterstützungsnetzwerke 215
Sozialhilferisierung 277, 309
Sozialintegrativer Auftrag 309
Sozialplanung und Sozialberichterstattung 272
Sozialpolitischer Auftrag 277
Sozial stabilisierende Hilfen 297
Sozialversicherung 300
Spaltung der Gesellschaft in Arm und Reich 301
Spezialisiertes Fallmanagement 63, 162, 307
Spiegeln 124
Stabilisierende Gruppen 171
Stammdaten 113
Standardisierte Ablaufprogramme 167
Standardisierte Angebote 259
Standardisierung 102, 293
Standards 288, 308
Standards bFM 59

Stichwortverzeichnis

Standards der Vermittlung 181
Standortanalyse 111
Standortbestimmung 140
Stärken-Schwächen-Analyse 110
Stärkung Selbstvermarktung 183
Stellenakquise 186, 190
Stellenbesetzung 48
Steuerung 152, 213, 272, 306
Steuerung im beschäftigungsorientierten Fallmanagement 274
Steuerungsmöglichkeiten 222
Steuerungssystem 310
Stille Reserve 193
Strategien 40
Strukturelle Einflussfaktoren auf Gesundheitsrisiken 235
Strukturieren 124
Strukturiertes Interview 122
Strukturkonflikt 37
Strukturqualität 81, 106, 128, 149
Subsidiaritätsprinzip 148
Suchtberatung 225
Suchtformen 226
Supervision 160
Synchronisation 132
Systemagent 74, 288
system-driven CM 60, 75, 306
Systemkontrolle 303
Systemsteuerung 23

Tagesausflüge und Klassenfahrten 251
Teambedeutung 159
Teamberatung 84
Teamberatungen 160
Teambesprechungen 159
Teamebene 157
Teamstruktur 157
Teilaufgaben (durch Dritte) 91
Teilhabe 254
Teilhabe am Arbeitsleben 286
Testverfahren 123
Transparenz 101
Trennung von Leistungsgewährung und Vermittlung 56
Triage 33, 61, 88
Typologie der Grundsicherungsstellen 172
Typologien 95

Übergangskompetenzen 133
Übergangsmärkte 49, 303
Überschuldungsreport 220
Übersteuerung 276
Umfassendes Fallmanagement 62
Umschau (Selbstakquise) 185
Unternehmensbezogene Strategien 189
Unternehmensspezifische Qualifizierung 179
Unterstützungsbedarfe 110

Verarbeitung von Arbeitslosigkeitserfahrungen 40

Verbesserungspotenzial bei Arbeitsgelegenheiten 243
Verfestigung von Arbeitslosigkeit 50
Vermittlung nach Auswahl und Vorschlag 180
Vermittlungsaktivitäten 181
Vermittlungsbegleitung 182
Vermittlungsbemühungen 186
Vermittlungsbudget 71
Vermittlungscoaching 187
Vermittlungsfachkräfte 172
Vermittlungshemmnis 33, 86, 89
Vermittlungsorientierte berufliche Beratung 185
Vermittlungsreife 173
Vermittlungsstrategien 46, 87, 120, 173, 176, 178, 195
Vermittlungsvorschlag 174
Vernetzung 69
Versäulte Hilfestrukturen 46
Versäultes Hilfesystem 61, 72, 286
Versorgungsmanager 74, 288
Versorgungsnetz 299
Verwaltungsakt 147
Verwaltungsakt (Eingliederungsvereinbarung) 142
Verzahnung gesundheits- und arbeitsmarktbezogener Angebote 239
Vier-Phasen-Modell 90, 94, 293, 297
Vollbeschäftigung 31, 34
Vorbelastungen 97

Wahlmöglichkeiten 99
Warme Übergabe 231
Weiche Auswahlkriterien 175
Weiterbildung 168
Wertschätzende Beziehung 101
Wettbewerb 270
Widersprüche 34
Widerstand 101
Wirksamkeit und Wirtschaftlichkeit 222
Wirkung auf der kommunalen Ebene 277
Wirtschaftlichkeit und Sparsamkeit 76
working poor 35

Zersplitterte Förderlandschaft 299
Zersplitterung der Hilfelandschaft 69
Zielformulierung 137
Zielgenauigkeit der Teilnehmerauswahl 208
Zielsetzungen 132
Zielvereinbarungen 280
Zielverfehlungsgründe 137
Zielvorgaben 287
Zugangsdefinition 88, 293
Zürcher Ressourcen Modell 137
Zusammenhang zwischen Arbeitslosigkeit und Gesundheit 233
Zwangskontext 85, 97, 100
Zwei-Klassen-Sozialarbeit 300